小学教师进修高等师范专科小学教育专业教材

人文社会科学基础

（修订版）

教育部师范教育司组织编写

主编　丁柏铨　胡治华

首都师范大学出版社

图书在版编目(CIP)数据

人文社会科学基础/丁柏铨,胡治华主编.—北京:首都师范大学出版社,2004.6(修订版)(2020.5重印)

ISBN 978-7-81039-929-6

Ⅰ.人… Ⅱ.①丁…②胡… Ⅲ.社会科学-理论 Ⅳ.①C0

中国版本图书馆CIP数据核字(98)第09627号

RENWEN SHEHUI KEXUE JICHU

人文社会科学基础

(修订版)

丁柏铨　胡治华　主编

首都师范大学出版社出版发行
地　址　北京西三环北路105号
邮　编　100048
电　话　68418523(总编室)　68982468(发行部)
E-mail　master@cnupn.com.cn
三河市博文印刷有限公司印刷
全国新华书店发行
版　次　2004年6月第2版
印　次　2020年5月第41次印刷
开　本　890mm×1240mm　1/32
印　张　12.5
字　数　321千
定　价　26.00元

内 容 简 介

本书第1版是20世纪90年代中期教育部师范教育司（原国家教委师范教育司）在组织有关专家反复论证的基础上决定编写的一本具有探索性的教师教育通识课程实验教材。

全书共十章，分为三编，分别阐释人文社会科学的基础知识，20世纪人文社会科学的重要进展及发展趋势，人文社会科学发展与初等教育改革的关系，旨在帮助读者拓宽科学文化视野，提高运用现代人文社会科学知识、观点、方法分析解决现实社会问题和教育问题的能力。本书涉及人文社会科学各主要学科，为便于读者掌握重点、自学研修，各章均编有“重点提示”“要点归纳”和“问题探讨”。

本书的编著，体现面向现代化、面向世界、面向未来改革高等师范教学内容和课程体系的精神。本书除供小学教师进修高等师范专科小学教育专业使用外，还可作为普通高等师范专科小学教育专业教材，以及小学教师继续教育用书。

本书1998年6月第1版获江苏省人民政府颁发的江苏省第六届优秀社会科学成果三等奖。2003年由主编丁柏铨（南京大学）、胡治华（江南大学）以及原编写组成员胡翼青（南京大学）、高侠（江南大学）作增补与修订，是为本书第2版。

目　录

第五章 哲学历史学文艺学宗教学的新突破

第八章 人文社会科学的发展趋势

第三编 人文社会科学与初等教育

第九章 人文社会科学与教育学的学科建设

第十章　人文社会科学与初等教育的跨学科研究

RENWEN SHEHUI KEXUE JICHU

绪言

《人文社会科学基础》是小学教师进修高等师范专科小学教育专业的综合基础课程之一。

在现代科学体系中，与自然科学相联结、相对应的“人文社会科学”，是经历了较充分的分化之后逐步走向一体化的人文科学与社会科学的总称。这个概念在我国得到较为广泛的认可，不过是近几年的事。《人文社会科学基础》这门带有探索性质的课程的设置，以及这本实验教材的面世，体现了新科技革命条件下，高等师范教育打破封闭式专业结构和学科体系的迫切要求。

人类正处在重大的历史发展时期。未来学家在向人们描绘21世纪色彩斑斓的世界图景时，几乎无例外地强调包含人文社会科学在内的现代科学技术，对全球现代化历史进程所起的革命性的先导作用。如果说10000年前制火技术的发明，3000年前与广义科学活动共生的耕种技术体系的形成，300年前以近代科学为背景的工业技术体系的初步建立，100年前在现代科学拉开帷幕后的电力、重工、化工技术的崛起，都给人类社会的演进带来了巨大影响；那么，与现代科学协同发展的信息技术全面进入社会，则使人类由电力时代迈向信息社会，人类的经济结构、社会结构、生活环境、活动空间、工作对象、行为方式、思维方法、思想观念、心理状态，面临空前广泛、深刻而急剧的变革。在现代科技革命中，自然科学与人文社会科学两大部类之间，两大部类内部各大门类、众多学科之间，互相沟通，互相促进，互相制约，互相渗透，联系日趋紧密。通过理论、方法、对象的转移和综合所产生的新门类、新学科不断出现。科学与技术的关系，更是难分难解。这些都是现代科学在高度分化的基础上趋于综合化、整体化的鲜明标志。培养兼晓文理，善于综合掌握和创造性运用信息、知识的人才，已构成激烈的国际性竞争的焦点。

对于中国的社会主义现代化建设工程来说，大力推进自然科学和人文社会科学的交融，全面提高全民族的科学文化素质，刻不容缓。邓小平在20世纪70年代末指出："我们国家要赶上世界先进水平，从何着手呢？我想，要从科学和教育着手。科学当然包括社会科学"。（《关于科学和教育工作的几点意见》，《邓小平文选》第2卷，人民出版社1994年版，第48页）"我们已经承认自然科学比外国落后了，现在也应该承认社会科学的研究工作（就可比的方面说）比外国落后了。"（《坚持四项基本原则》，《邓小平文选》第2卷，第181页）被推到了历史大舞台前沿的教育事业，必须为完成"赶上世界先进水平"的重大使命，造就一大批顺应科学发展主潮、具有综合性知识结构的高素质教师。

这本教材，旨在引导小学教师开拓科学文化视野，了解人文社会科学的概貌，理解人文社会科学与自然科学的主要区别和内在联系，认识人文社会科学知识教育和人文精神培育在初等教育中的地位和作用，提高文理两科相互渗透、逐步实施综合教学以改革初等教育的自觉性。基于这种考虑，本书分成三个单元，依次着重讨论以下三个问题：

一、什么是人文社会科学？

二、人文社会科学的现状和发展趋势如何？

三、人文社会科学同初等教育的改革和发展有怎样的重要关联？

本书第一编，在概括科学的本质属性及其作用的基础上，以自然科学为参照，扼要阐述人文科学和社会科学一体化的态势和缘由，人文社会科学的具体含义、特定地位、内部结构、主要功能，以及发展规律和研究方法，以期帮助读者对人文社会科学的基本结构、基本概念、基本原理有一个总体性的初步认识。

这一编提出，科学是人类对客观世界的认识过程。这个从科学发展的历史事实中提炼出来、符合辩证唯物主义和历史唯物主义原理的基本观点，应当成为学习《人文社会科学基础》的重要指导思想。把科学学作为一门相对独立的学科、以科学自身为对象进行集中而系统的研究，为时不过60年。以尚在发育之中的人文社会科学为专门研究对象的人文社会科学学更处于初创阶段。本书第一编和其他两编所论及的种种基本理论命题，一般读者也许认为都是不难解决，易于接受的；实际上，对几乎每一个重要论题，国内外学术界都存在许多不同的看法。本书的见解虽然是在博采众长的基础上反复斟酌形成的，但在不少方面还有待深入探讨，不断接受实践的检验。读者在学习中，宜选读一点人文社会科学的代表性著作，关心人文社会科学学的研究动态，密切联系实际，独立思考，力求由表及里，由浅入深。用科学的态度对待《人文社会科学基础》的学习，以新课程教材建设参与者的身份扶持本书的修订，将有效地提高本课程的教学质量，提高自我发展能力。

严格说来，人文社会科学成为科学体系中一大基本部类独立发展的历史不算很长。人文社会科学受内部发展需求和多种外部力量的推动，近半个世纪以来进展较快。有的学者认为它正是在这段时期内成了公众最注意和最寄予希望的科学。本书第二编，介绍了20世纪以来特别是第二次世界大战之后人文社会科学发展的概貌，从各基本领域中分别选择若干关键学科，在整体联结互动的背景下，阐述它们的成就和影响，并综合评述当前人文社会科学的总体发展趋势。马克思有个著名论点：人体解剖对于猴体解剖是一把钥匙。他解释说，低等动物身上表露的高等动物的征兆，只有在高等动物本身已被认识之后才能理解。（见《〈政治经济学批判〉导言》，《马克思恩格斯选集》第2卷，人民出版社1995年版，第23页）本书按照马克思的这一提示，着重介绍人文社会科学的现状和趋势，以便读者从时代制高点上把握人文社会科学的历史发展线索。

必须强调指出，生活于19世纪的马克思主义创始人关于科学技术的论述，是马克思主义思想体系的重要组成部分；而且，马克思恩格斯在现代人文社会科学的不少领域中，都发挥了奠基者的作用。马克思主义的立场、观点、方法，解放思想、实事求是的科学精神，是本书批判吸收东西方在人文社会科学领域中的建树、借鉴国内外人文社会科学学成果、总结历史经验、探讨发展规律的指南。这也应当成为读者学习《人文社会科学基础》的基本指导思想。

把人文社会科学的总体性阐述与初等教育改革与发展的实践联系起来，是本书又一个重要目标。联合国教科文组织主持编著的研究报告《从现在到2000年教育内容发展的全球展望》中文版导论（1990年）指出："对各门科学之间、自然科学与人文社会科学之间以及教育内容的各种来源之间相互依存表现出更清楚的意识，这是现代学校政策最令人感兴趣的特征之一。"本书第三编试图围绕人文社会科学的发展与初等教育的关系，引导读者把现代人文社会科学的相关理论观念同我国初等教育改革与发展的实践、同教育工作者自身的工作与进修的实践挂起钩来。

本书的读者，一般都对人文社会科学重要分支之一的教育科学的某些基础理论有所涉猎。今天，在本学科的圈子里发展本学科的时代已经过去，而教育领域内层出不穷的新问题，面向现代化、面向世界、面向未来的新任务，都必须运用多学科的合力作出创造性的回答。负责实施人类首次登月工程的美国原宇航局长最深切的感受是："不要让一个专业的人在一张桌子上吃饭。"在某种意义上，在大科学时代中，理论的力量在于综合，在于协同运用。早就有人说过，只有小学任课教师不可能享受这样一种特权：具有某一领域的专门知识而又可以对其他领域一无所知。现代教育的问题需要综合各种不同的知识才有可能得到解决。教育工作者立足于本专业，把其他相关专业的相关理论、方法、知识拿过来，为我所用，为解决现实问题而用，这是发展我国教育科学，造就骨干力量，推进教育现代化的必由之路。本书读者在学习中自觉打破心理定势，从多方位重新审视习以为常的初等教育观念和实践，针对一两个实际问题，尝试进行文理结合的实证性研究或理论性研究，是很有益处的。

人文社会科学浩如烟海，本书试图勾勒出一幅粗线条的航海图。多年来分科教育的后果之一，是使受教育者只见树木不见森林。可以想见，接触本书的读者，会对这张航海图的某些部分感到陌生。为了帮助一般读者理清脉络、把握重点，我们在每一章的正文之前列出"重点提示"，又在每章正文之后编排了"要点归纳"。至于每章结尾处的"问题探讨"，则是为推动读者深入思考、相互切磋、继续进修而设置的，并不要求人人作答。

希望这本实验教材能为读者叩开人文社会科学宝库大门助一臂之力。

第　一　编

人文社会科学的基本知识

DI YI ZHANG

第一章 人文社会科学概说

重点提示

1. 什么是人文社会科学?
2. 人文社会科学有哪些基本特征?
3. 人文社会科学的发展表现出怎样的规律?

一、人文社会科学的基本含义

(一) 人文社会科学研究的对象和目的

我们所说的人文社会科学，就是以人的社会存在为研究对象，以揭示人的本质和人类社会发展规律为目的的科学。

人类科学的发展，一般沿着较低水平的综合向较为精细的分化，再由分化向较高水平的综合的螺旋式路线前进。在“分化”占主导地位的历史时期，人们先是把科学体系分为“文”、“理”两大部分，然后又在文科部类中把人文科学和社会科学这对孪生姊妹分离开来。

人文科学通常被说成是“人文学”，指关于人的本身的学说或者理论体系，特别是对人的存在、本质、价值和发展等问题，人的精神生活与精神世界进行探究的学问。

提到人，人的本性，人的精神生活和精神世界，我们会联想起莎士比亚借哈姆雷特之口对人的赞美：“人是一件多么了不起的杰作！多么高贵的理性！多么伟大的力量！多么优美的仪表！多么文雅的举动！在行为上多么像一个天使！在智慧上多么像一个天神！宇宙的精华！万物的灵长！”我们又会联想起“什么是人？一半是野兽，一半是天使”以及“人是机器”、人是“理性的动物”、“符号的动物”等等名言，联想起西方学者诸如此类的判断：“人的存在是最难以控制和证实的、最不遵循法则、最难以预测的主题。”迄今为止，作为“宇宙精华”和“万物灵长”的人，特别是对于自身精神世界的了解，却远逊于对于人以外的宇宙万物的了解。

古代的思想家多用性恶性善这类道德观念解释人的本质。欧洲中世纪，人被认为是由神创造的，人的本质即神的意志的体现。欧洲文艺复兴时代则把人的本质归结为天然的感性欲望或人的自然属性。随着近代哲学的崛起，又出现了抽象的人性论，或者强调人的感觉和经验，或者把人看作有理性的动物。作为近代自然科学护法神的实证主义认为人的本质根本不能成为科学研究的对象，而非理性主义者则把“非理性”即人的意志情感和潜意识看作是人的真正本性。凡此种种，大体都是用这样那样虚幻抽象的精神理念去先验设定，而不是用社会存在去科学地解释人的本质。正是在这样的历史背景下，马克思指出：“人的本质不是单个人所固有的抽象物，在其现实性上，它是一切社会关系的总和。”（《马克思恩格斯选集》第1卷，人民出版社 1995 年版，第 56 页）马克思还说过：“正像社会本身生产**作为人的人**一样，人也**生产**社会。”（《马克思恩格斯全集》第 42 卷，人民出版社 1979 年版，第 121 页）这就提示我们，人既是社会的产物，又是社会的构建者；要客观地认识人的本质，认识人的精神生活和精神世界，就必须完整地把握人的社会关系，必须通过人的社会实践所创造的物质文明和精神文明反观人的自身。

再看社会科学。

社会的构成及其演变常常令人感到扑朔迷离。英国小说家狄更斯曾经把 18 世纪末的欧洲描写成：“这是最好的时候，这是最坏的时候；这是智慧的年代，这是愚蠢的年代；这是信仰的时期，这是怀疑的时期；这是光明的季节，这是黑暗的季节；这是希望之春，这是失望之冬；人们前面有着各种事物，人们前面一无所有；人们正在直登天堂，人们正在直下地狱。”总之，“社会”似乎总是杂乱无序、变化无常的。马克思主义则认为，社会的结构和演变是可以逐步认识、科学把握的。按照马克思主义的观点，社会就是以物质生产为基础而形成的人类生活共同体。人类社会是由人类所创造的，由此而与自然界相区别。人类社会与自然界一样，也是人赖以生存的基础。在不同的社会发展阶段，社会的存在形态是不同的。社会形态的划分主要依据社会物质发展水平，社会生产方式与社会关系状况，以及人的发展水平。

对于有阶级存在的各种形态的社会，从人的活动的角度进行考察，其结构系统都可以分为这样三个互相关联的层次：社会经济系统、社会政治系统和社会文化系统。社会经济系统的基石就是通常所说的生产领域。生产是人类社会最基本的活动，人之所以能从动物界分离出来，人类社会之所以能从自然界分离出来，离不开人类的生产劳动。与生产活动围绕着人与自然的矛盾展开不同，交换、分配、消费等其他社会经济活动是围绕着人与人之间物质利益的矛盾展开的。如果说生产活动是人类的价值创造活动，那么交换、分配、消费等经济活动是使之得以实现的过程。社会政治系统主要包括各种与社会的经济基础相适应的国家政体等的各种政治的法律的制度、准则及保证其实施的各种社会设施。社会文化系统是各种社会精神文化活动及其载体的统称，其主要部分是人们对其周围环境、经济与政治活动的认识，它通常包括社会心理与社会意识形态。

以人类的经济活动、政治活动、精神文化活动等社会现象为研究对象，旨在揭示人类社会发展规律的科学，就是社会科学。

这样看来，人文科学和社会科学同是以人为中心的科学，同是人类的自我认识。

事实上，各种人文社会科学家研究的最后目标都是人，只是他们研究人的角度、领域和层次不同。哲学家探索的是人对世界的总的看法以及人的本质，历史学家研究的是“时间中的人”，文艺理论家关注的是人类文学艺术创造和鉴赏的规律，宗教学家思考人类一种重要而特殊的信仰，语言学家探究人类语言的奥秘，心理学家分析人的心理活动及其行为表现，人类学家考察人类的生理特征和文化特征，社会学家讨论人类的群居生活方式，经济学家解释人类社会的生产、交换、分配、消费等活动，政治学家阐述人类社会的公共权力关系，法学家说明人类社会契约性的规范，教育学家追索人的学习和发展的规律，管理学家研究生活在特定组织中的人的管理，传播学者专注于媒介与人、人与人之间信息沟通的规律，人文地理学家考证人与文化地理环境影响之间的关系，等等。有的学者以人为圆心，画出一个布满了各门人文社会学科的圆，把人文科学和社会科学在研究对象和研究目的上的内在联系生动地显示出来。

人文科学和社会科学的不可分割性还表现在它们的一般研究方法上。总的来说，人文科学、社会科学方法与自然科学方法有明显的区分度，而人文科学方法与社会科学方法都难以回避研究者在研究过程和研究结果中体现出的价值取向。关于人文社会科学研究方法的具体特点，我们将在第三章专门讨论。

正由于人文科学和社会科学“你中有我，我中有你”，有着深刻的内在联系，所以谁也无法划清它们之间的边界。当代人文科学和社会科学的结合部上滋生了大量的边缘学科，这些新兴学科就像一条条纽带，更紧密地把人文科学和社会科学联为一体。例如，属于人文科学的历史学可以与任何一门社会科学联姻，形成新的交叉学科、边缘学科。法学和历史学构成了法律史学，社会学和历史学构成了社会史学，经济学和历史学构成了经济史学，新闻学和历史学构成了新闻史学，人口学与历史学构成了历史人口学，等等。国外兴起的经济社会史和社会心态史等学科，一方面研究地理环境与人类相互交往过程对历史造成的影响，以及在这种影响下所形成的人们的日常生活方式，另一方面，研究受前者影响又反过来影响前者的人们的精神状态、心理结构、思维习惯等。又如正在迅速崛起的文化学。它与各门社会科学嫁接，派生出文化语言学、跨文化心理学、文化人类学、文化经济学、政治文化学、法律文化学、教育文化学、新闻文化学、比较文化学，等等。文化学与地理学交叉生成的文化地理学是一门研究人类文化空间组合的人文地理学科，它的主要研究内容是文化景观、文化源地、文化传播、文化与环境的关系及文化地理区；文化地理学的研究把文化探索引向了更深的层次。又比如，属于社会科学的社会学，它与相关人文科学组合为社会哲学、社会伦理学、文艺社会学、历史社会学、宗教社会学等学科。社会学与宗教学联手，从社会的角度研究宗教这一重要的精神文化现象，取得了许多新的认识成果。

综上所述，人文科学和社会科学的综合化乃至一体化的趋势，是历史地顺理成章地形成的。将人文社会科学看作与自然科学相联结、相对应的一大科学部类的观点，正逐步为学术界所认同。人文社会科学这个概念在中国的传播有个过程。新中国成立之初，中国人民政治协商会议颁发了一个《共同纲领》，其中的一条是："提倡用科学的历史观点，研究和解释历史、经济、政治、文化及国际事务，奖励优秀的人文社会科学著作。"可此后相当长的一段时间内，人文社会科学这个概念在国内并没有流行开来。如果说，直到 20 世纪 90 年代的中期，中国文化界和学术界对是否接纳人文社会科学这一概念还显得顾虑重重，那么，进入 21 世纪，中国科学文化管理部门制定人文社会科学发展规划、设立人文社会科学研究成果奖项，科研机构举办人文社会科学高层论坛，高等学校组建人文社会科学学院、人文社会科学研究中心，出版社出版《中国人文社会科学前沿报告》、《世界主要国家人文社会科学发展状况研究》、《人文社会科学是什么》、《人文社会科学十万个为什么》一类的丛书，已然风行一时。

应当进一步指出，关于人的知识是体现人类最高智慧的知识。关于人的存在和发展，关于人类的历史和未来，需要人文社会科学和自然科学协同研究。马克思在《1844 年经济学哲学手稿》中曾预言："像关于人的科学将包括自然科学一样，自然科学往后也将包括人的科学，这将是一门科学。"恩格斯在不少著作中阐述了自然科学和人文社会科学之间的内在联系，他曾指出："随着自然科学领域中每一个划时代的发现，唯物主义也必然要改变自己的形式"（见《马克思恩格斯选集》第4卷，人民出版社1995年版，第228页）。后来列宁又说，从自然科学奔向社会科学的强大潮流早就存在。进入20世纪，这个潮流甚至可以说更加强大了。20世纪与21世纪之交，世界范围内自然科学界和人文社会科学界就相互关系进行了全面反思。2003年4月，中国科学院研究生院常设的"中国科学家人文论坛"拉开序幕，这个论坛的基本宗旨就是："为促进自然科学与人文社会科学的结合，为进入21世纪的中国科学家不断提高人文社会科学素养，提供一个研究和交流的平台。"正像一些著名的科学家指出的那样，自然、人类、科学都是统一的；科学本身是人类的创造物，是一个内在的整体，它被分解为单独的部分不是由于事物的本质，而是由于人类认识能力的局限。本书将从各个不同的角度和层面，阐述人文科学与社会科学乃至人文社会科学与自然科学的内在统一性，以期突破"固守学科阵地"的经院式狭隘观念。

（二）人文社会科学的主干学科和结构体系

人文社会科学是一个由众多学科组成的庞大学科群。它的主干学科有哪些？国内外均无定论。综合各种意见，以下学科受到普遍重视：哲学、历史学、文艺学、宗教学、语言学、心理学、人类学、社会学、经济学、政治学、法学、管理学、教育学、军事学、新闻传播学、体育科学、情报与文献学、地理学。我国把马克思主义列为综合性的主干学科。我们从第五章开始，将对其中部分学科作重点介绍。

现代人文社会科学是一个复杂而又有序的知识大系统；这个大系统中的任何一个具体学科只是整个知识大系统中的一个构成因素，一般说来，它主要产生自这个大系统，并从属于这个大系统。对这个大系统的结构体系可以从不同角度进行考察、分类。从学科结构的层次着眼，在当代中国，上述主干学科属一级学科，可以称为门类学科。一类学科中，哲学的研究对象涉及整个客观世界，思维方式与研究成果辐射整个科学领域，一般认为，它的地位处于人文社会科学其他学科和自然科学之上；由于历史上哲学与人文社会科学的关系最为切近，它的组成部分如伦理学、美学等均属人文社会科学，它的研究方法历来与人文社会科学的一般方法互通而与自然科学的一般方法有明显区别，所以学术界倾向于将哲学列为人文社会科学。

二级学科可以称为专业学科，如军事学的二级学科有战略学、战术学、战役学、后勤学、军事系统工程等等，管理学的二级学科有决策科学、领导科学、公共关系学、管理计划学、部门管理学与专业管理学等等。

三级学科可以称为分支学科，如国民经济计划学、消费经济学、投资经济学等等，是经济学二级学科国民经济学的分支学科，国别比较文学、历史比较文学、主题比较文学、形态比较文学、渊源比较文学等等，是文艺学二级学科比较文学的分支学科。

单一的分类视角不可能对复杂的科学结构体系作出完善的描述。而且，某些新的人文社会学科的产生与发展也会对整个人文社会科学知识大系统的结构带来影响。我们前面提到的在人文科学和社会科学的结合部上衍生的边缘学科，特别是人文社会科学和自然科学撞击共生的新兴学科，许多是很难在上述三级层次结构模式中对号入座的。比如，近些年来人文社会科学各学科相继与现代科学技术嫁接，产生了大批新学科，如科技美学、科技伦理学、科技社会学、科技心理学、科技管理学、科技史学、文化生态学以及在西方炒得很热的社会生物学等等。怎样为这类学科作结构性定位？面对迅速发展的人文社会科学体系，多种新的结构模式已经或正在形成。

（三）人文社会科学的孕育生成和拓展

现在我们从历史的维度简略勾勒一下人文社会科学的演进轨迹。回过头去看，在世界范围内，人文社会科学的形成和发展大体经历了三个阶段。

一是孕育奠基阶段。

这个阶段包括从人类文化产生开始到14世纪初。在十分漫长的历史时期中，人类只是缓慢地积聚着对自我、对社会的认识。直到公元前500年前后，迎来了一个被20世纪有的学者称为人类历史发展“轴心期”的辉煌岁月。这个“轴心期”历时数百年，从东方到西方，都出现了一批“百科全书”式的思想家，如中国的孔子和老子，古希腊的柏拉图和亚里士多德等。这些大思想家对自然、人文、社会现象及其研究方式，提出了一系列具有深远影响的科学问题和假设；他们对人和社会的观察和思考包含着至今还令人叹服的科学成分。

由于生产力水平低下，信息交流迟缓，当时学术活动常常是以师徒型的方式展开的。人文社会知识的质和量都受代表人物的经验、智慧和人格的巨大影响。从知识的形态看，除少数特例外，这期间的人文社会知识统摄于哲学乃至神学之中，处于未分化状态。人文社会知识的内部也往往缺乏层次性和条理性，显得混沌而芜杂。这个阶段研究方法的主流是直觉思辨，带有明显的经验性。从某种意义上讲，这种方法已经包含了向科学方法转变的基础，然而中国封建时期的经学注释法和欧洲中世纪经院哲学论证法阻碍了这种转变的进程。

二是生成发展阶段。

从14世纪到19世纪是人文社会科学各基本学科逐步成型、独立发展的时期。

14世纪到16世纪的欧洲“文艺复兴”，摇撼了神学的统治地位。在号称是“宗教改革的世纪”的16世纪，大学留下的公文档案以及当时图书馆的图书分类表中第一次出现了人文科学的字样。随着生产力的发展，资本主义制度萌芽的产生，人文社会科学研究活动逐渐成为一种职业。社会活动家与理论家大批涌现，学术思想流派不断产生。

17到18世纪出现了以哲学兴盛为重要力量的早期科学化运动，

人文社会科学知识开始以分门别类的面目出现。研究者注重观察与实践活动，推崇归纳方法。

18 世纪末到 19 世纪，哲学获得长足的发展，经济学、社会学、心理学、人类学纷纷从人文社会知识总体中分离出来，各自以特殊的人文社会现象为探索对象，实验、比较、心理分析、行为分析、定量分析等各种研究方法被普遍使用，加速了各门新学科专门知识体系的形成。1857 年，一批英国学者成立了“促进社会科学全国协会”，社会科学的概念从此得到广泛应用。有位西方学者曾用“排列学科鼻祖的世袭关系”的方法，展示人文社会科学的若干学科在这一阶段独立发展的简况。他设计的“排行榜”是：经济学——祖父辈是亚当·斯密，T·马尔萨斯和 D·李嘉图，时间是从 1776 年到 1810 年；父辈是 A·马歇尔和 L·瓦尔拉；时间是从 1870 年到 1890 年。社会学：祖父辈是孔德、卡尔·马克思和 H·斯宾塞，时间是从 1850 年到 1870 年；父辈是 E·迪尔凯姆和 M·维贝尔，时间是从 1890 年到 1915 年。心理学：祖父辈是 H·赫尔姆霍茨、E·维贝尔和 G·费尔纳，时间是从 1839 年到 1860 年；父辈是 W·冯特、W·詹姆斯和 S·弗洛伊德，时间是从 1879 年到 1910 年。人类学：祖父辈是 E·B·泰勒和 G·弗雷泽，时间是从 1879 年到 1900 年；父辈是 F·博厄斯和 B·马林诺夫斯基，时间是从 1910 年到 1920 年。这个“排行榜”有许多问号可打，特别是把马克思主义创始人的贡献局限于社会学，显然扭曲了历史面貌；但是仅就上述学科生成与发展的“时间表”而言，确有一定参考意义。

特别值得强调的是，19 世纪中叶，代表着无产阶级理想的马克思主义的诞生，使整个人文社会科学领域发生了根本性的变革。正如列宁所说，“马克思以前的‘社会学’和历史学，**至多**是积累了零星收集来的未加分析的事实，描述了历史过程的个别方面。马克思主义则指出了对各种社会经济形态的产生、发展和衰落过程进行全面而周密的研究的途径，因为它考察了所有各种矛盾的趋向的**总和**，把这些趋向归结为可以准确测定的、社会**各阶级**的生活和生产的条件，排除了选择某种‘主导’思想或解释这种思想时的主观主义和武断态度，揭示了物质生产力的状况是所有一切思想和各种不同趋向的**根源**。”（《列宁选集》第 2 卷，人民出版社 1995 年版，第 425 页）马克思主义的诞生，从根本上把对人和社会的认识变成了科学。

在这一时期，中国处于封建的或半封建半殖民地的经济之下，人文社会科学缺乏分化发展的条件。

三是拓展反思阶段。

进入 20 世纪之后，人文科学和社会科学经历了半个世纪的进一步分化，终于伴随着信息时代的到来，逐步走向较高层次的综合。关于这一时期人文社会科学蓬勃发展的状况，我们将在第四章进行介绍。

二、人文社会科学的特征

人文社会科学是人类科学体系的重要组成部分。然而有个现象值得注意，西方自然科学界不少人在很长的历史时期中拒绝承认人文社会科学是科学。诺贝尔奖至今只向人文社会科学领域中的一门学科——经济学颁奖。在中国，尽管许多政治领袖、科学帅才对人文社会科学在现代科学体系中的地位给予很高评价，但是许多人心目中的“科学”仍然只是自然科学。讨论人文社会科学的特征，首先必须确立正确的现代科学观，实事求是，充分肯定人文社会科学与自然科学的共通性，并深入认识人文社会科学区分于自然科学的特殊性。

（一）人文社会科学具有现代科学的基本特征

人文社会科学作为科学，当然具有一切科学都应具有的特征。依据现代科学观，这些特征包括：科学是一种理论知识体系；是人类对客观存在的不断深化的认识过程；是以个体和群体的创新成果为结晶的社会性活动；是推动人类历史发展的实践性力量。这几条是人文社会科学与自然科学的主要共通点。

1. 人文社会科学是一种理论知识体系

现代科学是一种理论知识体系。如果说，自然科学是以“自然”为研究对象，以一种具有相对完整体系的知识形态，概括了人类对大自然的理性认识；那么，人文社会科学则是以“人文”与“社会”为研究对象，同样以一种具有相对完整体系的知识形态，概括了人类对自身的理性认识。许多学者都把14世纪看作人文社会科学各基本学科开始逐步成型的时期，最重要的理由之一，便是各基本学科陆续地初步生成了专门的理论知识体系。有人把文学和艺术创作乃至宗教等人文社会现象也列入“人文社会科学”范畴，显然混淆了科学及其研究对象的界限，导致人文社会科学概念的泛化和误断，为我们所不取。

2. 人文社会科学是人类对客观存在的不断深化的认识过程

现代科学是人类对客观存在的不断深化的认识过程。这就是说，人类迄今为止所获得的科学知识，无论是自然科学还是人文社会科学知识，都是人类对客观存在认识的阶段性成果，而不是认识的终结；甚至还可以说，对于自然界和人类社会自身发展的奥秘，当今人类所不知道的，比已经知道的，要多得多。科学是一条后浪推前浪的没有尽头的长河，是一条漫长、曲折、艰辛的永无止境的道路。举一个简单的例子：为了破译生命之谜，国际人类基因组计划于1990年启动，2000年6月科学家公布人类基因组“工作框架图”，2001年2月又公布人类基因组图谱，初步分析结果之一是人类基因组共有3万至3.5万个基因，远远小于原来10万个基因的估计。可以预见，随着生命科学的发展，这个领域还将有许多与科学家的预测大为不同的新发现。基于无数这样的事实，当代有影响的自然科学家指出，科学知识具有某种暂定性、假定性。自然科学一直被公认为是“硬科学”，它的成果也只能说是阶段性的，有待发展的。同样，人文社会科学的成果总是在一定历史条件下形成的，它所包含的真理具有某种相对性。

3. 人文社会科学是以创新成果为结晶的社会性活动

现代科学是以个人或群体的发明创造为结晶的社会性活动。创新是科学的灵魂，也是科学的首要标志。有人说，科学领域只有金牌没有银牌，形象地强调了科学的原创性原则。古代中国在科技领域拥有大量原创性的辉煌成果；近代以降，中国科技随着原创力的衰减而迅速落后。当代中国，不论是自然科学界还是人文社会科学界，都在急切地呼唤创新，反映了新的时代条件下中华民族对科学精神的深切体认。必须说明，科学的原创性成果虽然往往冠以个人的名义，其实，任何发明创造都是一种社会性的活动。在自然科学界，牛顿说他之所以成功，是因为他站在巨人的肩膀上；爱因斯坦真诚地表白，他的精神生命和肉体生命，是前人和同辈赐予的。人文社会科学研究和自然科学研究一样，总是一种既有纵向传承又有横向互动关系的社会行为、社会活动。科学的这一本性，在当代表现得越来越充分。

4. 人文社会科学是推动历史发展的实践性力量

邓小平说，科学技术是第一生产力。他又说，科学当然包括社会科学。关于人文社会科学何以是推动历史发展的实践性力量，我们将在第二章中具体阐述。

（二）人文社会科学一般具有某种价值关联性

人文社会科学能与自然科学相对而立，说明它除了具有作为科学的共性之外，还有着一些与自然科学相区别的地方。在与自然科学的区别性比较中，我们能找到人文社会科学的科学个性。人文社会科学的科学个性为整个人文社会科学所共有。由于到目前为止，人们对整个人文社会科学的研究，还很不充分，因此，要对这一科学部类区分于自然科学的特征作出全面的概括，似乎时机还未成熟。下面，我们试对这个范围内的主要研究成果作综合性介绍。

人文社会科学同自然科学相比，最主要的区别，除了研究对象有很大不同之外，还在于人文社会科学的研究成果，不但要像自然科学那样回答研究对象“是什么”、“为什么”，而且通常还要对研究对象作出直接或间接、明显或潜隐的价值判断，也就是免不了在事实上还得面对“合理不合理”、“应该怎么样”的问题。换句话说，人文社会科学的研究成果，往往内在地包含着研究主体对研究对象的价值判断。德国著名社会学家马克斯·韦伯最早提出了社会科学研究过程的选题阶段具有价值关联性的理论。他认为，研究者依据一定的价值观念与一定的实在发生联系，这便是价值关联；价值观念实际上也就是价值判断。他同时强调指出，研究者此后必须进入“价值中立”或者又称“价值无涉”的状态。（参见《社会科学方法论》，马克斯·韦伯著，韩水法、莫茜译，中央编译出版社，1999年第1版）韦伯提出了一项十分重要的原则。但是正如国内外许多学者反复论证的那样，包括韦伯自己的研究工作在内的全部人文社会科学发展历史，都说明了这样的一个事实：要求研究者在选题之外的全部研究过程及其研究成果中截然舍弃价值判断而保持“价值中立”、“价值无涉”，一般是难以实现的。进一步，我们不妨把追求“价值中立”、“价值无涉”设定为“价值关联性”的特殊表现形态；由此，我们可以坦然地提出这样的命题：一般具有某种价值关联性，是人文社会科学区分于自然科学的首要特征。

“价值关联性”关乎人文与社会的方方面面。这里着重探讨当代中国思想文化界经常涉及的关于人文社会科学与政治、与意识形态的关系问题；关于人文社会科学与民族文化的关系问题；关于人文社会科学与时代精神的关系问题。

1. 人文社会科学部分学科在阶级社会中具有某种阶级倾向性

一般认为，在人类处于阶级社会的历史阶段，人文社会科学中的部分学科难以完全摆脱政治斗争的干预与意识形态的影响，往往带有某种阶级倾向性。对于这一判断的理解和解释，须持审慎的态度。

首先说人文社会科学部分学科具有阶级倾向性的社会历史原因。

科学家阿基米德是古希腊奴隶主阶级成员，但由他发现的浮力定律，即比重定律，两千年来，历史上各个阶级，奴隶与奴隶主、农民与地主、工人与资本家都能有效地加以利用。法拉第的电磁感应理论，安培的电磁力场理论，高斯与韦伯的电磁单位理论，一旦出现，国界、政治体制等方面的不同，没有构成这些理论流传的障碍。在自然科学领域，如果出现一种理论在流传过程中受阻，如哥白尼、伽利略的天文学说受阻于宗教裁判，如摩尔根的生物学理论受阻于斯大林领导下的苏联，这些事实并不能说明自然科学具有阶级性，这只是科学与反科学之间的斗争。

与自然科学不同，人文社会科学的部分学科不大可能使不同的政治体制下的国家以及持有不同政治立场的利益集团都对它表示满意。列宁曾就此说过："建筑在阶级斗争上的社会是不可能有'公正的'社会科学的。"（《列宁选集》第 2 卷，人民出版社 1995 年版，第 309 页）比如，反映无产阶级和广大人民群众根本利益的马克思主义理论学说，几乎是无例外地要遭到东西方各资本主义国家的统治阶级的反对。在资产阶级掌握政权的国家里，马克思主义学说的传播总是障碍重重的。各个国家的统治集团对人文社会科学，总是要给予高度的关注，总是要通过种种手段，对人文社会科学实行政治干预和控制。这一事实也就说明了，在阶级尚存的历史发展阶段，人文社会科学的部分学科确实是具有某种阶级倾向性的。

在阶级社会中，人文社会科学部分学科之所以会具有某种阶级倾向性，这是由于人文社会科学的研究对象——人、人的社会活动，不可能完全与阶级的利益倾向相分离。更重要的是，研究者往往不能不以一个一定阶级的成员的身份出现。他的认识，他所阐发的思想观点，总会程度不等地打上特定阶级意识形态的烙印。这主客观两方面的原因，使得人文社会科学带上了某种阶级性特征。

其次要看到，人文社会科学部分学科的阶级倾向具有复杂性。

我们在谈论人文社会科学部分学科带有某种阶级倾向性时，应注意到种种不同的情况。

第一，从整个人文社会科学看，并不是其中的每一门具体学科都有阶级性。事实是，有些学科具有较强的阶级倾向性，而有些学科虽然也具有阶级倾向，但较弱，还有一些学科则不具有什么明显的阶级倾向性。人文社会科学的阶级倾向性的有或无、强或弱，往往是由这些具体学科的研究对象与国家机器的核心部位的距离远近所决定的。一般说来，具体学科的研究对象离国家机器的核心部位越近，其阶级倾向性就越强。反之，研究对象离国家机器的核心部位越远，该学科的阶级倾向性就越弱。历史学、政治学、法学、新闻传播学、伦理学等，属于阶级倾向性较强的人文社会科学学科；管理学、教育学、心理学、经济学、人文地理学、人类学等，其阶级倾向性较弱；语言学、考古学等则无明显的阶级倾向。民族语言的规则适用于这一民族语言的所有使用者，一枚恐龙蛋化石的价值，并不因持有者的阶级身份而有所变化。

第二，对于那些具有某种阶级倾向性的人文社会科学来说，也并不是用一个“阶级倾向性”就能概括其全部内容的。比如，法学是一门阶级倾向性较强的学科，但法学的研究对象中也包括了大量为社会全体成员所共同关心的，也即大量非阶级性的成分在内的课题。例如，围绕那些属于社会公共事务范围内的“环境保护”、“食品卫生”、“禁止近亲结婚”、“交通安全规范”、“保护野生珍稀动物”等问题所进行的法学研究，一般是不大会受到多少来自阶级利害关系的影响的。又如，新闻传播学也是一门阶级倾向性较强的学科，它的研究对象可以是具有鲜明阶级性的宣传现象，也可以是不带多少阶级色彩的客观新闻事实的报道。

第三，在一门具有某种阶级倾向的人文社会科学学科中，我们应具体区分其理论体系与研究方法。在这些学科中，一般来说，其理论体系如果是带有或强或弱的阶级倾向性，但与之相配套的研究方法，无论是一般研究方法或是专门研究方法，如社会调查、社会统计、实地观察、比较研究、模拟、归纳、演绎等，都不会带有什么阶级性。它们可以为代表不同阶级利益的人文社会科学家的研究活动服务。

第四，对于具有阶级倾向性的学科理论体系，也应看到它有时会具有两重性特征，即它既具有阶级倾向性的一面，又具有非阶级倾向性的一面。比如，产生于资本主义土壤上的“泰罗制”，就其理论体系而言，就是具有两重性的。列宁当年对它所作出的评价就是着眼于两重性视角的。他说，“资本主义在这方面的最新成就泰罗制，同资本主义其他一切进步的东西一样，既是资产阶级剥削的最巧妙的残酷手段，又包含一系列的最丰富的科学成就，它分析劳动中的机械动作，省去多余的笨拙的动作，制定最恰当的工作方法，实行最完善的计算和监督方法等等”。（《列宁选集》第3卷，人民出版社1995年版，第491页）同样道理，马克思主义理论中的一些观点，从根本上说，当然是代表无产阶级的利益的，但这并不妨碍西方资本主义国家对它加以吸收、利用。例如，有学者认为，20世纪西方列强在经济、政治、文化领域中进行的一系列重大调整，包括产权关系、劳资关系、分配关系的调整等，不少受益于马克思主义理论。曾经帮助美国摆脱20世纪30年代经济危机的“罗斯福新政”，其最有效的干预政策，乃是把马克思阐释的“高额累进所得税制”、“高额累进遗产税制”和“社会失业保障制”通过立法变成了实际运行的法律法规。

2. 人文社会科学通常体现出一定的民族性

关于人文社会科学的社会文化背景。

表面看起来，自然科学成果是用民族语言来作理论表述的，而在科研体制上也多少带有民族特点，但这些并不能规定自然科学在本质上是民族性的。自然科学在本质上是超越民族的，因为，无论是哪一个民族的自然科学，其研究对象只有一个，即只能是我们这个统一的宇宙，都是在研究这个宇宙的各种运动规律。总之，自然科学所要揭示的是自然规律，这一规律具有超越民族的统一性，带有明显的国际性特征。比如，经典物理学时代的能量守恒定律、动量守恒定律、牛顿三大运动定律、麦克斯韦的方程等这些基础理论，是不会因接受它们的民族不同而有所改变的；哈维所提出的关于血液循环的理论，马尔毕基关于毛细血管的理论，施旺麦丹有关昆虫的显微解剖的著作，林耐的关于植物分类的研究，这些科学成果不会因中国、法国的民族间的区别而走样。总之，自然科学的研究成果能为世界各族人民所共同使用，而自然科学作为一种人类的社会活动也同样表明它具有国际性的特征。别的不说，就拿自然科学领域中的各具体学科的理论结构，诸如基本原理、基本概念及定律等来说，总是统一的。至于各民族的自然科学家，只要是在从事着同一科学学科的研究活动，那么他们所运用的科学术语、符号及量纲等表述方式，总的趋向是走向国际规范；在自然科学领域，几乎所有的学科都已经有了自己的国际性学会，都有了属于该学科的国际性的学术刊物，而跨国的、世界性的科学研究机构正在不断地涌现。可以这样说，自然科学越发展，它的国际性特征就越显著。

与自然科学相比较，人文社会科学则具有较为明显的民族性特征。从内容上看，人文社会科学的研究对象总是渗透有一定程度的民族性成分的，而民族诸要素和它们的各子要素及其历史演化过程本身，就属于人文社会科学诸如语言学、人文地理学、经济学、社会学、宗教学、伦理学、人类学、文化学、文艺学、历史学等具体学科的研究对象；而研究者的价值取向又总是渗透着特定的民族文化精神，这就使人文社会科学的内容通常具有一定的民族性。

民族性是一个普遍存在的事实。这种民族性具体表现为不同民族间在经济、政治、文化等各个方面所存在的差异性。具有 5000 年（一说 7000 年）以上文明的中国，与只有 200 余年历史的美国，其民族差异是显而易见的；而同处东方的中国和与之一衣带水的日本国，也具有大有异趣的民族个性。法国著名的艺术理论家丹纳在他的《艺术哲学》一书中，曾就拉丁民族与日耳曼民族之间的民族差异性作过细致的分析。对于日耳曼民族的民族特性，他曾作过这样有趣的概括："日耳曼人感觉不太敏锐，所以更安静更慎重。对快感的要求不强，所以能做厌烦的事而不觉得厌烦。感官比较粗糙，所以喜欢内容过于形式，喜欢实际过于外表的装潢。反应比较迟钝，所以不容易受急躁和使性的影响；他有恒心，能锲而不舍，从事于日久才见效的事业。总之，在他身上，理智的力量大得很，因而外界的诱惑比较小，内心的爆炸比较少。而在外界的袭击与内心的反抗较少的时候，理性才把人控制得更好。——考察一下今日的和整个历史上的日耳曼民族：第一，他们是世界上最勤谨的民族；在精神文明方面出的力，谁也比不上德国人：渊博的考据，哲理的探讨，对最难懂的文字的钻研，版本的校订，字典的编纂，材料的收集与分类，实验室中的研究，在一切学问的领域内，凡是艰苦沉闷，但属于基础性质而必不可少的劳动，都是他们的专长……”丹纳对日耳曼民族的民族特性的上述概括，并不见得都十分准确，但他强调任何一个民族都有其独特的民族性这一基本点是不错的。一个民族的独特的民族文化精神必然会向人文社会科学的研究对象和研究者渗透，这样，民族性也就必然会反映到一个民族的人文社会科学的内容中来。

关于人文社会科学民族性的主要表现。

不同民族间的人文社会科学要进行交流，其障碍就不仅仅是语言文字，而且还有内容上的差异。这种内容上的差异，其表现是多方面的。首先，在不同民族之间，同一个具体的人文社会科学学科，在理论构成上往往存在着较大的差距，这集中表现在理论观点上所存在的民族分野。比如，在文艺美学领域，西方古代的小说理论往往与宗教密切相连，而中国古代的小说理论却是与政治紧密相关。西方古代小说理论的与西方宗教相关，既可以表现为运用小说理论去维护和宣扬宗教神学思想，如法国的夏多布里昂和巴尔扎克等，也可以是用小说理论去批判宗教神学，如法国的思想家卢梭等；中国最早的小说理论虽然也与当时的神学观念有一定的联系，但当中国小说进入成熟期后，小说理论中的神学观念就逐渐被政治思想所代替，即使认为小说的社会作用是“资闲谈”的，也是从政治需要的角度提出的。总之，在中国，自唐代以后，小说理论虽然也几经变化，但就其总倾向而言，是不与政治相分离的。人文社会科学的这种理论构成上的民族差异，还可以表现在各自所运用的概念术语上的不同。比如，在文艺美学领域，同样在讨论艺术中的高等级的艺术形象，西方民族是用“典型”这个术语来描述的，而在中国古代，用的却是“意境”这一术语。

不仅在内容上、在理论构成上不同，就是在理论形式上、在表述的文体方面，也有着民族间的差异。比如，中国古代文人所普遍运用的批注、评点的形式就是中华民族独具的一种理论著述方式。

人文社会科学的这种民族差异性的存在，并不意味着这些学科就不能在民族之间进行交流。人文社会科学也能进行民族交流，也应该进行民族交流，但这种交流肯定不同于自然科学。在民族间进行自然科学方面的交流，一般只须经过翻译即可。但人文社会科学就不是这么简单了，进行这种交流，除了语言翻译外，还需要做大量的研究工作，必须使之民族化，即本土化之后，才能收到预期的效果。列宁曾就此问题指出过："只要各个民族之间、各个国家之间的民族差别和国家差别还存在（这些差别就是无产阶级专政在全世界范围内实现以后，也还要保持很久很久），各国共产主义工人运动国际策略的统一，就不是要求消除多样性，消灭民族差别（这在目前是荒唐的幻想），而是要求运用共产党人的**基本**原则（苏维埃政权和无产阶级专政）时，把这些原则**在某些细节上正确地加以改变**，使之正确地适应于民族和民族国家的差别，针对这些差别正确地加以运用。"（《列宁选集》第4卷，人民出版社1995年版，第200页）列宁的这一论述，虽然是就一个很具体的问题来说的，但它可以适用于整个人文社会科学领域。他的这一论述，揭示了人文社会科学的这样的一些道理，即人文社会科学通常具有一定的民族色彩，这些具有民族特性的人文社会科学理论，如果要进行民族交流，那就必须经过民族化。可以说，民族化是人文社会科学理论进行民族交流的一大前提。原本属于异民族的人文社会科学理论，经过民族化、本土化后，也就成了具有本民族特性的人文社会科学理论了。人文社会科学正可以借助于这种不断的民族交流，借助于不断的被民族化、本土化而得到发展。建设中国特色的社会主义理论正是马克思主义理论中国化以后的积极成果。

3. 人文社会科学的时代性

关于研究对象的时代性。

人文社会科学的时代性，首先是指研究对象的时代性。

自然科学的研究对象——自然界，一般说来很难说具有什么明显的时代性，它远在人类社会诞生之前就已存在；1000 年前发生在中国某地的地震与 1000 年后的唐山大地震，对于研究地震的科学家来说，具体的研究对象没有多大区别。通常说来，人文社会科学的研究对象却具有鲜明的时代性特征，它的具体研究对象总是同一定的社会形态、一定的社会历史发展阶段相联系的。马克思在一篇著名的演说中曾说过这样的话："因此，各个人借以进行生产的社会关系，即社会生产关系，是随着物质生产资料、生产力的变化和发展而变化和改变的。生产关系总和起来就构成所谓的社会关系，构成所谓社会，并且是构成一个处于一定历史发展阶段上的社会，具有特征的社会。古典古代社会、封建社会和资产阶级社会都是这样的生产关系的总和，而其中每一个生产关系的总和同时又标志着人类历史发展中的一个特殊阶段。"（《马克思恩格斯选集》第 1 卷，1995 年版，第 345 页）人类社会的不同存在形态和不同历史发展阶段的特殊性，决定了以各种人类社会现象为其研究对象的人文社会科学，在内容上必然具有时代性的特征。比如，在不同的社会形态下，其经济形态也是各不相同的，奴隶社会的生产关系与封建社会的生产关系是不同的，而封建社会的生产关系也一定是不同于资本主义社会的。不仅如此，即使是在同一社会形态下，社会的经济运行也因所处的历史发展阶段的不同而不同。比如，资本主义社会的经济活动，由早期的自由竞争发展为资本垄断，而资本主义社会发展到当代，其经济运行与几十年前的资本垄断又有了许多不同。第二次世界大战后人文社会科学的快速发展显示，不仅在经济方面是如此，而且在政治、法律、伦理、教育、宗教、民族等众多领域也无不如此。20 世纪 70 年代末，我国人文社会科学家预测，如果我国人口的增长按 1975 年的妇女平均生育率继续下去。2000 年人口将达 14.2 亿。这一具有紧迫意义的课题被及时捕捉，其背景和作用不言而喻。

总之，人文社会科学各具体学科的研究对象总是随着时代的变化而变化的，进而也就使得人文社会科学的内容有了鲜明的时代性特征。

关于研究主体的时代性。

人文社会科学的时代性，从根本上说，体现于研究主体的价值取向。在人文社会科学这一领域内作真理性判断时，总是要受到价值判断的制约，有时甚至是要以价值判断为转移的。在自然科学研究中，一般说来，科学家对于他所要研究的对象可以抱有一种“超然”的态度，可以与他所要研究的对象保持一种距离，也就是说，自然科学家在研究中通常可以在不牵涉价值判断问题的情况下，也即可以以某种中立的态度去客观地、冷静地处理自己的研究对象。比如，哈登、诺依伯、迈耶霍夫、埃姆登、帕纳斯等在对新陈代谢的基本途径进行研究时，或者是希尔、阿农、卡尔文、科茨夏克、哈奇等在对光合作用问题进行研究的时候，他们的研究目标直指自然规律自身，而在奔向这一目标的过程中，他们一般是很少受到来自价值判断方面的干预的。如果说在自然科学研究中，科学家越来越多地涉及某种价值判断问题，例如，关于“试管婴儿”、“克隆人”、“基因重组”、“人工智能”等等，那也是以“对全人类是否有利”为原则，而非仅关涉某个具体的阶级或集团的利益。正因为如此，一些自然科学家才往往把自然科学视为一种与价值概念不相容的知识体系，把这种中立性看作是“与科学知识的客观性和在科学知识自身领域无可指摘的权威性相联系的一种优点”。在人文社会科学研究中，情况就不同了。人文社会科学家在面对研究对象时，要完全抱着一种“超然”的态度，或是与要研究的题材绝对保持“距离”，即使是“心向往之”，事实上也是不太可能的。人文社会科学理论往往与研究者的价值观念相联系，要打上某种价值判断的印记。如果说，在自然科学研究中，科学家的注意力只须指向客观事实及主观对客观的反映，那么，在人文社会科学研究中，科学家的研究活动就不同于自然科学家了，他们的认识活动总是与他们的价值判断活动紧密相连的。马克思如果不对“资本”作出价值判断，也就不可能有他的关于剩余价值问题的真理性揭示。同样，列宁对垄断资本的批判，毛泽东对五四运动的研究，邓小平对中国特色社会主义理论的阐释，其中的价值判断也是一眼便能看出的。因为价值判断总是具有强烈时代性的，这就决定了整个人文社会科学也就具有了时代性。

关于理论的时代背景因素。

人文社会科学的时代性特征还可以从人文社会科学理论与时代背景因素间的特殊关系看出来。

无论是人文社会科学理论的形成或是运用，都不能与特定时代的背景性因素相分离。离开了对具体时代背景因素的分析，一定的人文社会科学的理论就不可能形成，其运用也就会变得十分困难。在自然科学研究中，由于研究对象与时代背景之间并没有直接的联系，因此，科学家在进行研究时，是没有必要把此研究对象放到一定时代中先进行一番考察的，自然规律的正确性、可靠性是不会受到任何时代因素的影响的。人们在运用自然科学家的研究成果时，也无须先行研究一番发现这一自然规律的科学家所处的时代。人文社会科学与此不同。人文社会科学家在研究某一对象时，除了要认真地研究对象自身之外，还要对该对象所处的时代的有关方面作出深入的剖析。这是因为人文社会科学家所要研究的对象总是整个社会机体的一个有机组成部分，在不了解整个有机体的情况下，要对这一局部作出准确的判断，这是不可能的。比如，不对半封建、半殖民地时代有个较为全面的了解，就不可能对 20 世纪 20 年代的中国农民的出路问题作出深入的研究。再比如，不分析三国及西晋统一时期的经济、政治、文化等背景性因素，我们也就不可能全面地理解为什么会出现后来的东晋的偏安江南，并与北朝形成长时期的南北对峙局面等。可以说人文社会科学家在研究某个对象时，一旦离开了时代背景即社会历史条件这样一个“参照系”，这种研究就不可能“实事求是”，不可能具有科学性。在运用自然科学研究成果时，人们是无须考虑到任何来自时代方面的因素的，比如，我们完全可以在不了解海森堡所处的时代的情况下，去运用由他所提出的测不准关系理论。在运用人文社会科学的研究成果时就不能这样了。这种研究成果的运用，通常是不能离开对时代背景所作出的分析的。我们既要分析这一成果产生的时代背景，又要分析运用这一成果时的时代背景，否则，这种应用往往不容易获得成功。比如，要把孔子的教育思想运用到现代教育中去，或者是要把孙子的战略思想用之于现代战争的战略决策，用之于现代的经济管理中去，都不能不对产生这两位思想巨人的时代背景作出分析，都不能不对我们所处的这个时代作一番审视，并在孔子、孙子时代与现代之间作出认真的比较。只有这样，我们才能把古代思想中的精华成功地运用于现代。

人文社会科学具有时代性特征。在历史发展的任何一个阶段，都有着属于自己这个时代的人文社会科学。与自然科学相比，人文社会科学理论更能敏锐而直接地反映出时代的风貌与历史发展的要求。

三、人文社会科学的发展机理

我们尝试讨论人文社会科学发展的内在机理。人文社会科学的发展机理，可以同自然科学相比照。人类和自然本为一体，只是到了一定的历史阶段，人类的祖先才从动物中分离出来，进而发展为现代人，成为一种独立于自然界的主体。在长达数十万年的发展中，人类对自然的认识和对社会的认识始终交织在一起，共同推动人类从野蛮走向文明。只有当人的认识能力发展到一定水平，人们才可能把客观世界划分为既互相联系又相对独立的两部分：以人为中心的社会和以自然为中心的自然界。由此，人类对世界的认识也就相应地从混合状态分化为两种相对独立的科学，即自然科学和人文社会科学。它们之所以都被称为科学，就在于它们都是对现实世界的客观规律的反映，而它们又总是不完善的，需要通过积累和创新向前发展。因此，它们的发展机理存在着一致性。然而，由于它们的研究对象不同，研究者与研究对象的关系不同，研究方法又各有特色，这就使两者的发展机理多少有所区别。从人文社会科学发展的角度看，至少在这样三个方面，人文社会科学发展机理的科学共性与个性得到了较充分的体现：人类社会实践与人文社会科学理论的互动关系；社会需要与理论自身发展需要的辩证统一；常规性发展与革命性发展相互交替。

（一）人类社会实践与人文社会科学理论的互动关系

人文社会科学是人类对自身的理性认识，人类的社会实践是人文社会科学理论产生的源泉和动力。正确的人文社会科学理论产生以后，又能进一步推动社会实践的进程。两者之间存在的相互依赖、相互推动的关系，我们称之为互动关系。

古希腊文化的代表人物亚里士多德认为，实践是一种生活方式的选择，是相关于人生意义与价值的活动。就是说，他把实践看作人的精神文化活动。

近代科学发展步伐加快，这个界定的局限性暴露无遗。一些哲学家自然地将物质生产、科学实验也归于实践范畴，因而实践曾一度成为自然科学活动的代名词。

马克思和恩格斯则赋予社会实践以现在已为人们熟知的科学内涵。根据马克思主义观点，社会实践是人类最基本、最重要的活动。

社会实践与人文社会科学的关系，首先表现在，社会实践同时创造了人文社会科学研究的主体和对象。正如恩格斯《劳动在从猿到人的转变中的作用》一文中所阐述的那样，是劳动，是社会实践，使人从动物中分离出来，走向文明。当代欧美学者的一项研究结果表明，70 年来，日本人的智商平均值在不断提高。1910 年～1945 年间出生的日本人，智商平均值为 102～105；1946 年～1949 年间出生的日本人上升为 108～115，其主要原因是人们的社会实践活动明显增多。这就是说，人类社会实践的发展，促进了科学研究主体的心理基础的发展。而且，人类社会实践所创造的物质财富为人类得以存在提供了物质保障。人类的生存、延续与发展，都是以社会实践为前提的，脱离了社会实践活动，脱离了社会实践所创造的物质财富，人类及其科学研究活动便失去了存在的物质条件。这是一个方面。另一方面，社会实践还创造了人文社会科学研究的对象。自然科学的对象，是自然界的各种现象，它们是先于人类的产生而存在的，是不以人的意志为转移的；而人文社会科学的对象即社会现象，是人类发展到一定阶段的产物，是人类实践的结果。因此，对人文社会科学来说，人类的社会实践不仅为它创造了主体，同时也为它创造了客体，具有了比自然科学更为重要的意义。

社会实践与人文社会科学的关系，主要表现在人文社会科学对社会实践的依赖，具体体现为社会实践对人文社会科学的促进和制约两个方面。

如前所说，实践是认识的基础，它总是一种最活跃的因素。毛泽东在《实践论》中说："人类社会的生产活动，是一步又一步地由低级向高级发展，因此，人们的认识，不论是对于自然界方面，对于社会方面，也都是一步又一步地由低级向高级发展，即由浅入深，由片面到更多的方面。"这段话充分揭示了人文社会科学对实践的依赖。社会实践的发展，必然在人类的认识上有相应的反映，形成与之相适应的理性认识，刺激着人类认识水平的提高；与此同时，社会实践又向更高层次上挺进，这就使高层次上的实践与原有的理论认识产生偏差，只有寻求与新的实践相适应的新认识，由此产生的新的人文社会科学理论，才能与新的实践活动吻合。这种过程循环往复，在理性的不断否定、补充和深化中把人文社会科学推向前进。伴随封建社会没落期资产阶级力量的兴起，法国人文社会科学领域涌现出灿若群星的启蒙思想家；在资本家与工人之间的矛盾日益明显的历史条件下，《资本论》应运而生；第一批现代国家出现之后，国际人文社会科学界掀起现代化理论探讨的热潮；20世纪与21世纪之交，由于信息化冲击波激荡全球，新经济浮出水面，学习化社会的轮廓日益显现，人文社会科学的各个领域几乎都出现了一波又一波的呼唤"反思"、"开放"、"重建"的热浪。社会不断向前发展，社会实践不断丰富、深化，新情况、新问题层出不穷，促使人文社会科学理论推陈出新。以新闻传播学对传播效果的研究为例。第二次世界大战结束后，鉴于法西斯德国在宣传上取得了巨大成功，许多传播学家认为传播像发射枪弹，具有强大的效力，所以提出了大众传媒传播效果的强效力论，史称“枪弹论”。然而随着社会的发展，人们渐渐发现，“枪弹论”只是二次大战那个特殊时代的社会实践的产物，于是传播学家提出“有限效果论”。今天，大众传媒在社会中的作用越来越大，传播学家们又不得不重新修改自己的理论，提出了“适度强效论”。如此不断的否定、补充和深化，使传播效果理论趋于成熟。

社会实践又在某种意义上制约着人文社会科学的发展。这就是说，人文社会科学的发展始终受社会实践发展水平的制约，不可能产生一种没有实践基础的“新理论”，列宁在《唯物主义和经验批判主义》中说过，没有被反映者，就没有反映。反映始终受被反映者的制约，没有实践的发展就没有科学的进步。正是在这个意义上，我们可以说，社会实践又制约着人文社会科学的发展。在封建社会的经济关系中，产生不了马克思主义的政治经济学，在封建社会中产生不了社会主义初级阶段的理论。只有当生产力的发展，促使资本主义生产关系的形成，才能为马克思主义的政治经济学的产生奠定基础；只有正确认识我国现阶段社会生产落后，与日益增长的人民物质文化需要的矛盾尖锐这一情况，才可能产生社会主义初级阶段的理论。这种制约作用同样体现了理论对实践的依赖。在评论许多伟大的人文社会科学家时，后人常常感慨，他们也具有历史局限性。所谓局限性，说到底，也就是那个时代社会实践发展的水平对人文社会科学认识的制约。

社会实践与人文社会科学的互动关系，还表现在人文社会科学理论对社会实践的能动作用上。这种能动作用，同样表现为促进和制约两个方面。

动物学家已经证明，动物也能利用工具进行一些活动。比如有的秃鹰会用石块敲碎鸵鸟蛋充饥，有的灵长目动物会利用树枝、木棍觅食。但是动物的上述行为从来也没有被看作是一种实践。这里的区别在于，人的实践是带有一定目的的社会行为，这种目的来源于人对客观世界的认识。

建立在社会实践基础上的人文社会科学理论一经产生，就具有相对的独立性。新的理论，由于比较好地解决了社会实践中的新问题，所以为促进社会实践的进一步发展铺平了道路。它常常成为人们改造社会的思想武器，指导人们有目的地进行社会实践活动。马克思主义的诞生，无疑是马克思恩格斯等无产阶级思想家总结古往今来人类社会实践经验的结果，然而它诞生以后就成了各国无产阶级的思想武器，使人民群众对于社会的改造有了明确的目标，而这是空想社会主义理论完全不能与之相比的。

人文社会科学的理论一经产生，就有相对的稳定性。某些曾经起过进步历史作用的理论，未能随着社会实践的发展而发展，往往转化为封闭僵化的社会观念、社会思潮，制约了社会实践的前进。以“凯恩斯主义”为例。20 世纪 30 年代的世界性经济危机促成了西方经济学所谓的凯恩斯革命。凯恩斯主义的经济理论主张国家干预经济，为西方经济复苏立下了汗马功劳；然而它很快便难以对付西方经济发展提出的新问题，到了 70 年代，跟着凯恩斯主义走的西方经济陷入停滞状态，说明凯恩斯主义在新的时代条件下对经济发展起了制约作用。

前边已经说过，人文社会科学的具体理论总是与一定的社会历史条件相联结的。在充分肯定它对历史进程所起的积极作用时，有必要充分认识它的观点和方法一旦滞后于社会实践发展需求时，可能产生的消极作用。当今社会的发展节奏加快。法国一位社会学家估计，20 世纪末期科技革命在 3 年之内发生的变化相当于 20 世纪早些时候 30 年的变化，牛顿以前时代 300 年的变化，石器时代 3000 年的变化，可谓瞬息万变。科技革命对现代社会和人类发展带来了前所未有的广泛而深刻的影响。在这样的历史时刻，尤其要注意人文社会科学理论是否滞后于社会实践发展需要的问题。

社会实践与人文社会科学的关系同社会实践与自然科学的关系有所不同。

应当看到，以科学实验为基础的自然科学的发展，也必须以社会实践为基础，并且能反过来指导以生产实践为主要组成部分的社会实践。但是，以自然界为研究对象的自然科学，与以人和社会为研究对象的人文社会科学，它们与社会实践的互动关系在内容和表现形态上并不一样。

一是社会实践对两大科学部类的理论研究所起的决定性影响的侧重点不同。对自然科学研究起决定性作用的，一般来说，是那个时代的物质生产水平。人文社会科学研究则不然。一个最常见的表现就是社会意识形态对人文社会科学研究工作所起的作用。人文社会科学家往往受到他那个时代主流价值观的影响，他的潜意识中也早已打上了民族文化的烙印，从而深刻地影响着他的研究。即使是一位研究古代史的学者，他也往往会按照现代最新的史学方法和理论来诠释史实。所谓一切的历史都是当代史的说法，并非毫无道理。人类的全部社会实践活动，特别是阶级社会中政治活动和精神文化活动对人文社会科学的影响是如此之大，以致著名的英国科学家贝尔纳在《历史上的科学》一书中会发出这样的感慨："人类对他生活在里面的社会的知识远比人类对周围物质世界的知识，或者对这个世界里生长和生活着的植物和动物的知识更难于获得，过去如此，现在还是这样……"在他看来，"社会科学的落后主要不是由于研究对象具有一些内在的差别或仅仅是复杂性，而是由于统治集团的强大的社会压力在阻止着对社会基本问题进行认真的研究"。

二是两大科学部类的理论对社会的反作用也有差别。自然科学早已建立了一整套公认的有效的实践检验程序，对于生产实践的反作用是直接的，易于量化的，社会效益也是显著的。爱迪生发明了电灯，莫尔斯发明了电报，贝尔发明了电视……这一切都在很短的时间内有效地转化为生产力。而人文社会科学实现认识到实践这一飞跃时，会遇到种种复杂的、偶然的因素的影响。比如经济学对于股票的研究已经达到了一定的水准，可是在万花筒般的股市上，这些理论成果往往不能奏效。又如一些发达国家关于民法的研究取得了丰硕的成果，可是把它们简单地移植到发展中国家，会经常出现"水土不服"的情况。许多学者认为人文社会科学对于社会实践的影响，不但不能用是否立即见效来衡量，而且也很难做定量分析。亚当·斯密的经济学思想在一开始并没有受到人们的重视，后来对人类的影响也难以用数量来标示。使人欣慰的是，时间往往会对人文社会科学成果的价值和意义作出公正的裁决。

最后值得注意的是：在现实中，社会实践与人文社会科学的互动关系不是单向的，而是双向混合的，在前者作用于后者的同时，后者也在作用于前者，正是在这种复杂的交错中推动社会的进步。

（二）社会需要和人文社会科学自身发展需要的辩证统一

关于人文社会科学发展的动力，有如下三种看法：

一种是所谓“内在论”。“内在论”认为人文社会科学的发展有其独立于社会的自身规律，它之所以向前发展，是因为人文社会科学以理论的自身发展作为内在动力，在继承前人优秀成果的基础上，不断创造出新的成果。在强调这一点的同时，“内在论”淡化社会的影响，这便注定了它在进一步阐释人文社会科学发展的历史和现状时难以自圆其说。

第二种观点是所谓“外在论”。“外在论”认为人文社会科学的发展动力来自社会环境。这种看法过分淡化人文社会科学家的主观能动性和人文社会科学自身的发展需要，导致它对前一种观点的矫枉过正。

“内在论”与“外在论”都从各自角度深入地探讨了问题的一面，而忽视了另一面。随着辩证唯物主义和系统科学的影响日益深入，第三种看法显示了强大的生命力。

第三种观点将人文社会科学视为社会的一个子系统。这个子系统与社会母系统之间通过信息沟通，保持着一种动态平衡。社会母系统的种种需要刺激了子系统的发展，需求不断出现，人文社会科学也就越来越壮大。与此同时，在子系统的内部，继承与创新，各种流派争鸣，也保持一种动态平衡，使人文社会科学不断向前发展。我们认为，人文社会科学发展的动力来自于两个方面：一方面来自人文社会科学的外部，即社会需要；一方面来自人文社会科学内部，即自身的矛盾运动。社会需要和人文社会科学自身发展需要构成了辩证的统一。

首先看社会需要对人文社会科学发展的作用。

社会是一个庞大的系统，领域广阔，内容丰富，并且复杂多变。社会中的确存在一些因素，它们不仅没有成为人文社会科学发展的促进因素，反而成为一种阻碍的因素，拖延了社会的进步，也钳制了人文社会科学的发展，如社会中的封建迷信，反动势力等等。人文社会科学的动力，特指那些推动社会进步，促进人文社会科学发展的各种因素，我们就用“社会需要”来概括。

社会需要的领域海阔天空。一部人文社会科学发展的历史，在一定意义上可以看作人文社会科学逐步满足社会发展需要的历史。特别是当代，社会发展日新月异，各种新的涉及物质文明、精神文明、政治文明还有生态文明的社会问题，一批又一批地横陈在人类社会面前，在工业革命前后那种自然科学无所不能的想法渐渐地显示出了它的片面性。巨大的社会需求，使人文社会科学获得了前所未有的发展空间。我们可以举出人口学的发展为例。人口学是当代人文社会科学的重要学科。据估计，公元前2000年人口达1亿，公元元年人口2亿～3亿，那时不存在研究“人口问题”的社会需求，自然也不见“人口学”的踪影。然而近代以来，随着物质生产能力提高，科技发展，生活质量提高，人口数量快速增长，1830年达到10亿，人口问题开始成为科学研究课题了。此后，全球人口每增10亿的年限分别加速为100年、30年、15年，1987年世界人口已突破50亿大关。20世纪末期地球每分钟出生200多个婴儿。与“人口爆炸”相关的粮食、能源、交通、教育、就业、住房、环境、生态等社会问题，都急切要求人口学与人文社会科学乃至自然科学的相关学科合作研究，拿出理论，拿出对策；这就大大推动了人口学及其相关学科的发展。我们看到，面对当代社会的新的需要，人文社会科学研究的内容和范围不断扩大，诸如安乐死、“克隆羊”之类的问题迅即成为人文社会科学关注的热点。1997年初诞生的克隆羊“多利”引起了包括哲学家、社会学家、伦理学家在内的人文社会科学者的极大关注，一场大辩论尚未停止，他们又不得不对美国科学家宣称要克隆人这一事件表示关注。自然科学的发展一日千里，“信息爆炸”已成为社会的重要特征，越来越多的课题摆在人文社会科学家面前，人文社会科学对飞速发展的自然科学产生的种种复杂社会后果进行着深入的分析和探讨，对“价值失控”、“伦理滑坡”现象展开了尖锐批判。

关于当代人文社会科学发展的背景和趋势，我们将在第八章系统讨论。这里想要证明的是，社会需求的发展是人文社会科学发展的重要杠杆。它是人文社会科学研究课题的来源，每一个新的社会需求的出现，都会促进人文社会科学理论向广度和深度拓展。当新的理论产生以后，它势必要与旧的理论进行一番争论，并最终扬弃旧的理论而使自己达到一个新的高度。这种矛盾运动正是人文社会科学自身发展需要的表现。从这个意义上说，社会需求实际上也促进了人文社会科学发展的内在动力更好地发挥作用。

其次看人文社会科学自身发展需要。

人文社会科学作为一个子系统，必须保持系统内部的平衡，就像是人的肌体，要通过“新陈代谢”保持自身的生存与发展。如上所述，在旧的社会需求得到满足，新的社会需求产生的过程中，新的理论、正确的理论要通过扬弃，使陈旧的理论、片面的理论得到改造，或被淘汰。这便是促进人文社会科学自身发展的内在动力。它常常表现为人文社会科学各理论体系、流派、观念之间的争论与批判、继承与创新的过程。

这个过程首先是从争论与批判开始的。任何一种理论如果要求发展，都必须在争论与批判中不断成长。在古希腊时代哲学家辈出的时期，在我国战国时期，人文社会学说上的争论精彩纷呈，那段时期也正是人文社会知识迅速积聚的时期。而中世纪神学一统天下的时代，任何对神学的批判与论争都是不允许的，于是神学不可避免地失去了发展的生机，并最终衰落。所以历代大哲都十分重视学术的自由争论和批判。争论和批判有助于人文社会科学家认识到自己的错误或不足，并在以后的研究中摒弃这些错误或不足；它们也有助于学术界吸收正确的先进的研究成果，摒弃淘汰过时的理论；它们还有助于培养学者虚怀若谷的治学态度，弘扬实事求是的科学精神。

这个过程最终表现为正确的、先进的理论对于以往成果的继承与创新。继承与创新实际上是不可分割的。创新不是一个空中花园。任何科学成果都是站在前人的肩膀上而取得的，所以尽管我们强调创新的重要，但继承决不可忽略。在近期国内人文社会科学界的社会现代化综合研究中，有人认为现代化就是彻底抛弃传统，包括抛弃中华民族源远流长的精神文化遗产。这个观点的谬误是显而易见的。正如有的学者所说，现代化是传统的未来，不继承传统，便走不进现代。人文社会科学的继承通常表现在两个方面。首先是继承前人已经建立起来的人文社会科学知识。这种继承并不限于本专业本学科，而且还包括其他专业和其他学科，要自觉地综合其他专业的知识，为我所用。这种继承也不限于前人所创造的理论成果，前人的研究经验、研究方法和失败的教训也应该充分借鉴。一般认为，马克思主义的思想来源于德国古典哲学、英国古典政治经济学和法国空想社会主义学说。马克思不仅从结论中汲取营养，而且还成功地继承了作为哲学方法的唯心辩证法的合理部分，这是一个批判继承前人成果的范例。其次是在同代人相互交流中汲取营养。反对同时代人之间争论、商榷的想法是不利于人文社会科学的发展的。至于创新的重要性就不用赘言了。它是完成整个过程的最后一步，如果没有创新，人文社会科学就不会向前发展，而只能成为陈旧思想资料的汇编。

争论与批判、继承与创新的过程不可能断然分割开。没有创见、没有知识积累的争论与批判，简直形同虚设，它们不会产生任何积极作用。离开争论与批判，也无法从继承飞跃到创新。只有这个过程不断循环往复，才能使人文社会科学健康发展。

与人文社会科学相比，自然科学的发展也会受到社会需求的推动，自然科学也经历着批判、继承与创新的自我发展过程，但是它们之间还是有所差别的。

第一，社会需求来源的性质不同。对于自然科学来说，社会需求一般直接源于物质文明建设的进展，明确而稳定。工业革命前后，人类对交通、通讯、动力的需要直接导致了火车、电报和蒸汽机的发明。信息时代人类对知识及其传播速度的重视和渴求，直接导致电子科技日新月异的发展。而对人文社会科学来说，社会需求更多地来自精神文化领域，而且受社会意识形态制约，复杂、多变。例如，当今社会制度不同、民族文化精神不同、经济社会发展水平不同的国家，对于“热门学科”未来学的期待是很不一样的，同一个国家在五年前与五年后对未来学的需求也可能有较大变化。

第二，两者自身发展的实现过程不尽相同。自然科学的新学说出现以后，如果被实验严格地加以证实，那么它就已经完成了替代旧的学说的任务。比如爱因斯坦的相对论一经证实，不管世人受到多大震惊，它在事实上已完成了推翻牛顿某些定论的过程。然而人文社会科学则不然。新的学说提出之后，与之对应的旧学说并不因为新学说确实提供了某种新的关于人与社会的真理性知识而就此消亡，它可能再提出若干其他假说来修正自己的缺陷，与新学说互补并存；它也可能举出新的论据进行自我辩护并同新学说进行较量；它还可能向占有统治地位的社会意识形态寻求庇护，千方百计遏制新学说的传播。因此人文社会科学的新陈代谢往往是一个漫长和反复的过程。

对于人文社会科学来说，社会需要可以说是它向前发展的外因，人文社会科学自身的发展需要则是发展的内因。两者同时作用于人文社会科学，互相依存，互相影响，呈现出一种辩证统一的态势。它们的合力，是促使人文社会科学由简单到复杂、由低级到高级不断发展的强大动力。

（三）常规性发展与革命性发展相互交替

人文社会科学的发展是具有阶段性的。如果新出现的人文社会科学理论只是对旧有理论的丰富和完善，而没有对旧理论的基本原理、方法与理论框架作根本性的改变，那么我们称之为常规性发展。比如列宁关于帝国主义的论述，就是对马克思主义的一个补充，其注重考察的是哲学与政治学上的一个常规性发展。如果新出现的人文社会理论从根本上否定了旧有理论，极大地改变了人们的观念和认识，那么我们称之为革命性发展。就具体学科而论，比如弗洛伊德精神分析学说的创立，就是心理学史上的一个革命性发展。

我们在前面已经反复强调，科学作为人类对客观规律的正确认识始终是相对的。客观世界的无限性与人的认识能力的有限性，便决定了科学始终由相对真理向绝对真理靠拢，体现出发展的永恒性。因此，在现实生活中所谓新理论与旧理论的区分都是相对的。随着时代的发展，科学理论总会出现各种各样的不足之处。当实践中提出的一系列问题，原有的人文社会科学理论体系难以解释、证明它们时，正预示着科学理论将有一个重大发现。当这个飞跃实现以后，新的理论体系才得以完全取代旧的理论体系，从而开始一个新的时代。

我们先来看看常规性发展。常规性发展通常是一种量上的变化，意味着在维持原有理论大框架的状态中，理论取得某些新的进展，受到更广泛的重视和应用。比如，系统科学的出现就是这样，许多人文社会科学家往往将它的概念方法引入到自己的研究领域中去，从而在原有的理论基础上取得某些新的发现。常规性发展往往同时也是一种部分的质变，即对于某理论体系的若干具体结论，人文社会科学家提出异议，从而使这些具体结论发生变化。比如弗洛伊德的学生们对于弗洛伊德的某些具体结论所进行的改造，可以说是颇具成效的。在常规性发展阶段中，质变往往伴随着量变进行。许多人文社会科学家的研究不但推广了某种理论体系，而且使之有了一定的突破。比如在神话学的研究领域，结构主义的方法得到推广并且产生了不少创见。所以常规性发展往往是量变导致部分质变的过程。常规性发展往往还表现为一种综合。经济学史上约翰·穆勒和马歇尔对经济学进行了两次综合，对经济学产生了重要影响。而传播学家威尔伯·施拉姆综合了前人的研究成果，完善了大众传播学的学科构架。综合也往往是一种量变导致部分质变的过程。

当量变最终导致了整体质变，就出现了革命性发展的过程。从康德开始的德国古典唯心主义哲学通过几位哲人的努力，到了马克思那里终于发生了根本性的质变。这个质变充分体现出以下的特点。首先，与常规性发展的局部质变不同，革命性发展是一种全局性的体系性的质变；其次，与常规性发展的非根本性质变不同，革命性发展一定是根本性的质变。伴随革命性发展的重大论争是激烈的，甚至是你死我活的。革命性发展在特定的科学领域内到处闪耀着创造性的光辉，这种光辉首先表现在基本原理、方法论及理论框架上。例如在西方经济学史上，亚当·斯密的理论，19 世纪 70 年代的边际革命，以及凯恩斯主义，是三次大的理论革命。亚当·斯密在原理和理论框架上批判和否定了重商主义，创立了古典经济学。边际革命创立了“边际理论”，为西方经济学的发展奠定了基石。而凯恩斯主义则为当代西方经济学的发展打开了局面，可以说当代西方经济学流派大都与凯恩斯主义有关。这三次革命性的发展使西方经济学产生了三次飞跃。

革命性发展影响巨大，但这并不能否定常规性发展的重要性。没有常规性发展，也就不存在革命性飞跃的基础。在许多情况下，常规性发展对于理论的推广和改善，其贡献不见得就不如革命性发展。我们以后将会了解，将结构主义的成果应用于语言学、人类学、美学等领域对于人文社会科学的意义，并不亚于解构主义对结构主义的革命。但是没有革命性发展的推动，人文社会科学就无法取得根本性进展。事实上，人文社会科学在常规性发展中滋生着革命的因素；在革命性的发展中蕴含着对旧理论合理因素的继承。常规性发展的必然结果是革命性发展，从某种意义上来讲，常规性发展的终极目标就是革命性发展。当革命性发展实现以后，常规性发展又会在新的基础上进行，呼唤着新的革命的到来。这是一个循环往复、永无止境的过程。

人文社会科学的常规性发展与革命性发展的交替，较多地受到以下两种因素的影响。

首先是社会形态的变化。社会形态的变化往往是导致常规性发展转向革命性发展的最直接的因素。因为社会形态的变化，必然产生许多旧理论无法解释的带有根本性质的问题。旧理论所营造并依赖的社会秩序一去不返，从而宣告旧理论的时代寿终正寝。面对混乱无序的状态，社会急需新理论的诞生来帮助它构造新的社会秩序，达到新的动态平衡。所以新理论的诞生是不可避免的。革命的年代需要先进的理论。比如近代中国自沦为半殖民地半封建主义国家以后，多种人文社会理论便风起云涌，然而，这些理论都未能帮助我国建立一种新的有序状态。是马克思主义的传播，中华人民共和国的建立，为我国构造了新的社会秩序，同时也推动我国人文社会科学实现了从长期的常规性发展向革命性发展的历史转换。同样，美国独立、法国大革命、日本明治维新、俄国十月革命，有力地推动了人文社会科学的变革和发展。第二次世界大战以后的西方，哲学、人类学、社会学、政治学、军事学、新闻传播学等人文社会科学出现了许多新视角，诞生了不少新理论，在不同程度上推进了这些学科的革命性发展。

其次是自然科学领域的发展变革。自然科学理论对人文社会科学理论从来就不是井水不犯河水的。早在牛顿发现万有引力定律的时候，人文社会科学理论就已受到了极大的冲击。为此培根写了《新工具论》，一改以往经院学者的态度，为自然科学的成就大声叫好。达尔文发表了《物种起源》后，不但引起了哲学家空前的兴趣，而且直接导致了社会达尔文主义的产生。这种错误观点在很长时间内显得颇有市场。至于当代，自然科学的一举一动几乎都牵动着人文社会科学的视线。系统科学方法对于人文社会科学方法的改善，计算机网络的发展对于传播学、教育学等多种学科的理论更新，人工智能研究的飞速发展对于伦理学、社会学、人类学理论的影响，特别是关于“宇宙暴胀形成”以及“基本粒子并非无限可分”的假说给哲学带来的新课题，等等，都是明显的例子。自然科学对于人文社会科学理论的变革的影响是全方位的，并且这种影响正在继续增强。

应该说，自然科学的发展也是由渐变和突变、量变和质变两种方式交替实现的。但是，导致这一进程的外部因素与人文社会科学的发展有所不同。很明显，社会制度的转换，主流社会意识形态的转换，对自然科学的突变或质变的影响相对较小，生产力发展水平、科学实验物质条件的影响却意义重大。比如只有观测手段发展到相当水准，天文学乃至宇宙学理论才会发生“新陈代谢”，对于宏观世界和微观世界的研究才会出现重大进展。又如航天科学的突破必须有充分的经济、物质保障；美国的阿波罗战略工程，费时10年，牵动大学和科研机构120多个，大企业2万多家，研制人员共达400万。还应当指出，人文社会科学对于自然科学发展的影响，虽然日益增大，但是在许多领域还没有取得“平等对话”的地位。

要点归纳

1.1 人文社会科学是以人的社会存在为研究对象，以揭示人的本质和人类社会发展规律为目的的科学。它是互相交叉联结的人文科学与社会科学的总称，是与广义的自然科学相关联又相对应的一大科学部类。

1.2 人文社会科学是由众多学科构成的庞大学科群。其构成包括一级学科（可称门类学科）、二级学科（可称专业学科）及三级学科（可称分支学科）等几个层次。和迅速发展中的自然科学一样，它的结构框架尚处在变动中。

1.3 人文社会科学的历史演进大体经历了孕育、生成及拓展三个阶段。马克思主义的诞生使整个人文社会科学领域发生了根本变革。

2.1 人文社会科学具有现代科学的共同特征。

2.2 人文社会科学是一种理论知识体系。

2.3 人文社会科学是人类对客观存在的认识过程。

2.4 人文社会科学是创造性的社会活动。

2.5 人文社会科学是推动历史发展的实践性力量。

2.6 人文社会科学一般具有价值关联性。

2.7　在阶级社会中人文社会科学部分学科带有某种阶级倾向性。具有阶级性的学科其阶级倾向性的程度及表现，均须作具体分析。

2.8　人文社会科学通常表现出一定的民族性。民族性体现在各门学科的理论构成及表述形式之中。

2.9　人文社会科学具有时代性。其理论成果总是与特定的时代背景相关联。

3.1　社会实践与人文社会科学理论的互相推动，是人文社会科学发展的根本原因。社会实践同时创造人文社会科学研究的主体和对象。前者对后者具有促进与制约作用，后者对前者具有能动作用。

3.2　社会需要和人文社会科学自身发展需要的辩证统一，构成人文社会科学发展的动力。社会需要不断向人文社会科学提出新问题，从外部推动其发展；人文社会科学研究的继承与批判，从内部推动自身的发展。

3.3　常规性发展与革命性发展相互交替，形成人文社会科学发展的形态特征。常规性发展是量的变化，常表现为不足以打破原有体系框架的理论新进展。革命性发展则是质的变化，它通常导致原有的理论体系包括基本原理、方法论及结构框架的根本性变动。从外部因素看，社会形态的变化及自然科学领域的发展变革常常引起常规性发展向革命性发展的飞跃。

问题探讨

1. 对于人文社会科学的定义有没有其他更合适的表述方式？

2. 如何理解教育科学是人文社会科学的重要门类？

DI ER ZHANG

第二章 人文社会科学的社会功能

重点提示

1. 为什么说人文社会科学具有积极的社会功能？人文社会科学社会功能的实现需要哪些特殊条件？

2. 人文社会科学的社会功能主要有哪些？它们的主要内容是什么？

一、人文社会科学的社会功能定位

（一）人文社会科学具有积极的社会功能

一个事物的社会功能，是指这个事物在社会生活中的功效、作用。人们是不会怀疑自然科学的有用性的，但在相当长的一段时间中，人们却一直怀疑人文社会科学是否具有社会功能。

我们在第一章中谈过，人文社会科学是人类社会发展到一定历史阶段的产物。它一经产生，就循着自身的发展逻辑不断地发展着，并且不断发挥着自身的作用。可以证明人文社会科学的存在有益于人类社会发展的事实是很多的。

首先，人文社会科学作为一种人文社会理论知识系统，它的存在可以起到一种推动社会关系变化，进而推动社会进步的作用。作为一种相对独立的科学理论体系，人文社会科学从来不是一种消极的教条；在维护或者摧毁一种社会制度方面，这种知识总是起着积极的作用。西方早期的人文社会思想曾以宗教的形式回答和解释了当时的社会问题，比如，产生于西方经济与社会巨大变迁时代中的基督教，曾对当时的各种社会弊病作过猛烈的抨击，为建立有关人类权利与义务的新准则作出过一定的贡献。16 世纪后，西方资产阶级为摆脱封建制度的束缚而展开的资产阶级革命运动，也是以人文社会思想的革命，即以文艺复兴和宗教改革运动作为其开端的。在这剧烈的时代大变动中，代表当时先进社会力量的人文社会理论，曾为人们描绘了一幅极富魅力的以个人主义和人道主义为核心的新世界图景。这种新兴的人文社会思潮，在新生的资产阶级推翻封建专制制度，建立起资本主义新制度的过程中，曾经发挥了巨大的作用。19 世纪中后期出现的马克思主义思想体系，对社会文明发展的推进作用之大，影响之深，更是一个有目共睹的事实。总之，人文社会科学在人类社会发展的历史进程中，在新旧社会势力的殊死搏杀中，它始终都起着积极而重要的作用。

其次，人文社会科学在推动社会生产力发展的过程中，也起着积极的作用。自然科学可以成为推动社会生产力发展的强大动力，但历史发展的无数事实告诉我们，自然科学的这种对社会生产力的推动，在许多情况下是在人文社会科学的帮助下实现的。英国科学家彻恩斯对此问题曾作过精彩的分析。他在讨论理工科大学中为什么要设立人文社会科学课程的问题时指出，技术系统是需要由人去组织、安排、操作和保持的，而这些人在行动中不仅仅是作为一群个体而存在，而且也是作为相互交往并彼此联系在一起的一个整体而存在的。这样，我们所要处理的就不仅仅是一个技术系统了，它同时也是一个社会系统。可以说，等待我们去处理的是一个社会技术系统。为了说明问题，他还举了一个例子。他说："对此，印度提供了一个十分朴素的例子。村子里挖了井，村民们被教导如何使用井以及使用清洁的水的重要性。5 个月之后，井被填了，废弃不用了。村民们又去饮用被污染的河水。原因何在呢？因为虽然的确采用了某些技术知识，却没有用先进的技术知识去保持一口井。这需要进行组织和训练，而这两者都不存在，专家们也都没有想到这两个方面。”彻恩斯借这个例子想说明的道理是，挖井、教导村民如何使用此井等，这些技术方面的知识是很重要，但光靠这些是不行的，还必须考虑到存在于技术问题之外的诸多社会性因素。比如，要让村民学会如何去保持这口井的清洁，而要做到这一点的前提，就是要把这些村民当作一个社会群体来看待，要把他们组织起来并训练他们，使他们在使用水井的过程中逐渐养成良好的、文明的用水习惯。总之，一个村子的水供给也是一个社会技术系统，而要解决这样一个社会技术系统问题，就不能不借助于人文社会科学方面的知识。印度的那个村子的水供给系统的得而复失的教训，正好从反面说明了这个道理。这类例子，在我们身边俯拾皆是。在一定意义上，正是基于自然科学在应用于社会实践活动的过程中常与人文社会科学相伴而行的事实，某些人士才竭力主张在理工大学开设一定的人文社会科学方面的课程。其实，人文社会科学在与自然科学联手推动生产力发展方面发挥的巨大作用，远不是这类具体事例所能显示的；在理工大学开设人文社会科学方面课程的意义和价值，也远不是在这一个视角、这一层面上所能说清楚的。

（二）人文社会科学社会功能实现的特殊条件

与自然科学相比，把人文社会科学运用于社会实践要困难得多。人文社会科学由基础研究到应用研究，再到应用这些研究成果去指导人们的社会实践，在这一整个过程中存在着许多障碍。这些障碍之所以形成，说到底，与人文社会科学本身的特殊状况有关。

首先，某些人文社会科学家还没能把自己的研究活动自觉地与社会实践活动结合起来。

存在着这样的情况：某些人文社会科学家在研究过程中，他们关注的中心是如何认识社会问题，而且往往把自己的研究活动看成为一种纯粹的学术活动。在他们的心目中，研究活动本身便是他们的目的。这样做的结果，使得人文社会科学研究在许多情况下成了远离社会实际的案头摆设，进而使得人文社会科学研究成果与实际应用之间相阻隔。人文社会科学研究者自己不注重于把他们的研究成果应用于社会实践，而从事社会实际操作的，诸如政府中的决策者、企业中的决策者等，又出于种种原因无法掌握最新的人文社会科学研究成果，这样，人文社会科学的研究成果就常常被束之高阁。应当说，人文社会科学研究观念的转换，是实现其应有的社会功能的前提条件。

其次，人文社会科学并不具有像自然科学那样的自主性，这也是妨碍人文社会科学研究成果顺利地应用于社会实践的一大原因。

一般来说，自然科学具有较为充分的自主性，即自然科学研究成果在被应用的过程中，较少地受到来自政治等方面的因素的干预与影响。诚如我们前已引述过的贝尔纳所说：物理学家或化学家所要发现的种种技术，只要有其内在的功效，就完全有希望直接用来为人类造福。与此相比，人文社会科学就不可能享受到这样的优厚待遇。人文社会科学研究成果，如果要应用于社会实际，往往不是由它自己的力量所能决定的，在实际应用过程中会受到来自政治、经济、文化的多方面因素的影响乃至干预。如前所述，在人类社会发展的很长一个历史时期，人文社会科学研究中的某些课题及其成果，不仅仅是一种真理性探索，而且还代表了一定的价值观和社会集团利益。可以说，部分人文社会理论往往在不同程度上反映了一定利益集团的意志。这就规定了部分人文社会科学理论的发展总是经常地、必然地而且是必须同政治、经济和文化紧密地联系在一起。如果说自然科学在实际应用阶段有时也会在一定程度上受到某种来自政治、经济、文化方面的因素的干预与影响，那大多只是某种政策上的或条件上的干预与影响；至于自然科学家具体研究什么问题，或是研究所得的学术成果，在多数情况是不大受到干预的。但人文社会科学与此不同，如果政治、经济、文化要干预它，就不仅仅是政策上的、条件上的干预，而且还常常要在研究什么具体问题和研究的具体学术内容上也加以干预。在人文社会科学领域，部分学术问题是与政治问题有着间接乃至直接联系的。如果一种人文社会科学理论是真理性的，但它触及了某个背离历史发展方向的权力集团的利益，那它就会连合法的生存权利也没有，更谈不上应用于社会实践了。历代代表没落阶级利益的统治者都明白，一种与他们和他们所代表的集团利益相抵触的人文社会科学理论，一旦被应用于实际的政治过程，就会从根本上动摇他们已经取得的社会统治权；为稳固本集团的社会统治地位，他们会不遗余力地去阻止这些人文社会科学理论的发展，他们会调动一切可以调动的力量，千方百计地堵住这些理论进入实际社会政治过程的通道。这方面的例子简直不胜枚举，比如法国的封建统治者对卢梭等资产阶级理论家的迫害；美国参议员麦卡锡为首的政治集团对马克思主义理论的抵制；德国法西斯对反对纳粹独裁统治的理论进行的残酷镇压，等等。正如贝尔纳当年在谈到资本主义社会中的人文社会科学的发展规律时所指出过的那样，社会科学的历史再清楚不过地说明，阻滞社会科学发展的真正原因，就是那些控制着社会组织，从它得到最大利益的人所强加于社会科学的顽强而积极的原因。再说，即使在某种具有真理性的人文社会科学理论与某个权力集团的利益相一致的情况下，人文社会科学家仍然是不能自主地去付诸实际应用的。因为人文社会科学研究成果主要用于改造社会的实践活动，而这种活动的进行，仅靠民间的力量是不够的，必须被纳入权力机构的计划中去，必须在有了某种行政权力的保障体系后，才能得以顺利地实施。

再次，因为某些人文科学理论并不具有十分明显的预见性特征，因此，这种科学理论的有用性常常会受到人们的怀疑。这当然也是阻碍它被顺利地应用于社会实际的一个很重要的原因。

一般来说，自然科学理论只要是真理性的，那它对自然事物的发展趋势的预测，总具有相当的准确性。比如，气象台站可以依据一定的气象原理和来自各方面的大量信息，去对日常的气象趋势作出准确预测，这在现在早已不是什么稀罕事了。现代生活中有许多行当，其决策过程都不能不参考各气象台站所提供的数据。同样道理，农业科学家则可以根据农作物的品种及气候等因素，较为准确地预测当年的粮食产量究竟有多少。之所以如此，这和自然科学的研究对象，即自然现象的特性有关。一般来说，自然现象总是会多次重复地出现的，太阳日日按时东升，梅雨年年如期而至，这为人们摸索其变化规律提供了极大的方便。人文社会科学的研究对象与此不同。社会现象有着随机性和不可重复性的特征。虽然从总体上说，人类社会的发展是有规律可循的，这种规律也是客观的、必然的、不以人们的意志转移的；但从具体的历史进程的角度看，某一具体的历史事件于何时、何地，以何种方式发生，却又是随机的，是充满了历史的偶然性的。不仅如此，它还是一次性的，不可重复的。曾被人们称为“史无前例”的“文化大革命”，虽然也是历史发展的必然，但又有谁能想到它会以此种形式出现，且开始于20世纪60年代中期的新中国？这种荒唐事不可能以完全相同的形式出现于别的国家或民族，也不可能一成不变地重复出现于今后的中国。新千年伊始，作为当今世界惟一超级大国的美国“9·11”遭受恐怖主义组织袭击，通过电视和网络目睹这一事件的各国民众，无不为之震惊不已。虽说这一国际政治领域的偶发事件确实是历史必然性的反映，然而，直到现在，我们人文社会科学诸相关学科仍然无法相对正确、相对合理地估测下一次大规模的恐怖主义突袭将以何种面目出现。

在自然科学研究中，自然科学家可能通过实验的方式获得足够的数据资料并可通过实验的途径来验证自己的结论的正确性。与此相比，人文社会科学家在研究中，就不具备这种便利条件。一般来说，在人文社会科学研究中，大规模的社会实验是非常困难的，这一方面是因为社会现象太复杂，另一方面也是因为社会实验所引起的社会后果事关重大。再说人文社会科学的研究对象是人，人是有意识、有意志的，人如果一旦发现自己正在被实验着，这时他(们)所提供的信息，客观性会大为降低。以上这一切，决定了在人文社会科学研究中，人们要准确地把握社会现象的发展规律是十分困难的，进而也导致人文社会科学理论在实际应用方面的困难。

上面，我们集中讨论了人文社会科学研究中存在的弱点与问题。与此相对应，我们不难概括人文社会科学社会功能实现的三个特殊条件：

一是人文社会科学研究必须自觉地与社会实践相结合。当前，国内外人文社会科学界提出了“强化问题意识”的命题，有力地推动人文社会科学直面人生、直面社会，大大提升了公众对人文社会科学的关注度和信任感。

二是人文社会科学的研究和成果应用必须有一个健康的开放的政治文化环境。这一方面，随着整个人类社会物质文明、精神文明、政治文明、生态文明的发展，将有良好的前景。当代中国在“解放思想，实事求是，与时俱进”方针的指引下，为人文社会科学充分发挥其社会功能进行前所未有的努力。

三是人文社会科学理论必须提高其预见性。这是一项取决于人文社会科学整体发展水平的艰难的使命，人文社会科学正在一步一步地朝着这个方向前进。

二、人文社会科学的多种社会功能

人文社会科学对人类社会实践活动的作用，也即人文社会科学的社会功能，可以按照不同的标准加以划分。不同的划分方法，各有优胜之处。我们在人文社会科学的功能分类问题上，主张参照夏禹龙主编的《社会科学学》所提出的分类标准，再适当参考一些其他分类方法，把人文社会科学的全部社会功能大致分为认识功能、思想建设功能、文化建设功能、政治建设功能、经济建设功能、社会管理功能、社会决策功能、咨询功能等。

（一）认识功能

科学首先就是一种知识。这种知识是人从现象和经验出发而把握的隐藏于这些现象和经验背后的某种规律性的东西。科学作为一种知识，它既是人对于现象、经验世界的认识，同时它又被人用作对于现象、经验世界的一种规范。也就是说，科学既是人对世界的认识的结果，又是人认识世界时的一种凭借。科学知识既然已规范了现象、经验世界，那么，人当然也就可以凭借着这种对现象、经验世界的规范去认识这一现象、经验世界。人文社会科学作为一种知识也应是这样的，即它是人对人，对人的世界，对社会的一种认识，也是对人，对人的世界，对社会的一种规范。人正是凭借着这种“规范”去认识他所生存于其中的那个世界，那个社会及他自身的。人文社会科学乃至整个科学的认识功能，就是指此而言的。

要一个对某一现象毫无知识的人去认识这一现象，这是不现实的奢望。无数事实证明了这样一个道理，即人对这个世界的认识，从某种意义上说，也是由他业已掌握的知识所决定的。

在科学哲学史上，众多科学哲学家都曾就此问题发表过大致相同的见解。汉森说“观察渗透理论”，这是强调人认识世界的过程，始终要受到人已掌握的知识的制约，人所掌握的知识会影响到人对世界的认识。波普尔说：“理论先于观察。”这是说人在认识世界之前，人的大脑不是一块白板，而是有一定数量的知识作为基础的，如果没有这些知识的基础，也就不可能有人对这世界的认识。查尔默斯说：“观察依赖理论。”这是强调知识对人认识世界的过程的重要性。库恩说：“一个人看到了什么，既取决于他所看到的对象，也取决于先前已有的视觉—概念经验的引导。”这是在说明，人对世界的认识与人早已获得的对这个世界的规律性的认识，即某种科学知识是分不开的。其实，与人对世界的认识密切相关的为“他所看到的对象”，在一定的意义上说，也是由人对世界的已有的知识所规定的。爱因斯坦说：“你能不能观察到眼前的现象，取决于你运用什么样的理论，理论决定着你到底能观察到什么。”这还是在强调知识是认识的前提。

上述各家所说到的科学知识，主要是针对自然科学而言的，但因为科学这个概念，除了自然科学之外，还理所当然地包括了人文社会科学，因此，上述规律可以看作是人认识世界的一般规律。这就是说，人如果要去认识人、人类社会，是不能不以一定人文社会科学知识为其认识的凭借的。人凭借着某种先在的关于人、关于人类社会的知识，才能去认识人、认识人类社会的事实，说明人文社会科学是具有认识功能的。

人文社会科学知识，是人对于各类社会现象及其规律性的认识。人们对处于不断变动中的社会现象的认识，主要是在一定的人文社会科学理论知识甚至是相关自然科学知识的帮助下实现的。比如，马克思对资本主义社会形态下的剩余价值问题的考察，是以配第、斯密、李嘉图等人的劳动价值理论为基础的。马克思、恩格斯都认为资产阶级经济学在科学上的首要功绩，就是奠定了劳动价值理论的基础，而这一基础就是由上述三位古典经济学家所创立的。同样，巴甫洛夫的条件反射学说曾被行为主义心理学的创始人华生借来作为他排斥主观内省方法的理由，借来证明他的客观观察法的有效性；而新行为主义心理学家斯金纳正是在巴甫洛夫经典性的条件反射理论的基础上发明了著名的“斯金纳箱”，提出了操作性的条件反射原理。

人文社会科学知识是不断发展着的。人们是凭借着已有知识去认识人的世界的，但这一认识的结果，并不注定会回复到原来的知识水准线，在许多情况下，是有所突破、有所前进的。于是，就会在原有知识的基础上产生出关于人的世界的新知识，人们再凭借这发展了的知识去对人的世界作出新的探索，如此循环不已。我们可以说，人文社会科学的发展是在发挥人文社会科学的认识功能的过程中实现的。

（二）思想建设功能

思想建设与社会的文明建设有关。一般人所说的文明，是指人类社会进步和开化的程度，它包括物质文明和精神文明。精神文明是人类改造主观世界的精神成果的总和，是人类精神生产发展水平及其积极成果的表现，是社会历史发展的重要内容，是社会进步的重要标志。从人类文明建设的角度来看，思想建设与文化建设一起构成了精神文明建设的两项基本内容。

“思想”是一个内涵极为丰富的概念，它包括诸如政治思想、哲学思想、科学思想以及思想觉悟、思想品德、思想方法等。所谓思想建设就是要树立正确的思想观点，即树立正确的政治观、哲学观、科学观等，提高思想觉悟，培养良好的思想品德，掌握科学的思想方法。思想建设在整个精神文明建设中，处于十分重要的地位。正因为这样，马克思主义者才如此重视思想政治教育工作。毛泽东在《论联合政府》中指出："掌握思想教育，是团结全党进行伟大政治斗争的中心环节。如果这个问题不解决，党的一切政治任务是不能完成的。"毛泽东根据当时的具体历史情况，突出了思想建设工作在顺利完成当时那些迫在眉睫的政治任务过程中的重要作用，但他的这一提法是具有普遍性意义的。

开展思想建设工作的途径是多样的，运用某些人文社会科学研究成果进行思想政治教育，这是一条很有成效的思想建设途径。人文社会科学各学科的理论成果，在开阔人们的认识视野的同时，帮助人们特别是青年人确立起正确的人生观、价值观，为人们提供鉴别是非、善恶、美丑的思想准则，激发人们不断地去追求崇高的理想。除此之外，还可以直接影响到现实生活中的人们的日常行为乃至净化整个社会的风气，还可以以潜移默化的方式提高整个民族的思想道德素质。一册《共产党宣言》曾使多少热血青年走上了革命之路；资本家剥削工人的秘密一经马克思主义创始人揭示，资产阶级国家机器的本质，便逐渐地为全世界有良知的人们所认识；一群普普通通的中国青年知识分子，当他们接受了马克思主义理论后，他们就成了一群为追求崇高的共产主义理想而不惜献出自己宝贵生命的"红岩英雄"；从理论上剖析清楚一个徐虎，并在此基础上进一步提倡徐虎精神，就能在一个城市中迅速地开通许多徐虎热线，整个服务行业的面貌因此而焕然一新；政治学家、伦理学家、美学家、文艺学家、社会学家、历史学家等，他们的理论研究成果，通过教育的普及，及多种不同形式传媒的传播，于不知不觉中提高了整个民族的思想道德素质。可以经由多种途径进行思想建设，运用人文社会科学研究的理论成果进行思想建设是其中的一条途径。

途径不同的思想建设，当然也就有着各自的特殊性。文学艺术作品会影响到人的心灵和行为，能帮助人提高思想境界，净化人的灵魂，或者增强人对生活的信心和力量。这说明文学艺术也具有思想教育方面的社会作用，因此，思想建设也是可以通过文艺鉴赏活动得以实现的。文学艺术作品表现了真、善、美。来自社会生活的许多材料本身就具有一定的思想教育价值，而文艺作品是文学艺术家对生活进行选择、加工、改造以后的产物，因而更能揭示出生活的意义。更为重要的是，作家、艺术家在对社会生活做出反映的同时，总是会渗透着他的思想与感情，体现出他对生活的某种评价和看法，表现他的社会理想，因而，作家艺术家创作艺术作品，不单是在给鉴赏者提供现实生活的图景，而且还企图通过这些艺术图景等传达他的思想感情，传达他对生活的理解。这样，鉴赏者鉴赏艺术作品的过程，其中也就包含了在思想上受教益的过程。文学艺术的特殊性决定了文学艺术的思想教育功能的特殊性。文学艺术是通过生动具体的艺术形象来反映、评价生活的，因此，文学艺术的思想教育作用，主要就是通过审美感染，也就是说是通过以情感人的方式得以实现的。如果离开了审美的途径，撇开了形象感染，也即离开了以情感人的方式，文学艺术的思想教育作用的实现也就无从谈起。与文学艺术不同，人文社会科学在思想建设中发挥作用，主要是靠理论的力量。

一种理论力量的大小，主要取决于这种理论是否反映了真理，以及对真理反映的充分程度。因此，从这个意义上说，所谓理论的力量，其实也就是真理的力量。因为人的思想是属于观念世界的，而理论也是观念性的东西，因此，人的思想与理论之间有着一种近乎天然的亲和性。这就是说，用理论观念去解决思想观念方面的问题，是最为便捷的。如果是这样，那么我们也就可以说，一种人文社会科学理论，只要是具有真理性的，它就自然而然地具有了从思想观念上说服人的力量。在思想建设中，人文社会科学作为一种理论性的武器，它在发挥思想教育作用时的最大特征便是以理服人。

以理服人的特征，意味着我们在运用人文社会科学研究成果进行思想政治教育时，要坚持平等性原则，即进行这种教育时，教育双方是处在一种平等的位置上的，是充分说理的。也就是说，这种思想教育类似圆桌对话，是在灵魂间的坦诚沟通中实现的。如果要使人接受一种人文社会科学理论，就必须讲出足以令人信服的道理来。如果道理讲得不对或不充分，接受的一方完全可以不听，甚至可以立即加以反驳。以理服人的特征对人文社会科学提出了更高的要求。因为一种人文社会科学理论要能够说服人，就应当使理论自身表述得更加准确，论证得更加严密，要使理论更加符合实际，更加具有真理性。

在发挥人文社会科学的思想建设功能的过程中，以理服人的原则、平等性和对话原则，是必须坚持的。我们要坚信，只要理论是具有真理性的，那么就一定能说服人。马克思主义理论的产生和传播过程，就充分地说明了这一点。马克思主义理论是在无产阶级尚未获得政权的条件下产生，并在世界各地广泛传播的。这种理论无论是在产生过程中，还是在后来的传播过程中，都曾经历过严酷的政治迫害。在马克思的时代是这样，在马克思之后也是这样；在马克思、恩格斯的故乡德国是这样，在俄国，在东方落后地区也是这样。因为马克思主义是真理，因此，这些政治性迫害都没有能阻挡得了这种理论的广泛传播。

相反，如果不是依靠理论本身的力量，而是借助于理论之外某种力量，比如借助于某种行政权力强迫人们去接受某种理论，这种做法，不仅不能使人文社会科学的思想建设功能得到正常的发挥，而且还有可能使一种原本是充满生命活力的理论因此而失去生命力。借助于行政权力去扩大某种人文社会理论的传播面的事是常有的。从根本上说，这是由阶级社会中人文社会科学部分学科具有某种阶级倾向性的特征所决定的。一种人文社会科学理论因体现着某个阶级的利益而备受这个阶级青睐，这是理所当然的事。尽管如此，在发挥它的思想建设功能时，还是不能违背人文社会科学理论的本性，如果凭借手中掌握的权力，强迫人们去接受一种理论，结果常常会事与愿违。在思想建设领域，行政的力量是不能取代理论的力量的。在这方面，我国几十年来的正反经验，无不说明着上述结论的正确性。

（三）文化建设功能

要对“文化”下一个精确的定义，这是很难的事。弗洛伊德说过：“任何科学原则中的基本概念和最一般的观念在开始总是不确定的。”这一说法也适合于“文化”。“文化”的概念内涵仍处在不确定阶段。从文化理论的发展历史来看，对于什么是“文化”的问题，人们的意见很不统一。出版于20世纪50年代的克虏伯和克勒克洪的《文化——关于概念和定义的评论》一书，曾对“文化”一词作过深入的研究。在该书中，被著者认真评说过的“文化”定义已有161种之多。

把有关“文化”的这些解释综合起来，大致可分为广义、狭义两大类别。

从广义上讲，有人把文化看成是与自然相对的一个概念，即为人类在社会活动过程中所创造并保存下来的那些内容的总和；有人则更进一步明确指出，为人所创造并加以保存下来的那些内容，就是在社会实践过程中为人类所创造的物质财富和精神财富的总和；还有人则在上述的物质财富与精神财富两种分类的基础上，进一步把精神方面的财富再细分为制度形态与知识形态，再加上物质形态的文化，共有三种文化形态。

从狭义上讲，有的人认为文化主要是指社会的上层建筑，具体来说就是指社会的意识形态，以及与之相适应的各种社会制度和组织机构；有的人则把“文化”的疆界限制在一个更小的范围内，认为文化主要指那些作为人类社会意识形态组成部分的文化艺术活动，以及表现这种活动成果的物质设施。有的人则主张把“文化”看成是一个由多个层次内容统一而成的有机体，并进一步指出它主要包括了三个基本层次：第一个层次是指各种思想、意识、观念等，思想意识观念中最为重要的有两个方面，即价值观念和思维方式；第二个层次是指表现上述这些思想意识观念的实物，人的思想意识观念等借助于一定的物质载体得以表现之后，方能长久地保存下来，诸如哲学家、科学家所写下的各种理论著作，作家、诗人创作的文学作品，画家所画的画，为音乐家们所录制的音带、音像制品，影视制作成品，发明家的科学发明制成品等，就是这类表现了一定的思想意识观念的物质载体。它们作为表现文化的实物而存在于社会生活之中。第三个层次是指各种制度、风俗，即指由人们的思想意识观念凝结而成的各种条例、规矩等。

无论是广义的文化，还是狭义的文化，它们的发展是不能不接受来自人文社会科学方面的影响的，或者说人文社会科学的发展深刻地影响着整个文化事业的发展。人文社会科学的文化建设功能，就是指此而言的。

从文化与科学间的关系来看，科学是文化整体的一个构成部分，而从科学与人文社会科学间的关系来看，人文社会科学又是科学整体的一个组成部分。由此可以看出，文化的范围很广，其中包括了科学。科学是一种文化，同样，作为科学整体的一个组成部分的人文社会科学也是一种文化。基于这样的分析，我们就可以说，所谓的人文社会科学的文化建设功能，其基本含义包括了下面几个层次：

一、因为人文社会科学本身就是一种文化，因此，人文社会科学的发展也就意味着文化在向前发展；因为科学事业是整个文化建设事业中的一个十分重要的内容，而一个民族的人文社会科学发展水平的高低，在一定程度上反映着这个民族的整个文化水平的高低。因此我们可以说，人文社会科学的发展，是整个文化事业发展的一大标志。人文社会科学的文化建设功能，首先就体现在这一点上。

二、人文社会科学的文化建设功能，还指人文社会科学的发展对另一个科学部类——自然科学的发展也能起到一种积极的影响作用。科学的历史发展告诉我们，自然科学的发展是不能与人文社会科学相分离的，因为，在许多情况下，自然科学顺利发展所需要的良好的社会条件，往往就是由正处于健康发展中的人文社会科学所创造的；相反，如果人文社会科学处于落后的情况下，自然科学的发展也就不会是顺利的，自然科学因失去进步的人文社会科学的有力支撑而只能孤军作战，进而也就会使整个科学事业的发展，因受到来自社会方面的种种阻力的冲击而处于总体停滞的格局。而且，现代自然科学发展出现了从旁观者到参与者、从中性语言到非中性语言、从可逆性到不可逆性、从简单性到复杂性、从机械决定论到非机械决定论、从精确性到模糊性的动向，出现了自然科学认识模式与人文社会科学认识模式接近的迹象。自然科学家可以从人文社会科学认识模式中得到启发，就像人文社会科学家可以从自然科学认识模式中得到启发一样。

三、人文社会科学的文化建设功能还指它的健康发展可以影响到科学之外的其他文化事业的发展。文化建设事业除了科学事业之外，还有诸如教育卫生、文学艺术、新闻出版、体育、文物、图书馆、博物馆等各项文化事业的建设，而发展这些文化事业，同样也要求助于人文社会科学。就拿教育来说，教育是文化领域中一个十分重要的部门，而它的发展与人文社会科学中许多学科的发展又是不能分离的。首先，作为人文社会科学的一个具体学科的教育学，它的研究对象就是教育本身，而人文社会科学的其他学科，比如哲学、心理学、社会学、人类学、经济学、政治学、法学等学科也要对教育作出理论研究，这些人文社会科学学科分别从各自不同的角度出发，去分析、论证教育的本质及其发展规律，人们凭借着这些人文社会科学对教育的研究而加深了对教育的本质及其发展规律的了解，进而推动了教育实践活动的健康发展。其次，人文社会科学各学科通过自身的理论研究活动而起到不断更新、充实教育内容的作用。这主要体现于两个方面：一是传统的人文社会科学范围内的新理论成果的出现，往往会对原有教育内容中的一些陈旧观点作出修正。二是人文社会科学中一些新兴学科一旦臻于成熟，就有可能成为教育新内容，进而引起课程领域内的一系列革新。联合国教科文组织 1993 年初组建国际 21 世纪教育委员会，由当时任欧洲联盟主席的雅克·德洛尔主持，并从世界各地区邀请 14 名代表参加工作。这 15 名委员，大多数是政治家、科学家、经济学家、社会活动家和行政人员，只有少数来自教育界。1996 年末，该委员会完成了《教育——财富蕴藏其中》的报告，在广阔的国际经济、政治、文化背景上论述教育的作用及有关问题，对21世纪教育进行展望，产生了世界性的积极影响。这一举措是发人深思的。

人文社会科学不仅对教育事业起到推动作用，而且对于教育事业之外的其他文化事业也都起着明显的促进作用。比如，文艺学的研究可以促进整个文学艺术事业的发展，历史学、考古学的研究可以促进博物馆事业的发展，同样，新闻传播学的研究对新闻出版事业的发展也有着很大的作用。

（四）政治建设功能

相对于社会的经济基础而言，政治属于社会的上层建筑。上层建筑是为经济基础服务的。社会的上层建筑可以分为两个部分，一部分是由各种思想意识观念所构成的社会的意识形态，另一部分是由各种制度等构成的有实际力量的各种社会设施，这是上层建筑中的非意识形态部分。社会的政治是一个复杂的结构系统。这个结构系统既包括了属于社会意识形态的政治、法律等思想观念，又包括了与社会的经济基础相适应的国家政体等政治、法律制度、政策，和服务于这些制度并执行这些政策法令的各种实体性设施，包括各级各类政府机构、政府官员、警察、法庭、监狱、军队等全部国家机器，以及与此相联系的各种社会集团、政党组织及其活动，等等。

政治概念内部两部分之间的关系可以作这样的表述：一定的政治制度和设施，是以一定的政治的思想意识观念，或者说以一定的政治理论为核心的社会意识形态为指导而建立起来的，而它一旦形成，又会要求上述这些政治理论观念乃至整个社会意识形态，为巩固这些制度和设施服务。政治与上层建筑其他各因素之间的关系相当复杂，就主要方面看，可以作这样的表述：政治是经济的集中体现，也是社会的集团、阶级的利益的集中反映，在整个上层建筑系统中，政治一般处于主导的地位，上层建筑的其他各个部门通常直接或间接地以社会的政治、政权为核心而得以建立并展开活动；它们均拥有各自的结构和特性，按照各自的发展规律以不同的方式，与政治交互作用，为经济基础服务。政治并不局限于一个国家，国家与国家之间所结成的某种政治势力，某种地区性的集团，某种军事同盟乃至联合国组织等，这些也属于社会政治系统的一个方面，它们也是对经济的集中反映，只不过反映的不是一个国家的经济利益，而是世界经济复杂关系的一种政治体现。

由政治概念内涵的两层结构出发，所谓人文社会科学的政治建设功能，也就分别指如下两种情况：一是指人文社会科学家的理论研究成果，影响社会的政治思想意识观念，二是指通过对政治家、政党和政权的作用的研究，为政治活动大纲的制定提供理论基础，为总结历史经验提供借鉴，为指导日常的政治活动、影响日常的政治行为提供社会规范等。通过人文社会科学理论去影响社会的政治思想意识观念，人文社会科学的政治建设功能的这个方面，其实与它的思想建设功能是相沟通的（虽然其间不能划上等号），而人文社会科学政治建设功能的第二方面的实现，又不能与它的政治建设功能的第一方面相分离。

人文社会科学各具体学科在发挥政治建设功能时，有着种种不同的情况。从研究对象的角度看，人文社会科学中的有些学科是直接以社会的政治现象以及与政治现象密切相关的法律现象等为研究对象的，因此，这些学科的政治建设功能也就较为直接而明显。这类学科主要是指政治学、法学等。政治学是一门古老的学科，但它作为一门独立的学科立于现代人文社会科学之林，则是第二次世界大战以后的事。政治学研究的政治，它产生于又服务于一定的经济基础。政治学主要侧重于从理论上论证各阶级之间的基本关系和各自在社会中所占的基本地位，还研究各阶级内部的关系，以及民族关系、国际关系。从具体研究内容上看，政治学的涉及面甚广，诸如政治斗争、政治关系、政治制度、政治体制、政治行为、政治管理以及政治思想、政治理论、政治信仰、政治观念、政治态度、政治心理、政治经济、政治权益、政治策略等都在它的理论视野之内。法学以“法”为研究对象。法的核心部分是国家意志的体现，须执行阶级统治职能和社会公共职能，它与政治的关系十分密切。这也就决定了在整个人文社会科学中，与政治学关系最为密切的学科之一，便是法学。政治学与法学是两门有着较为明显的阶级倾向性的人文社会学科。因此，历史上出现的不同的政治学、法学学说的政治建设功能，也就有了正负面之分。那些代表历史上的进步阶级利益的政治学、法学学说，在社会的政治文明建设中所发挥的是正确的、积极的作用；反之，那些代表历史上落后的、反动的阶级利益的政治学、法学学说，则对社会的政治发展起着一种负面的、消极的作用。战争是政治的继续，因此，军事学也是一门与政治学关系至为密切的学科，它的政治建设功能同样也是比较直接而明显的。

另有一些人文社会科学学科，它们并不直接研究社会的政治现象，而是以政治现象之外的其他社会现象为研究对象，但由于这些社会现象都与政治现象有着这样或那样的联系，因此，研究这些社会现象的各具体学科也就会通过各自的特有途径，以各自不同的方式，发挥政治建设方面的功能。这些学科很多，诸如社会学、历史学、心理学、教育学、人类学、传播学等都在此列。第二次世界大战中交战双方都招募人类学家为分析对方的国民性而工作，即可视为一个例证。“二战”之后，历史学界由日本右翼势力挑起的关于1937年日本侵略军南京大屠杀血案真相的论争延续至今，其政治内涵不言而喻。2003年美英发动伊拉克战争，其间交火双方的信息战大显身手，人们不难看出传播学在幕后如何推波助澜。至于教育学与相连学科共同研究人的政治社会化，由此影响政治建设，我们将在第十章中另作阐述。

（五）经济建设功能

所谓经济建设功能，是指人文社会科学所显示出来的促进物质生产、促进经济发展的社会功能。这种社会功能，随着人文社会科学的不断发展而日益受到人们的关注。经济建设功能是现代人文社会科学的一个十分重要的社会功能。

社会经济的发展是以扩大再生产过程为基础的，而这种扩大再生产过程恰好是不能离开人文社会科学的。人文社会科学的经济建设功能集中体现在如下几个方面。

首先，这种扩大再生产过程是人的生产活动，离开了人，当然也就谈不上人的生产活动。马克思主义经典作家告诉我们，生产力不仅包括了物的因素，而且还有人的因素。马克思曾说：最强大的一种生产力是革命阶级本身。这说明，在整个生产力中，不仅包括了人的因素，而且人还始终处于能动的、主体的地位，是最为活跃的因素。既然如此，我们自然会得出这样的结论，即在社会的生产活动中，生产者的精神素质，他们对于生产活动的目的和意义的认识，他们的价值观念、心理状态、思维能力，以及伦理道德水平等，这些精神性因素都会以种种不同的方式影响他们的生产和生产成果。许多有远见的企业家，都已看到了企业员工的精神素质与劳动效率之间的十分密切的关系。著名科学家杨振宁在诺贝尔奖获得者日本讨论会上，曾对特定历史阶段日本企业的成功秘密作过精辟的分析。他说："日本有一种能在'质量'上发现很高价值的精神结构。这也可以说是一种美学或者鉴赏力。这种价值观可以说是日本产品质量高、日本经济获得成功的秘诀。"日本人自己也把特定历史阶段经济上的成功归结为一个独特的公式：计算机＋插花艺术。而进入社会生产活动过程的生产者，他们的精神素质要得到提高，恰好是不能离开人文社会科学的。人文社会科学在社会的生产活动中，正是通过提高从业人员的精神素质来实现其关于社会生产活动的影响作用的。

从一定的意义上说，人文社会科学可以通过上述途径转化为社会的生产力。因此，说科学技术是生产力，在这"科学"中，是应该包括人文社会科学的。

其次，现代生产各个环节的展开，都不能离开人文社会科学的积极参与。如果没有它的积极参与，也就意味着不可能有什么现代意义上的社会生产活动。一般的社会的扩大再生产活动，其中包括了生产、交换、分配、消费等多个环节的运作过程。这么多的环节，当然有自然科学参与其间。但是，自然科学主要的活动天地是“生产”这一环节，而交换、分配、消费等环节，主要是人文社会科学的用武之地。即使是在“生产”这样一个环节中，自然科学也不能包打天下。它不能解决这一环节中的全部问题，而只能解决这一环节中的具体的技术问题和生产力诸要素的作用问题。至于除了上述这些问题之外的问题，诸如生产过程中的组织和社会结合问题等，则只能靠人文社会科学来解决了。

现代生产是一种社会化的大生产。这种大生产的一大特征是生产的目的，不是为了自给自足，而是为了满足市场的需要。自给自足的小生产，一般来说是一种“生产”单一型结构。大生产则都是复合型结构，即生产与供应、销售密切关联的所谓“供、产、销”一体的结构。对于现代大生产来说，“生产”当然是一个重要的环节，但相比较而言，现代大生产的组织者，更加看重的是供、销等市场行为的作用。因为他们十分清楚地认识到，如果没有所需原材料的市场供应和没有生产产品的市场销售，这种生产活动也就成了无意义的生产活动。市场的供求量是现代大生产计划生产和组织生产的最为重要的依据。在有些外资企业，在一线从事生产的员工很少，有的只有 30 多人，但派出去的营销人员的队伍却十分庞大，一般的在百人以上。解决市场行为方面的问题，就需要有属于人文社会科学的市场学、营销学等学科的参与了。由于市场问题在现代大生产中的地位日益突出，因此，现代大生产也就显得更加依赖于人文社会科学了。

随着“知识经济”或“新经济”时代的到来，人文社会科学的经济建设功能进一步为人们所认识。近几年来，随着亚洲金融风暴、经济全球化、中国加入 WTO 等重大事件接踵而至，中国特色社会主义经济建设在取得巨大进展的同时不断遭遇方方面面的挑战，国内外形形色色的经济问题已经成为牵动中国千家万户神经的敏感话题，经济学及其相关学科在中国人文社会科学领域的地位节节攀升。

（六）社会管理功能

一个阶级在夺取了政权以后，紧接着面临的大问题，就是如何用手中的权力把社会管理好。列宁在十月革命胜利后不久就指出，社会主义政党在世界历史上第一次基本上完成了夺取政权和镇压剥削阶级的事业，紧接着就要解决管理这个主要的中心的任务；这是社会主义革命的一项最困难的任务，也是一项最能收效的任务。（见《苏维埃政权的当前任务》，《列宁选集》第 3 卷，人民出版社 1995 年版，第 477 页）。在整个社会运作过程中，管理从来都处在一个举足轻重的地位上。管理的作用，越来越被人们所看重。管理的好坏，直接关系到企业的成败、国家的兴衰，甚至还同全人类的生存条件和整个人类的命运息息相关。对于这一点，国内外企业界的实践已为我们提供了许多有说服力的例证。据有关资料统计，从 20 世纪 60 年代到 90 年代初期，日本的经济得到了迅速的增长，劳动生产效率增长了近百倍，在主要产品领域内，产品质量都达到了世界先进或是世界领先水平。日本经济获得阶段性成功，与重视管理是分不开的。日本经济高速发展时期，也是日本推行质量管理，到处建立质量管理小组的时期，而且也是管理教育受到普遍注意的时期。日本的有识之士曾这样说过，管理和（自然）科学技术是推动现代经济高速前进的两个轮子，两者缺一不可。甚至认为，从一定的意义上讲，两相比较，管理显得更为重要；因为，科学技术的不足，可以用管理去弥补，但管理的不足，则不能用科技去弥补。另外，如果没有好的管理，那么，先进的科学技术就无法顺利推广，当然也就谈不上充分地发挥它的作用了。日本人的这些见解，早已为世界企业界所普遍接受。管理学发源地之一的美国，也承认相比于日本，由于本国企业管理水平有所欠缺，导致该时期经济的发展不如日本迅速。

社会管理是个涵盖面很广的概念，从微观管理到宏观管理，从企业管理到国家管理，从工业管理到科技、教育、卫生等各行业的管理，从经济管理到社会的政治、军事、文化等方面的管理……总之，社会的一切事务，无论大小，都在管理的范围之内。当然，这些大小事务也只有通过管理才能趋于有序。我们还应看到，这里所说的社会管理，其范围并不仅仅局限于一个国家、一个民族内部，它有时还要越出国家、民族的疆域，在国家与国家、民族与民族之间，实施国际性的管理，联合国的所有管理机构所进行的都是这种类型的社会管理。在全部的社会管理中，最为突出的，被人们说得最多的则是国家政治管理和企业经济管理等。进行社会管理，需要依靠自然科学技术，更要依靠人文社会科学。可以这样说，没有人文社会科学的有力支撑，也就无成功的社会管理可言。人文社会科学的社会管理功能可以显现于多个方面。首先，所谓管理，从根本上说是对人的管理。对人的管理，最主要是人事管理和组织管理，而要实施这样一些管理，管理者就要做到对人有较深的了解。哲学、心理学、历史学、人类学、社会学、教育学、领导科学等人文社会学科可以向管理者提供许多有用的知识。其次，如前所述，社会管理涉及社会的各个领域，而在一个具体的社会领域中实施管理，管理者不能不对该管理领域有所了解，人文社会科学正可以向管理者提供任何一个专门领域的学科知识。比如，经济管理所需要的经济知识，政治管理所需要的政治知识，科技管理所需要的科学学知识，以及上述诸领域管理均需要的法律知识，这些学科知识都是由人文社会科学各具体学科提供的。再次，只需看一次奥运会的申报工作和组织工作，便可体察现代管理，本质上是一种科学化的管理。所谓科学化管理，就是强调用管理科学的理论和方法去从事管理工作，使管理工作建立在科学基础之上。现代管理学从总体上看属于人文社会科学。据20世纪90年代初专家预测，到2000年，中国的管理学在20门一级学科中的地位将排行第二，可见当时社会对中国管理科学发展的期待值是很高的。如今，我们只要走进各地的新华书店，留意管理学著作在各类人文社会科学出版物中的显赫位置，就可以体会到当年专家预测的正确性。

（七）社会决策功能

所谓决策，就是作出策略决定，即指人们在改造世界的过程中，为寻求最优化的实践活动的方向、目标、原则和方法等而作出的选择和决定。决策的内容和范围，照理说是极为广泛的，但这里所讲的决策，主要是指对重大问题的决策。当然，这里的重大问题可以是国家大事，也可以是一个企业或一个单位中的重大问题，但与个人的生活问题无关。因为这里要决策的是一国的大事或是一个企业、单位的大事，因此，作出这种选择和决定的，即对这些重大问题能作出决策的，都不可能是普通群众，而只能是一些手中掌握相当权力的人。

决策可以按照不同的标准进行类型的划分。按决策内容分类，可分为规范性决策与非规范性决策。按决策规模分类，可以分为国际决策、国家决策、团体决策和个人决策。按决策层次分类，可分为战略决策、战术决策和战役决策。

人们进行任何实践活动前，都有一个决策问题；只要是手中掌握有一定实际权力，那么，也就获得了成为一个决策者的资格。决策者进行决策，是不能离开人文社会科学的，无论是在古代还是在现代都不能例外。区别只在于进入现代社会之后，社会决策对人文社会科学的依赖，显得更为明显罢了。我国长江三峡水利工程的可行性论证，经历了30个年头，多门人文社会科学与自然科学协同参与，才有了20世纪90年代的“一锤定音”。

人文社会科学的社会决策功能，主要表现在它为决策者的决策提供必要的理论知识依据。这种理论知识依据可以分为如下不同类型。

首先，人文社会科学为决策者提供综合性的基础知识。前面说过，决策是指人们对实践活动的方向、目标、原则和方法的选择和决定。既然是有所选择，那就说明在未作出最后决定之前，在决策者面前始终有多种可能性存在，因此，决策者必须是一个极有主见的人。决策者怎样才能具有决策力且能保证决策的正确性呢？这主要取决于决策者的素质，诸如决策者的经验阅历、智慧胆略及科学素养等。其中决策者的科学素养最为重要。成功的决策者都是一些具有广博科学知识的人。在这种广博的知识结构中，既包括了自然科学知识，也有人文社会科学知识。由于决策对象，其中的绝大多数是要涉及人文社会内容的，都是一些人文社会现象，因此，人文社会科学知识在决策者的知识结构中，当然也就占据更为重要的地位。由于决策对象本身就涉及社会的各个方面，因此，决策者也就需要有各方面的知识基础才能进入决策过程。从人类的决策历史看，历史上的任何一种决策，都无不涉及众多的人文社会科学知识。由众多的学科诸如哲学、经济学、社会学、政治学、法学、管理学、心理学、人类学、文化学、科学学、未来学、人才学、情报学、文艺学、美学等构成的人文社会科学，作为综合性的知识体系和思维工具，能帮助决策者正确而迅速地观察、分析复杂多变的经济、政治、文化等各种社会现象，作出准确的鉴别和判断，以便在更为广阔的范围内作出决策。

其次，人文社会科学可以为决策者的决策提供专门的理论和方法论，这种专门的理论和方法论就是决策科学。进入现代社会之后，科学技术的巨大进步使整个社会出现了日益大型化和复杂化的趋势。大型化，一方面是指社会规模的不断扩大，一方面是指人们的社会活动内容更加广泛。复杂化，是指各种社会关系的更加多样化和错综复杂。这种大型化、复杂化的社会发展趋势，使得现代决策者的决策变得异常困难，往往稍有不慎，决策者便会作出错误的决策，因此，决策科学化越来越受到现代决策者的重视。为适应现代决策的需要，一门新兴学科——决策科学（或称为决策理论）于20世纪60年代兴起。现代决策科学是一门建立在现代自然科学与人文社会科学基础上的交叉性新兴学科，但又更多地属于人文社会科学范畴。这门学科专门以现代决策活动为研究对象，研究现代决策的性质、作用、特点和规律，具体包括诸如怎样进行决策才能更加正确，决策应当遵循的原则有哪些，决策的程序和步骤应是怎样的，有哪些科学的决策方法，等等。决策科学是一门专门研究有关决策原理、决策程序和决策方法的科学。

无论是人文社会科学向决策者提供的综合性的基础知识，还是专门的理论和方法论——决策科学理论，其目的都是为了使决策者所作出的决策趋于科学化。凭个人的才智和经验、个人的感情和好恶等所作出的决策，一般说来不可能是科学决策。2003 年春夏两季中国陷入“非典”造成的困境。在与这场突如其来的灾难进行艰苦搏斗的进程中，中国人文社会科学工作者通过各种渠道，为各级党政领导的正确决策作出了积极的贡献。事实证明，人文社会科学应当而且可以为现代决策走向科学化提供了理论依据。

（八）咨询功能

所谓咨询，是指商议询问。咨询作为一种科学术语，它的基本含义是指那些熟悉、精通某一方面或多方面专门知识的专家、学者，运用他们所掌握的知识、技术和他们的宝贵经验，独立而公正地为决策者或是委托方提供智力服务，以帮助他们解决种种复杂问题的行为。

咨询与决策之间有着十分密切的联系。为了更好地决策，决策者必须向有关人士或有关方面咨询；而咨询是为决策服务的，离开了决策，咨询也就失去了存在的意义。古代人在决策过程中也十分重视咨询的作用，历史上那些精明能干的帝王将帅甚至是一般的官员，他们都愿意招募一些学有专长的人在其左右，以便随时为他们出谋划策。但是古代决策过程中的咨询与现代意义上的咨询是不同的，主要表现为：现代咨询是以周密的调查和严格的科学分析为依据的，而在古代，为决策者所提供的咨询则是以个人的经验为基础的。为现代决策提供咨询的个人或团体，不隶属于任何一个决策者，他们的研究是独立地进行的，所提出的咨询意见只尊重客观，只着眼于科学；而在古代，这些为决策者提供咨询意见的人都是直接隶属于某一决策者，他们所提供的咨询意见要达到客观科学，就要困难得多。

现代咨询当然不是仅依赖于人文社会科学，但对咨询活动来说，人文社会科学是十分重要的。这是因为作为咨询载体的专家为决策者所提供的各种咨询意见，几乎都不能与人文社会科学相分离。

人文社会科学的咨询功能，如果从为谁提供咨询的意义上看，可以分成这样两种情况：一种是为政府机关等国家权力机构提供咨询意见。这种意义上的咨询，是由人文社会科学家运用自己所掌握的人文社会科学理论，向政府决策部门提供制定并实施有关政策的具体方案和建议。在现代社会，政府各部门都设有专门为政府决策服务的咨询机构。这种机构被人们称作“智囊团”、“思想库”或为“外脑系统”，人文社会科学家是这种机构的当然成员。像美国的著名咨询研究机构“兰德公司”和“斯坦福国际问题研究所”，都曾在美国政府的决策过程中，尤其是在军事和外交政策的制定过程中发挥过较大作用。当代中国人文社会科学研究机构和研究人员在社会主义现代化建设各领域、各个方面的重大决策中，发挥着日益显著的重要作用。另一种是面向社会、面向企业的。这种类型的咨询，已发展成为一种现代产业——咨询业。随着现代科学技术和社会经济的不断发展，生产规模越来越大，涉及的领域越来越多，分工也越来越复杂。这样，生产中因盲目性而造成的失误就会频频出现。这种情况将会严重地影响社会生产的发展。现代咨询业正是在这种情况下应运而生的。不仅是企业生产的发展需要现代咨询业，社会事业的其他方面的发展也需求助于现代咨询业。在现代咨询业的发展过程中，既有自然科学参与，也有人文社会科学的参加，这已经是不争的事实。

要点归纳

1.1 人文社会科学具有积极的社会功能。作为一种人文社会理论知识系统，它通过推动社会关系和思想观念的变化促进社会进步。它还通过有效支持自然科学实践推动社会生产力的发展。

1.2 人文社会科学的实现需要一些特殊条件。一是人文社会科学研究必须自觉地与社会实践相结合；二是人文社会科学的研究和成果应用必须有一个健康的开放的政治文化环境；三是人文社会科学理论必须提高其预见性。

2.1 人文社会科学的认识功能：人们必须借助人文社会科学知识去认识人、认识世界、认识人类社会，并以此为基础，形成新的认识水准，转过来推动人文社会科学的发展。

2.2 思想建设功能：人文社会科学的研究成果有助于人们确立正确的人生观、价值观，激发崇高理想，净化社会空气，提高民族思想道德素质。

2.3 文化建设功能：人文社会科学本身就是一种文化，它的发展也就意味着文化的发展；人文社会科学的发展对自然科学发展起积极的影响作用；人文社会科学的健康发展可能影响到科学以外其他文化事业的发展。

2.4 政治建设功能：人文社会科学的理论成果能够影响社会的政治思想观念；通过对政治家、政党和政权的作用的研究，对国家政治生活发生影响。

2.5 经济建设功能：通过提高从业人员的精神素质，人文社会科学实现它对社会生产活动的影响作用；现代化生产的各个环节都离不开人文社会科学的积极参与。

2.6 社会管理功能：心理学等有关学科向管理者提供关于管理对象的有用知识；人文社会科学可以向管理者提供任何一个专门领域的学科知识；迅速发展的管理科学直接为科学管理提供理论基础。

2.7 社会决策功能：人文社会科学向决策者提供必要的理论知识依据，包括综合基础知识、决策科学的理论和方法。

2.8 咨询功能：人文社会科学可以为国家权力机构提供咨询；面向社会提供咨询服务——咨询业全面兴起。

问题探讨

1. 人文社会科学是否也属于“第一生产力”？

2. 如何评价教育科学的社会功能？

DI SAN ZHANG 第三章

人文社会科学的研究方法

重点提示

1. 人文社会科学研究的一般方法是什么?
2. 人文社会科学有哪些具体的技术分析方法?

我们先从方法论的意义上，简略地阐述人文社会科学研究方法的总体特点和它对科学方法论的特殊贡献。

所谓方法论，可以说是关于方法的理解体系，属于哲学范畴。

方法论探讨的对象是科学方法，更确切地说，它探讨以获得科学认识为目的的方法。从这个意义上说，不同学科的研究具有同一哲学内涵的方法论基础；并且，某一科学的研究方法对另一科学的研究有着本质上的借鉴意义。显然，作为科学的两个部类，人文社会科学的研究方法对自然科学的研究所产生的启示力量也是深远而丰富的。

在人文社会科学发展演进的悠久历史的背景下，其方法论的贡献在最近两个世纪得到了充分的表现。我们今天所广泛知晓的人文社会科学专有的大部分研究方法，都是在这一历史阶段得以完善或脱颖而出的。

从科学的精神上看，人文社会科学方法并不意味着它与某种传统自然科学——比如实证的方法完全隔绝；正相反，在人类理性发展的历史中，人文社会科学方法与传统科学方法在人类寻求真理的起因、目的上有众多惊人的相同之处。这在近现代人类文明演进的过程中，表现得尤为明显。

人文社会科学的研究方法的总体特点主要表现为：

第一，人文社会科学研究方法的目标指向，在于获得科学的人文社会认识成果。

第二，人文社会科学研究方法综合了传统与现代科学研究方法的精华，又有所变通，有所创造，有所超越。

第三，人文社会科学研究的主流方法，本质上是对科学思维方法辩证综合的掌握。

人文社会科学方法的贡献之一是，它体现出非逻辑经验在科学研究活动中的重要作用，反衬出唯科学主义认识论的局限。贡献之二是，它体现出研究者在认识过程中的主观能动性，否定了被动的机械决定论。贡献之三是，它表明科学研究的准确性不仅仅依靠技术工具和逻辑思维，还有赖于文化与历史层面的反思。

这些贡献，在具体的科学研究中，反映为研究者在方法论上强调理性批判与情感激发并重、定性研究与定量研究并重以及直觉领悟与技术分析并重。这种辩证思想，直接孕育了科学美感、科学哲学、软科学、人工智能、系统科学、突变、无意识、社会认知、符号通讯、行为等一大批具有现代意义的科学概念。它们对于人类科学研究的推动作用无疑是巨大的。

本章着重在方法论的基础上，探讨人文社会科学研究的一般方法，及在自然科学中具有普遍启发意义的人文社会科学研究的一些具体方法。

一、人文社会科学研究的一般方法

我们所说的人文社会科学研究的一般方法，本质上指的是人文社会科学研究特有而又具有普遍意义的认识方式。

历史跨入 20 世纪之后，人文社会科学家在哲学、语言学、心理学、人类学、经济学、社会学、新闻传播学等一大批学科中迎来了巨大收获，在方法论上也得到了诸多深刻的启迪。这些启迪从根本上看，是对原本处于两极的自然科学认识方式和人文艺术认识方式的辩证综合的掌握，主要包括理性批判与情感激发的辩证统一，定性研究与定量研究的辩证统一，直觉领悟与技术分析的辩证统一。

其中，理性批判与情感激发的统一观，合理体现了认识论的发展成果，不仅在研究行为上反映了人类哲学理论的新水平，而且在操作上成功实现了从认识论到方法论的过渡。定性研究与定量研究的统一观则体现了人文社会科学的活动所在，使这些学科的工作者比之于他们的前辈，更能在研究中取得有价值的突破。最后，直觉领悟与技术分析的统一观，则在方法上对人类智能的两极给予了同样的重视。在我们看来，现当代人文社会科学的基本研究方法，大都是对这一辩证方法观的具体回应。

（一）理性批判与情感激发

如前所述，人文社会科学的认识论思潮对理性主义的传统作出了拨正，但在本质上，它与理性精神在追求科学真理的出发点和目的上是不谋而合、殊途同归的。

一方面，科学的理性是科学认识、把握外部世界的基本能力，它在科学方法上起着支配作用。莱布尼茨把真理归为两类——理性的真理和经验的真理。他认为理性的真理具有普遍必然性，是真实可信的。经验的真理只具有偶然性，是不可靠的。近代哲学家几乎都不同程度地表述了这一思想，认为理性是证明知识确定性的保证。随着现代科学的进步和科学史研究的兴起，人们逐渐看到，在科学认识中并不存在具有确定性的知识，任何知识都只具有相对性的意义。因此，科学家应当放弃对科学知识确定性的追求，只须说明认识过程的合理性。理性应当是科学发展合理的证明，应当揭示科学发展的规律性。这样，理性就成为对科学认识发展的规律性的揭示和证明。而从方法论上来看，理性批判则是人文社会科学最重要的工具之一。

要了解理性批判的含义，及其对人文社会科学研究的意义，必须首先弄清楚什么是理性。人的理性有消极和积极之分。消极的理性以感性、知性为基础，它的任务是加工、改造感性与知性提供的认识对象。因此，尽管它能够有选择地加工、改造对象，但本质上却努力适应对象，服从于外部世界的规律。与消极的理性不同，积极的理性是指人面对整个外部世界和自身认识状态所表现出的内在力量，简言之，是人的深层认识能力。积极的理性不发生在认识过程的某一阶段，而是表现为与人的习惯相对抗的力量。习惯是对常识的依赖，积极的理性则是对常识的否定和超越。可见，消极的理性相对于感性、知性而言，是人对外部世界的适应能力；积极的理性则相对于人的习惯而言，是一种对外部世界及对象进行否定和超越的能力。我们所说的理性的批判，是积极的理性的批判。

理性要否定、超越常识，必须借助批判。批判是主体对对象的探索、检验。理性批判是积极的理性在客观对象面前所表现出的自由。就人文社会科学而言，客观对象是一个极其广泛的概念，包括认识的对象及认识的出发点，认识主体的精神状态及主体的行为、常识及支持常识的基础。客观对象的这些内容都是理性批判所要涉及的。

对对象的理性批判在很大程度上取决于对主体精神状态和主体行为的理性批判。主体行为取决于主体精神状态，而主体的精神状态主要由一定的理论框架所决定，理性批判是对主体所使用的理论框架的批判，或确立新的理论框架，或更换旧理论框架中的不合理因素。这样一来，理性批判就成为发展创造性思维的重要环节。在此基础上，人文社会科学研究主体就可以发现并克服以往学科理论体系中的错误和逻辑矛盾，从而发展形成更高质量的学科体系。

不论是对对象的批判，还是对主体精神状态的批判，都是对常识批判。常识是由人对已有文化环境的依赖而形成的，即使是人类历史上最壮观的创造活动的产品，一旦被积淀于文化深层结构中，也会转化为常识。常识是人的文化创造的惰性力，批判常识，就是消除惰性，开启人的认识的创造性。

因此，理性批判对人文社会科学研究具有两方面的意义，一是通过批判已有的认识状态，校正新的认识方向，确立新的文化认知场；二是通过批判常识，开启人的创造性思维。这两者都是科学研究创新的必要条件。

另一方面，与自然科学相比，人文社会科学是与感性经验关系更为密切的科学。因而，情感因素不可避免地更多地渗透在理论研究中，对研究主体起着激发作用。事实上，就是在自然科学研究中，也不能完全摆脱情感的作用。情感之于科学工作者，犹如催化剂之于化学反应；由情感催发科学研究的实例，在任何学科领域里都堪称俯拾皆是。

情感是可传达、可被体验到的。苏珊·朗格曾经说明情感的这一特性："所谓情感活动，就是指伴随着某种十分复杂但又清晰鲜明的思想活动而产生的有节奏的感受。"情感的传达可以使主体以体验的方式理解外部信息，通过这种体验，主体中的一些无意识的感受突现出来，清晰起来，成为可理解、可意识到的东西，从而使人由被动的、感性的人成为自觉的、理性的人，形成认识的目的。对于科学工作者来说，情感作用于认识，其力量并不亚于理性的作用，原因就在于，情感对感知的深刻渗透，能够使外部研究对象转化为研究者主观上清晰可辨的映照物。

人文社会科学家的工作情感，并不等同于一般的生理感受，而更多地包孕于理性的美感。这是与我们一般所说的逻辑理性有所区别的。逻辑的理性是概念的，美感的理性是主观的。前者具有客观的普遍有效性，后者则具有主观的普遍有效性。主观的普遍有效性主要指理解力和想像力。有的学者认为，美感既是感性的，又是超感性的；它们在个体的感性中积淀着社会的理性。

探讨美感的理性，仅谈理解力和想像力是不够的，它包括感知、情感、理解、想象。这四种要素在审美中起着不同的作用。感知是感官对客观对象的感受；理解是主体对审美对象的把握和认识；想象是审美实现的手段；情感是审美的动力。情感刺激人的想像力，是可理解的最深刻的感受。我们认为，在这四种因素中，情感是最直接地表达人的目的和意向的因素，对人的认识活动具有功能性的意义。正是这样，我们以美感中的情感因素为认识人文社会科学知识的功能之一。

许多杰出的自然科学家饱含着对自然美的热爱之情。这种情感激励他们去探索自然界的奥秘，创造新的理论。正如爱因斯坦所说："音乐和物理学领域中的研究工作在起源上是不同的，可是被共同的目标联系着，这就是对表达未知的东西的企求。它们的反应是不同的，可是它们互相补充着。"可以说，科学家对自然美的感情是与他们的创作工作相联系的。在科学家那里，自然美是由他们所创造的，关于自然和谐与秩序的奇异构造，既是他们创作的艺术品，也是他们关于自然美的情感的显露。伽利略创造的数学—实验方法之所以美，就在于他第一次把数学与经验自然科学奇妙地结合在一起。爱因斯坦的广义相对论之所以美，就在于爱因斯坦第一次把时空概念和物质运动概念以独特、宏伟的方式结合在一起。正因为这样，我们认为培根提出科学美的标准真正抓住了科学美的本性："没有一个极美的东西不是在调和中有着某些奇异。"追求奇异、创新的情感正是刺激科学家进行创造活动的动力。而对于人文社会科学学者而言，对情感的体验，乃至于对美的终极追求，更是他们科研工作的原动力，并且，也正是他们的日常研究工作的本质方式。一个优秀的人文社会科学工作者，正是因为内心充满着激情和美感，他才热忱于研究工作，并且也才得以找到研究人文社会科学的有效途径。

总起来说，情感激发之所以能成为人文社会科学（乃至一般科学）的工作方法，在于它能够使认识产生两种重要的转换：一是对外部世界的预先感知，即在主体没有完全理解研究对象时，能够形成认知图景；二是使主体对对象的认识由简单到丰富，由朦胧到清晰，由被动到富于创造激情。因此，在人文社会科学研究的运作中，重视感性的领悟和激情的催发，不仅是重要的，而且是必需的。理性批判与情感激发的交相促进，从方法论上来看，正是人文社会科学研究中的一个独特景观，并且有着丰富的启发意义。

科学认识的理性和科学认识的情感结合在一起，构成了科学发展的内部规律，决定着科学进步的性质。科学的进步意味着人认识外部世界和改造外部世界力量的增强。这种进步本质上是人类智力的发展，是一种精神的进步。科学进步的这一性质证明，科学认识能够给人以现实的力量，能够为人们选择生存方式提供客观标准，能够推动人类文明进步。但是，这一切在科学那里都只是一种潜在的力量。要使这种潜在力量变为现实，一方面要求人的现实的活动，要求技术的发展和进步，另一方面要求协调各种认识形式之间的关系。一味强调科学认识对人类进步的作用，忽视文学艺术等认识形式的作用，就必然会带来人的片面发展。人要成为自然界的主人，既要依赖科学认识，发展自己调控自然的现实力量；又要依赖文学艺术等认识形式，调节人的精神世界，丰富人的活动，借助于情感激发使人得到全面发展。

（二）定性研究与定量研究

定性研究与定量研究是两种基本的科学研究方法。

所谓定性研究，就是对于事物的质的方面的分析和研究。质是特定事物区别于其他事物的内部所固有的规定性，它由事物的内部与外部的各种矛盾所决定。所谓定量研究，就是对事物的量的方面的分析与研究。量则是事物存在和发展的规模、程度、速度以及构成事物的共同成分在空间上的排列等可以用数量表示的规定性。对特定对象的认识往往是从初步的定性研究开始的。定性研究是定量研究的基础，定量研究则是对定性研究的深化和细化。两者循环交替，不断把主体对对象的认识引向深入。

人文社会科学在长期的历史进程中较为偏重定性研究。定性研究在识别对象属性，对之进行要素分析与结构整合，揭示对象功能等方面发挥着决定性的作用。由于人文社会科学研究对象——人与社会不像自然科学的研究对象那样相对确定，而总是表现出相当的复杂性与模糊性，因此，定性研究在人文社会科学研究中显得尤为重要。定性研究的失当，往往导致定量分析的失效，从而使结论发生偏差甚至谬误。智力测验被认为是测量孩子智力水平的权威性心理测量方法。心理学家先根据有关智力的本质、结构等理论设计一组问题，形成一个智力量表，然后根据量表的数据得出结论。前者就是一个定性研究，后者是一个定量研究。近期的研究表明，由于对象的复杂性，任何一个智力量表都只可能测出量表依据理论所认为的智力因素，由于有关智力的定性研究尚存在这样那样的局限，智力测验事实上不能全面反映孩子的智力水平。如果不加分析地把针对美国儿童设计的量表，来测试经济、文化背景与之有很大差别的中国儿童，其偏颇在所难免，有时甚至会对孩子的发展产生不同程度的负面影响。传统人文社会科学需要定性研究，从不同角度深化对人与社会各种属性的认识。科学学、未来学、人才学、符号学、思维科学等新兴学科则需要借助定性研究来进行学科定位，一步步地确定它们研究领域的范围及研究对象的性质特征。定性研究在 19 和 20 世纪人文社会科学大发展中起了重要的作用。

相对而言，定量研究在传统人文社会科学中的运用显得要薄弱一些。20 世纪以来，随着人文社会科学与自然科学相互交流借鉴的扩大，语言学、心理学、经济学等相当一部分人文社会学科中出现了科学化的发展趋势。统计分析、定量描述等定量研究的基本方法在这些学科中得到普遍运用。据统计，1900～1965 年间，世界性的 60 多项人文社会科学重大成果中，定量研究占 2/3，其中 5/6 又是 1930 年以后作出的。近年来管理学、决策学等人文社会科学的应用学科迅猛发展。管理、决策的正确性必须建立在明确的量化指标之上，因而研究者运用定量研究的自觉性越来越高。数学家族中模糊数学、拓扑学等新成员和博弈论、点集论等新的理论的出现与发展，为人文社会科学进行定量研究提供了有效的数学工具。而计算机信息处理技术的日新月异，则使以往难以实现的大范围、多层次的社会调查统计及数据处理成为现实。定量研究的比重在人文社会科学研究领域大大增加，以至于像历史学这样古老的人文学科也开始引入定量研究的方法，出现了“历史计量学”并取得了相当喜人的成果。

定性研究与定量研究在人文社会科学现代化的进程中日益统一起来，这是由学科分化与综合所导致的系统化研究观念所决定的。

一方面，传统人文社会科学各学科深入发展，不断拓展新的研究领域，不少学科涌现出大量分支学科，构成科学群。另一方面，学科分化又带来高层次的学科综合。实际上，不少分支学科就出现在两门或多门人文社会学科的结合面上。于是，人文社会科学内部的空白处逐渐被填补，使两门、更多门直到整个人文社会科学逐渐成为整体。同时，人文社会科学与自然科学间的相互渗透又带动了更高层次的学科综合。例如，一个不懂高等数学的人，将不会成为有作为的当代经济学家。像投入产出分析、成本收益分析等等，都是用数学语言解释经济现象的产物；而优选法、集合论、对策论、运筹学等等，也被越来越广泛地应用于经济预测和决策。这样，从微观的具体学科到宏观的整个人文社会科学越来越一体化、系统化。在这种情形下，人文社会科学研究必须将定性研究与定量研究有机结合起来。

就具体研究而言，首先，在最初的经验材料的搜集整理过程中，就要同时注意被研究对象的质与量，依据量的统计作出质的评价。如，研究作家的语言风格，就可以借助计算机技术对其词汇、句式进行数量与结构的统计分析，从中得出相应的概括。其次，在消化分析经验材料的过程中，应尽力做到通过量的分析把握被研究对象的质。有条件的，甚至可以建立数学模型，以动态、精确地反映对象质的规定性。如各种社会系统模型与经济模型的建立，已成为研究社会环境与国家区域经济的本质特征及功能的有效手段。再次，在对研究的理论成果进行价值评估的过程中，也要给予质与量的评估以同等的重视，而不要再停留在以往单纯的质的评估层次上。这样才能最大限度地发挥人文社会科学理论成果的社会效益。例如，设立在美国的“世界经济模型联结中心”，每年春季或秋季举行会议，把数十个国家的经济模型综合起来，分析世界经济的发展趋势，作出中短期预测，提供给有关国家政府部门和经济界参考。1987 年春季会议，比较充分地体现了定性研究和定量研究相结合的原则，对 1987～1989 年世界各国的国民生产总值、通货膨胀率、进出口贸易作出预测，并且作出如下判断：经济发展动荡不定，对前景只能谨慎乐观，但可排除发生经济衰退的可能性。3 年之后对这一研究成果进行价值评估，认为该预测报告对这期间世界经济发展的基本趋势的预测基本正确；虽然对国际贸易总额增长率和对通货膨胀率的预测，误差较大，但是对世界国民生产总值的增长率和预测则与实际情况大体相符。因此，经济学家认为，该研究成果"瑕不掩瑜"，成绩是主要的。这就在整个研究过程中，把定性研究和定量研究较好地统一起来了。

（三）直觉领悟与技术分析

在科学认识活动中，直觉是一种必不可少的思维方法。爱因斯坦肯定直觉对于建立科学理论的必要性："物理学家的最高使命是要得到那些普遍的基本定律，由此世界体系就能用单纯的演绎法建立起来。要通向这些定律，并没有逻辑的道路；只有通过那种以对经验的共鸣和理解为依据的直觉，才能得到这些定律。"

我们在人文社会科学研究中所倡导的直觉与宗教认识中的直觉有本质的区别。宗教认识中的直觉是为了达到"神人合一"，具有神秘性，是一种与信仰相联系的非理性、非感性的思维方式。我国禅宗在认识中强调顿悟，就是典型的宗教认识的直觉。在禅宗看来，顿悟是主体通过冥合主体与客体的神秘契机而达到的认识能力的突变。禅宗把人的动机、情感、意志、理性统统排除于直觉思维之外，使直觉充满神秘性。与宗教认识中的直觉不同，科学认识中的直觉是从事实到经验，从经验到理论的思维方法，与人的感性和人的理性直接相连，借助于理性之光而形成。这是一种非神秘性的、与事实相联系的、与人的现实心理活动相联系的思维方式。爱因斯坦从思维与经验之间的关系对科学认识的直觉作了说明，认为"从特殊到一般的道路是直觉性的，而从一般到特殊的道路则是逻辑性的"。

就直觉在人文社会科学活动中起到的预见作用而言，思路敏捷、观察透彻、富有洞察能力的科学家，常常能凭借卓越的直觉能力，在混乱复杂的事实材料面前，敏锐地觉察到某一类现象和思想可能具有重大意义；预见到将来在这方面可以产生重大的科学发现或科学成果。这样由直觉作出的大胆预言，常常决定了某一领域科学研究的发展战略。

直觉可分为感性的直觉和理性的直觉。感性的直觉是对理论经验的直接体验，和理论选择相联系。美国著名科学哲学家库恩认为，科学理论的选择除了依据客观性标准外，还依据主观性标准。这种按照主观性标准进行选择的过程就是直觉的过程。感性的直觉主要受个人价值意识的支配。科学理论的选择包括两个方面：一是对支持理论的论据选择，即科学家选择证明理论的判决性实验。科学家在进行选择时，不需逻辑推论，只须凭意义含糊的证据就可作出判断。意义含糊就是人所直觉到的东西。二是对理论框架的选择。一种新的理论框架形成时，能吸引许多科学家，往往不是因为这个理论有更强的逻辑依据，而是因为科学家们觉得它更好、更美等等。科学家的这种感觉就是他的感性直觉。

理性的直觉是理论的创造性活动，是对逻辑元素之间的秩序、关系的直觉。理性直觉的结果是假说和科学理论的形成。这就是说，理性的直觉发生于逻辑元素和逻辑构造之间，是一种逻辑元素的结合活动。爱因斯坦认为，理性的直觉是科学创造活动的必经阶段，“这种结合的活动似乎就是创造性思维的基本特征”。理性的直觉在科学认识活动中具有三个特性：一是非逻辑性。创造科学理论本质上是一种创新活动。这种创新在于能打破旧的逻辑联结顺序，建立新的普遍概念及其相互关系。人们要超出旧的逻辑的基础，是对原有逻辑格局的超越与突破。正是这种超越与突破，使理性的直觉表现为非逻辑的形式。牛顿发现万有引力定律，爱因斯坦发现相对论，都是这种理性直觉活动的结果。二是综合性。理性的直觉不借助逻辑，不要求对概念进行分析，而强调对作为“思维元素的心理实体”进行构造，加以某种再现和结合。这是一种综合性的认识活动。三是有意识的活动。理性的直觉并不发生于无意识状态，而是人的有意识活动，是人对所认识的对象持久地注意、思考所产生的灵感，是人的有意识创造的高峰体验。

值得注意的是，在人文社会科学领域里，人们又经常将直觉与灵感相联系，这是因为它们在思维上有着“顿悟”的共性，并且，在实践中，它们通常也是相互缠绕、共同作用于研究工作的。在人文社会科学领域中，灵感是该领域中一切从事创造活动的人，在创造过程达到高潮阶段时，出现的一种最富有创造性的心灵状态或认识形式。在这种状态中，经济学家会突然有所发现，文艺学家会突然写下绝妙的评论，哲学家会突然提出具有重大意义的哲学命题。

关于灵感在科学研究中的作用，许多行业的专家都进行了专门研究。而且科学家们也的确都体会和认识到直觉、灵感、想象等非逻辑的、创造性的思维形式在自己科学研究中的作用。他们认为灵感不仅可以在紧张的研究工作之后的闲散时间倏忽而至，而且也可以在紧张的研究工作之中受到某一偶然因素的激发而出现；不仅可以在大脑进行正常活动的过程中突然涌现，而且可以在夜间入眠时产生；不仅可以在人们对问题作了多方面的研究之后出现，而且可以在刚刚接触问题的时候就茅塞顿开。

在以理性和技术著称的科学领域，我们倡导重视直觉、灵感等“非理性因素”对工作方法的促进意义，这不仅仅是因为它们是技术分析的有效补充，更因为在某种意义上，直觉、灵感所带来的顿悟实际上就是技术分析于某个瞬间在研究者思维中所达到的升华。至于技术分析的方法本身，我们将在下文中作具体介绍，这里暂不赘述。

二、人文社会科学研究的具体方法

上面，我们较为详尽地从人文社会科学的特点出发，介绍了相关的研究工作的方法论和认识论知识，特别是人文社会科学研究的一般方法。为从运作上说明人文社会科学的工作状态，这里进一步介绍对人文社会科学具有指导意义的技术方法。

人文社会科学的研究方法是非常丰富的，但总的说来可以分成四种理想类型。可以说，各种各样的具体研究方法都是这四类方法的变式或组合。这四类方法分别是：调查研究、实验研究、实地研究和文献研究。

（一）调查研究

调查研究是人文社会科学最具代表性的研究方法。它是指采用问卷或结构式访谈的方式，从作为样本的部分研究对象处收集资料，通过对资料的统计分析来认识研究对象及其演变规律的研究方法。这是一种典型的量的研究方法，可用于描述性、解释性或探索性的研究。

调查研究通常包括普遍调查和抽样调查两类。一般说来，普查更为全面。中国的人口普查就是典型的普遍调查。但通常考虑到研究的规模和成本，研究者往往更愿意采用抽样调查的方法。下文讨论的调查研究主要是指抽样调查。

1. 调查研究的过程

调查研究过程中的每一个步骤都需要精心设计，否则就很难保证调查的科学性。下面，我们将结合拉扎斯菲尔德等学者 20 世纪 40 年代在美国所做的一个经典调查研究——“伊利调查”来分析调查的流程。

调查研究的第一个步骤是明确与细化调查目的，且这一研究目的适合通过调查研究来实现。不是任何的研究目的都可以用调查研究的方式。对一个研究者来说，当他需要研究以下三种情况时，使用调查研究方法是比较合适的：一是某一群体的社会背景，比如该群体中的个体的个人基本情况或工作、家庭的基本情况；二是某一群体的社会行为，比如怎样使用媒介、如何进行消费等；三是了解某一群体的意见和态度，比如他们如何看待追星族和暴发户等。因此，在进行调查之前，必须明确自己的目的是什么，并将其细化为可操作的若干问题。否则，就无法确定调查对象的总体，更无法进行抽样。拉扎斯菲尔德所进行的“伊利调查”，是一项关于美国总统大选中选民行为和态度的调查，采用调查研究的方法是比较合适的。拉扎斯菲尔德为了便于操作，将这一目的又进一步细化为以下的问题："社会地位对选举有何影响？党员大会和提名如何影响选民？宣传扮演着什么样的角色？报纸和广播又扮演什么样的角色？家庭和朋友的影响如何？议题产生的原因是什么？为什么有些人决定得早而有些人则较迟？总之，选举是如何发展的？选民又是如何做出决定的？"

调查研究的第二个步骤是确定调查的总体。总体不是随意确定的，应根据研究的需要具体情况具体分析。"伊利调查"之所以选择了伊利的选民作为总体，与该地区的选民特别具有典型性有关。选择俄亥俄州的伊利县是因为在20世纪以来的所有总统大选中，该县都非常符合全国的选举模式。这个县的人口流动较少，同质性很高，20世纪40年代以来，该县的人口一直维持在43000人左右，农业人口和工业人口的分布平均。这些特点都对研究排除干扰因素有着重大的意义。试想，如果该地人口流动性很大，且选举的结果与全国的模式差异较大，那么研究结果还会具有代表性吗？

调查研究的第三个步骤是抽样，这是调查研究的关键步骤之一，所抽样本是否能科学地表现总体的特征，直接决定了调查研究的结果。关于这一点，我们还将在下面作详细的阐述。在"伊利调查"中，拉扎斯菲尔德的抽样设计是相当科学的。从1940年5月开始，研究者通过等距抽样的方式（每四户抽一人），在伊利县抽取了由3000人组成的样本，完全符合概率抽样的要求。

调查研究的第四个步骤是设计问卷或访谈提纲。这也是调查研究的关键性步骤，我们也将在下文作详尽的阐述。

调查研究的第五个步骤是调查的实施。在这一步骤中，研究者的任务是发放问卷或实施结构性访谈，并有效回收。如果采用的是发放问卷的方式，通常有三种具体的方法：其一是个别发送法，也就是研究者派调查员将问卷送到每个样本个体手中，让他们自行填写，当面回收或约定回收时间上门回收；其二是邮寄填答法，研究者将问卷寄给被调查者，并请被调查者填完后寄回；其三是集中填答法，研究者将被调查者集中起来，统一填写，当面回收。在三种方法中，集中填答法回收率最高，效率也最高，而邮寄填答法回收率最低；但后者所涉及的范围有限，消耗的成本也是很低的。随着全球互联网的兴起，网上发放问卷的方式得到广泛的应用，但由于其数据可信度较差，因此严肃的学术研究往往不采用这种调查实施方式。结构性访谈通常有两种方式：一是当面访谈，二是电话访谈。后者更为便捷，更有效率，容易做到随机抽样；而前者则更能达到较为深入、翔实的目的。因此，根据研究情况的不同，应设计不同的实施方案，必要时甚至要被调查者重复接受访谈。“伊利调查”的实施方案设计就是一个很好的例子。

在“伊利调查”中，如果只是一次性的问卷调查，根本无法完成研究的既定研究目的，因为该研究项目要研究的是受访者态度的变化。因此，重复访谈是惟一可以完成这一目的的具体方法。“小组重访的最大特色在于它可以完整地研究一个选民在一段时间内是如何开始对选举产生兴趣，开始注意到媒体上的政治宣传，并受到某些影响，达成决定、改变决定，最后实际的投票。”为了便于重复访谈，在等距抽样后，拉扎斯菲尔德又通过分层抽样的方式抽出2400个具有代表性的样本个体，并把他们分成四个组（以下用A、B、C、D组表示），每组600人。研究者借鉴控制实验法的方法，把第一组即A组作为实验组，从五月开始每月重复访谈一次；把其他3组作为对照组，并于七月访问了B组，八月访问了C组，十月访问了C组。之所以要设定3个控制组，主要的原因是为了考察重复访问是否会影响访谈的有效性；结果发现，重复访谈的影响并不是很大。事实证明，尽管此举增加了调查的成本，但也保证了访谈的科学性。

调查研究的第六个步骤是数据分析，并根据分析结果撰写调查报告和理论成果。现在，数据分析的工作通常由计算机完成，常见的统计软件SPSS等能够帮助研究者获得各种所需数据。

2. 抽样方法

在调查研究的各个步骤中，最重要的步骤是抽样。抽样是否具有科学性，直接影响调查研究的信度。

在调查研究确定了总体之后，如何能从总体中科学地选择个体，形成研究的样本是非常重要的。如果抽样不科学，样本的特征无法反映总体的特征，调查研究肯定会失败。从20世纪40年代以来，人文社会科学研究的工具制造者，一直对抽样方法的完善作出各种各样的贡献。今天抽样方法基本可以被分成两大类：概率抽样与非概率抽样。

概率抽样的一个基本原则是：如果总体中的每一成员都具有被选入样本的同等机会，从这一总体中抽样的样本就能够代表总体。概率抽样有两个特殊的优点：首先，它虽然不能完全精确地代表总体，但由于避免了偏差，可以比其他类型的样本对总体更具代表性。在实践中，概率样本比非概率样本对总体更具代表性。其次，概率论可以对样本的精确性和代表性作出估计。

常见的概率抽样方法主要有简单随机抽样、系统抽样、分层抽样、整群抽样和多级抽样。

(1) 简单随机抽样

简单随机抽样是调查统计中的基本抽样方法。研究者为抽样名单上的每一个体编码，然后根据随机数字表取样。如果抽样名单可以输入计算机，计算机将会自动抽取简单随机样本。比如在一个年级的200名小学生中抽取40个个体进行调查研究，一个常用的办法是将所有学生的学号写在小纸条上放在一个盒子里。将纸条搅乱，然后从中抽取40张纸条。这40张纸条所代表的学生就构成了研究的样本。

(2) 系统抽样

在实践中人们很少运用简单随机抽样的方法。因为它十分费事，效率不高。在一般情况下，研究者更愿意采用系统抽样的方法。

系统抽样方法的具体操作步骤是：首先给总体的每一个个体编号；其次，用总体的规模除以样本的规模得到抽样间距；所谓抽样间距，指两个被抽出的个体之间的标准距离。如果在200名小学生中抽取40名小学生，抽样间距为5。第三，在第一个抽样间距中，随机抽取一个个体，然后自这个个体开始，每隔一个抽样间距抽取一个个体。比如在上述例子中，研究者随机抽取了第3个小学生，那么他就应该每隔5个个体抽取样本，抽第8个，第13个，第18个个体……最后，通过这种方式抽取的所有个体就构成样本。系统抽样与简单随机抽样的结果基本上相同，有时前者甚至比后者更准确。

(3) 分层抽样

简单随机抽样和系统抽样在一定程度上保证了样本对总体的代表性，同时也有一定程度的抽样误差。运用分层抽样的方法则可得到更大程度的代表性，同时减少抽样误差。

影响抽样误差的因素有二：第一，大样本比小样本抽样误差小；第二，同质性总体比异质性总体抽样误差小。分层抽样即以第二个因素为基础，不是在大总体中直接抽样，而是按照总体中各个同质层所占的比重抽样。

分层的最终目的在于把总体分成一个个同质层（层与层之间则是异质的），给每个层次分配适当的名额。根据何种变量分层，通常取决于那些变量是否具有明显区分度。给被调查者分层一般可以用年龄、性别、受教育程度、地区和收入等变量。在小学生中进行分层抽样，可以按年级、性别和成绩分层。用这种方法可以保证样本中包括适当数量的平均分为甲等的五年级男生、平均分为甲等的五年级女生，依此类推。根据每层在总体中所占的不同比例分配好名额以后，用简单随机抽样或系统抽样的方法在各个层次抽样。比如在200名小学生的抽样中，规定成绩好的学生所占样本比例一定要有20%，那么就应在成绩好的学生中随机抽取8个个体作为样本的组成部分。

(4) 整群抽样

整群抽样被看作是分层抽样的延伸，它的抽样单位不是单个的个体，而是群体。它从总体中随机抽取一些小群体，然后把这些小群体的所有元素构成样本。这样做简化了抽样的过程，提高了抽样的效率，同时也减少了抽样的成本。但是在异质性较强的研究对象面前，可能会产生较大的误差。假设 200 名小学生有 5 个班和 40 个小组，要从中抽取 40 个个体作为研究对象。那么整群抽样的方式不是直接去抽取学生，而是去抽取班级和小组。研究者只需要从总体中抽取一个班或 8 个小组即可。这种抽样可能产生的问题是，如果研究者恰好抽到的是一个“快班”或者一个“慢班”，研究的结果可能就会不准确。

（5）多级抽样

把上述的方法综合在一起，就是多级抽样。多级抽样主要运用于总体规模巨大，分布范围广阔的研究中。它的具体做法是：先从总体中随机抽取若干大的单元，然后再从这几个大单元内抽取几个小单元，这样一层层抽下来，直至抽到最基本的抽样元素为止。比如要对某省的小学生进行调查，就可能在总体中先随机抽取几个市，再从每个市中抽几个小学，再从每个小学中抽几个班级，直至抽到每一个小学生。

非概率抽样并不符合科学的抽样原则，抽出的样本能够精确反映总体的概率不大，相反偏差则有可能比较大。但是，正如有学者指出的那样，很多研究情境经常使得概率抽样变得不可能或不适合，而非概率抽样技术倒经常是最适合的方式。

常见的非概率抽样有四种：偶遇抽样、判断抽样，定额抽样和滚雪球抽样。

（1）偶遇抽样

偶遇抽样是目前很多自称“概率抽样”的研究报告经常采用的抽样方法。这是一种研究者出于便利的原则，就近抽取研究对象的抽样方法。偶遇抽样看上去确实与随机抽样有相似之处，但偶遇抽样不能保证总体中的每一个体都有被抽到的同等机率，它不能很好地代表总体中每个人的意见。如果研究者到一所小学的某年级去抽样，他抽取了他碰巧遇到的 40 个该年级的学生，就是偶遇抽样。

（2）判断抽样

判断抽样指的是研究者根据自己对研究对象和研究课题性质的

判断，来选择和确定样本的抽样方法。这是一种主观性最强的抽样方法。通常，当随机抽样不能实施时，一些有经验的研究者通常会采用这种方法。在某一次大型媒体调研项目中，由于无法获得该媒体所在城市居民的基本情况，寄回的问卷又显然不符合总体的特征，因此研究者便根据自己的经验确定了抽样的分层。由于带有强烈的主观性色彩，判断抽样的方式常常是一种双刃剑，使用不当会产生负面影响。

（3）定额抽样

定额抽样是美国民意测验者乔治·盖洛普在1936年首创的抽样方法。由于他通过定额抽样的方法正确预言了罗斯福的当选，并正确地预测了1940年和1944年的大选结果，盖洛普的名字后来成为“民意”的同义语——尽管事实上盖普罗的测验方法并不完善。该抽样方法首先要对目标总体进行分层，然后根据总体各层次的相应比例选择样本。这种方法多少有些类似于分层抽样，所以许多用这种方法进行抽样的研究报告自称采用了这种方法。但二者其实具有本质的差别。我国学者风笑天指出：“定额抽样之所以分层分类，其目的在于要选一个总体的‘模拟物’，其方法则是通过主观的分析来确定和选择组成这种模拟物的成员。……而分层抽样进行分层，一方面是要提高各层次间的异质性与同层中的同质性，另一方面也是为了照顾到某些比例小的层次，使得所抽样本的代表性进一步提高，误差进一步减小。”定额抽样要做到精确就必须全面地掌握总体的信息，而这一点恰恰是很难做到的。1948年，盖洛普和其他许多民意测验机构都陷入了预测失败的窘境，事后发现，定额抽样的方法在运作中会有一定程度的偏差。

（4）滚雪球抽样

滚雪球抽样常被认为是偶遇抽样的另一种形式。它是在特定总体的成员难以找到时，最合适的一种抽样方法。比如研究正在当代中国生成的中产阶级，按通常的抽样方法，根本无法找到研究对象的总体。研究者只有通过若干中产阶级成员，找到他们认识的其他中产阶级成员，然后再通过这些对象去找到更多的中产阶级成员：

如此这般，专题研究的“雪球”越滚越大。在1978年中国改革开放以前，研究中国学的海外学者很难得到关于中国的一手材料，于是他们就从少数偷渡到香港的大陆人那里，采用滚雪球的方式找到其他偷渡者，从而掌握了不少关于当时中国内地的鲜活的材料。目前，这种抽样方法正在得到越来越广泛的使用。

3. 问卷设计方法

问卷是调查研究中用来收集资料的主要工具，是联系研究者与被调查者的桥梁。所以问卷是整个调查研究的关键部分。问卷设计决定着问卷质量的高与低，直接影响着资料的收集工作的成败得失。可见，问卷设计在整个调查过程中的地位和它的决定性作用。

（1）问卷的组成部分

一张标准的问卷常常由封面信、指导语和问卷主体三个部分组成。

封面信是调查者致被调查者的一封短信。语言要求简单明确，篇幅控制在300字左右为宜。它是对调查项目本身的必要说明，其作用是要引起被调查者对调查的重视，争取他们的帮助和支持。封面信必须陈明如下内容：首先，封面信要告诉被调查者进行调查研究的主体的身份。具体内容包括调查者的自我介绍，调查者代表的组织或机构。其次，说明调查的大致内容。就是向被调查者说清楚要调查什么，调查的目的是什么。通常的做法是用一两句话概括地、笼统地指出调查的大致内容就可以了，不必作详细的说明。最后，说明调查对象的选取方法和对调查结果的保密措施，以消除被调查者的一切顾虑；在信的结尾处，一定要表示对被调查者的衷心感谢，语气要谦虚诚恳。

总之，封面信就是要在最短的时间内将研究者的目的传达给被调查者，帮助被调查者消除心理的不确定性因素，缩短与调查者间的距离，尽可能使被调查者在轻松的心情下参与调查研究活动。

指导语是指导被调查者填答问卷的各种解释和说明，它能给被调查者在下面的具体的答题过程以帮助。指导语其实就是问卷的填写说明——是为了帮助被调查者准确顺利回答问题而设计的，内容包括填写方法、交回问卷的时间等等。

问卷主体主要是研究者设计的问题和答案。多数问卷都由两类提问方式组成，一是开放式提问，二是封闭式提问。如何恰到好处地使用这两类提问方式是很重要的。

开放式问题——是指设计问题时，不设计答案，而是让被调查者自由回答，也叫自由式问题。提问方式比较灵活，例如，既可以用一般的问题形式提出，也可以用图片、漫画等形式提出问题，这有利于调动被调查者的回答兴趣，得到他们的合作。未限制答案，鼓励被调查者可以根据自己的想法回答问题，因而能够得到较为深入的观点和看法，有时可以获得意外的信息资料。比较适合答案复杂、数量较多或者各种可能答案还不清楚的问题，在动机调查中应用较多。回答开放式的问题需要比较多的时间用于思考，与封闭式问题比较起来回答的难度更大一些，内容更多一些，所以一般应将它放在问卷的后面。

封闭式问题——是指在设计调查问题的同时，还设计了可能的答案，让被调查者从中选定自己认为合适的答案。封闭式问题的提问方式有是否法、多项选择法、顺位法等多种形式，标准化程度高，便于被调查者回答。答案有限，影响被调查者提供更多的信息，一般用于定义明确、研究目标集中的问题。

由于各种客观因素的制约，一般问卷均以封闭式提问为主，有时甚至不设开放式提问。

（2）问卷设计的总体原则

在进入实际的设计问卷之前，明确一些基本的、总体性的原则是必要的：

第一，应明确问卷设计的主题。

一份问卷要有明确的调查主题，并且能够清晰地体现在问题的设计上。问卷是研究者在调查中用来收集资料的工具，因此，设计问卷时自然要考虑研究的需要，问题的设计要紧紧扣住所要研究的问题和所要测量的变量进行。问题的数量、顺序由研究的主题来确定，要能够充分体现调查者的主观意图。否则，问卷对研究者就没有太大的意义。

第二，要为被调查者考虑，是设计问卷的出发点。

光从研究的需要来考虑而不考虑到被调查者多种实际情况，那么所设计的问卷往往存在一些不妥的地方。由于问卷调查需要被调查者的密切合作，因此在设计问卷时，必须从被调查者的角度考虑问题。

首先要考虑被调查者可能产生的畏难情绪。当问卷内容太多，问卷表册太厚，或者问卷表中的开放问题，特别是需要花较长时间思考、回忆、回答的问题过量时，这种不良反应最容易产生。比如，一些问卷设计长达几十页，问题数目很多，要被调查者回答一两个小时；一些问卷中的问题需要回答者进行难度较大的回忆和计算，等等。它往往直接导致被调查者放弃问卷，或者采取应付态度，使得问卷的回收率大大降低，废卷增加，同时也使资料的真实性受到影响。这些情况都是设计时没有为回答者着想，没有从回答者的角度进行考虑的结果。

其次要考虑被调查者对敏感问题的顾虑。由于担心如实填写会给自己带来不利的影响，因此问卷调查的内容越敏感，调查者就越有心理负担。被调查者经常会在敏感问题上按大多数人的看法填，或者选择“正确”的看法填。造成这一不良反应的原因，主要是调查者在问卷封面信中对填答问卷的匿名性、保密性解释不够，对某些敏感问题的设计不妥、安排不当。被调查者在心理压力下答卷，最容易形成虚假的资料。

最后要考虑被调查者自身的能力、条件等方面的限制。比如阅读能力的限制，一个被调查者起码要能看得懂问卷才能做出回答。如果问卷的格式较复杂、问题较抽象或者语言不通俗易懂，那么有些文化程度较低的被调查者就很难看懂问卷的内容和要求。还有理解能力、记忆能力、计算能力的限制等等。如果我们在设计问卷时，不设身处地为被调查者考虑，那么一些回答者就会由于上述种种客观条件的限制而放弃问卷，从而影响到调查的质量。

第三，问题数量和提问方式要科学。

在设计问卷主体时要注意两个方面的内容，一方面是问题的数量与顺序，另一方面是提问的方式。

一份问卷应该包括多少问题，这要看调查的内容，样本的性质，分析的方法以及拥有的人力、物力、财力等各方面条件。这方面没有固定的标准，一般说来，一份问卷要能够让被调查者在 20 分钟内完成为宜，最多也不能超过 30 分钟。

问题的前后顺序及相互间的联系，既会影响到被调查者对问题的回答结果，又会对影响到问题的顺利进行。一般认为安排问题的顺序要遵循以下几方面的规则：

一是简单的问题放在前面，复杂的、难以回答的问题放在后面。简单的问题有助于给被调查者一种轻松的、方便的感觉，如果一开始的回答就很费力，很难填写，无疑会影响被调查者的情绪和积极性。

二是把能够引起被调查者兴趣的问题放在前面，把容易引起紧张或是容易使被调查者产生顾虑的问题放在后面。

一般先问行为方面的问题，再问态度、意见、看法方面的问题。这是因为行为方面的问题涉及的只是客观的、具体的事实，回答起来比较容易；而态度、意见、看法方面的问题则涉及到了被调查者的主观因素，多为内心深处的东西，回答起来有一定的难度，如果一开始就问这样的问题，常常引起被调查者的戒备心理和反感情绪，导致回收率的降低。

在提问的方式方面则要注意以下几个细节：

一是问题的语言要尽量简单，问题的陈述要尽量得清楚。提问措词要简单、通俗，问题设计中尽量少用专业性字词和字母缩写等。在简明易懂的基础上，措辞还有更高的要求——准确，尽量不要使用含混不清的字词，如“一般”、“偶尔”、“经常”、“很多”、“很少”。

二是避免模棱两可的问题，消除带有双重或多重含义的问题。双重（多重）含义指的是在一个问题中，同时询问了两件事，两个问题，从而造成被调查者回答时模棱两可的答案。

三是避免引导性提问，问题不能带有主观倾向性，问题中不要含有暗示被调查者如何回答问题的线索，如使用带有情绪色彩的字词，或给人以具有某种诱导性的感觉。具体要求在设计问题时，保持中立的提问方式，不用反问句，尽量用陈述句和一般疑问句。多用客观化和中性的语言，不用感叹词、语气词。

四是尽量少用否定式的提问与否定式的答案。因为这种方式很容易造成理解上的误会。

五是用委婉的方式、语气来问及有关被调查者的敏感的话题。不宜直接问关于个人的隐私方面的问题，或者容易使被调查者感到尴尬的问题。因为这些问题往往会引起被调查者本能的自我心理防卫意识，会导致被调查者不快的情绪，影响调查问卷的质量。

现代信息技术对问卷调查及其统计带来极大的便利。如果要进行大样本的问卷调查，在问卷的设计、答问的操作、调查结果的统计诸环节，均须借助专门设计的计算机软件，以大大提高问卷调查的效率，降低调研工作成本。

最后，为了确保问卷的质量，宜在开展正式调查之前，先进行一次小范围的预调查。在预调查中如果发现问卷存在问题，可以及时修改，以免在正式调查中出现不可弥补的缺憾。

（二）实验研究

实验研究是典型的自然科学方法。它是指在高度控制的条件下，通过操纵某些因素，来研究变量之间因果关系的研究方法。实验研究也是一种典型的定量研究方法，通常包括实验室实验、模拟实验和现场实验。相比于实验室实验，模拟实验和现场实验都更强调自然的而不是人为的实验情境，从而避免了实验室不真实的环境。与此同时，它们在运作过程中对因变量的控制能力，却变得无法与实验室实验相提并论。尽管各种实验的情况很不相同，可以说各有各的优点，又各有各的缺陷，但总的来说，都是力图在容易控制的情况下，改变某一或某些变量，来研究自变量和因变量之间的关系。20世纪60年代以前，在人文社会科学领域中，实验研究几乎就是指实验室实验；然而这以后，现场实验有大量增加的趋势。现场实验的增多，加大了实验方法的应用范围。

实验研究的方法被心理学引入人文社会科学研究领域后，它在教育学、社会学、法学、政治学和传播学等学科中都得到了广泛的应用。在现场实验不断增多的情况下，实验法还势必向更多的领域渗透。

1. 实验研究的具体步骤

实验方案的设计，比调查研究显得更加精细。在讨论实验方案的设计时，我们不妨结合美国实验心理学家霍夫兰等人主持的陆军实验来分析实验的具体步骤。该实验属于最复杂的实验组控制组前测后测实验，因此对理解实验研究有很大的帮助。

实验研究的第一步是明确需要验证的假设。所有的实验研究都旨在证实变量之间的因果关系，因此明确研究的目的，确定需要证明的假设是一切实验的基础。没有这个基础，就不存在后续的实施设计步骤。霍夫兰的陆军实验之所以被奉为实验研究的经典，一个非常重要的原因是有着清晰的研究目的。陆军实验的背景是美国宣布参加二战后，招募了大量的新兵。这些新兵的士气并不很高，因此军方委托好莱坞的导演拍了一系列战争纪录片，想提高这些新兵的士气。军方请霍夫兰的目的，就是为了了解这些纪录片有没有可能达到预期的目的。在这一目的的指引下，霍夫兰把总目标分解为四个方面："1. 这部影片是否增加了对战争事实的了解？2. 影片的内容是否影响到观众的想法？3. 影片是否增加了观众对英国的好感？4. 影片是否加强了士兵的士气？"目标的分解对实验研究的进行起到了很好的指引作用。

实验研究的第二步是根据研究目的，设计实验内容。如何把实验的目的转化为可具体操作的实验的内容，如何引入自变量，如何安排观测因变量和自变量之间的关系，是这个步骤要解决的问题。对于陆军实验来说，实验内容的设计相对简单，因为其基本内容就是看电影，让看完电影的受试回答包括四大主题的一张问卷；通过这一项活动就能很好地达到实验的目的。与之相比，社会心理学家阿西在研究从众心理时，实验内容的设计就颇花了一番心思。阿西让受试对象混在多名实验助手中，然后拿出两张卡片，卡片A上画有一个线段，卡片B上有三个线段，其中一条线段明显与卡片A上的线段几乎等长。阿西让受试与助手依次回答卡片B上哪一线段与卡片A相近，并安排多名助手故意给出错误答案，来观察受试的态度。应当说，这个实验的内容设计极具创意，可以帮助研究者测试从众心理。

实验的第三个步骤是选择实验对象并分成控制组和实验组。控制组和实验组是实验最常见的设计。控制组的存在是为了对照研究受了实验刺激的实验组，只有这两组数据出现明显差异，才能断定变量间因果关系的存在。在军方的大力支持下，霍夫兰调动了4200名士兵，分成多个看影片的实验组和不看影片的控制组，以便于比较研究。

实验的第四个步骤是前测。为了明确实验组和控制组的差异不是一开始便存在的，因此，实验之前，应进行前测，以证明在接受实验刺激前，两组研究对象的情况是相似的。在正式实验前一周，霍夫兰安排了前测，对两组研究对象发了同样的问卷，并确定了两组研究对象对战争态度上的相似性。

实验的第五个步骤是实施实验，并进行后测。也就是说，让实验对象在接受实验刺激后，再次填写问卷，观察情况的变化。而控制组一般也要参加后测，观察其态度的变化。在播放影片后，霍夫兰又一次让受试和控制组填写了同一张问卷，以便比较前后数据的变化。为了避免受试对象对前测、后测所使用的同样的问卷产生怀疑，实验者解释说，第二次调查是因为问卷经过了修正；而事实上，第二次问卷只是适当放大了字体。

实验的第六个步骤是考察所收集的资料，进行不同组之间的比较，并用统计的方法说明假设是否被证实。

2. 实验研究的优点与缺陷

作为最具代表性的定量实证研究方法，实验研究与调查研究各有所长。与调查研究相比，实验研究的优点主要体现在以下几个方面：

其一是实验研究具有较强的控制性。由于实验的设计强调通过控制因变量观察自变量的变化，因此，研究者往往能随意改变因变量来观察自变量。比如在研究恐惧与人的合群倾向时，心理学家可以通过调节受试恐惧感的程度，来观察人的行为的变化。在社会心理学家沙赫特 1959 年的一项经典实验中，研究者把受试分为两组。研究者告诉其中一组他们将接受较强电击，但不会留下永久损害，使他们产生高度恐惧感；告诉另一组他们接受的电击不会带来任何痛苦，使他们产生低度恐惧感。然后，研究者告诉所有受试：他们要等待 10 分钟，让他们选择是单独等待还是与其他人一起等待。结果发现，有 63％的高度恐惧的受试选择与其他人一起等待；只有 34％的低度恐惧的受试选择与其他人一起等待。在这个实验中，通过调整恐惧这个变量，研究者可以清楚地观察到合群倾向这个变量的变化。即使是现场实验，尽管可能有一些偶然事件的干扰，但总的来说，研究者还是能在一定程度上控制因变量。在调查研究中，问卷往往是由受访者自主填写，受访者的行为和调查的环境很难受研究者的摆布，除非重复访谈，否则研究者很难通过这种方法科学地观察到变量所发生的变化。

其二是实验研究在解释因果关系时，有着特殊的优势，这种优势正是其控制性带来的必然结果。由于可以排除干扰性因素使实验条件得到简化，因此，研究者可以在实验室中观察到单纯的因果关系。然而调查研究在这个方面就不行。调查研究既能在一定程度上说明一些因果关系，又能对一些行为和现象作出理解性解释，但在这两个方面都只能浅尝辄止。以因果关系为例，在调查中，由于面临复杂的社会现实，因此，调查研究所观察到的变量的变化不能排除是否有干扰因素在起作用。在许多调查研究的统计数据中，一些看似明显的因果关系，经过多元回归分析，就会变得不明显。这也从另一个角度说明，调查研究在说明因果关系方面往往难以取得完全令人信服的成果。

但是，从某种意义上讲，实验研究的长处，有时也正是它突出的短处。实验室的控制性使实验室里发生的一切被认为是不自然的。模拟实验也常常处于一种仿真的状态中，不够自然。由于受人摆布，被试知道他们正在接受实验，并猜测研究者的心思，以便顺着研究者的思路回答自己的感受。即使受试没有刻意去揣摩研究者的设计，他也会在下意识中产生紧张等不自然的情绪，从而影响测量的科学性和研究的信度。以著名的霍桑实验为例，从1927年起的5年时间内，美国哈佛大学工商行政研究院与美国西部电器公司的研究者在霍桑工厂中进行了一个管理学的经典实验研究。在研究设计中，研究者与工厂管理人员共同商议制定和实施改革措施，要求增加或减少研究对象的休息时间，使研究对象的工作条件相应地改善或恶化，并试图观察自变量因之发生的变化，即观察研究对象的工作效率是否会因工作条件的改善而提高。然而，不管研究者怎样改变工作条件——改善或是恶化，研究对象的工作效率总在提高。研究者事后总结，认为研究者的存在本身，使研究对象感到自己受到了重视，因此研究对象的工作积极性被充分调动。霍桑实验表明，研究者的存在成为干扰变量间因果关系的重要因素。调查研究在这个方面就表现出它的长处，不管怎么说，调查研究能够营造一个比较自然的情境，调查人员对研究的干扰比较小，甚至可以通过留置问卷的方法回避干扰，使研究具有相当的信度。

实验室所解释的因果变量关系是一种简化后的结果。这种结果一旦运用到现实社会中，就会出现很大的偏差。因为在社会中，干扰的因素是如此之多，使事实根本无法如实验室所预料地那样发展下去。有学者曾经指出，社会心理学在20世纪60年代以后出现危机，一个很重要的原因就是实验室的研究与社会现实严重脱节。相对而言，调查研究就不存在这个问题。调查的资料就是从社会中来，与社会实践紧密地结合在一起。其理论成果，能在很大程度上反映出社会现实的复杂性，也具有较强的应用价值。

另外，实验室所进行的许多实验设计，如果用于物体或动植物，不会产生任何问题。但这些设计放在人身上，即使仅仅引起了一种情绪上的小小的不快，都会受到来自道德和舆论的谴责。这种情况在调查研究中是不多见的。

（三）实地研究

实地研究是一种深入到研究对象的生活背景中，以观察和非结构访谈的方式收集材料，并通过对这些资料的定性分析对研究对象进行解释性理解的研究方法。这是一种典型的质的研究，它强调通过观察和自由访谈等方式，深入体验研究对象所处的情境。实地研究的基本逻辑结构是：研究者在确定了所要研究的问题或现象后，不带任何假设进入到现象或对象的生活背景中，通过观察收集各种定性资料，然后作出分析和归纳，以此来解释社会现象的原因。

实地研究有着悠久的历史。但它真正成为现代意义上的科学研究方法，是在 20 世纪人类学不断发展完善以后。

1. 实地研究的步骤

实地研究中用来收集资料的主要方式有观察和访谈两种。观察包括正式的或非正式的、随生活环境和事件自然进行的各种考察、旁听和闲谈，访谈则包括正式的采访、座谈和参观等等。

实地研究的过程包括以下的一些步骤：

一是选择研究背景。实地研究必须进入实地，所以任何一项研究都要从选择“实地”开始。在条件允许的情况下，研究者会尽量选择那些既与所研究现象或问题密切相关，又容易进入、进行观察的背景。

二是获准进入与取得信任和建立友善关系。获准进入是实地研究中非常重要、关键的环节。正式的、合法的身份以及研究机构的介绍信并不是获准进入的充分条件，而仅仅是必要条件。研究者要参与研究对象的实际生活，还需要进一步找到和研究对象关系密切的“关键人物”，在他们的帮助下，研究者往往可以顺利地进入研究对象的生活世界。

获准进入只是在一定意义上完成了进入实地的表面程序。研究者能否真正的融入研究对象的生活，彻底地完成研究者社会角色的转换，就要进一步地与研究对象建立相互信任、友好的关系。这是实地研究中最为困难、最不容易完成的任务。需要指出的是，与研究对象良好的关系的建立是一个循序渐进的过程，研究者不应过分着急，在经过一段时间的交往、共同生活之后，研究对象会慢慢从心理上接受研究者。

三是记录。一般在访谈的过程中，应综合运用心记的方法和笔记的方法。心记的优点在于可以消除研究对象所谓的“笔记恐惧症”。一些研究对象往往看到研究者不停地在本子上记录，心理上会发生微妙的变化，也许本来想说的内容就此打住。而且有些内容必须要用心来记录，研究对象的表情、神态就不是笔记能够完成的任务。同时，研究者也不能完全摒弃笔记的方法：笔记的准确率比较高，便于资料的整理，尤其是在资料特别多的情况下。但是笔记有的时候会影响研究者的观察工作，因此要学会速度快，动作小，不引人注目的记录。当然，在征得研究者同意而且不影响研究信度的前提下，可以采用现场录音乃至录像的手段。

四是根据记录提炼理论成果，进行个案分析。

2. 实地研究的具体操作方法

相对来说，与抽样调查相比，实地研究在具体操作往往需要较多的人力、时间。一般而言，调查对象相对较少而调查时间较长，所得的资料是不易进行统计处理和定量分析的，研究者多对资料进行一些定性的分析和主观理解。故实地研究强调“主观的理解与洞察”，所了解的内容较深，其结果往往比抽样调查所了解的内容更深入。一般意义上的实地研究，较多采用观察法、无结构访谈法和个案研究等方式。

(1) 观察法

观察法是指研究者根据一定的研究目的和理论假设，用自己的感官和相关辅助工具去直接观察研究对象，从而获得资料的一种方法。

观察的类型很多：

按观察者是否参与被观察对象的活动，可分为参与观察与非参与观察。

参与性观察是参与到被观察者的活动中去，在活动中观察。在这个方面，美国人类学家玛格丽特·米德在20世纪30年代到南太平洋对萨摩亚人的研究是一个典型的例子。米德与萨摩亚人生活在一起，完全融入其生活，属于典型的参与性观察。

非参与性观察是不介入被观察者的活动，处于旁观者地位。在参与性观察中，研究者对观察对象的活动有比较深入的体验和理解，有助于理解观察对象背后的心理活动和动机，使研究更加深入。但这种观察常常具有一定的主观性。在非参与性观察中，观察研究者可以不暴露自己的研究者身份，使观察处于秘密的状态；比较冷静客观，但不易深入。

在实际的观察中，参与性观察和非参与性观察两种方法的结合是必不可少的。

按对观察对象控制性强弱或观察提纲的详细程度，可分为结构性观察与无结构性观察。结构性观察对于观察的内容、程序、记录方法都进行了比较细致的设计和考虑，观察时基本上按照设计的步骤进行，对观察的记录结果也适于进行定量化的处理。无结构观察在事先没有严格的设计，比较灵活、机动，能够抓住观察过程中发现的现象而不必受设计的框框的限制，但是难以进行定量化处理。一般在研究的初期，主要是无结构观察，以便发现研究的现象，帮助确定主题和观察方法与项目；而在研究的后期，为了深入对某些项目进行观察分析，设计一些有结构观察。

与其他定性研究方法相比，观察法的优点在于：它能通过观察直接获得资料，不需其他中间环节。因此，观察的资料比较真实。在自然状态下的观察，能获得生动的资料。观察能搜集到一些无法用数据和语言表达的材料。观察法的缺点：它受到时间、观察对象的限制，具有一定的偶然性。观察结果也会受到主观意识的影响。有些场合，观察者只能观察外表现象和某些物质结构，难以切入事物的本质和人们的思想意识。此外，观察法不适用于大面积调查。

（2）无结构访谈法

无结构访谈又被称为深度访谈或自由访谈。与结构性访谈相比，它没有固定的设计好的一系列问题，不依据事先设计的问卷和固定的程序进行。从形式上突破了一问一答、一方主动一方被动的交谈方式，而只是由访谈员提出一个访谈的主题或范围，这个主题是一个相当开放的问题，或是一个具有多个维度的概念，或命题。由访谈员与被访者就此问题进行自由、开放的交谈，真正能够保证“给定主题，畅所欲言”。

无结构访谈根据访谈的性质，可以再进一步地细分为正式访谈与非正式访谈。正式访谈指的是研究者事先有计划，有准备，有安排，有预约的访谈，要求访谈员事先拟好提纲，但在访谈中为了被访者思维的尽量连续，充分听取被访者的真实想法，提问往往不完全按照提纲的顺序进行。而非正式访谈则不需要什么事先准备。访谈员与被访者的对话通常在一种闲聊式的交谈中完成。与正式访谈相比，非正式访谈比较自然，得到的信息也比较真实可信，但是效率往往不高。

无结构访谈的基本步骤是前期准备、访谈过程的实际实施和访谈后期的总结。其中有如下一些要点：

访谈前，要对访谈的主要目标和所要了解的主要内容有一个明确的认识。在访谈尤其是正式访谈之前，要做充分的资料准备。最好能够了解被访者的各方面情况和特征，比如：年龄、职业、文化程度、收入情况、家庭情况、兴趣爱好等。

访谈时，开场白很重要，一定要精心设计。其标准是：简单扼要，意图明确，重点突出。说清楚你（访谈员）是什么人，进行这次访谈的原因、目的。一定要通过开场白消除被访者在陌生人面前所自然产生的各种疑虑和戒备心理。这么做的好处在于：一方面便于访谈员根据实际情况采取适当的角色姿态，尽可能缩小访谈员与被访者之间的心理距离，尽可能增加二者之间的共同语言，以建立起融洽轻松的访谈关系。另一方面，可以使访谈员对被访者在访谈过程中所谈的各种情况有一个更为准确、更为客观的理解。从而在轻松、自然的话语环境中开始访谈的第一个问题。

在提问的时候，要注意观察。观察受访者的神态、行动和周围的环境。这些观察可以帮助访谈员读解受访者的身体语言，了解受访者的心理和说话的动机。这一方面可以更好地控制访谈，使主动权掌握在访谈员手中，另一方面也可以补充很多访谈无法获取的信息，尤其是感性的材料。根据观察的结果，访谈员可以在提问时要注意在不同的情境提出不同的问题或采用不同的提问方式。

在访谈过程中，访谈员应注重听的艺术和技巧。在听的时候要集中注意力，做到听懂被访者的话，也听懂他的言外之意，弄清他的意图。有的时候，听比提问更重要。因为提问的目的是为了听到更多的有研究价值的材料。另外，从心理学的角度来看，一般人总是更乐意说而不愿意听，除了较为内向的受访者之外，多数受访者更愿意与喜欢倾听的访谈员交流。听还能起到问的作用。在受访者已经中止谈话时，不要急着提出下一个问题，完全可以保持洗耳恭听的态度；这样受访者往往会继续往下说，从而提供一些更具体更有价值的信息。

提问控制是访谈过程中最重要、最难掌握的工作任务，也是整个访谈过程中最关键的环节之一，是访谈能否取得成功的决定性因素。一般来说，提问控制包括以下几个方面：

一是对内容转换的控制。即当访谈的内容从一个方面转到另一个方面时，访谈员要有意识地帮助被访者进行这种转变，而不是突然转换话题。例如：从“读者的阅读习惯与方式”转换到对“报纸内容的满意程度”时，我们要给被访者一定的信息提示与暗示，使被访者有一定的心理准备。这样，话题的转换更自然，避免出现被访者冷场的情形。转换控制的方法是，先顺着当前所谈论的内容进行简要归纳，提示被访者在这一方面的思路上打上句号，中止当前思维，然后再提出新的问题，进入新的话题的访谈。

二是对问题的重述。有时因为语言方式、文化背景等原因，受访者可能对问题的含义不理解，或没有理解清楚，或产生误解时，这要求访谈员重复问题帮助他们理解，有时还要访谈员就某一个问题展开适当的说明，将问题具体化。但在这个过程中不能加入访谈者的主观感受，不能表现出自己的态度观点，不能给被访谈者造成影响，从而影响资料的真实性、客观性。

三是追问被访者。追问常常运用于受访者的回答言之不详或含糊不清的场合。针对这种情况，访谈员可以用类似“能不能再重复一遍”，“能不能举一个例子”，“在哪些方面呢”或者“还有其他的吗”等提问方式，以求获得更确切更详细的回答。追问有利于将访谈引向深入、引向有意义的细节，有时候能够帮助被访谈者突破思维定势，说出一些本不想表达的材料。但是，追问的“度”要把握好，要能观察到被访者的体语及表情，不能在被访者的“禁区”，或是有关被访者隐私的话题上一再追问，以致场面失控，访谈无法继续进行，这样就得不偿失。

四是掌握最佳的发问和插话时机。不同的访谈对象对于同样的问题，他们的反映会不同，甚至相反，回答也会不同，表达的方式也会千差万别。有的被访者也许能较好领会访谈员的问题，作出相应的回答，提供准确的有价值的信息；有的被访者也许在回答过程中不得要领，答非所问。为了保证在各种情况下的访谈都能取得成功，访谈员必须有能力控制和掌握交谈的整体方向、谈话范围和进展情况。这就要在与被访者不断地互动过程中，通过发问与插话的方式来影响被访者，但是，发问与插话一定要寻找适当的时机，并力求以某种被访者不易察觉的方式自然进行，在被访者叙述的过程中，发问与插话更不宜过多以免打断被访者的思路。

（3）集体访谈法

集体访谈也被称作焦点小组访谈法，是指将若干个访谈对象集中起来，在同一时间、地点进行访谈的方法。有学者认为，集体访谈的最大优点是：访谈中不仅存在着访谈员与被访者之间的互动，同时还存在着不同的被访者之间的互动。所以集体访谈所收集的资料将会受到多层多向互动的影响。这种方法由拉扎斯菲尔德和默顿在20世纪40年代首创，很快便得到许多研究者的推崇。

选择参加集体访谈的人员应考虑如下的基本原则：一是要有代表性和异质性；二是要比较了解情况；三是要敢于发言；四是人数较为适中。

集体访谈如果能形成多层次多维度互动的情况，就会体现出很高的效率。在这种情况下，它所获得的信息往往比个别访谈方式所获得的信息更为广泛、更为全面，获得的资料往往也更为完整、更为准确。但是如果不能形成这种互动，那么访谈将呈现一边倒的局面。受访者会有一种从众心理，最后导致不同的意见无法得到阐述。作为主持人的访谈员务必要打破这种尴尬的局面。

(四) 文献研究

文献研究是一种通过收集和分析经文字、数字、画面等信息形式出现的文献资料，来探讨和分析各种社会行为、社会关系及其他社会现象的研究方式。这是一种既可以进行质的研究又可以进行量的研究的方法。这种方法的子类型很多，比如内容分析法，统计资料分析法等，都带有定量研究的性质；而历史比较研究等方法则属于质的研究的范畴。对于人文社会科学研究者而言，掌握文献、运用文献是最基本的研究手段之一，其地位可以与自然科学中的实验相提并论。卓越的文献运用能力，正是人文社会科学研究者及其作品的魅力所在，看过《历史研究》这部著作的人，恐怕不得不为作者汤因比的文献运用能力所折服。

利用已知，创造新知，传播已有的成果，才能创造出新的成果，这是人文社会科学发展的重要规律。这个规律，表现为人文社会科学知识“利用→创造→传播→再利用→再创造→再传播”不断继续的过程，也就是人文社会科学文献永不停息的交流过程。通过交流，研究者接收和利用有关的人文社会科学文献，从而生产出人文社会科学的新文献。文献交流反馈循环不息，人文社会科学发展不止。

1. 内容分析

简单地说，内容分析的方法我们每天在实际的生活都在运用，只不过比较随意，不够严谨、科学而已。比如，一位报纸的长期读者，会比较这一期报纸与上一期报纸的差别，包括图片新闻多了还是少了，广告数量的变化等等；也可能会拿两份不同的报纸做比较。这种都是简单的内容分析法的实际运用。

所谓内容分析，是指通过引述和分析各种信息资料，研究社会现象的经验研究方法。内容分析的主要方法，明显可以分为两类：一类是定量的内容分析，这是内容分析的主流方法，是一项对文本内容进行客观的、系统的、定量的描述的研究技术；另一类是定性的内容分析，它依靠研究者的主观感受和理解，来分析和阐释文本，这种方式强调的是主观的定性描述。

定量和定性的内容分析法，在社会学中有广泛的应用。未来学家奈斯比特在1982年出版的《大趋势——改变我们生活的十个新趋向》一书中所用的方法是典型的定量内容分析法。他通过研究美国的200多家报刊，分析了这些报刊上出现频度最高的词汇，从这些常用词汇中，奈斯比特概括了美国社会发展的十大趋势，并由此指出人类正在步入信息社会。美国社会学芝加哥学派的社会学家托马斯和兹纳涅斯基在研究移居美国的波兰人时，则通过定性的内容分析法，分析了754封私人信件和一份个人自传，从而精彩地展现了来自特定封建文化的波兰人在进入美国文化时所遇到的社会问题。这一研究被认为是内容分析法在社会学上最成功的运用。

内容分析法在传播学领域中的首次应用始于政治学家拉斯韦尔的宣传研究。拉斯韦尔在撰写其博士论文《（第二次）世界大战中的宣传技巧》时，大量利用了交战双方所使用的报纸、宣传手册、传单、书籍、海报、电影、图片等等，通过对这些资料的定性的内容分析，证明了宣传在战争中不可或缺的重要作用。这一研究成果对于传播学和宣传学的诞生具有重要意义。

随着现代社会的发展，信息载体的不断增多以及急剧扩大的信息内容，内容分析法被越来越多地运用于各门人文社会科学主干学科及其众多子学科的研究工作之中。

与所有的经验研究方法一样，内容分析的第一步是进行抽样，从而确定抽取哪一时段的文献，内容分析的单位到底是词、句子、题目、主题、作者还是内容等等。这是十分重要的步骤。一般说来，这种抽样必须遵循概率抽样的原则，通常研究者喜欢采用分层抽样和多级抽样的方法确定样本。第二步对样本中的信息进行编码，根据特定的概念框架对各种信息——文字的、图片的等等做分类的记录。这是一个归类统计的过程，在这一步骤中需要完成三项工作：首先，选择编码的单位，就是指选择具体的观察和计算单位；其次，制作编码单，这是一种对文献材料进行量化的工具；最后是填写编码单并加以统计。

内容分析法的缺点主要体现在编码的过程中。在编码时，对各种信息的分类在逻辑上不可能做到尽善尽美，而且多少会带有一些研究者的主观性，这些都可能导致最后的研究结论出现偏差。

2. 现存统计资料分析

运用官方或半官方的现成统计资料进行人文社会科学研究常常是可能的甚至是必要的。现存统计资料至少应当被当作数据的补充来源。它往往可以为研究提供历史背景材料，也可以成为人文社会科学研究数据的主要来源。

法国学者迪尔凯姆关于自杀的研究为这一方法提供了一个典型的注解。人为什么会自杀？毫无疑问，每个自杀案件都有其独特的原因，但也可以按照某些共同原因为这些案件分类：经济上的失败、失恋、受辱或其他个人问题。

在查阅了大量统计资料之后，各种模式逐渐显现出来，这些模式使迪尔凯姆大感兴趣。首先引起他注意的是自杀率的相对稳定。研究了几个国家，他发现自杀率年复一年总是几乎相同。他还注意到发生在炎夏季节的自杀比其他季节多得多。温度会不会对自杀有影响呢？如果事情果真如此，自杀率在南欧国家就应当比北欧国家高。然而他发现自杀率最高的国家是中等纬度的国家，因此温度似乎不是自杀的原因。他又探索了年龄的作用（35岁是最常见的自杀岁数）；性别的作用（男女自杀比例为4∶1）及其他因素。最后他发现了一个重要模式：政治动乱时期自杀率会突然增高。如1848年前后的欧洲国家。这个发现导致了一个假设：社会平衡的破坏会使自杀率增高；反之，社会稳定与和谐似可防止自杀。

他还发现一个引人注目的模式：新教国家比天主教国家的自杀率高。在新教占统治地位的国家中，每百万人有190起自杀事件；新教—天主教混合国家是96起；而天主教国家只有58起。他注意到某些其他因素，如国家的经济文化发展水平也可能是这种区别的原因。假如宗教确实对自杀有影响，在各个国家内部，不同的宗教信仰也应带来自杀率的区别。经过研究，情况确实如此。于是他对“宗教信仰对自杀有重要影响”这一论断增强了信心。

回到更加高度概括的理论层次上，迪尔凯姆提出自杀是失范和社会不稳定不和谐的产物。在政治动乱时期，人们会由于社会旧有方式的崩溃而感到迷惑和抑郁，从而走上绝路。相反，社会和谐稳定能防止自杀。同样道理，天主教作为一个结构远为严密一致的宗教体系，比起结构松散的新教更能为人们造成亲密、和谐与稳定的感觉，因此，天主教徒的自杀率比新教徒低。由此，迪尔凯姆为人文社会科学的辞典增加了“社会反常状态”这个新概念。

这是一个既使用文献思想又利用文献本身的经典研究。必须强调的是，要想使文献情报法能得到可靠的结论，还必须注意文献情报本身的可靠性。所有人文社会科学的研究者，对此都保持高度的警觉。现存统计资料的可靠性在很大程度上取决于统计资料本身的质量；它们是否精确地报告了事实本身？它们在文本上是否完整？事实上，现存统计资料的信度并不总是很高的，这在某种意义上就决定了这类研究的价值。

3. 历史—比较研究

近现代的人文社会科学家也非常注意研究广泛的历史过程。他们中间有些人认为，社会形式的历史发展过程是从简单到复杂、从以农村和农业为主发展到以城市和工业为主。例如，美国人类学家摩尔根认为，历史上存在着一个从“原始时代”到“野蛮时代”再到“文明时代”的进步过程。现代人类学家罗伯特·瑞德菲尔德描述了从“民众社会”到“都市社会”的转变。迪尔凯姆认为，社会演变是劳动分工不断发展的过程。马克思认为，人类经济发展形态有一个从原始形式到封建形式到资本主义形式的历史性进步。他提出，全部历史是一部阶级斗争的历史——有产者拼命维护他们的既得利益，而无产者则为全体民众生活得更好而斗争。

德国社会学家马克斯·韦伯在关于宗教社会学的研究中，检验了宗教体系作为社会行为原动力而不仅是作为经济条件的反映的程度。他关于这一问题的论述，集中在一本题为《新教伦理与资本主义精神》的著作中。韦伯对犹太教、中国宗教和印度宗教进行了详细的历史分析。他想了解资本主义没有在中国、印度这些古老国度中发展起来的原因。他发现这三种宗教的教义都不能用来促进资本积累和扩大再生产。他利用这些发现从反面论证了关于新教对资本主义发展所起作用的结论。

像现存统计资料一样，供研究的历史资料也是取之不尽用之不竭的。首先，关于你要研究的一切，历史学者已有描述。这种“第二手资料”可以为进一步研究打下基础。

人们毕竟更想利用“第一手资料”。当托马斯和兹南尼克研究20世纪初叶移居美国的波兰农民适应本地生活的过程时，他们用的是移民给波兰亲友写的家信（他们是从报刊广告栏上找到这些信件的）。有些研究者用旧时的日记作分析。关于家庭生活史的研究，艾伦·罗斯曼指出下列资料来源：除个人资料外还有许多关于家庭历史的公开记录；报纸上常常登载与家庭的教育、法律和娱乐有关的大量资料；杂志的评论往往能反映家庭生活的一般模式（从如何教育子女到怎样贴糊墙纸）；小说故事也可以反映家庭生活的共同经历和观念。

像对现存统计资料应取的态度一样，人文社会科学家并不完全偏信这些历史记录，不论是正式的还是非正式的，第一手的还是第二手的。防止出错的通常办法是重复验证。如果几种不同的资料全都证实了某项事实，其可信度就增强了。如果关于某政治运动的资料全部是宫廷正史和伟人手稿，也往往并不能准确反映那个时代的生活。因此在可能的情况下，科学工作者总是尽量从不同的来源收集反映不同观点的资料。

要点归纳

1.1 人文社会科学研究的一般方法体现了原本处于两极的自然科学认识方式与人文艺术认识方式的辩证统一。

1.2 理性批判与情感激发的辩证统一。前者是指人运用综合认识能力，超越常识，对认识客观对象以及自身主观精神状态和行为进行探索检验，以实现创造性思维。后者指情感因素对主体认识行为的促进与催化。两者相辅相成，充分调动人的认识潜能，促进认识的全面深入。

1.3 定性研究与定量研究的辩证统一。前者是对于事物由内、外部矛盾构成的质的规定性进行研究分析。后者是对于事物存在发展的规模、程度、速度及构成成分、空间分布等可用数量表示的量的规定性进行分析研究。两者有机结合，在材料的收集整理、分析研究及成果评估诸阶段协调运作。

1.4 直觉领悟与技术分析的辩证统一。前者指认识主体在尚不清晰的事实材料中察觉真理的能力。灵感顿悟是这种认识能力的重要表现。后者则指调查、访问、查阅文献资料等具体的操作手段。两者相结合，推动研究的深入。

2.1 人文社会科学的具体方法主要指操作技术分析层面的方法。人文社会科学的具体方法基本上是调查研究、实验研究、实地研究和文献研究这四类方法的变式或组合。

2.2 调查研究。是典型的量的研究方法。指采用问卷或访谈的方式，从作为样本的部分研究对象处收集资料，通过对资料的统计分析来认识研究对象及其演变规律的研究方法。常用的抽样调查方法，通过调查样本，将所获数据进行分析并推断总体特征，以求达到对宏观的复杂的人文社会现象的认识。抽样调查有多种类型，须完整掌握调查研究的过程，做好抽样与问卷设计。

2.3 实验研究。指在高度控制的条件下，通过操纵某些因素，来研究变量之间因果关系的研究方法。通常包括实验室实验、模拟实验和现场实验。

2.4 实地研究。研究者以直接接触的方式深入研究对象所处环境，进行观察分析，得出结论，不断检验修正结论。它可分为完全参与观察法、半参与观察法及非参与观察法。包括观察法、无结构访谈法、集体访谈法，等等。

2.5 文献研究。研究者检索文献情报资料，确定特定研究目标，对目标进行分析归纳，得出结论。它可分为内容分析法、现存统计资料分析法、历史—比较法。

问题探讨

1. 对人文社会科学研究的一般方法和具体方法的概括还可作哪些补充?

2. 如何认识教育科学研究的一般方法和具体方法?

第　二　编

人文社会科学的现状考察

DI SI ZHANG 第四章

20 世纪人文社会科学发展综述

重 点 提 示

1.20 世纪人文社会科学在怎样的背景中生成与发展?

2.20 世纪世界和中国人文社会科学的发展可分为几个历史阶段? 各阶段的主导性发展趋势是什么?

3.20 世纪人文社会科学发展有哪些总体特点?

一、20 世纪人文社会科学发展的背景

人文社会科学在一定意义上说，是人类的自我认识。这是一种随历史的演进而发展的永无止境的认识。历史学家称，20 世纪是人类历史上变化最大、发展最快、争斗最烈、折腾最多的一个世纪。正是在这个世纪中，人文社会科学长成了枝繁叶茂的大树。纵观 20 世纪的人文社会科学，其发展背景中最关紧要、最具特色的是时代主题的转换、自然科学技术的革命和全球问题的出现。

(一) 不断深化的时代主题

时代主题是一个时代的政治、经济、文化发展态势的聚焦点，是全球发展格局的集中体现。我国的全球学家对 20 世纪世界态势作出这样的勾勒：人类在这个历史阶段中，进行了社会主义和资本主义两种社会制度的比较实验，又进行了社会主义制度内旧与新两

种发展模式的比较实验，同时进行了资本主义制度内是从发动侵略战争中找出路，还是从调整和改革自己的体制中找出路，这样两种发展趋向的比较实验。上述三种互相交错的比较实验，演化成百年历史的风云变幻。我们认为，这一研究成果有参考价值。整个20世纪，以两次世界大战和80年代与90年代之交的政治动荡为突出标志，世界格局发生了三次重大变化，时代主题随之三度转换。如此巨大而深刻的社会历史变迁，对人文社会科学的发展产生了具有根本性质的影响。

1. 世界格局首次变动前后的时代主题：战争与革命

我们说的世界格局，指的是国际社会关系的基本结构；其中起主导作用的是主要大国和重要国家集团之间的力量组合，以及它们的相互关系。20世纪的帷幕揭开不久，世界格局便发生了第一次重大变化。

世纪之初，资本主义国家发展不平衡，世界经济体系发生危机，民族主义对抗加剧，帝国主义列强企图通过军事手段重新划分势力范围，导致1914年～1918年的第一次世界大战。战争的双方是由德、奥、匈等组成的欧洲的同盟国和由英、法、俄等组成的协约国两大军事集团，参战国33个，卷入人口在15亿以上，人员损失900万以上，财产损失300亿美元以上。战后，资本主义世界建立了“凡尔赛体制”。大战硝烟未尽，俄国十月革命成功，世界各地兴起工农革命运动和民族解放运动，欧洲在几百年间建立起来的殖民帝国在战争中受到撼动，资本主义的中心转至美国，开始了一个历史的新时代。

思想文化领域，马克思主义广泛传播，并在苏联形成了马克思主义的新的历史形态列宁主义。马克思主义列宁主义与形形色色的以维护资本主义制度为核心目标的社会文化思潮之间的撞击、冲突，在不同的层面上，影响了人文社会科学的每一个重要学科。

2. 世界格局第二次剧变形成的时代主题：对抗和对话

20世纪30年代，为摆脱经济危机，德国、日本、意大利法西斯主义在世界各地发动了一系列战争，1939年全面引爆第二次世界大战，战火燃及60多个国家和地区，卷入人口20亿以上，人员损失5000万以上，财产损失3000亿美元以上。1945年战争结束，苏、美、英签订“雅尔塔协定”，以苏美分区占领德国和柏林为象征，形成了以美苏对抗为中心的冷战结构。这次大战，导致一批社会主义国家崛起并形成体系，民族解放运动勃兴而形成第三世界。

二次大战结束之后，社会主义国家的建设有重大进展也有明显失误，其中苏联在迅速实现工业化后由于体制僵化、军费开支过大等原因而造成经济衰落，改革路子又不合国情；中国在80年代初本着实事求是的精神探索社会主义新模式，收效显著。资本主义各国不断进行政策调整和改良以应付频频出现的社会和经济危机，并领先一步进行新的科技革命。因美苏两霸相争或民族斗争引发的局部战争连绵不断。匈牙利有学者统计，二次大战后的37年里，地球上爆发了470多次局部战争，无任何战事的日子只有26天。席卷全球的科学技术革命和生产力的发展，使人类在拥有巨大的建设和创造能力的同时，也拥有等量的破坏和毁灭力量。

由于人类的政治、经济、文化活动日益具有全球性规模，这就造成了两大营垒对抗之中进行对话、对话之中包含对抗的时代特点。冷战后期，“东西问题”即和平问题，“南北问题”即发展问题，上升为全球性的战略问题。这种态势给人文社会科学的发展打上了深刻印记。

3. 世界格局第三次变化前后的时代主题：和平与发展

20世纪80年代与90年代之交，在大半个世纪中积聚起来的国际关系中的复杂矛盾，造成了又一次的历史重大转折：东欧剧变，苏联解体，建设有中国特色社会主义的理论与实践取得重大突破，“两超”变“一超”，日本、西欧地位上升，世界结构走向多极化，各国间经济、军事、政治及意识形态方面的关系空前复杂。邓小平在80年代中期概括的“东南西北”即和平与发展，成为跨世纪的时代主题。

90年代，人文社会科学各领域一面致力于回顾20世纪、展望21世纪，一面研究全球社会实践的新情况、新问题，思想空前活跃，视野空前宽阔，短短10年间，展示出人文社会科学未来发展的大趋势。

（二）飞速发展的自然科学技术

每一个时代的人文社会科学，与同一时期自然科学技术的发展均有深刻的内在联系。20世纪自然科学技术的加速发展，较之以往更加强烈地影响着人文社会科学的演进，也更加明显地受到了人文社会科学的关注与推动，以至出现了自然科学与人文社会科学开始走向综合发展的时代潮流。要深入了解20世纪人文社会科学的现状，必须考察现代自然科学技术发展这一重要背景。

1. 20世纪自然科学技术的“指数增长”极其复杂社会后果向人文社会科学提出了紧迫的时代课题

20世纪上半叶，相对论和量子力学的建立，1944年细胞内的遗传物质DNA的发现，1945年第一台计算机的诞生，成为自然科学技术“起飞”的信号；而20世纪下半叶自然科学的新发现和技术的新发明，其数量超过了以往2000年的总和。

我国科学家概括，第二次世界大战以来的头一个10年，以原子能的解放与利用为标志，人类开始了利用核能的新时代；第二个10年，人造地球卫星升天，人类开始向外层空间进军；第三个10年，成功地完成了重组DNA的实验，预示人类将有能力控制遗传和生命过程；第四个10年，微处理机大量生产和广泛使用，开辟了有效扩大人脑能力的前景；第五个10年，以电脑软件开发和大规模产业化为标志，人类进入了信息革命的新纪元。

有人作了统计，人类的自然科学技术知识，19世纪每50年增加1倍，20世纪中叶每10年增加1倍，当前是每3至5年增加1倍。还有人分析说，当代工程师拥有的知识，5年内就有一半过时。

原先被看作是“生产的奴隶”的自然科学技术，现在成为“生产的母亲”；它的高速度发展，给人类社会的进步带来前所未有的希望。然而，它也使人类掌握了制造种种灾难乃至毁灭地球上一切生命的能力，令人产生忧虑。核能开发、激光应用、试管婴儿、器官移植、DNA重组，都伴随着经济、政治、道德、伦理问题。1997年出现的用无性繁殖技术培育出的绵羊“多利”引发的所谓“克隆震撼”，国际象棋盘上以“深蓝”电脑获胜而世界棋王卡斯帕罗夫落败为结局的“人机大战”，以及“旅居者”号探测车的火星登陆，都激起了复杂的社会反响。

20世纪自然科学技术发展越快，就越显示出以下论断的合理性：要解决重大的时代课题，单靠自然科学技术已远远不够，还要依靠人文社会科学的发展，依靠自然科学技术与人文社会科学的结盟。自然科学技术对人文社会科学需求的增进，意义深远。

2. 20世纪自然科学技术发展的综合化推进了整个科学体系的综合化

自然科学技术的综合化主要有三种表现。

一是自然科学各学科、技术各领域内部的综合，在综合过程中产生突破。

二是自然科学各学科之间、技术各领域之间的综合。现代自然科学各学科相互交叉渗透的趋势十分鲜明，例如现代物理学已逐步发展成为激光科学、原子核物理学、粒子物理学、统计物理和凝聚态物理学、天体物理和宇宙学、生理物理学、计算物理学等各分支学科密切联系，又与其他学科交叉渗透的庞大体系。现代各种技术则融合出一系列的新技术，重大的尖端技术、高技术如信息技术、生物技术、能源技术、材料技术、海洋技术、空间技术，几乎全都具有各个领域的技术相互融合的性质。

三是自然科学与技术之间的综合。现代技术建立在科学理论的基础之上，现代科学的发展离不开复杂的高新技术设施。一种新的科学知识转化为工艺流程和新产品的时间迅速缩短，如核聚变反应的发现到第一个核反应堆的问世只用了4年，集成电路从无到有只用了2年，激光的发现与激光器的出现仅隔1年。这种综合使自然科学和技术的界限模糊起来，这叫“科学技术化，技术科学化”。

自然科学技术的这种综合化趋势与20世纪人文社会科学发展的综合化趋势不仅交相辉映，而且，这两大科学部类的交相渗透的势头也日趋强劲。哲学理论的影响越来越明显，系统科学发挥着跨学科的整体化科学方法论的作用，管理科学在科学体系中的地位不断提升，语言学、心理学、人类学在两大科学部类间架起桥梁，社会学、经济学、政治学、法学、历史学、美学、伦理学、传播学等学科与自然科学技术的联系越来越密切。两大科学部类初步的交叉结合对20世纪人文社会科学的进程产生重要影响。

3. 20世纪下半叶自然科学技术国际化的趋势促进了人文社会科学的国际对话

“科学无国界”，通常是指在自然科学技术领域中，全人类用的是一种语言。事实上，这一领域的交流与合作，存在许多人为的阻力和障碍。随着自然科学技术发展的速度、广度和深度的不断突破，随着跨国经济发展步伐的加快，特别是随着信息时代的来临，自然科学技术的国际化程度越来越高。被视为最有发展前途的生命科学，研究课题如人类基因组计划等举世瞩目，研究范围非常广泛，研究对象十分复杂，研究条件要求甚高。20世纪以来新建立的分科和分支学科、边缘学科如遗传工程学、生态学、生物地理学、生物化学、生物物理学、分子生物学、生物数学、仿生学、宇宙生物学等等，许多学科、大量成果都是国际合作的产物。

自然科学技术的国际化趋势，对于一般都具有民族特点的人文社会科学的国际对话与国际合作起了促进作用。

4. 自然科学技术的高速发展为人文社会科学研究提供了新的

手段和工具

人文社会科学的传统形象更多是同书斋和一般社会生活联系在一起的；借助于高新技术的有关成果和手段、工具，如近年借助飞速发展的计算机及其网络技术，全面更新着信息资料的收集、传递、处理、使用和储存的传统手段，人文社会科学界的信息交流日益便利，人文社会科学研究的效率得到很大的提高。比如经济学家要研究东南亚金融危机或中国是不是存在经济过热的问题，已不需要花大气力到处去搜集特定时期报刊上有关的各种文章，也不必为难以及时掌握最新的有关研究动态而发愁；他只要登上因特网，搜索、查阅、下载网上的有关材料，充分利用高效适用的专业信息和数据库，或进入电子图书馆，就能获取所需的基本信息及重要线索。又如，社会学家以往对大量问卷调查资料的整理和分析，用手工操作往往要花几周甚至数月，如今凭借先进的计算机和统计软件进行处理，则只需花几天甚或几个小时，便可以获得准确的结果。

（三）日益尖锐化的当代全球问题

全球问题指的是与整个世界全体人类密切相关的重大问题。这类问题是人与自然界及社会长期相互依存、互相矛盾的产物，由于各种经济和社会活动日益国际化而在20世纪下半叶充分暴露出来；其规模具有全球性，其影响关乎各国各民族的普遍利益和前途命运，其解决有赖于世界范围内各个方面协同一致的努力。全球问题迅速成为当代人文社会科学研究的热点。

全球问题究竟包括哪些社会过程和现象，说法不一。粗略地说，可分三、四个互相关联的层面。第一层面主要是全球生态问题。这是人类在利用和改造自然的过程中产生的一系列危及整个人类生存和发展的严重问题，包括人口增长、资源危机、环境污染、生态平衡、空间利用等问题。第二层面主要是全球性经济与社会问题，包括国家间贫富悬殊、发达国家与发展中国家经济差距拉大的问题，国际贸易争端与国际金融风险问题，难民、毒品、跨国犯罪、疾病传播等威胁人类和平与安全的问题等。第三层面主要是具有广泛而严重意义的累及全人类的政治问题，包括军备竞赛、核扩散、霸权主义、强权政治、恐怖主义、极端民族主义、宗教冲突、领土争端等等。此外，文化与人的发展具有广泛的世界意义，其中若干领域例如种族、性别、人权、信仰、教育、传媒等可能在某一时期上升为严重问题。

全球问题相互联系，此消彼长，具有鲜明的挑战性和紧迫性，要求各国政府和人民、国家集团和国际性组织共同协作，才能逐步解决。以人口问题为例，1987 年 7 月 11 日，联合国宣布世界人口突破 50 亿大关。全球人口正以每年 8000 万的速度增长，据专家预测，2050 年世界人口可突破 100 亿。粮食够不够吃？矿产、能源够不够用？淡水会不会供不应求？人口的急剧增长和地球资源的有限性之间的矛盾越来越尖锐。人口老龄化迅速到来，引发一系列社会问题。“地球村经济”冲破国界之后，人口也将突破国界，移民浪潮日见高涨。人口过度增长与人口素质下降通常构成正比关系。人口爆炸将加速诸如物种灭绝、大气污染、臭氧层损耗、温室效应、水土流失等生态环境危机的发展……全球问题，核心在人类自身。这种认识在方兴未艾的可持续发展理论的探讨过程中，特别鲜明地凸现了出来。很明显，不可能脱离具体社会系统，也不可能脱离国际社会关系讨论任何一个全球问题；不可能脱离当代自然科学技术水平，也不可能脱离当代人文社会科学的综合研究去寻求解决全球问题的对策。

有位外国学者在《地球现状》一书中，用图把全球问题若干主要方面的互相联系显示出来。这幅图中线条的交叉点，值得给予更多的注意。

我们将在下面看到，一系列全球问题从 20 世纪 60 年代起成为人文社会科学研究的重要领域；当代人文社会科学也由于全球问题研究而加快了综合化的步伐，发挥出多方面的理论导向功能和实际应用功能。

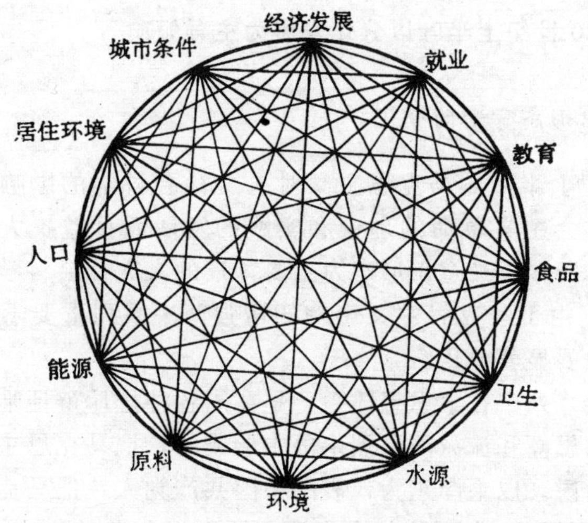

二、20 世纪人文社会科学发展的脉络

本书第一章曾以 14 世纪为界，把 20 世纪以前人文社会科学的历史发展划分为孕育奠基时期和生成发展时期。事实上，如同我们在该章援引的那张一系列学科创建的“时间表”所显示的那样，现代意义上人文社会科学的主要学科，基本上都是在 19 世纪正式形成的。特别是对人文社会科学的发展影响最为深刻的哲学，也在 19 世纪实现了从传统到现代的重大变革，成为 19 到 20 世纪其他各门人文社会学科发展的重要思想背景。

20 世纪人文社会科学进入了迅速发展的新的历史时期，学人之多，学科之多，学派之多，成果之多，都是前所未有的。可以选择多种不同角度从纵向分析和概括 20 世纪人文社会科学发展的脉络。这里我们仅着眼于人文社会科学的整体发展形态，兼及其整体发展水平，可概略地说它又经历了三个阶段。

（一）20 世纪上半叶以分化发展为主导倾向

1. 意识形态背景的分化

20 世纪上半叶，马克思主义对人文社会科学的影响，随着世界范围内社会主义革命的理论和实践的发展而日益扩大。近代以来，以西方资本主义意识形态为主要背景的人文社会科学领域，从 20 世纪起，由于马克思主义影响的增强，一系列重要学科的意识形态背景发展显著分化。

哲学界，列宁哲学思想体系，是在同各种排斥辩证唯物论和历史唯物论的思潮和流派的激烈论争中形成的，把马克思主义哲学推进到新的阶段。以毛泽东为代表的中国共产党人，把马克思列宁主义哲学思想运用于中国的革命实践，同形形色色的主观主义交锋，于 20 世纪 40 年代形成了有中国特色的哲学理论体系。

在历史学、文艺学、宗教学、人类学、经济学、政治学、军事学、法学、管理学、教育学、新闻传播学等与意识形态联系较为紧密的学科领域，马克思主义立场、观点的介入，从根本上改变了资本主义意识形态背景一统天下的局面。例如历史学，由于马克思主义辩证唯物史观的指导，使“欧洲（或欧美）中心”、“历史即政治史”等观念的统治地位被打破。即使是与意识形态的联系不那么密切的学科领域，如心理学、语言学，由于马克思主义价值观的作用，也都有了别开生面的视野和成果，产生了颇有建树的新学派。

在马克思主义的影响日益扩大的过程中，出现过这样那样的曲折和偏差，特别是出现过在马克思主义旗号下搞本本主义从而造成教条主义的倾向，把人文社会科学政治化或者说意识形态化的倾向，用马克思主义替代人文社会科学若干具体学科的倾向，否定和排斥古往今来全人类共同的文明成果尤其是西方现代人文社会科学成果的倾向。在这些倾向的共同作用下，产生了给西方某些人文社会学科如社会学、人类学、人口学乃至心理学等戴上“资产阶级伪科学”的帽子，把某些持有不同意见的学术流派视为“反动”等现象。这都是严重背离马克思主义科学本性的，对人文社会科学的发展造成了负面影响。

资产阶级政治势力和一些以维护资本主义制度为宗旨的西方人文社会科学学派，出于意识形态的原因，从各个方面与马克思主义思想体系相抗衡。

动用国家机器钳制马克思主义的传播，歪曲马克思主义博大精深的科学面目从而简单予以否定和排斥，割弃马克思主义的本质和灵魂却自称“革新”等行为和倾向，在20世纪上半叶可谓层出不穷。有“美国人类学之父”之称的摩尔根因1877年出版的《古代社会》受到马克思主义创始人的很高评价，从19世纪末到20世纪上半叶在他的祖国备受责难和诽谤，直到1958年美国人类学会才为他恢复名誉。20世纪初期，弗洛伊德的一个学生因企图调和精神分析学与马克思主义，而被弗洛伊德开除出精神分析学会。弗洛伊德宣称：共产主义的意识形态同精神分析理论不可调和。美国心理学、人类学、社会学等学科的一批学者于1949年的一次科际性会议上，选择“行为科学”而不采用“社会科学”作为由这些学科组合起来的综合性学科的名称，原因之一竟是担心美国国会中保守派议员或基金会人士误认“社会科学”为“社会主义”。诸如此类的事例比比皆是，足以说明人文社会科学的研究及其成果，在现时代，在阶级社会中，一般是很难做到“价值中立”，很难实现“非意识形态化”的；同时，也足以说明20世纪上半叶与人文社会科学发展密切相关的两大思想体系的对立程度。

从历史的眼光看，有比较才有鉴别，有交锋才有交流，有分化才有综合。马克思主义的广泛传播，在20世纪人文社会科学的发展史上造成了一次具有重大革命意义的体系性分化。

2. 基本思想方法的分化

我们将在第五章中介绍，哲学在19世纪形成的马克思主义哲学和西方非马克思主义哲学两大体系，以及西方哲学所形成的科学主义与人本主义两大思潮，怎样左右了20世纪哲学发展的基本走向。

人文社会科学的历史和现状说明，哲学之外的其他学科，无论自觉还是不自觉，无一例外地从哲学思潮中汲取养料，形成本学科研究的基本思想方法。20世纪上半叶西方历史学中“消灭自我”、“展现历史的真情”和“一切真正的历史都是当代史”两种治史观，文艺学中“文艺是客观世界的镜式再现”和“文艺是艺术家的自我表现”两种文艺观，心理学中只承认外部行为的观测研究具有科学价值而排斥对心理内部过程研究的行为主义和强调非理性领域研究的精神分析学，经济学中突出对经济现象运用定量分析等手段进行实证研究的倾向和突出对经济现象的是非好坏作出价值判断的“规范方法”，诸如此类的对立，均分别同科学主义和人本主义两大哲学思潮相联系，从基本思想方法这一角度着眼，可以说分别形成了实证主义学派和人文主义学派。

一般认为，马克思主义哲学倡导的基本思想方法是辩证唯物主义和历史唯物主义，要求实事求是，从矛盾的运动过程和事物的相互联系中研究人的活动和各种社会关系。这一方法论具有科学的开放性，在20世纪上半叶推进人文社会科学发展的历程中，显示了对于非马克思主义学派方法论的超越。苏联的经济学家，立足于辩证唯物论和历史唯物论，汲取西方经济学基本思想方法中的某些合理成分，对20年代世界资本主义相对稳定的现象和本质进行了科学分析，相当准确地预测到1929年爆发的资本主义世界经济大危机，并对紧接这次危机的特种萧条，作了有价值的探讨。

大量研究成果表明，20世纪上半叶人文社会科学在方法论领域的进一步分化，为此后更高层次的综合准备了必要的条件。

3. 学科——流派的分化

由于社会实践发展和人文社会科学自身发展的需求，20世纪上半叶，人文社会科学不断分化出新的学科，各学科内部和学科之间不断分化出新的分支学科和新的流派。可以把这一进程想像为树的发育成长：地下的根系分蘖出大量根须，向土地的四面八方延伸；地上的树干生长出大量枝干和绿叶，树冠占据了越来越大的空间。在这一时期，管理学、军事学、新闻传播学、体育科学、情报与文献学等等，有的是从无到有，有的是从小到大，先后取得了与历史学、心理学、社会学等“平起平坐”的主干学科的地位。

学科内部的分化，可以举法学为例。在资产阶级手中发展起来的法学长期和政治学合为一体，到 19 世纪才彼此分离。世界上第一个社会主义国家在 20 世纪初期诞生，于是有了以马克思主义法学和西方非马克思主义法学的区分。随着人类社会与法相关的活动日趋复杂，法学研究的范围越来越大。一是从宏观的理论法学中，不断分化出带有应用性的和相对独立的各部门法学、专业法学，如宪法学、民法学、刑法学以及立法学、法施行学等；二是从一般法学中分化出与国内法研究相对应的国际公法学、国际私法学等；三是法学内部各个分支交叉、法学与相关学科交叉，衍化出新的分支学科或边缘学科，如经济法学、军事法学以及法律心理学、法律社会学等；四是适应定量分析、总结学科发展历史经验、进行国别比较的需要而分化产生的法律统计学、法律史学、外国法学、比较法学等。在这样一个法学体系中，法学家在不同的时空条件下，用不同的立场、观点、方法和视角去研究相同的或不同的对象，分化出许多此消彼长的思潮流派。关于这一点，可参看第七章的分析。

由上可见，继 19 世纪人文社会科学各主要学科相继取得独立地位之后，“分化为主导”成为 20 世纪上半叶人文社会科学整体发展的一个较为显著的阶段性特征。

必须说明，分化和综合只具有相对的意义，有的“分化”如某些交叉学科和学派的产生实质上是综合的表现。而且在这一时期，科学性综合乃至文理综合已初露端倪。如美国心理学、社会学、人类学等部分学者发动了实证主义的“科学统一运动”，为“行为科学”鸣锣开道；又如新兴的管理学本身就是综合性学科。此外，美籍奥地利生物学家贝塔朗菲在 30 年代便提出了“一般系统论”概念，1947 年引起理论界重视。此后，它对科学的综合化进程起了积极的推动作用。

（二）20世纪下半叶逐步走向整体联动

1. 哲学领域的对话和交流日趋活跃

20世纪中叶以后的一段时期，社会主义和资本主义两种意识形态的对峙和交锋被冠以“冷战”二字载入史册。但是在人文社会科学体系中具有某种导向性影响的马克思主义哲学和西方非马克思主义哲学在特定层面的对话和交流，经历了种种曲折，终于得到了强化。

马克思主义哲学作为无产阶级世界观的理论体系，对于自然、社会和人的科学认识作了高度的总结和概括。现代西方非马克思主义哲学通常被认为在总体上是反映西方资产阶级的世界观的理论体系，与前者有原则区别；然而它的不少流派，毕竟在不同的层面、从不同的高度，对于自然、社会和人的知识作了一定的总结和概括，包含丰富的思想资料，其中不乏积极的内容，是人类共有的精神财富。马克思主义哲学的代表人物曾经充分地利用资产阶级哲学思想的合理内核，并在回答新的实践和西方哲学的种种挑战中来发展自己的学说。这一科学传统，在20世纪50年代之后，经历了“否定之否定”，进一步得到弘扬。马克思主义哲学日益自觉地分析研究西方哲学的来龙去脉，及时应答它们的挑战，澄清它们对于马克思主义哲学的曲解，客观评价它们各自强调的问题的现实意义，汲取它们对具体的特殊的科学方法的有益研究成果，还关注并借鉴它们对于逻辑、语言与哲学关系的研究，关于西方社会中人的异化现象的研究，关于人的无意识的研究等等。这种科学的开放态度，增大了马克思主义哲学对西方哲学中合理成分的包容度，增强了马克思主义哲学对西方哲学和其他人文社会学科的影响力。不少西方哲学流派的代表人物公开承认在基本理论观点、基本思想方法上受到了马克思主义哲学的深刻影响。在20世纪与21世纪之交，拥有世界性影响的英国广播公司（BBC）发起大规模“千年思想家”评选活动，马克思领先于达尔文、爱因斯坦，名列首位。

在西方哲学内部，20 世纪下半叶以来，科学主义和人本主义两大思潮之间的相互作用显著增强。若干有影响的哲学流派，对于理性与非理性、实证性研究和评价性研究等原先互相拒斥的领域，在不同程度上采取了通融的态度。其他任何人文社会学科都离不开哲学根基。哲学领域中不同“声部”的对话和交流日趋活跃，有效地推动了 20 世纪下半叶人文社会科学初步走上综合发展的道路。

2. 系统科学的兴起产生连锁效应

具有高度综合性和抽象性的哲学方法可以指导，但不能代替自然科学和人文社会科学各学科的特殊方法。20 世纪中期，在哲学方法和各学科特殊方法之间的中介层面，兴起了以系统论为中心的系统科学。它所倡导的系统方法，在科学研究方法这个领域，发挥了承上启下的作用，对于进一步沟通人文社会科学各学科之间，以及人文社会科学与自然科学之间的关系，产生了广泛影响。

上文提及，系统论最初是由贝塔朗菲从生物学研究中提炼出来的方法理论，其主要观点是：一切生物体都是一个有机的整体；这个有机整体是一个开放的系统；系统是按不同的层次组成的；系统作为一个整体，大于各孤立部分之和。此后贝塔朗菲将这一思路推及自然科学和人文社会科学的全部研究对象，到 20 世纪 40 年代确立了一般系统论的原则，如整体性原则、相互联系原则、有序性原则、动态性原则，并强调开放性。他在《一般系统论》中称社会科学为“社会系统的科学”，认为“社会及其有关领域实质上是研究人类集团系统，从家庭或工作组等小集团，经过无数正式非正式组织的中间单位到国家、势力集团、国际关系这样的最大单位。”他还说：“最终人类历史问题将会是系统观点的可能最广泛的应用。”40 年代末期，美国数学家维纳和申农分别创立了控制论和信息论，前者研究各种不同系统的共同控制规律，提出一个拥有巨大质量的运动或巨大能量的交换过程，可以通过载有信息的不大的质量和不大的能量来加以指挥，如遗传密码之于生命过程；后者运用数学方法对具有特殊意义的信息系统进行研究，并把其他各种系统的运动过程抽象为信息的获取、传输、加工和处理的交换过程，并建立了通信系统的模型。以上“三论”互相联系，共同发展，奠定了系统科学的初步基础。

60年代与70年代之交，比利时物理学家普利高津、联邦德国理论物理学教授哈肯、法国数学家雷内·托姆又各自创立了耗散结构论、协同论和突变论，它们或研究在非平衡状态下的开放系统的演变规律，或研究系统中大量子系统通过相互作用和协作而从无序到有序的转变行为，或用形象而精确的数学模型把握系统的质量互变过程。这些新的具有方法论意义的理论是系统科学的深化和发展。

在这以后，“非线性”、“分形”、“混沌”、“湍流”、“自适应”等概念成为热点：正如1986年诺贝尔奖得主、耗散结构理论创始人普利高津和他的一位同事编著的《探索复杂性》的书名所标示的那样，世界科学的主流从研究简单系统向研究复杂系统转移。90年代，以复杂性态为研究对象的复杂性科学形成气候，其研究内容极大地丰富了系统理论。

系统科学的兴起，不仅向自然科学，而且向人文社会科学提供了各学科普遍适用的可操作性强的科学思想方法，在不长的时间内便产生了连锁反响。从历史学到心理学，从政治学到人类学，从法学到教育学，各学科共用系统、要素、结构、功能、信息、控制、反馈等基本概念。80年代中国的文艺学领域甚至出现过一个以引进系统方法为主的“方法论年”。

必须指出，系统科学绝不是万能的，系统方法用于各不同学科会出现不同的问题。但是我们不能因此低估系统科学的价值。中国科学院院长路甬祥1998年在《科学技术的时代特征和发展展望》一文中说：“系统广泛存在于自然、社会、人体和思维之中。以系统的观点研究现实世界已形成系统的认识论、方法论和科学思维，这就是系统科学的任务。”从人文社会科学发展的角度看，被叫做“横断科学”的系统科学，通过改变人们的思维方式、改进研究方法而推动了人文社会科学的初步综合，也使人们进一步认识了人文社会科学与自然科学实现综合的前景。

3. 综合学科成批涌现

控制论的创始人维纳在20世纪40年代感慨地说，从18世纪起，科学日益成为专门家在愈来愈狭窄的领域内进行着的事业。这种情况同样发生在人文社会科学领域。当时维纳预言：在科学发展上可以得到最大收获的领域是各种已经建立起来的部门之间的被忽视的无人区。就人文社会科学而言，它所研究的对象，是一个多层次、多序列、多结构、多变动的复杂整体；到了维纳时代，两大科学部类的各个学科孤立发展的情况已经开始改变，各种联系被逐步发现，出现了进一步把握科际联系，从而创造出一个综合性的“大科学”体系的可能性。

20世纪中期以后，这种可能性的重要表现之一，便是综合学科成批涌现。我们已经说过，科际交叉，由两门或两门以上的学科协同研究同一对象的某一方面，如地理学与经济学结合形成经济地理学，文艺学与心理学结合形成文艺心理学，宗教学、文化学与历史学结合为宗教文化史学等等，这种学科“分化”使相邻学科的界限模糊起来，实际上更是跨学科综合化的表现。

此外，观点和方法由一门学科向另一门学科转移，如语言学的结构主义向社会学、人类学转移，心理学的“集体无意识”观点方法向历史学、社会学、政治学、伦理学转移，也可形成新型的边缘学科，同是科际综合的表现。

当然，最为典型的综合学科，是由跨部类、跨文化的学科群构成的，在促进人文社会科学综合化的进程中发挥着重要的作用。例如“管理”这一研究对象的内涵，到20世纪下半叶发展成为对人、事、物等组成的物质—社会—文化系统进行自觉控制的行为。这样，管理科学的范围，便包含着宏观管理、微观管理，程序化管理、非程序化管理，垂直管理、交叉管理，涉及管理思想现代化、方法科学化、手段自动化等课题，涉及一大批人文社会学科乃至自然科学技术。管理科学中有门产生于50年代到60年代之交的比较管理学，其目标是比较国家或地区（集团）之间在经济、文化、社会制度等方面的差异对管理的影响程度，探讨管理理论的可转移性；主要内容包括世界范围有影响的管理思潮与流派比较，东西方与主要国家企业管理理论与实践及其相互关系比较，各对象国管理理论在经济生活中的作用比较，世界主要国家管理理论和实践的发展趋势比较；研究方式则包括横向比较与纵向比较，宏观比较与微观比较，平行比较与影响比较，综合比较与专项比较。即使从这样粗疏的介绍中，我们也不难体会现代管理学的发展水平以及它的综合性特征。

正是越来越多的新型综合学科，把人文社会科学乃至自然科学，初步联结成了一张远未收口的巨网。

4. 世界性话题的研究推进以“人学”为中心的“整体联动”

20世纪中期之后，世界性话题日益增多，并成为人文社会科学优先关注的对象。50年代起，首先是以现代化为主题的发展理论的研究，其次是一系列全球问题的探讨，然后未来学研究高潮迭起，80年代起又开始了科学社会主义理论的反思和探索，紧接着是对“现代化”和“现代性”的深度反思。面对这几大系列的世界性话题，20世纪人文社会科学的发展开始进入跨文化、跨国界、跨学科的“整体联动”的阶段。这里仅以全球问题研究为例。

全球问题起始于20世纪60年代，70年代蓬勃发展。早期有组织的全球问题研究活动，是由意大利经济学家、国际关系学家、实业家和社会活动家佩切伊创办的学术团体罗马俱乐部发动的。最早的核心成员有来自世界各国的哲学家、经济学家、社会学家、计划专家、教育家和天文学家、物理学家等。他们的宗旨，是系统地运用全球模型，提出和分析世界的总问题。他们的主要研究成果，见之于一系列著名的研究报告。影响较大的有：1972年《增长的极限》。报告研究了当代世界的五大问题：工业化、人口增长、营养不良、不可再生资源的耗尽、环境恶化。报告认为这些问题相互联系、相互作用，后果严重，必须及早采取对策。1976年《重建国际秩序》。报告提出消除国际关系体系的不公平，建立一个新的国际经济秩序，需要政治、社会、文化以及社会其他方面的一系列变革。1979年《回答未来的挑战——学无止境》。报告提出，必须改革传统的、面向过去、应付现实的“适应性学习”，提倡面向未来的“创造性学习”。佩切伊为这个报告作序指出：为解决“外部的极限”，必须把重心集中在人类本身，把目标放在开发存在于人类自身的无可比拟的发展潜力这一点上。1982年《微电子学与社会》报告专门讨论微电子学的发展及其社会影响。认为这场技术革命带来了为人类造福的前所未有的希望，又考察了可能出现的负面影响，指出“微电子文化”可能对人产生孤独以至最终是异化的威胁，还指出微电子学革命从短期来看可能趋向进一步削弱以廉价劳动力为有利条件的第三世界国家。至1982年，这样的报告共发表了12份之多，从过去着重经济、资源、环境的分析，逐步深入到自然因素与社会因素、技术因素与人文因素的综合考察。

到20世纪80年代，发达国家的政府直接参与全球问题研究，辅助决策的功能加强。较为著名的成果有美国1981年的《公元2000年的全球研究》，日本1982年的EPA（经济企划厅）世界经济模型，苏联1980年的《全球发展过程的系统模拟》等。《公元2000年全球研究》是在西方国家经历着战后最严重、最深刻、最持久的一次经济危机的背景下完成的。该报告预测，2000年世界人口将增至63.5亿，较1975年增长50%以上；欠发达国家的人均国民生产总值仍低于600美元，而发达国家则高达8500美元～11000美元，贫富差距进一步扩大；粮食人均增长额不到15%，渔业人均渔获量有减无增，森林按人口平均的积蓄量下降47%，水资源的区域性短缺和水质恶化的日趋严重，能源需求增长58%，全球环境质量下降。报告包含一系列对策和政策建议，指出需要进行的改革远远超出任何一国的能力和责任范围，世界必须进入一个前所未有的合作和承担义务的时代。《EPA世界经济模型》通过9个国家模型、6个地区模型和这15个经济圈之间贸易模型的构建，意在定量地把握世界经济的动向及对日本经济的影响，协调日本与主要国家的政策。《全球发展过程的系统模拟》，着眼于评估世界经济长远发展的前景，比较各种解决问题的方案，作为本国和他国制定经济发展战略的重要参照物。此后，包括中国在内的发展中国家也逐步介入全球问题研究。

"世界性话题"的探讨，无论是全球问题，还是以现代化为主题的发展理论，或是对世界未来的预测，都以人的问题的研究为核心和底线，都是多门学科合作、全面交叉，都是典型的系统研究，重大课题多由通才型人才的群体共同承担。这一领域的进展，充分说明了人文社会科学综合化的必要性和可行性。

5. 研究骨干的通才化和研究人员的群体化

20世纪下半叶，人文社会科学的研究对象日益复合化，研究规模日趋扩大，这就对研究人员的智能结构和组合形式提出了新的要求。

先说研究骨干的通才化。科学领域人才的智能结构，历史上也有一个"否定之否定"的过程。古代学者、哲人中的代表人物，无论中外，都是上知天文、下知地理的通才，有的是所谓百科全书式的人物。近代以来，由于人们需要分门别类地深入考察和研究自然和人类自身，进入了专才取胜的历史阶段，许多人在一个学科、一个问题上耗尽了一生的全部精力。不同学科的专家之间，往往是"鸡犬之声相闻，而老死不相往来"，形成"隔行如隔山"的局面。20世纪上半叶，人文社会科学仍以分化发展为主要潮流，各学科的专家仍是十分耀眼的明星。但是就在这一时期，英国物理学家贝尔纳以科学的态度研究科学的本身，在1939年出版的《科学的社会功能》一书中提出了"科学是什么？科学能干什么？"这样的重大问题，倡导科学须综合发展，科学人才须视野开阔、知识广博。他本人不仅在自然科学的不同领域，而且在社会科学和两大科学部类的交叉领域都卓有建树；这也使他成为现代大科学学的奠基人。20世纪下半叶，通才取胜的观念逐步占了上风。美国学者卡恩是一位"前任的物理学家"，转而研究军事学、经济学、社会学、未来学等，他在70年代出版的《今后200年：美国和世界的蓝图》以及其他著作中提出：应该“把目前占统治地位的一些问题——人口、经济增长、能源、粮食的污染，看作是基本上能解决的问题，是过渡时期中的一些过渡问题，是处在世界贫穷和世界繁荣之间的一个时期的问题。”“200年后，我们可以预期，几乎到处都将人口稠密，生活富裕，并能驾驭自然力。”这一理论叫作“大过渡理论”，支撑这一理论的绝不是某种狭隘的专业知识，而是一个庞大的兼跨文理且向“文”倾斜的知识体系。像贝尔纳和卡恩这样的杰出的通才，不是一架只深入在一口油井中的钻机，而是四处闪光的思想发动机，是20世纪下半叶人文社会科学乃至整个大科学领域中最具创造力、最有代表性的骨干。

再说研究人员的群体化。人文社会科学初步综合发展，需要并造就了各种形态的学术群体、研究组织。罗马俱乐部和美国的兰德公司都有“思想库”之称。卡恩1961年创办赫德森研究所，是全球研究领域的“乐观派”。这些民间的组织，有的比较紧密，有的相当松散，人员是多学科、跨国跨地区。国家组建的研究机构数量也越来越多，课题大，研究规模大，人员组成同样注意学科交叉、专才与通才兼容、专职与兼职共用。国际合作走向有组织、有计划的大规模集体研究。联合国的各个分支机构，则往往以阶段性课题或定期召开国际研讨会为纽带，招揽多种人才。如联合国教科文组织从20世纪60年代以后不断围绕某一教育主题组建国际委员会，通过国际合作进行面向全球的调查研究，提交了一份又一份著名的教育科学报告。而多媒体技术的进展和电脑网络化的出现，又为研究人员的组合与交流提供了全新的技术基础。总之，研究骨干的通才化和研究人员的群体化，既是20世纪50年代之后人文社会科学初步综合发展的产物，又是这一趋势的重要标志。

我们以上着重阐述20世纪50年代到80年代人文社会科学发展的初步综合化趋势。事实上，在这一阶段中，20世纪上半叶的种种分化性发展始终不曾间断，只不过这种发展倾向总的来说已“退居二线”，而分化的水平则有新的突破。我们将在以下几章中重点介绍人文社会科学若干主干学科在20世纪下半叶所取得的重要进展和学科间日益增强的相互影响。

（三）20世纪末期进入反思—展望期

20世纪进入90年代之后，从全球范围看，在世界格局第三次变化的影响下，在自然科学界关于复杂性态研究和人文社会科学界关于后现代文化研究、社会批判等热门课题的带动下，人文社会科学对于自身在20世纪发展的反思，和21世纪发展的前瞻，成为这一阶段人文社会科学的总主题。而关于科学社会主义理论的反思和探索，又成为举世瞩目的焦点话题。中国学者雄辩地指出：20世纪下半期最引人注目的事件，与其说是以苏联、东欧的剧变为标志的社会主义旧模式的失败，不如说是新模式的社会主义即中国式的社会主义作为世界上经济发展最快的国家体制而崛起。邓小平的南巡讲话，江泽民在中国共产党第十五次代表大会上的报告，在一定意义上，都是关于科学社会主义理论的反思和发展。

人文社会科学在反思与前瞻中加快了发展的步伐。中国的人文社会科学界以前所未有的胸襟向世界敞开大门，以追踪前沿、综合创新的气派大大加快自身发展的节奏。美国经济学主流派代表人物萨缪尔森的《经济学》第1版于1948年问世，此后在约近半个世纪内随着世界经济情况的变化和不同时期的需要，他不断地修改和补充。由他和年轻一代诺德豪斯合著的、内容作了重大改变的《经济学》第14版于1992年印行，它的中文译本于1996年成为中国读者的藏书。美国经济学家曼昆1998年出版了被西方媒介认为是“最令人鼓舞的经济学教科书”，它的中文译本第二年就进了中国的大学校园。而因《大趋势》一书闻名的美国未来学家奈斯比特的《亚洲大趋势》，则于1995年与1996年之交在美国与中国几乎是同步出版。这段时间，中国本土人文社会科学专著的出版，数量之多，领域之广，速度之快，都是前所未有的。中国社会科学院于1997年正式提出在全院实施精品战略，次年以《中国社会科学前沿报告（1998）》为题，发表该院9个课题组提交的对相关学科

1997 年重大学术动态和理论前沿进行整体考察的年度研究报告；1999 年，这一多学科年度研究报告的结集更名为《中国人文社会科学前沿报告》，每年出版一本。以上这些发生在出版界的事例，只是中国人文社会科学发展不断提速的小小象征。

在这一时期，我们已经可以从人文社会科学的历史与现状的考察中较为清晰地把握其发展趋势。本书第八章专门讨论这个问题。

三、20 世纪中国人文社会科学发展概貌

在这一个世纪里，中国人文社会科学的发展，既具有全球共性，又具有本土个性。人们总是通过认识个性而把握共性，又从对共性的把握中深化对个性的认识。总的来说，中国人文社会科学的发展相对滞后，但是在若干重要领域，取得了具有世界意义和历史意义的成就；从 20 世纪 80 年代开始，中国人文社会科学的发展，显示了前所未有的活力和希望。

（一）中国人文社会科学发展的特殊背景

本章第一节概述的世界背景，从根本上制约着中国人文社会科学的发展。然而中国自身特殊的国情，也发挥了重要的影响、制约作用。这种特殊性表现在好多方面，主要有三。

一是由于长达 2000 多年封建主义的统治，中国未能与西方同步，从社会内部孕育出近代和现代的人文社会科学体系。例如，中国古代就产生了丰富的法律思想，但是直到近代，中国社会还是以自然经济为基础，以皇权为中心支配立法达数千年，不可能形成职业法学者阶层，不可能产生现代意义上的“法学”。又如，中国古代的哲学、历史、文艺、教育思想都是相当先进的，但是受封建主义的禁锢，未能从中国自己的土地上，发育出近代和现代形态的哲学、史学、文艺学、教育学科学体系。毛泽东在 20 世纪 40 年代的《〈中国农村调查〉序言》中曾经十分感慨地指出，中国的幼稚的资产阶级，甚至没有为国人提供最起码的社会调查资料。到 20 世纪

50 年代初，中国大地到底繁衍着多少民族都没有搞清楚。西方 19 世纪名目繁多的人文社会科学，直到 19 世纪末、20 世纪才断断续续地辗转介绍到中国。在 20 世纪的头 20 年，一眼望去，这个学科那个学科，多数都是连名称都觉陌生的“舶来品”。

二是中华民族的老祖宗给后人留下了璀璨的古代文明。今天的中国人，仍然为自己的民族在世界文明史上早早地奉献了《周易》等著述，出现了孔子、老子、庄子等大思想家而自豪。然而本土传统文化自有很多弊端，例如偏重直观、感悟，崇尚圣贤古训，过于讲求平衡，倾向封闭、守成等。这些也给现代的人文社会科学研究打上了深重的印记。

三是 20 世纪中国社会革命和社会发展的道路艰难曲折。中国向何处去？19 世纪鸦片战争提出了这个历史大课题。20 世纪上半叶是对资本主义和社会主义两种社会模式的选择，世纪下半叶是对社会主义模式的探索和改革。在一个“一穷二白”的半封建半殖民地中国发生如此急遽而深刻的历史变革，为人文社会科学的发展创造了前所未有的机遇，也向人文社会科学提出了难度很高的时代课题。从一定意义上可以说，现代中国人文社会科学发展的主潮，同社会主义在中国的历史命运，同马克思主义在中国的传播、演化和发展，是密切相关的。

外来文化与本土文化之间、传统文化与现代文化之间、社会革命与学术建设之间的复杂的联结和冲突，以及这三个序列之间的复杂的关联与撞击，使现代中国人文社会科学的发展在 20 世纪人文社会科学的世界版图上有着某种特别的位置和色调。前面提到美国经济学家萨缪尔森及其合作者在 1992 年推出了《经济学》教科书第 14 版；此书本页是一张简明的图表《经济学谱系》，其中“中国（经济学）”被标出为承袭“社会主义——马克思列宁（经济学）”而来，却又另开一脉。这个细节是有一定代表性的。

（二）中国人文社会科学发展的曲折道路

1. 引进、移植与选择

现代中国人文社会科学的兴起，从主导的一面看，乃是在现代外国人文社会科学的影响、冲击下，所作的一种自觉的反应。20世纪前半叶，大体上先是引进、移植，继而通过时代的选择，也出现了近似于同一时段世界人文社会科学那样逐步分化发展的态势。

引进始于 19 世纪～20 世纪之交，以严复等人为代表，到辛亥革命前后，通过直译或转译名著、译述或评价域外人文社会科学发展动态等方式，让国人首先是一批急于向西方寻求真理的人士初步窥见了近现代西方哲学、政治学、经济学、法学、文艺学、历史学、宗教学、语言学、心理学、人类学、教育学、逻辑学的面影。1915 年起以《新青年》杂志为主阵地的新文化运动，高扬“科学”与“民主”的大旗，猛轰鲁迅笔下的黑暗的闸门和“铁屋子”，现代西方人文社会思潮大输入，马克思列宁主义随着俄国十月革命的炮声开始在中国传播，最终导致五四运动的爆发以及较前更为深刻的文化思想革命。有人形容当时的文化氛围说，欧洲几百年文艺复兴及思想启蒙运动，在中国仅短缩为五六年的“五四”新文化运动。

也就是在这样的时代氛围中，具有不同政治、文化和学派背景的现代人文社会科学，有不少排进了中国高等学校和师范学堂的课程表。所用教材，如经济学、政治学、社会学、法学、语言学、心理学、人类学、教育学多为移植；一般反映了 19 世纪末期和 20 世纪初期各相关领域的主要成果和科学水平。

引进、移植是一回事，能否扎根、成活并健康发育是另一回事。人文社会科学在现代中国的分化发展，本质上反映出中国的社会实践对科学理论的选择性需求。这种时代的选择，在思想文化领域的一系列论战及其成果中得到集中的表现。

对人文社会科学发展影响最大的论战，一是从“五四”新文化运动开始并贯串整个世纪的东西方文化关系的论战。东西文化的优劣异同、两种文化能否融会、中国文化如何发展，是论争的焦点。“全盘西化论”和“东方文化派”各执一端。马克思主义文化观则视两种文化均为世界进步的支柱，好比车之两轮、鸟之双翼缺一不可；两种文化在比较、冲突中互补，是历史发展的必然。鲁迅在20世纪30年代提出的“拿来主义”，是对包括人文社会科学在内的中国文化发展方向的生动概括。三种观点造成了对待人文社会科学的三种文化态度，孕育了包括“现代新儒学”在内的诸多学派，使人文社会科学与民族文化的关系受到密切关注。

二是1923年的“科学与人生观论战”。围绕自然科学与以哲学为代表的人文社会科学的关系这一主题，“科学派”鼓吹实证科学万能，哲学和一切研究社会人生的学问应以实证科学为榜样；“玄学派”声称社会人生的问题主要靠非理性领域的主观直觉、自由意志、人格力量去解决，不受实证科学支配。论战后期，马克思主义者介入，指出两派的片面性，强调人的意识是社会发展之果，既成社会力量之后，亦能为社会现象之因，而社会发展之最后动力在于经济；社会人生问题，可由哲学社会科学阐明。这场论战在中国人文社会科学界分化出了科学主义、人文主义两股潮流，促进了马克思主义哲学的建设。

三是20世纪20年代～30年代的中国社会性质论战。在这场持续10年之久的论战中，马克思主义者从各方面论证了近代中国半封建半殖民地的社会性质，和反帝反封建的资产阶级民族民主革命性质，指出马克思主义完全适合于中国。这次论战直接推动了马克思主义的政治经济学、历史学、社会学的建设。“中国社会科学家联盟”以及“社会科学研究会”的组建，增大了马克思主义对中国人文社会科学发展的影响。

四是中国共产党内马克思主义与各种主观主义特别是教条主义的论争。这一交锋通过20世纪40年代初期延安整风运动取得丰硕成果，作为中国共产党人在理论与实践相结合的过程中集体智慧的结晶，作为20世纪上半叶中国人文社会科学精华的综合体现，毛泽东思想发展到了成熟的阶段。

必须说明的是，上述论战及其成果并不能说明20世纪上半叶人文社会科学在中国的发展的全貌，但是它大体反映了这一时段的主潮。20世纪20年代初，有哲学大师之称的罗素从英国来到中国讲学近一年，他踏上这块土地不久便发现，中国人的兴趣不在他的“技术哲学”，“他们要的是关于社会改造的实际建议”。他的话只说对了一半：中国人民迫切需要的是解救中国、解放民众的科学理论。

2. 革新、建设与曲折

新中国成立之后，在全国范围内，人文社会科学经历了一次革命的洗礼。其根本之点，就是用马克思列宁主义毛泽东思想的立场、观点、方法指导各个学科的改造和建设。这场革命不仅以前所未有的力度改变了人文社会科学和思想文化界的总体面貌，而且影响了全国人民的思维方式和精神状态，影响了世界。

由于特殊的历史条件，这一革新是通过开展大规模的学习运动和批判运动的方式进行的。它的积极方面，是在一个较短的时间，向广大人民群众普及了马克思列宁主义和毛泽东思想的基本理论，带动大批人文社会科学研究者进行历史反思，培养了一批富有朝气的学术研究骨干，在一个生产力相当落后的国度启动了划时代的人文社会科学和思想文化建设工程，在哲学、政治学、经济学、民族学、历史学、文艺学等领域出现了若干有科学预见、有本土特色、有发展前景的研究成果。连续开展的批判运动也有明显的消极影响，主要是阶级斗争庸俗化、扩大化，学术问题政治化，科学研究封闭化，在不同程度上否定了人文社会科学作为人类文明的结晶所具有的相对独立的品格，误伤了一批学派和学者。典型的事例有，人民教育家陶行知受株连，马寅初的人口学思想被全盘否定，文史哲领域中一些值得探讨的问题被过早亮出红灯，社会学、人类学、心理学等先后被宣布为资产阶级伪科学，等等。

在新生的人民政权得到巩固以后，各级政府对人文社会科学的建设的支持力度加大。1956 年的《1956 年～1967 年全国哲学社会科学发展规划》得到中共中央和国务院的批准；同年，毛泽东提出发展文化科学事业的“百花齐放、百家争鸣”的总方针。由于 1957 年的反右派斗争和其他一些原因，规划和方针均未能真正落实；但是，规划和方针毕竟有力地促进了人文社会科学的发展，许多研究机构都是根据规划建立的，许多学科的不少建设性构想也是在那时提出的，这为后来中国人文社会科学的重新崛起创造了一定的条件。

随着“以阶级斗争为纲”的思潮在稍经起落后终于席卷整个思想文化领域，中国人文社会科学的发展受到重大挫折。即便是 1958 年“大跃进”的热浪也给人文社会科学的研究造成反科学的干扰，例如意义重大的少数民族调查就因为“抢进度，争献礼”而丧失了获取大量珍贵翔实的第一手数据的历史机遇。

十年“文化大革命”，人文社会科学的各个领域均遭受严重摧残，我国的“强项”文史哲等学科所受打击尤为深重。人文社会科学的研究一旦废弃或步入歧途，将给社会和文明带来何种灾难，“文化大革命”便是一面历史的明镜。

3. 开放、重建与发展

人们曾用“于无声处听惊雷”来形容“文革”后期中国社会的政治思想文化氛围。

中国人文社会科学的复苏始于 1978 年中国哲学和整个人文社会科学界关于真理标准问题的讨论。这场讨论历时三年多，其意义不仅是针对“两个凡是”的错误方针，重申“实践是检验真理的惟一标准”这个马克思主义的基本观点，而且是对 30 年来马克思主义在中国命运的深刻历史反思，是一场伟大的思想解放运动。邓小平关于解放思想、实事求是的论述深入人心，成为人文社会科学开放、重建与发展的根本指针。

20 世纪 70 年代到 80 年代之交，如同“五四”时代那样，中国又一次大规模地引进外国的人文社会科学学说。在 20 世纪 80 年代的一多半时间里，人文社会科学领域各学科都领略了“新学派、新观念、新方法、新名词”的倾盆大雨般的冲击，“弗洛伊德热”、“萨特热”，“三论热”、“人学热”……一茬接一茬，在大学校园和学术刊物上交替登台。经历了历史风风雨雨的中国人文社会科学界，坚持“拿来主义”的立场、理论联系实际的原则和“百花齐放、百家争鸣”的方针，坚定不移地以马克思主义为指南，走自己的路。1977年，中国社会科学院成立，形成并实施中长期的哲学社会科学规划。包括系统介绍古往今来国内外各主要人文社会学科成果在内的中国第一部大百科全书，从1980年起陆续问世。一大批反映时代精神的人文社会科学的专著和教科书出版，老、中、青相组合的专家队伍迅速壮大。以人文社会科学自身为研究对象的人文社会科学学、人文社会科学发展史专著，于20世纪80年代～90年代之交与读者见面。与世界人文社会科学的走势一致，交叉学科、新兴学科不断增多，到20世纪80年代末形成了有20门一级学科，229门二级学科，971门三级学科和大量边缘学科的庞大体系，20世纪90年代起进一步加速发展。

在开放、重建与发展的过程中，中国人文社会科学界积极参与关于人道主义的论争，关于东西文化的论战，关于经济、政治、文化体制改革的探讨，关于提高国民素质和重塑当代中国人文精神的对话，关于世界社会主义发展的历史与前途的研究，等等，取得了一系列科研成果。据有关资料分析，经济学的研究成果最为突出。1980年关于社会主义生产目的的讨论，1984年以后关于经济体制改革的探索，80年代中后期关于社会主义初级阶段的讨论，90年代初期关于中国社会主义经济发展战略的讨论，关于通货膨胀问题的讨论，90年代中后期关于通货紧缩问题的讨论，关于亚洲金融危机的出现与对策的讨论，以及中共第十五次代表大会以后关于产权制度改革的讨论，关于公有制的实现形式的讨论，关于收入分配理论的讨论，关于知识经济和“新经济”、“虚拟经济”的讨论等，经济学界均作出积极贡献。

在一定意义上，与马克思列宁主义、毛泽东思想一脉相承的邓小平理论，不但是中国共产党人和中国人民在建设中国特色社会主义历程中集体智慧的结晶，也是20世纪、特别是20世纪下半叶中国人文社会科学精华的综合体现。

我国的人文社会科学的发展还存在许多困难和问题。在20世纪即将结束的时刻，中国社会科学院科研局组织专家学者回顾新中国人文社会科学走过的道路，认为以下四个方面特别值得重视。

一是人文社会科学研究必须坚持以马克思主义为指导，这种指导应该是科学的、辩证的，而不能是教条的、贴标签式的。

二是必须在人文社会科学研究中处理好政治与学术的关系。人文社会科学作为一种思想文化现象，它一经产生，便获得自己的相对独立性，使其疏离以产生的经济、政治关系而具有自己的表现形式和特殊活动规律；它的存在和发展受着经济和政治的影响与制约，但却不能将它们之间的关系简单化，更不能用某一种去代替另一种。

三是要科学地理解和把握“百花齐放，百家争鸣”的方针，并在实践中正确地贯彻，活跃人文社会科学界的学术批评和自由讨论。

四是要更好地继承我国古代优秀文化遗产，借鉴国外人文社会科学优秀成果，防止出现从一个极端走向另一个极端的倾向。

应当看到，我国人文社会科学各学科的发展很不平衡，结构不够合理，许多领域理论落后于实践，多数学科的研究工作就可比的方面说还落后于发达国家，科际综合水平不高，科研的体制和管理、队伍建设和物质条件均有不少薄弱环节。中国人文社会科学工作者任重而道远。

四、20世纪人文社会科学发展的总体特点

20世纪世界人文社会科学发展与19世纪相比，既有历史承传性，又有重大突破，在社会实践与科学理论的互相推动、科学体系的基本形成、人的主题的普遍凸现等方面，特色尤为显著。

（一）社会实践与科学理论的交互作用日趋明显

我们在第一章中曾把人类社会实践与人文社会科学理论的互动关系列为人文社会科学发展的重要规律。20世纪人文社会科学的轨迹，较之以往任何一个世纪，都更为充分地体现出人文社会科学理论对于社会实践的依存性和能动作用。

先说科学理论对于社会实践的依存性。

从本章和以下各章有关20世纪人文社会科学发展状况的阐述中可以看到，没有哪一门主干学科，不是以20世纪人类的社会实践为第一理论源泉的。由于20世纪是人类历史上变化最大、发展最快、争斗最烈、震荡最多的一个世纪，这就为人文社会科学研究提供了极其丰富的现实研究课题。三次时代主题的转换，一系列自然科学技术的突破，许多全球问题的出现，都使人文社会科学获得了取之不竭的研究对象，都催生了一大批人文社会科学新学科，造就了一大批新学派，形成了许多新观念、新理论、新方法；这些新的学科、学派、观念、理论、方法不免鱼龙混杂，经过社会实践的检验，有价值的便在人文社会科学的版图上取得相应的“领地”。下面将要专门介绍的哲学、心理学、经济学、教育学等科学理论是这样成长的，其他学科的科学理论体系也是这样构建、发展起来的。

这里我们再以众多学科共同关注和探讨的现代化理论的形成过程为例。科学意义上的现代化概念是从60年代起，在第一批现代化社会出现之后，由政治学家较早作出概括的，认为现代化是一个包含人类思想和行为各个领域变化的多方面进程。西方学者通常以现代化的先行国为参照，排列出一系列基本要素，提出相应的量化指标，并把“先行者”的发展道路说成是后来者的必由之路。然而社会实践告诉人们，全球性的现代化运动，是人类发展史上一次巨大而复杂的革命性变迁；世界各国卷入这一潮流的时间有先有后，迄今至少可区分为先行者、后继者、新来者、赶超者、后进者五个轮次；每一轮次的发展轨迹，同一轮次中不同国家的发展模式，都自有其特点，决不能尾随西方发达国家匐匍渐进。我国人文社会科学家从我国的国情出发，在综合各种现代化理论的基础上指出，处在“赶超者”阶段的中国只能走建设有本国特色的社会主义之路。中国 20 多年来的社会实践业已证明，这一立足本土、面向世界的现代化理论是具有科学价值的。

人文社会科学理论对于社会实践的依存性，还表现在 20 世纪人类社会实践为人文社会科学培育了具有时代特色的研究主体，并为人文社会科学创造了先进的研究手段。在 20 世纪人文社会科学舞台上有所作为的研究主体不少是通才型学者，更多的则是由不同专业的专家组合而成的研究群体；在 20 世纪人文社会科学研究中日益发挥了重要作用的工具手段是计算机及其网络。这一点上文已作了初步介绍。

再说科学理论对于社会实践的能动作用。

列宁主义与俄国十月革命的胜利、毛泽东思想与中国新民主主义革命的成功、邓小平理论与中国社会主义初级阶段发展模式的确立，都是举世瞩目的重大历史现象。西方经济学、社会学等的某些理论在暂时缓解资本主义经济危机和社会矛盾中所起的作用，毋庸讳言；关于市场经济的不少理论知识已为社会主义国家改造吸收。

在管理学领域，第二次世界大战之后，除管理者和管理学家之外，心理学、社会学、人类学、经济学、生物学、数学、哲学等学科的专家也纷纷介入，从各自的背景，用不同的视角和方法研究同一对象——管理过程，以至形成了现代管理理论的“丛林”；此后，出现了寻求普遍适用的模式和原则的“系统管理理论”，以及强调在管理中要根据组织所处的内外部条件随机应变的“权变管理理论”。现代管理学强调系统化，注重人的因素，重视“非正式组织”的作用，广泛运用先进的管理技术和方法，追求“效率”和“效果”的统一，面向实际，注重预测，强调创新，强调组织管理集中化，等等，都在不同程度上揭示了人类管理活动的普遍规律和一般方法，促进了现代管理水平的提高。

在 20 世纪下半叶崛起的未来学领域，美国社会学家丹尼尔·贝尔以及托夫勒、奈斯比特从 70 年代起先后发表了《后工业社会的来临——社会预测的一次尝试》、《第三次浪潮》、《大趋势——改变我们生活的十个新方向》等专著，从不同的角度得出共同的结论：人类社会正在向知识社会、信息社会发展。总体上看，这类社会预测产生了具有启示性的广泛影响。

（二）多科性综合性的科学体系逐步形成

如果说 19 世纪是现代人文社会科学的生成期，那么 20 世纪便是它的快速发展期。正如我们上面提到的那样，100 年来，与自然科学的迅速发展相呼应、相联系，通过不断分化、综合，多科性、综合性的人文社会科学的庞大体系逐步形成。

多科性，是与人文社会科学研究广度的扩展和深度的拓进相联系的。人文社会科学研究的时空视野越宽，对于人文社会科学的各个层次和侧面的理性认识越深，其人文社会科学各层面上学科的数量就会相应增多。我们仍举人口科学为例。如上所述，它的蓬勃发展，也是在二次大战之后。参照苏联人口学者瓦连捷伊于 70 年代编著的《人口学体系》和我国人口科学的现状，我们将其分为四个部分。一是人口原理，在人口科学体系中处于基础和核心的地位。二是人口统计学及其分支学科，为人口科学提供材料和分析的方法，研究人口数量关系的规律性。三是人口经济学、人口社会学、人口地理学、人口生态学、优生学、社会卫生学、老年人口学等分支学科和边缘学科，分别研究人口的经济规律、社会规律、分布规律、与自然界之间的运动规律、提高身体素质的规律等，还有工商人口学等应用性学科。四是关于人口的历史科学，即各种人口史，以及人口学说史。人口科学的各门分支学科从不同角度对人口过程进行研究，负有特殊的研究任务，使人口科学研究同实践更为紧密地结合起来。可以预料，随着对人口问题研究的深化、细化，这一学科体系还将继续拓展。解剖了这个麻雀，我们就更容易理解，为什么 20 世纪 90 年代人文社会科学的学科总数已达两三千门之多。

综合性有两层含义。首先，人文社会科学的研究对象具有高度的综合性质，人文社会科学对外主动和自然科学联系，内部积极推进各学科交叉联结。其次，人文社会科学目前作为与自然科学相联结又相对应的一大科学部类，自身结构具备有机统一的特征。

现在我们尝试概括当今人文社会科学多科性、综合性的结构形态。哲学作为涵盖面最广的学科，位于最高层次。横贯自然科学和人文社会科学的系统科学等属横断学科，在较高水平上兼跨两大科学部类的管理科学、行为科学、人口科学、社会生态学、科学学等属综合学科；这两类学科列第二层次。第三层次是哲学之外的主干学科，大体分成三个板块，即以历史学、文艺学、宗教学等为代表的人文学科群，以经济学、社会学、政治学、法学、军事学等为代表的社会学科群，以语言学、心理学、人类学、传播学、教育学、管理学、体育科学等为代表的主要倚重于人文社会科学但又兼涉自然科学的混合型学科群。以下便是大量分支学科，还可划分层次与板块。如果将上述概括与第一章相关部分对照，便可看出当今人文社会科学在结构形态上较之以往习用的"标准模型"更富多样性、综合性。

必须强调，因科学部类之间、学科之间、学科各领域之间交叉联结而产生的新兴横断学科、综合学科、边缘学科迅速发展，因不同文化、不同学派撞击、融会而生成的新思潮新流派十分活跃，人文社会科学的结构形态将不断发生变化，学科的界限将进一步模糊，人文社会科学与自然科学的综合化终将逐步实现：尽管它是一个艰辛的、曲折的、长期的历史进程。

（三）人的解放和发展受到广泛关注

20 世纪人文社会科学出现了一个日益清晰的聚焦点：人，人的解放和发展。

我们在第一章中提到，有学者把人文社会科学的主干学科排列为一个圆，人就是圆心。但并不是每门学科一开始就都有这样的自觉，研究者对人的认识更是千差万别。20 世纪人文社会科学发展的一大特点则是，各门学科先后认同这个"圆心"，并从不同的背景和角度，把对人的认识步步推进。

哲学、心理学、人类学、社会学、教育学和未来学等学科在这一方面作出了特殊贡献。哲学领域多数学派对人的社会属性和主观能动作用的认同，是马克思主义哲学的胜利，也是哲学的历史性进步。在心理学领域，弗洛伊德的贡献是开创了对人的无意识的研究，而马斯洛等则强调了健康人格的追求。在人类学领域，对人进行了富有成效的“文化寻根”和“文化比较”的研究。在社会学领域，把人的素质提升到社会现代化的核心位置；社会学家明确提出，须向人类自身寻找解决问题的办法。在教育学领域，从人的自身再生产的视角，先是肯定了人在发展生产力中作为“人力资源”的重要作用，继而指出人的发展是社会综合发展的一部分，是社会进步的首要标志，教育的任务在于培育具有健全人格、完整智慧的新人。未来学家则指出：无论从哪个角度去探究未来，有一点必须肯定——未来是以个人素质全面发展为基础的社会。

对人的认识的深化，从根本上带动了许多学科的建设。在 20 世纪西方国家中发展起来的管理学，起初见到的人实际上是自然人、机器人；然后，引进行为科学的观点，改变把人视为单纯追求金钱收入的“经济人”的观念，转而重视“社会人”的社会、心理方面的需求；20 世纪下半叶，则进而把人看作是“复杂人”，认为人是怀着不同需要参加某一组织工作的，人们有不同的需要类型，不同的人对管理方式的要求也是不同的。现在，伴随“知识经济”的出现，又开始了对“信息人”的探讨。对人的认识的深化，引发了管理学的几度飞跃。

人文社会科学对人的解放和发展的关注，导致了哲学层面上的“人学”的兴盛。人学是对人自身的反思，从整体上研究人的存在、人性和人的本质、人的活动和发展的一般规律，以及人生价值、目的、道路等基本原则，回答“什么是人”和“怎样做人”这两大问题，引导人们“重新认识你自己”。这门学科是对其他学科研究成果的综合，这门学科的综合研究成果推动着各人文社会学科上升到一个新的高度。

应当指出，现代西方非马克思主义的人学在探索人性奥秘、讨论人生意义、揭示人类发展前景等方面作了不少工作，包含许多值得借鉴的合理因素，但是，又通常带有意识形态的偏见，或有不同程度的主观随意性，摆脱不了内在的理论矛盾。马克思主义的人学，将进一步以其创始人确立的科学理论和方法为指南，综合当代人学的最新成果，深化人类的自我认识，促进人的真正解放和全面发展。

要点归纳

1.1 世界格局三次重大变化推动时代主题不断深化，对人文社会科学的发展产生了根本性影响。第一次世界大战后，无产阶级政权产生，马克思列宁主义思想体系与资本主义占统治地位的社会文化思潮初步形成对抗之势；第二次世界大战后，社会主义与资本主义两大阵营的对抗形成，出现冷战局面；世纪之末，国际关系格局重新组合，和平与发展成为跨世纪的时代主题。

1.2 飞速发展的自然科学技术对人文社会科学的发展起了巨大的推动作用。20世纪自然科学技术“指数增长”极其复杂的社会后果向人文社会科学提出了紧迫的时代课题；20世纪自然科学技术发展的综合化推进了整个科学体系的综合化；20世纪下半叶自然科学技术的国际化趋势促进了人文社会科学的国际对话；自然科学技术的高速发展为人文社会科学的研究提供了新的手段和工具。

1.3 当代全球问题日益尖锐，加快了人文社会科学综合化的步伐。

2.1 20世纪上半叶人文社会科学的分化发展为主导趋势：意识形态背景出现了社会主义意识形态与资本主义意识形态的分化；基本思想方法发生了马克思主义方法论与非马克思主义方法论（其中包括科学主义与人文主义两种思潮）的分化；人文社会科学内部出现学科及学科各流派的分化。

2.2 20世纪50年代到80年代人文社会科学初步走向综合联动。哲学领域的对话交流日趋活跃；系统科学的兴起产生连锁效应；综合学科成批涌现；世界性话题的研讨推进以“人学”为中心的“整体联动”；研究骨干日益通才化，研究人员日趋群体化。以上诸因素推动人文社会科学发展的综合化趋势。

2.3　20世纪90年代，人文社会科学在对20世纪发展历程的反思和对21世纪发展前景的展望中，加快其前进的步伐。

2.4　20世纪中国人文社会科学的发展具有若干本土特征，走过了一条曲折的道路。20世纪上半叶，先引进、移植，继而通过时代的选择，逐步分化发展；50年代起，经历了革新、建设阶段，因“文革”爆发而出现严重挫折。从70年代末开始，恢复和弘扬实事求是的精神，立足现实，对外开放，各学科全面重建，中国人文社会科学的发展呈现出前所未有的活力和希望。

3.1　20世纪人文社会科学理论与社会实践的交互作用日趋明显，人文社会科学对于社会实践的依存性和能动作用得到充分体现。

3.2　与自然科学的迅速发展相呼应、相联系，通过不断分化、综合，多科性、综合性的人文社会科学的庞大体系逐步形成。因科学部类之间、学科之间、学科各领域之间交叉联结而产生的新兴横断学科、综合学科、边缘学科迅速发展，因不同文化、不同学派撞击融会而生成的新思潮新流派十分活跃，当今人文社会科学结构形态还在发展之中。

3.3　人的解放和发展受到人文社会科学各学科的广泛关注。“重新认识你自己”成为人文社会科学的重点话题。

问题探讨

1. 对20世纪世界人文社会科学发展总体特点是否能作出更为完整的概括？
2. 如何分析20世纪中国人文社会科学发展的经验教训？

DI WU ZHANG

第五章

哲学历史学文艺学宗教学的新突破

重点提示

1. 哲学是怎样的学科？20 世纪出现了哪两大哲学思潮？中国当代哲学有什么重大突破？

2. 历史学是怎样的学科？20 世纪西方历史学发生了怎样的变革？中国当代历史学如何在继承中求得突破？

3. 文艺学是怎样的学科？20 世纪西方文艺学的总体特征及理论进展是什么？中国文艺学有何发展？

4. 宗教学是怎样的学科？它的存在有什么特殊价值？

哲学、历史学、文艺学等古已有之的人文学科，在中国通常被称为“文史哲”。以宗教这一普遍存在的人类精神文化现象为研究对象的宗教学，正在中国较快发展。

这些学科在 20 世纪，特别是在第二次世界大战以后的社会历史条件下，都有了新的突破性进展。

一、感应着时代脉搏的现代哲学

马克思主义的创始人早就指出，任何真正的哲学都是自己时代精神的精华，并将发展成为文明的活的灵魂。20 世纪世界和中国哲学演进的历程，充分展示了这门古老的学科所具有的生命活力。

（一）20 世纪哲学发展的理论先导

我们在第一章和第四章中，曾提到哲学在人文社会科学乃至大科学体系中的较为特殊的地位。在哲学的三大发源地古代印度、中国和古希腊，哲学是给人智慧、使人聪明的学问，是人类关于自然和人文社会的知识的总汇。在自然知识和人文社会知识积累达到一定程度的时候，人们开始对世界的本质到底是什么之类的问题进行思考，逐步形成系统的哲学理论。何谓哲学，不同时代、不同学派的哲学家的回答是不同的。马克思主义总结哲学发展的历史，认为哲学是世界观的理论体系。世界的本质是什么，世界上一切事物是不是运动、变化的，人与世界的关系是什么，意识的本质是什么，人们的意识能否正确认识世界又如何认识世界，认识发展的动力是什么，等等，这些问题反映了人们对于整个世界的总的看法，属于世界观范围。哲学就是理论化、系统化的世界观。

哲学涉及的问题很广泛，但是深究起来，基本问题就是思维和存在的关系问题，也就是我们常说的精神和物质的关系问题。这个基本问题分成两个方面，首先是思维和存在、精神和物质何者是第一性，何者是世界本原的问题，其次是思维能不能反映存在，世界是不是可以认识的问题。历史上几乎所有哲学派别都以这样那样的方式回答了这个基本问题，并且还回答了另一个重大问题，即世界处于什么状态的问题，包括世界是否处于普遍联系之中，如何发展、为何发展等。19 世纪中叶产生的马克思主义哲学，顺应社会变革的需要，汲取人类文化成果的精华，特别是高度概括了当时自然科学和人文社会科学的巨大成果，总结了人民群众特别是无产阶级的革命实践经验，全面地系统地科学地回答了哲学的基本问题，建立了辩证唯物主义和历史唯物主义一体化的理论系统，开创了哲学发展史的新纪元。

在马克思主义哲学体系产生的同时，许多意在维护资本主义社会制度的西方哲学家也在寻求改变传统哲学的发展方向。

有些哲学家强调哲学应当以实证自然科学为基础，以描述经验事实为限，以取得实际效用为目标，要求排除抽象的思辨，追求实证知识的可靠性、确切性；他们由此奠定了现代西方哲学中科学主义或者叫作实证主义思潮的基础。

另外一些哲学家强调哲学要由突出对外部世界的研究转向突出对人自身内心结构的研究，由肯定人的感觉经验、理性思维的可靠性转向肯定人的内在心理体验和非理性的直觉，由颂扬普遍的人性到突出个人的独特个性、生命、本能。他们由此开创了现代西方哲学中的人本主义思潮或者称为非理性主义思潮。

上述两种思潮在哲学的基本问题上，不同程度地背离了以往哲学的唯物主义和辩证法的合理因素；但是，这两种思潮又在许多方面揭示了以往哲学存在的缺陷、弊端和危机，提出了哲学所面临的新课题，并在若干新的领域提供了不可忽视的思想资料，这对哲学的进展是有积极意义的。

马克思主义哲学的诞生，西方非马克思主义哲学离弃传统哲学而形成科学主义与人本主义两大思潮，这些作为理论先导，左右了20世纪哲学发展的基本走向。

（二）马克思主义哲学的广泛传播和重大发展

马克思主义哲学充满了革命批判精神，它以这种精神对待一切客观事物，一切理论和学说，也用这种精神对待马克思主义哲学本身。20世纪世界哲学所取得的重大突破，首先是马克思主义哲学在20世纪的社会历史运动和科学革命中得到运用，得到检验，得到不断的丰富和发展。

20世纪初，列宁运用马克思主义的世界观和方法论，及时概括俄国和国际无产阶级革命经验，苏联社会主义革命和建设的经验，以及19世纪末20世纪初自然科学和人文社会科学新成果，回答了来自不同方面的对马克思主义哲学基本原理的挑战，对辩证唯物主义和历史唯物主义作了全面的创造性的发展。列宁的《唯物主义和经验批判主义》雄辩地论证了认识对象的客观性，客观事物的可知性和认识过程的辩证性，完整地阐述并发展了辩证唯物主义认识论。在《哲学笔记》中，列宁对于唯物辩证法的基本范畴和规律、辩证法的发展史、辩证法和逻辑的关系、辩证法和实践的关系等问题作了深刻的研究，在马克思主义哲学史上第一次提出对立统一规律是辩证法的实质、核心。十月社会主义革命胜利前后，列宁在《国家与革命》等论著中，把马克思主义哲学成功地运用到俄国—苏联的具体历史条件下，既推动了世界上第一个社会主义国家的建立和建设，又用新的实践经验丰富和发展了辩证唯物史观。

列宁作为一个思想家，较早地认识到经济、政治和思想文化上落后的俄国，与西方发达资本主义国家不同，在其取得社会主义革命胜利之后，不能直接进入社会主义，而须经过一个“准备时期”即过渡阶段。在经历了对“战时共产主义”的反思之后，列宁提出了把商品经济关系引入整个国民经济体系的“新经济政策”。1923年1月至3月初，列宁殚精竭虑，在病中口授了被后人称为“政治遗嘱”的最后五篇论文和一组信件，强调在非西方发达资本主义国家中进行社会主义革命和建设，必须走迂回曲折之路；经济建设的核心是发展商品经济，政治建设的核心是建立民主政治，思想文化建设的核心是开展不离开世界文明发展大道的文化革命。列宁对社会主义建设各个领域面临的新情况、新问题进行了富有创造性的政策思考和哲学分析，对人类社会历史发展统一性与多样性的辩证关系作出了新的深刻的概括，显示了马克思主义哲学强大的生命活力。列宁的遗训和科学精神未能被苏联继任者坚持贯彻下去，导致了一种超越社会历史发展阶段的僵化的“社会主义”模式的出现，和苏联的解体。

20世纪初期到中期，以毛泽东为代表的中国共产党人运用马克思主义哲学分析中国特殊的社会性质和历史条件，找到了一条适合中国国情的革命道路，又用中国的正反两个方面的历史经验使马克思主义哲学得到验证和发展。毛泽东的《反对本本主义》、《实践论》、《矛盾论》、《人的正确思想是从哪里来的》等哲学论著，以及《中国革命战争的战略问题》、《论持久战》、《新民主主义论》、《关于正确处理人民内部矛盾的问题》等一系列具有丰富哲学内涵的军事、政治论著，形成了一套完整博大的哲学思想体系。

毛泽东从马克思主义世界观和方法论的高度，赋予成语“实事求是”以特定的科学含义，并使之成为毛泽东哲学思想的根本点。他强调一切从实际出发，主观必须符合客观，思想必须反映客观实际，以此概括唯物主义原则。在认识论方面，以社会实践为基础，着重阐明辩证唯物主义认识论是能动的革命的反映论，特别强调充分发挥符合客观实际的自觉的能动性。在辩证法方面，集中阐述了对立统一规律，创造性地提出矛盾的普遍性和矛盾的特殊性的关系问题是矛盾问题的精髓，强调不仅要研究矛盾的普遍性，尤其要研究它的特殊性，对矛盾特殊性问题作了详尽的阐述。在历史唯物主义领域，重点阐述社会基本矛盾推动历史发展的基本思想，对社会主义社会矛盾问题进行了独到的探讨。理论表述上，富有中国民族特色，群众化，通俗化。

很明显，毛泽东哲学思想是马克思主义哲学在中国的继续和发展。毛泽东晚年的失误，某种意义上可以归结为他在哲学方向上的自我背离。

20 世纪后半期，由于错综复杂的原因，世界范围内无产阶级革命实践经历了许多起落曲折，同时自然科学领域发生了重大变革，现代非马克思主义的哲学理论和其他各种人文社会思潮向马克思主义哲学直接间接地提出挑战，时代主题发生转换。已经在世界范围内拥有广泛的指导力和影响力的马克思主义哲学，一方面坚持和丰富经受了实践反复检验的基本结论和基本原理，正本清源，抛开附加在马克思主义哲学上的不科学的乃至扭曲变形的观点，一方面迅速吸纳并反映人类在实践领域和认识领域所取得的最新成果，扬弃已被实践证明是不正确的过时的观点，及时回答和解决时代提出的重大问题，形成新的观念和方法，发展新的理论。

当代马克思主义哲学，在一系列重大课题的研究上，特别是关于哲学的基本问题即思维和存在的关系，关于实践的观点是首先的和基本的观点，关于世界的普遍联系及其基本环节、世界的变化发展及其基本规律、认识的本质和结构、认识的过程及其内在机制、真理的本质特征、社会及其基本结构、社会发展过程及其动力系统、社会意识与精神文明、人的本质和人的价值等等观点，都取得了体现时代精神的新进展。

马克思主义哲学的立场、观点、方法，不但渗透到人文社会科学的各个领域，建立了马克思主义的政治哲学、经济哲学、法哲学、管理哲学、历史哲学、教育哲学、文化哲学、艺术哲学、逻辑哲学等等，而且建立了直接以自然科学为研究对象的科技哲学、生态哲学等等。

在坚持和发展马克思主义哲学思想体系、运用马克思主义哲学指导革命实践的历史进程中，各国马克思主义者作出了重大的贡献。关于马克思主义哲学在当代中国的发展，下文将另作概略的介绍。

20 世纪后半期以来，在马克思主义加强对西方非马克思主义哲学研究和“消化”的同时，西方许多哲学流派由过去对马克思主义的简单否定转向主动与之“融合”，出现了若干被统称为“西方马克思主义”的思潮和流派，其中甚至有诸如“弗洛伊德主义的马克思主义”之类的派别。对这一现象须作全面考察和具体分析。它固然表现了许多西方哲学流派“补充”、“改造”马克思主义的企图，同时也在某种意义上反映了马克思主义哲学的巨大影响。我们特别要看到，“西方马克思主义”的一些重要流派，分别提出了反映当代资本主义社会基本矛盾激化的“社会批判理论”（以包括德国哲学家哈贝马斯在内的法兰克福学派为代表）、“市场社会主义理论”、“分析的马克思主义理论”、“生态学马克思主义理论”等等，确实在不同程度上为 20 世纪哲学的发展作出了积极的贡献。

（三）西方非马克思主义哲学的演化

如前所述，20 世纪西方非马克思主义哲学的理论基础也是在 19 世纪奠定的。近百年来，西方哲学流派此起彼伏，且不说流派之间，就是在同一流派的不同的支派、不同的发展阶段、不同的代表人物之间，理论上也存在不少差异，令人眼花缭乱。不过观其主要倾向，它们还是没有从根本上超越19世纪已基本形成的格局，或基本上归属于科学主义思潮，或与人本主义思潮有着更密切的联系。

在西方社会矛盾空前激化、自然科学成就巨大、马克思主义哲学广泛传播的背景上，20世纪上半期西方两大哲学倾向的分化和对峙，西方非马克思主义哲学对马克思主义哲学的否定与排斥，成为这个阶段的显著特征。

科学主义思潮的基本方向，是强调运用科学理性作逻辑与语言分析。科学主义思潮中的主流“分析哲学”，世纪之初在英国哲学家罗素以及他的学生维特根斯坦手中正式形成学派。分析哲学否定哲学的世界观意义，反对讨论思维与存在的关系这类哲学的基本问题，认为哲学的目标只能是去认识人类业已建立起来的科学和常识的世界，去分析已发现的知识（命题）的意义；由于语言是意义的承担者，人是通过语言去感知、理解和接受世界的，语言形式之外的世界对人来说是不可思议的，所以哲学问题可以归结为语言问题；用现代逻辑的方法或用现代语言学方法对语言进行逻辑分析或者是概念分析、语义分析，以求证实命题与语言的意义是哲学的根本任务。西方哲学界由此普遍重视语言分析，并试图通过对语言的研究来解决哲学的问题，分析方法风行一时。科学主义思潮的另一个重要流派是科学哲学。最初，科学哲学要求把科学主要是自然科学当作哲学的全部依据，甚至要求把哲学归结为科学的认识论和方法论的科学哲学，这是30年代的事。此后英国哲学家波普尔等把科学哲学推向新的发展阶段。以杜威为最大传播者、在美国影响深远的实用主义，强调把确定信念作为出发点，把采取行动作为根本手段，把获得效果当作评价一切的标准，其基本理论倾向接近科学主义，并从30年代起逐渐与分析哲学汇流。

人本主义思潮的哲学立足点，在于注重描述人的自我意识现象，包括非理性的情感、生命本能，由此解释、理解人的本性、文化的本原与价值。这种思潮1900年由德国哲学家胡塞尔创建以呈现在意识中的事物为研究对象的“现象学”，而掀开新的一页，并由于两次世界大战而获得较大的动力和影响。在一次大战后不久形成于德国、二次大战前后盛行于法国，以德国哲学家海德格尔和法国哲学家萨特为代表的存在主义，是对它以前的非理性主义如强调直观的现象学等哲学思想的一种发展和深化。存在主义者一般认为哲学应当从超出心物、主客对立的人的存在出发，把描述现实生活中人的异化、探讨恢复人的本质的存在和自由作为主题。而由奥地利精神病医生弗洛伊德创始的弗洛伊德主义，本来是一种强调“无意识”和“性本能”的精神分析学说，由于它被用来解释人性、人格，认为人主要是非理性的、无意识的，进而用来解释思想文化，从而具有哲学意义并产生广泛影响。

20世纪50年代以来，西方社会和整个世界变化迅速，西方非马克思主义领域出现了两大哲学主潮及其相关流派既进一步分化、论争，又相互影响、渗透乃至交融的动向，与马克思主义哲学的关系也有所调整。

分析哲学仍是西方科学主义哲学的主流，然而早期决然排除非理性主义的理论在其内部受到了有力的挑战，并产生出许多支派。科学哲学获得显著进展，以证伪原则补充证实原则，以非理性补充理性，以科学发展的动态研究更替静态研究。从现代语言学中孕育的结构主义方法60年代以后演化为一种科学主义的哲学思潮，它的要义是通过一定模式去认识对象的内部结构，以从无序的现象中找出秩序来；结构主义在其发展过程中也吸收了人本主义哲学思潮的某些思想成果。

20世纪50年代以来人本主义哲学流派的影响进一步扩大，当代“哲学人类学”可以看作是存在主义的某种修正和发展，而存在主义和弗洛伊德主义等流派，仍在继续流行或拥有一定影响，它们都开始改变了排拒理性和科学的态度，在使非理性主义同理性主义适度融合的基础上，发展以人的本质和价值为中心的具有世界观意义的哲学思想体系，并重视现实社会问题的研究。

从总体上看，现代西方哲学围绕着知识和真理、自然与人、语言和意义等主要论题，在其发展中表现出科学主义和人本主义相互影响和多元主义、相对主义取代一元论、决定论的趋向。

值得关注的是，20世纪60年代以来，为了克服现代西方哲学矛盾，寻求新的发展之路，欧陆与英美各国出现了许多新的哲学思潮和流派，影响最大的思潮被称为“后现代主义”。“后现代主义”原先是指一种以背离现代主义设计风格为特征的建筑学倾向，后来被用来称呼文学艺术、人文社会科学乃至自然科学等领域中有相近倾向的综合性的哲学与文化思潮。

在欧洲，法国哲学家福柯、德里达等后结构主义哲学家，试图通过批判早期结构主义的一些基本观念，来批判整个西方的体系哲学的基本观念。德里达所建立的“解构论”，认为一切和传统相关的哲学，都是坚持主体与客体、经验与先验、本质与对象、真理与虚假、事实与价值等等二元对立原则为基础的“逻各斯中心主义”，必须将它们全部“解构”或者说“颠覆”，推行没有任何确定原则的泛文化观，才能克服当今哲学与文化的危机。这类观念，被认为是后现代主义哲学的典型形式。在美国，蒯因、罗蒂等“新实用主义”则以反对“基础主义”和“本质主义”为核心，企图通过重新构建实用主义来超越现代西方哲学传统，被认为是后现代主义的另一种典型形态。

以德国哲学家伽达默尔、法国哲学家利科等人为代表的哲学解释学（又称阐释学、释义学）则被认为是后现代主义倾向的一种重要体现。在伽达默尔看来，理解活动是人存在的基本模式；通过研究和分析“理解”的各种条件和特点，来论述作为现实的人在传统、历史和世界中的经验，以及人的语言本性，最后达到对世界、历史和人生的理解和解释。

20世纪80年代以来，西方又出现一些被称为“建设性”的后现代主义哲学，观念驳杂，派别不少，社会影响不一。

此外，“心智哲学”在当代获得了引人注目的发展。这门学科研究心理现象、心理过程中的哲学问题。它超越了一般哲学研究人的认识过程的范围，也超越了“弗洛伊德主义”的派别性的假说，以较为开放的态度，把直觉、意志、意向性等非理性心理结构纳入哲学研究的视野，对于深入认识人的主体是有启迪意义的。1987年，在阿根廷召开的世界非常哲学会议，专门设置“心智哲学组”，反映出这门学科所受到的广泛重视。当代心智哲学的发展动向引起了中国哲学界的关注。

（四）当代中国马克思主义哲学研究的突破性进展

当代中国哲学走过了坎坷的发展之路。大致可分为四个阶段。第一阶段为建国初期至50年代中期。这是马克思主义哲学在中国的普及时期，又称启蒙教育时期。第二阶段为50年代后期至“文化大革命”前。这是马克思主义哲学较为深入发展的时期，哲学呈现出繁荣、兴旺的景象。第三阶段是“文化大革命”时期。这一时期形而上学猖獗，唯心主义横行。第四阶段始于党的十一届三中全会。这是马克思主义哲学在中国复苏的时期，是对现代西方非马克思主义哲学采取“拿来主义”方针的时期，是中国的马克思主义哲学研究渐趋成熟并达到较高水准的时期。成熟的标志就是哲学的自我认识达到了一个新的水平，哲学的反思功能达到了一个新的高度。马克思主义哲学的研究在中国新的历史时期得到了新的大发展。

当代中国哲学在以下方面取得了突破性进展：

一是科学的真理标准的确立。

真理标准是检验认识或理论正确与否的尺度。唯心主义从认识自身寻找标准，旧唯物主义由于不了解认识对实践的依赖关系，也找不到检验真理的科学标准。在我国，真理标准的问题是在1978年就此展开的全国性的讨论之后才在理论与实践的结合上得以解决的。在此之前，“两个凡是”论采用的是一种唯心论的真理标准。它借助于对毛泽东的个人迷信而畅行无阻，从而极大地束缚了人们的思想。关于真理标准的讨论，打破了唯心主义对人们的思想禁锢。通过讨论，人们取得了共识：只有实践，才是检验真理的惟一标准。由于实践具有直接现实性的品格，它可以用来证实真理，排斥谬误。真理标准的确立，不仅促进了哲学学科本身的发展，而且也推动了思想解放运动的兴起，推动了全国各项工作和各种事业的发展。

二是实事求是的思想路线的重新确立。

毛泽东早就在《改造我们的学习》中对实事求是作过精辟的解释："'实事'就是客观存在着的一切事物，'是'就是客观事物的内部联系，即规律性，'求'就是我们去研究。我们要从国内外、省内外、县内外、区内外的实际情况出发，从其中引出固有的而不是臆造的规律性，即找出周围事变的内部联系，作为我们行动的向导。"实事求是，是中国共产党的思想路线的核心和优良传统，是毛泽东思想的活的灵魂，是马克思主义的精髓。历史证明，革命和建设事业的成败兴衰，是和坚持还是违背实事求是的思想路线密切相关的。但是，在中国当代历史上，实事求是的思想路线的贯彻却屡屡受挫。特别是在十年动乱中，实事求是的传统已经丧失殆尽。这种状况的形成，与毛泽东晚年的错误密切相关。因此，恢复实事求是的传统，重新确立实事求是的思想路线，具有相当的艰巨性。在这一过程中，邓小平发挥了特殊重要的作用。

三是邓小平关于建设中国特色社会主义的理论，将中国当代哲学全面提高到一个新的高度。

邓小平理论是新的建设中国特色社会主义的科学体系，它贯通哲学、政治经济学、科学社会主义等领域，涵盖经济、政治、科技、教育、文化、民族、军事、外交、统一战线、党的建设等方面，并不是纯粹的哲学理论。但它作为邓小平关于马克思列宁主义、毛泽东思想和社会主义问题理论思考的总成，不仅处处体现了精湛的哲学思想，而且形成了完整的哲学体系。邓小平以"解放思想，实事求是"为理论基石，在一系列问题上，发展了马克思主义的哲学思想。邓小平作出的中国现在处于并将长时期处于社会主义初级阶段的论断，体现了以本国实际和时代发展为出发点的科学态度和创造精神。邓小平所提出的建立具有中国特色的社会主义的目标，体现了社会主义的坚定信念，以及共性与个性相统一的哲学原理。这种社会主义，与可以称之为科学社会主义的社会主义本质上是一致的，体现了共性的要求；而同时，它又具有自己的特色，独特的个性。共性和个性达到了完美的统一。邓小平关于计划与市场的论述，关于建立市场经济模式的思路，体现了他对目的与手段的辩证关系的哲学把握。他并未囿于以往人们的思维定势，将计划这一属于手段范畴的问题，提到决定经济性质和社会制度性质的不恰当的高度，从而来束缚自己的手脚。邓小平关于社会主义本质的阐述，关于社会主义初级阶段的主要矛盾的分析，关于“科学技术是第一生产力”的见解，关于“发展才是硬道理”的思想，关于物质文明建设和精神文明建设两手抓、两手都要硬的理论，关于“一国两制”的科学构想，也都体现了丰富的哲学内涵。总之，从1978年发表《解放思想，实事求是，团结一致向前看》的讲话，到1992年南巡讲话，邓小平以自己的理论和实践，将中国的社会主义事业不断推向前进，与此同时，也将中国的当代哲学不断向前推进。

邓小平逝世以后，中国哲学界在进一步阐述邓小平哲学思想体系的同时，密切关注国际上关于社会主义历史命运的讨论，关注自然科学在宏观和微观两个方面的最新进展，关注科学技术迅猛发展造成的复杂社会后果，关注国际上哲学思潮的新动向，特别关注建设有中国特色社会主义在理论和实践上的前沿课题，不断取得令人瞩目的成果。

江泽民在中国共产党第十五次全国代表大会上的报告《高举邓小平理论伟大旗帜，把建设有中国特色社会主义事业全面推向二十一世纪》中指出：“马克思主义是科学，它始终严格地以客观事实为根据。而实际生活总是在不停的变动中，这种变动的剧烈和深刻，近一百多年来达到了前人难以想像的程度。因此，马克思主义必定随着时代、实践和科学的发展而不断发展，不可能一成不变。”“马克思列宁主义、毛泽东思想一定不能丢，丢了就丧失根本。同时一定要以我国改革开放和现代化建设的实际问题、以我们正在做的事情为中心，着眼于马克思主义理论的运用，着眼于对实际问题的理论思考，着眼于新的实践和新的发展。离开本国实际和时代发展来谈马克思主义，没有意义。静止地孤立地研究马克思主义，把马克思主义同它在现实生活中的生动发展割裂开来、对立起来，没有出路。在当代中国，马克思列宁主义、毛泽东思想、邓小平理论，是一脉相承的科学体系。坚持邓小平理论、就是真正坚持马克思列宁主义。毛泽东思想；高举邓小平理论的旗帜，就是真正高举马克思列宁主义、毛泽东思想的旗帜。”这里包含着对邓小平理论的哲学背景和哲学境界的精辟概括，同时也阐明了当代中国哲学发展的基本方向和广阔前景。十五大所阐述的建设中国特色社会主义的理论纲领和政策、策略，生动地体现了这一科学的与时俱进的哲学方向，为此后“三个代表”重要思想的提出奠定了基础。

应当强调指出，当代中国哲学研究工作者，为上述科学的真理标准的确立与推行、实事求是的思想路线的重新确立与贯彻、邓小平建设中国特色社会主义理论体系的形成与解读，以及“与时俱进”哲学思想的形成与阐发，都付出了辛勤的劳动。1978 年以来，中国哲学界在马克思主义哲学原理研究领域，打破固守传统学科体系的狭隘观念，坚持以现实问题研究带动和促进基础理论研究，加强对马克思主义经典著作的重新研读和阐释，研究视野从真理观向实践观、价值观推进，进而向历史观提升、向方法论拓展，取得可喜成果。此外，哲学界直面时代的紧迫需求，考虑中国哲学自身的长远发展，本着立足“今中”、融通“古洋”、综合创新的精神，不断强化对中国哲学史、西方哲学史、现当代外国哲学的研究，也取得重要进展。20 多年来，中国哲学的分支学科除伦理学、美学之外，又在从现实问题中提炼哲学问题的过程中，同其他学科交叉互动，逐步形成了一系列新的分支学科，包括价值哲学、历史哲学、文化哲学、艺术哲学、宗教哲学、经济哲学、政治哲学、社会哲学、教育哲学、科技哲学、生态哲学、管理哲学，等等；在某种意义上，当代中国哲学与世界哲学发展的走势相通，正在逐步成为植根于现实问题土壤，由人文社会科学与自然科学各学科共建、共享的形而上理论空间和革命性反思平台。

二、实现了重要变革的现代历史学

历史学又简称“史学”，是一门研究人类在时间中的活动、探求人类社会演进的轨迹的学科。从认识层次上划分，有宏观、中观、微观之别；从分支学科来看，包括史学理论，各专门史、综合史、分期史学，以及史学史、史料学等等。对于20世纪历史学而言，最大的进展在于史学理论、观念的突破，由此引起了史学的飞跃。

人类社会历史的记载和编纂从文字发明时就开始了。

作为对人类社会发展的具体过程及其规律的反映和阐释，历史学像一口三足支撑的巨鼎，这三条腿是三大基本概念，一曰全面，二曰真实，三曰必然。也就是说，古往今来，历史学始终面临这样的课题：怎样对人类社会历史作全局的而不是割裂的考察，怎样对历史演化的客观进程作真实的而不是走样乃至虚假的反映，怎样对历史发展的规律作深刻的而不是肤浅乃至扭曲的揭示。

16世纪以前历史学家所知道的“世界”，无论东方的还是西方的，其实都只是世界的一个局部。而且，历史学家受民族偏见或宗教意识束缚，总是把属于本民族的或属于同一宗教地区的历史视为中心，将已知的异族或异教地区的历史打入另册。

历史学成为一门科学，是19世纪的事。19世纪中叶，德国历史学家兰克受实证主义哲学思想影响，倡导以纯“客观主义”态度和“科学方法”研究历史，被尊为“近代史学之父”。然而，兰克及其学派均持种族优越论，编出的是以西欧为中心、以政治军事外交斗争为主要内容的世界史。与兰克同时代的马克思、恩格斯创立了辩证唯物主义和历史唯物主义，并向历史学提出了“历史如何发展为世界历史”的学科主题，对历史学的变革和发展具有划时代的意义。内涵丰富而复杂的“新史学”思潮蓄势待发。

(一) 20 世纪历史学研究模式的变革

1. “欧洲中心论”或“欧美中心论”失去其统治地位

马克思主义的辩证唯物史观从根本上否定了任何一种狭隘民族主义的世界史观。20 世纪初期，西方学者发表了《西方的没落》等著作，探讨世界多种文化的兴衰消亡，开始突破以西欧为中心的世界史体系。英国历史学家汤因比在其耗时 40 年的 12 卷巨著《历史研究》中，采用各种文明横向比较的方法，提出希腊、中国、犹太三种模式，介绍了 37 种文明，尝试以各地区文明“价值相等”“可以相比”的理念，“从世界性的角度”对人类历史的发展作出整体性的考察。然而欧洲中心论在学术界影响很深，不仅英国剑桥学派把欧洲以外的地区当作陪衬，30 年代美国史学家所编《世界史》宣称欧洲白种人是从古至今“历史的伟大戏剧中的主角”，就连苏联科学院于 50 年代～60 年代开始陆续出版的巨著《世界通史》，也没有完全抹去这种陈旧偏见的痕迹。

就世界范围看，打破“欧洲中心”或“欧美中心”论的呼声日趋激烈，超越民族和地区的界限，理解整个世界的历史观点，成为二次大战之后历史学的重要趋势之一。英国当代历史学家巴勒克拉夫在一系列著作中强调，如果研究中世纪史、近代史不具备全球性的眼光，便不能获得对历史的正确认识的话，那么对现当代史的研究来说，若仍奉行欧洲中心主义，便将失去立足之地。他主编的《泰晤士世界历史地图集》，是努力采用全球观点概括全球文明史的代表作之一。另一位当代美国历史学家在研究了一千五百年以前的世界历史之后进一步指出，人类历史一开始就具有基本的统一性，人类诸文明的隔离状态从来就不是绝对的；只有运用全球性观点，才能了解各民族在各时代中相互影响的程度，以及这种相互影响对决定人类历史进程所起的重大作用。

当今世界，大多数有影响的学者已就“全球视野”的重要性取得共识。20 世纪后期，随着全球化趋势的出现，美国社会学、历史学家沃勒斯坦提出的“世界体系理论”，还有强调历史发展进程是“多重、多中心、多元”的后现代主义历史理论，对国际史学界“重构世界史”的努力产生了广泛影响。

2. 传统的“政治史”模式被打破

19世纪一位英国史学家所说的“历史就是过去的政治，政治就是现代的历史”曾经成为当时西方史学界的教条。兰克恪守政治史传统，特别注重政界伟人的历史作用。20世纪初《剑桥近代史》满足于记述20世纪前的大大小小的政治事件，很少考虑社会生活的其他方面。

19与20世纪之交，欧美各有一股反传统的潮流，要求冲破传统史学狭隘、封闭的藩篱。美国“新史学派”创始人鲁滨逊认为历史运动是由经济的、地理的、心理的等多种因素决定的，历史学的内容应当无所不包，决不能像许多所谓历史名著那样，专门叙述君主和教皇、朝臣和政客、争夺领土和王位的战争、君主和国会制订的法律。为此，鲁滨逊提出历史学家同其他学科“结盟”。

欧洲的反传统潮流先是以德国斯宾格勒为代表的“文化形态学派”向兰克学派挑战，后来系统建构“文化形态学说”的汤因比可说是“新斯宾格勒派”的主要代表；继而法国历史学家倡导历史综合论，哺育了令整个国际史坛瞩目的法国年鉴学派。该学派因1929年费弗尔和布洛赫创办《经济与社会史年鉴》杂志而得名，以“惟一真正的历史就是总体的历史”为理论旗帜，注重对人类生活的各方面因素进行跨学科综合研究。1946年杂志更名为《经济、社会和文化年鉴》，进入了以第二代代表人物布罗代尔命名的阶段。布罗代尔认为，以往的史学关注的几乎都是以重大事件为中心的政治史、军事史，历史研究的内容和对象都是短时段；经济史和社会史的兴趣涉及到10年、30年乃至100年的较长时间周期，这是中时段；而对人类社会发展具有根本性影响的是长时段历史，长时段与推动或阻碍历史发展的深层次网络状的地理结构、社会结构、经济结构和思想文化结构相联系。在长时段历史观的启示下，年鉴学派第二、第三和第四代史学家进一步拓宽总体史研究的领域，打通了历史学与其他各门人文社会科学的合作渠道，不但推进了具有法国特点的“精神状态史”即社会意识和民众心理发展史的研究，而且重视历史认识论与方法论的更新，使之成为20世纪国际史学发展中最有意义，最受重视的世界性史学派别。

3. 现代历史学研究的主体性的张扬

治史的目的“仅仅在于展现历史的真情”是兰克宣言，他一贯声称写历史要客观公正，要从书中“消灭自我”。应当说，以经验主义和实证主义为基础的传统史学，将史实作为历史科学的基础，这是符合唯物论的。但是它排斥理论，排斥评述，排斥历史学家的主体性即主观能动精神，走到了机械论的一端，导致重视史而忽视论，妨害史学研究达到更高水平。事实上，任何历史学家都不能超越时空、“消灭自我”；兰克构建的历史学框架便打上了19世纪西欧社会文化和兰克自我的深刻印记。

20世纪对纯客观主义传统发动猛烈冲击的首推意大利历史哲学家克罗齐和英国历史学家、哲学家科林伍德。克罗齐认为，没有客观的历史，只有主观的历史。他在《历史学的理论与实践》中说：“目前被我们看成编年史的大段大段历史，目前哑然无声的许多文献，是会依次被新的生活光辉所扫射，并再度发言的。”他提出，一切真正的历史都是当代史。科林伍德则认为，历史的基础不是史实，而是理解，是历史思想；历史文献不是“神圣的文字”，只有通过解释和理论，才具备了历史见证的性质。他在《历史的观念》中写道：“思想史，并且因此一切历史，都是在历史学家自己的心灵中重演过去的思想。”他断言，一切历史都是思想史。现代西方多数历史哲学著作都持有类似的历史相对主义观点，有人将它们统称为“现代主义”。而与现代西方分析哲学、科学哲学密切相关的当代史学流派，也认为历史是“解释的事业”，但主张历史是可以作出客观的符合理性解释的，并对如何获得科学的历史认识展开了深入的探讨。

可以看到，强调史学研究的主体性是很有见地的，有利于增强史学研究中的当代意识。然而一旦将主体性与主观随意性、实用主义、唯科学主义联结在一起，否定人类社会历史进程的客观性，就难免走上唯心史观的岔道。对于主体性的科学探讨，是当代马克思主义历史学研究的重要课题。

4. 历史学研究方法和技术手段的更新

传统史学多为“事件史”派或记叙派，研究方法单一，技术手段陈旧。20世纪以来，历史学越来越自觉地借鉴哲学、语言学、社会学、经济学、心理学、人类学、人口学、文艺学的学科方法以及系统方法、比较方法等，在改变传统史学满足于罗列重大政治军事事件、再现上层集团活动的老框框的过程中发挥了积极作用。

20世纪下半叶计量研究的崛起。是历史学领域方法手段综合更新的又一重要标志。现代意义上的计量研究，不是指以往史学研究中一般的描述性统计，而是特指自觉、系统地运用现代数学方法，对历史资料进行数据分析，通过数量关系的研究来认识历史。在这方面，法、美两国学者领先一步，计量研究从经济史突破，然后更新了传统政治史的面貌，扩大了社会史的时空范围，进而伸展到了似乎难以把握的心理状态史领域。有的学者在经济研究中试图复原那些一度有过、但已不复存在的数据；重组原始数据，以便计量前人从未计量的课题；设法计量很难直接计量的对象。各种门类的计量研究使浩如烟海的历史资料得到更为有效的开掘和利用，为研究大量隐而不见的事件开拓了道路，收效显著。一项统计资料以美国5家有影响的历史研究刊物为例，这5种杂志每100页中的计量表格，1960年上半期为1张，1966年为2张，1968年为3张，1969年为4张，1973年增加到5张，其中《美国历史杂志》达到10张。这些计量表格大多应用了高级推理统计学和多变量解析领域的分析，有些以数学模型概括特定的历史文化现象，在一定程度上反映出历史学研究追求精确化和科学化的趋势。必须指出，计量研究方法也有明显的局限，不但在应用上受条件、范围的制约，而且，数据特别是关键数据的采集、处理、检证都不可能与价值判断、定性分析无涉。这一点，我们在前面有关章节中已有所阐述。

（二）马克思主义在史学领域中的影响不断扩大

马克思主义的辩证唯物主义和历史唯物主义是对各门人文社会学科普遍适用的世界观与方法论，并不是具体的历史理论，也不是专门指导历史研究的基础理论。然而，辩证唯物史观与历史学的关联更为紧密，影响更为直接，这也毋庸讳言。马克思主义指导下的历史学研究，注重发现历史过程的内在规律，同时又充分认识到历史过程的丰富性、复杂性。马克思主义倡导以科学态度对待历史，如列宁所说，把历史当做一个十分复杂并充满矛盾但毕竟是有规律的统一过程来研究。实践证明，马克思主义历史学引导研究者探讨了历史生活的底蕴和历史过程的真谛。

我们上面提及的苏联科学院在20世纪中期开始出版的多卷本《世界通史》，尽管存在不少问题，但是和以往同类著作相比，自有其鲜明特色。它力求在物质生产发展的基础上探讨历史发展的规律，以社会经济形态作为划分历史阶段的标准，重视人民群众在历史上的作用，也比较重视受压迫、被侵略民族的历史，体现了特定历史条件下编著者将辩证唯物史观运用于世界历史研究的意向。

法国历史科学委员会1965年发表的工作总结指出，一个研究者在思想上不求助于马克思《资本论》，就根本无法谈论作为今日法国史学的标志的各种变动。影响较大的法国年鉴学派，第一代领导人即承认马克思主义理论是他们新史学理论和方法的来源之一。第二代的核心人物布罗代尔认为，马克思主义对现代史学研究的渗透和影响是多方面的和显著的，他本人之所以偏重于研究经济和人们的物质生活，很大程度上是由于马克思主义理论的影响。而学派第三代的代表人物勒戈夫称，法国新史学的许多重要方面，如带着问题研究历史、跨学科研究、长时段和整体观察等，同马克思主义有共同之处。他推崇马克思是新史学的大师之一。

应当指出，马克思主义史学理论在扩大自己影响的同时，也从许多开放进取的史学流派中汲取养分，不断充实和发展自己。

（三）当代中国历史学的发展充满希望

中国史学自古以司马迁“究天人之际，通古今之变，成一家之言，”成一家之言的抱负为典范，具有以人为本的优良传统和严谨治史的优良学风，在世界史坛独树一帜，不仅为本民族留下了大量的历史文献，而且为研究印度、中亚各民族的历史轨迹提供了大量证据。然而直到鸦片战争前后中国史学才把眼界扩大到整个世界，而且坚持“中华中心观”的史学思想。

五四运动前后中国历史研究观念发生了具有现代意义的大转折，梁启超指出封建旧史学的弊病是知有朝廷而不知有国家，知有个人而不知有群体，知有陈迹而不知有今务，知有事实而不知有理想；铺叙而不能别裁，因袭而不能创作。继而唯物史观伴随马克思主义的社会革命论在中国传播开来，李大钊发表了《史学要论》等论著，为中国马克思主义历史学奠基。同时西方新史学的理论方法也介绍到国内，如胡适以实用主义哲学对待史学，认为“历史是一个百依百顺的女孩子，任你怎样擦抹和装饰”，提倡关注具体问题，大胆假设，小心求证，便产生了相当的影响。

20 世纪 30 年代起，现代中国史学发生又一次大转折，以绵延多年的中国社会性质和社会史问题论战为序幕，以马克思主义史学思想的中国化为主题，郭沫若、范文澜、翦伯赞、胡绳等写出了一批历史科学专著，毛泽东也发表了很多有关史学研究的意见，马克思主义历史学取得了主流地位，在中国通史、社会史、思想史、近代史等方面，编纂出不少体现马克思主义观点方法的力作。50 年代和 60 年代初期，广大史学工作者在马克思主义理论指导下，排除极左思潮的干扰，关注重大历史课题，为社会进步服务，在史学理论研究的广度和深度上取得很大的成就。“文革”发生后，从批清官论开始，到“评法批儒”，批倒一切，也否定了自己。

70 年代与 80 年代之交，现代中国历史学迎来了第三次大转折，充满希望与活力的当代中国历史学正在创建之中。当代中国史学的鲜明特点是：

1.“回到马克思，发展马克思”

历史学界反思“文革”教训，重新学习马克思主义，实事求是地重评现代中国史学史，把大批史学工作者从极“左”政治和极左思潮的重压下解放出来。在强调坚持马克思主义基本原理的同时，认识到历史唯物主义并不等同、也不能代替史学理论，阶级的观点不能脱离、更不能超越历史的观点。当代中国历史学的根本任务，是要在辩证唯物史观的指导下，立足中国的实际，汲取人类文明发展的丰富养分，努力建设中国特色的马克思主义史学理论体系，为丰富和发展马克思主义、推进人文社会科学的建设作出自己特有的贡献。20 世纪 80 年代以后，中国马克思主义史学理论研究十分活跃，围绕一系列基本理论问题和历史研究热点问题展开了较为深入的争鸣与讨论，成果丰硕。这些问题包括：历史与现实，历史发展的统一性与多样性，历史发展的必然性、偶然性和选择性，阶级观点与历史主义；历史的创造者和历史发展的动力问题；历史科学的社会功能，历史人物评价标准；关于中国封建社会长期延续问题，中国文化的结构问题；中国近代史的基本线索与分期问题；中国现代史的学科体系和历史分期问题；自然科学方法与历史研究、历史学方法论；历史认识理论，社会经济形态理论；外国史学理论的传入及对与中国近现代史学的影响；东方历史发展道路；建国以来史学理论研究的回顾与理论思考、新世纪中国史学理论建设的展望，等等。

与此同时，史学界运用马克思主义观点，加强外国史学理论的介绍和研究，相继出版了近 50 种外国史学理论名著的中译本，重点追踪第二次世界大战之后欧美史学发展中的一些前沿性的理论问题。取得显著成效的领域如：对欧美和俄国等有影响国家的史学理论的整体性研究；世界范围内历史学分支学科研究；西方史学史和史学思想史研究；著名外国历史学家的史学思想研究；西方历史哲学研究，等等。

史学理论在广度和深度上前所未有的拓展，带动了史学理念的更新，对中国和世界历史的编纂、史料的发掘和利用起了积极的推动作用。

2. 从封闭型研究走向开放型研究

首先，关注重点由重大政治、经济问题向社会、文化问题延伸，以实现对宏观历史的整体把握，对微观历史的深入剖析，对中观历史的准确阐释。传统性的热点课题，如社会性质、阶级斗争、农民战争，也展示了更为开阔的研究视野。其次，研究方法注重对现代国际史学方法的借鉴。在马克思主义方法论的统合下，系统方法、比较方法、计量方法、心理分析方法、历史模拟法、田野调查方法、口述史方法等等不同层面的研究方法先后引入，丰富了研究手段，提高了史学研究“望远镜”和“显微镜”的观察力。再次，重视跨学科研究，通过相关学科理论、对象、方法的移植融会，扩大研究领域，强化理论力度。如人类学、心理学、社会学、经济学、政治学、人口学的介入，使文化史、社会史、经济史等成为新的热门分支学科，并推动了整个史学研究观念、方法的更新。在文化史研究中进行的中西比较，往往伴随着凝重的历史反思，达到引人注目的深度。其他学科的学者介入史学研究，带来了新的活力。中国古代史、近代史、现代史、当代史以及世界史研究进入了迅速发展的时期。

3. 弘扬中华民族史学的优良传统，自觉培育高尚的人文精神

古往今来中华民族的史学研究有许多值得珍视的遗产，积淀着丰厚的人文精神。在中国走向社会主义市场经济的历史转型期，社会中的一切都经受着洗礼。历史学同样面临着一个世纪性的课题：在市场经济中，人文精神继续闪光。西方学者正为它的失落而怅惘，有着悠久人文传统的中华民族，决不能断了自己的血脉。在这方面，优秀史学工作者义不容辞地担起了时代重任，他们以此为行为准则，为精神文明建设作出了积极的贡献。

三、对文学艺术发展规律进行深入探讨的现代文艺学

文艺学是以文学艺术审美活动为研究对象的科学。它包括文艺理论、文艺史和文艺批评三个组成部分。文艺理论探讨文艺的性质、原理和批评标准等；文艺史在时间的先后顺序中探索文艺的演变发展；文艺批评则是对具体作品的评价。

在长期的历史进程中，文艺研究积累了大量成果。但是，作为一门学科，文艺学的理论体系框架一直显得不够明晰。其成果或者表现为感性的创作经验谈，或者淹没在哲学、社会学等相关学科的理性分析中。经过20世纪文艺研究者的努力，当代文艺学的研究范围得到进一步确认：创作主体（文学家、艺术家）、作品、接受主体（欣赏者），构成文艺活动三要素。它们自成系统，又相互联系，统一于社会—文化的大系统中。20世纪，特别是20世纪下半叶的文艺学研究主要在创作主体、作品、接受主体及社会—文化构成的四维空间中展开。

（一）20世纪文艺研究的总体特征

一是更注重系统化。以往的文艺研究，以创作者零星的、即兴式的经验谈居多，或者是以对文学家、艺术家及其作品的具体评价为多。这里面虽然不乏真知灼见，但研究的系统性和严密性是有所欠缺的。现代文艺学成为人文社会科学的重要组成部分，较为完整而富有开放性的理论体系框架业已形成；文学艺术工作者、人文社会科学领域内高等学校的专家教授、研究单位的高级人员大量地介入文艺学研究领域，使文艺的系统研究得到极大的推进，也为文艺学的理论体系构建提供了学术保证。

二是以博大的胸怀吸纳相关学科的方法和成果。以往的文艺研究，在吸收相关学科的研究方法、研究成果方面，远没有今天这样自觉。现代文艺研究，不仅向其他人文社会科学学科吸取大量相关

理论营养，而且还从自然科学中寻求多元化的研究方法，用以推动自身的成长。如有学者运用系统论方法，分析像阿Q这样复杂的文学典型，探查该人物许多自相矛盾的性格因素的系统结构及其在特殊社会环境里的运行机制，这有效推动了读者深入辨析该形象所承载的国民性，从而更清晰地认识其审美意义，这样的尝试无疑是有启示意义的。

三是努力探索规律性的东西。20世纪的文艺研究，更注重对文艺发展规律的探索。许多研究者认为，文艺是一种有其相对独立性和特殊性的社会现象，作为一个系统，发展规律即表现为内部诸要素间的联系，又表现为与其他因素的外部联系。内部联系是内因，是它作为精神现象特殊的质的规定性，可称为内部规律。核心是其审美的特点，涉及作品艺术形式与内容的关系，如结构、语言、想像、感情、技巧、风格等。文艺的外部联系是其外因，指的是它与非文艺的社会文化现象的关系，它的存在条件及背景，可称为外部规律；讨论的是文艺与经济基础、上层建筑及其中政治、宗教、道德、法律、科学等的关系。将文艺的规律区分为内部和外部相互作用的两域，未必能为每一个文艺研究者所接受，但是文艺研究从对文艺现象的描述转向对文艺规律的注重，这种转变无论如何是值得称道的。

四是形成了众多的研究流派。20世纪文艺研究中形成的流派之多，可谓前所未有。不同的流派都有自己的研究视角，都试图以自己的理论、观点阐述文艺活动与文艺现象，因此就造成了热烈争鸣的景观。比如，20世纪初期，正当高扬理性精神的现实主义文艺思潮方兴未艾、深入发展的时候，标举非理性精神旗帜的现代主义文艺思潮已经在潜滋暗长，渐露端倪，并很快就发展成为与现实主义并驾齐驱的两股主流文艺思潮。20世纪中后期，更具叛逆姿态的后现代主义文艺思潮又接踵而至，新见迭出。整个20世纪文坛可谓风起云涌，热闹非凡。应该说，文艺研究的发展正有赖于不同学术观点的争鸣，有赖于不同流派的交锋。从这层意义上说，当代文艺研究的新突破，正是在不同流派的纷争中实现的。

(二) 20 世纪文艺学的突破性进展

1. 对创作主体艺术思维及心理的深入开掘

19 世纪浪漫主义文艺发展的高潮，使人们关于文艺本质的认识从古老的摹仿说中解放出来，文艺强大的表现功能引发了研究者对文艺活动创作主体的再认识。文艺的根本在于创作者，在于他们特殊的艺术思维及相应的心理过程中。于是，艺术思维的内在构成——感觉、想像、情感、理智成了研究者关注的焦点。其中，以意大利的克罗齐为代表的表现主义学派的直觉—表现理论，苏联的形象思维理论，在揭示艺术思维的特质及规律方面都取得了令人瞩目的成就。此外，针对 20 世纪文艺创作日益“向内转”，也就是倾力表现人的内面世界、探索深层心理世界的大趋势，以弗洛伊德精神分析学说为代表的一批现代心理学理论和方法，被运用到文艺创作心理的解析中。如在考察创作深层心理时，研究者们发现潜意识—前意识—显意识所构成的“冰山理论”是如此有效，随之性欲升华说、集体无意识说、社会历史文化积淀说，先后被有效运用到文艺的发生学和创作心理研究中去。这方沃土已结出了相当丰厚的果实，一时间，“艺术感知”、“艺术动机”、“艺术情感流程”等成了文艺研究者们津津乐道的术语，大量相关学说理论，让人们发现了一个如此幽闭曲折又生动丰盈的艺术世界，也让人们前所未有地接近甚至触摸到艺术创造的核心秘密。相对集中于 20 世纪初崛起的上述学派在创作思维与心理研究方面取得的进展表明，现代文艺对创作主体的认识已从经验性的描述总结进入到以探索创作规律为目的的理性论证。

2. 对文艺作品形式的重新认识

20 世纪，现代主义文艺思潮风起云涌。超现实主义绘画、意象派诗歌、意识流小说、荒诞戏剧等，各种现代派文艺作品，与现实主义文艺作品相比，往往意义隐晦而艺术形式的变化却异常活跃。对此，以现实主义、浪漫主义思潮为背景的旧有的文艺理论已很难诠释。一批研究者把目光瞄准了作品本身，着力钻研作品内在的各种构成因素，在总体倾向上更偏重了形式因素。他们从绘画、雕塑的色彩线条组合中发现了“有意味的形式”，从语词的比喻义、引申义中找到了诗歌内涵的“张力”，从音乐的节奏、旋律里听出了情感的跌宕起伏……这些新鲜的发现与相应的理论观点，引发了人们对于文艺作品形式因素的重新思考。举例而言，鲁迅的散文名篇《秋夜》的开头写道：“在我的后园，可以看见墙外有两株树，一株是枣树，还有一株也是枣树。”如果用传统观点看，这样的叙述似乎不够简练；但若以俄国形式主义文艺批评学派的“陌生化”理论而论，作家显然是有意为之。这样看似啰嗦的复沓，意在突出枣树形象的重要性，它营造了一种富有个性魅力的诗性话语节奏，引领读者进入作家当时沉郁深邃的内心情境。

影响颇大的英美新批评派本质上属于形式主义文艺思潮。结构主义语言学的系统方法和符号理论在这股形式主义文艺思潮中起了推波助澜的作用。尊瑞士语言家索绪尔为宗师的结构主义文艺学，以美国哲学家、美学家苏珊·朗格为代表的文艺符号学的产生和发展，大大加深了人们对形式的认识。文艺作品的艺术形式不再只是思想内容的附属品，它与内容之间也不再只是服务与被服务的关系。作品艺术形式本身所具有的审美意味及功能受到现代文艺研究者的高度重视。

3. 对文艺接受问题的注重

尽管文艺作品对欣赏者的影响和作用是自有文艺理论以来就经常讨论的问题，但从欣赏者的反应和接受方面去研究文艺，把欣赏者的理解视作作品意义的构成因素，则是当代文艺研究的独特之处。70 年代初，以欣赏者为研究核心的接受美学从联邦德国和民主德国蓬勃发展起来，其主要理论代表是德国学者尧斯和伊塞尔。接受美学的主要理论主张，用通俗的话来说即“一千个读者就有一千个哈姆雷特”。接受美学理论家把欣赏者称为接受主体，欣赏者与创作者构成文艺审美活动的双重主体。未经欣赏者接受的作品只能是保持着许多“空白”与“不确定点”的文体，只有当欣赏者调动自身的知识、经验、情感与理智去理解文本，填补那些“空白”与“不确定点”，文本潜在的意义才得以实现，文本才成为真正的作品。脱离了欣赏者，作品的价值就无法实现。从接受角度重新审视文艺发展史，也给人们带来了许多新的发现。

接受美学的兴起实际具有更为广泛的哲学背景，它是我们在本章第一节提及的 20 世纪一股重要的哲学解释学的有机组成部分。现代哲学解释学的开创者是德国生命哲学家狄尔泰。该思潮的主要代表伽达默尔，将哲学解释学原理直接运用到文艺研究中去，把整个文艺审美过程视为一个动态的理解和意义生成过程，并提出诸如“历史的偏见”、“视界融合”、“效果的历史”、“节日时间”等一系列十分新鲜的概念术语。例如，所谓“视界融合”，指文本（文艺作品）中首先含有作家的“原始视界”（作家蕴涵在作品中的情感体验及价值判断），读者在阅读作品之前也具备某种“现今视界”（内容由读者所处时代社会环境和自身的文化修养、审美期待来决定），而整个阅读接受的过程，便是在对文本意义的不断阐释中谋求两种“视界”的融合与超越，以期达到更高、更优越的“视界”，提升审美视野，为新的文本意义理解和审美经验的形成提供可能。基于此，法国学者利科认为，“文学文本创造了一个可能的世界”，一篇作品并不仅仅是其时代的“镜子”，它还敞开了一个孕育在自身之内的“新世界”，文艺阐释为人类理解自我、把握自我生存的节奏和方向提供了一条颇为自由的途径。

无论是较为具体的接受美学，还是更为普泛的哲学解释学文论，与前述对文艺创作主体进行深入考察的文艺心理学流派一样，都是对文艺审美活动中人的主体精神的聚焦，并以此为起点，将文艺学研究推向一个更为深邃的空间。

4. 对文艺与社会—文化系统关系的进一步思索

文学艺术来源于社会生活，这里且不说像巴尔扎克、托尔斯泰那样的现实主义文学大师对社会生活宏阔而生动的反映，即便是如《荒原》（艾略特）、《变形记》（卡夫卡）那样因总体象征、夸张变形而让人颇费思量的现代主义文学作品，也是现实社会生活的曲折反映。试图脱离社会—文化的大系统寻找文艺审美规律的做法常常碰壁，形式主义文艺批评潮流喧嚣一时后很快落寞沉寂便是明证。20世纪，围绕着文艺与社会—文化系统关系形成了一个又一个热点。

热点之一，马克思主义文艺理论的深入发展。文艺与社会—文化的关系一直是马克思主义文艺学所重点阐述的内容。20世纪以来，结合文艺创作与批评的实际，苏联和西方马克思主义文艺理论家对此作出了进一步思索。在列宁以及普列汉诺夫、高尔基的文艺思想的基础上，苏联学者卡冈解析了文艺作为社会—文化大系统中一个子系统的内部机制与外部功能，就文艺在社会文化大系统中的性质、地位与作用提出了不少创见。以匈牙利学者卢卡契为代表的“新马克思主义”学派的学者则就文艺与社会意识形态、文艺与现实等重大命题展开了热烈的讨论。他们关于文艺真实、文艺自律性、文艺的人民性、文艺形式的社会内涵等问题的论述，以及旨在提高文艺欣赏者理智判断力的“陌生化”创作理论，在不同层面、不同程度上丰富了马克思主义的现实主义文艺内涵，客观上有效地扩大了马克思主义文艺思想的社会影响。

热点之二，后现代主义文论标新立异。后现代主义作为20世纪中后期崛起的一股与后工业社会结构相适应的社会思潮，其内容是相当驳杂的。在文艺研究领域，发轫于60年代、影响很大的“文化研究”，与后现代主义血脉相通。后殖民主义文论、新历史主义文论，甚至包括女性主义文论等，都可汇聚到后现代主义的这面大旗之下。虽然它们姿态各异，但都本着一股较之现代主义更桀骜不驯的“去中心”、“反本质”的叛逆劲儿，从各自的角度出发，试图对传统文论，进而对文学中隐含的传统文化进行一番总清算。

纯粹的后现代主义文艺批评的代表人物是美国文化学者杰姆逊。他基于物质文明高速发展而精神文明却处于滑坡状态的后工业化社会现实，将后现代主义的批评逻辑概括为以下四大特征：深度模式削平（削平现象与本质的区别，拒绝挖掘任何意义）；历史意识消失（把历史理解为纯粹的表象和幻影，人成为无根的飘萍）；主体性丧失（将自我彻底零散化，从心灵深处将自我放逐）；审美距离消失（后现代艺术的特征是商业化复制，因而审美距离已不复存在）。杰姆逊以一位后现代画家的名言昭示这种解构一切的后现代创作姿态："我想成为机器，我不要成为一个人，我像机器一样作画"。后现代文艺常常表现的就是人的这种"空心"、"边缘"的平面化状态，以"去中心"、"反本质"为特征的后现代主义文艺批评切合的正是这样的创作实际。

与纯粹的后现代主义否定一切的极端相比，新历史主义文论则显得温和一些，它把文学文本看成是一段"压缩的历史"——历史空间中最易被激活的思想元素，它们直接参与了历史的发展进程，参与了对现实的文化思想塑造。在此，文学文本不再仅仅是历史的佐证，而成为复现历史进程无限可能性的和重新命名历史"断片"的载体。说到底，新历史主义文论看重的是文学文本所展示的真实、生动的历史状态，其中有大量被正史有意或无意忽略的历史细节，饱含着社会与文化、个体与群体、心灵与肉体的对立冲突。新历史主义文论关注的文学文本不是旧历史主义所强调的正史的宏大叙事，而是一些来源于野史外传，由普通人演绎的轶闻趣事；它津津有味地观察分析历史网络中人性的扭曲或生长，并以此达到质疑、拆解正统社会历史表象的目的。

后殖民主义文论的崛起，得力于法国思想家福柯对"权利话语"的深刻反思。这位"反权威的权威"的理论，催生了文学批评领域打破西方中心主义、寻找东方文化意义的后殖民主义文学批评思潮。代表人物主要有巴勒斯坦裔美国学者赛义德、美籍印度裔女学者斯皮瓦克等。他们的批评不仅面对的是广阔的"文学与社会"这个大命题，而且深入到"文化帝国主义"这一禁区，努力超越并不平衡的东西方文化二元对立的格局，利用丰富的文学资源，发掘被误读或被有意曲解的东方文化，及其在世界现代化进程中的真实作用。后殖民主主义批评是一种典型的文化批评，其理论建树对于当代文艺批评超越纯粹理论思辨，走向更大的社会—文化场，无疑具有强有力的推动作用。

女性主义文学批评自肇始之初，就带着一种强烈的否定文化正统的反叛情绪。女性主义批评家以挖掘文学文本中备受压抑和扭曲的女性意识为契机，将矛头直指男权中心社会的政治文化秩序。一方面，她们清理了文学历史长河中的女性形象，发现在男权中心思想的指导下，文学文本中的女性形象大致可分为两类：天使和魔鬼。前者善良、温柔、贤淑，发展到极端便成为毫无人欲的贞女；后者冷酷、自私，甚至残忍、暴虐，其中明显带有性别歧视的价值评判。另一方面，她们重新发现被埋没的大量女性作家及其作品，以探讨女性视角在多大程度上偏离男权中心的文化准则，并给文学传统增添了哪些新鲜的富于活力的因子。到了20世纪后期，当女性主义文学批评者为突破男权中心传统的文论体系，试图制定一套“非中心化”策略，以非理性、无逻辑、语无伦次、思维散漫的批评语言来表达自己的时候，她们便与后现代主义文艺思潮紧密地汇合在一起，扮演着文化传统的破坏者与反思者的双重角色。

总体而言，整个20世纪的文艺学研究呈现出多种思潮并行交叉、协同发展的大趋势。

（三）中国当代文艺研究的重要进展

“五四”新文化运动中，以先进的西方社会思想和文艺思想为指导的文学革命猛烈冲击了封建主义旧文艺，马克思主义文艺思潮的迅速传播奠定了中国新文艺的思想基础。一代文化伟人鲁迅，不但以他的创作实绩成为中国现代文学的巨匠，而且在文艺学领域也有卓越贡献。他后期在马克思主义文艺理论批评上的成就，有助于克服中国共产党的左倾路线对文艺运动的消极影响。

20世纪40年代初，毛泽东《在延安文艺座谈会上的讲话》确定了文艺为人民大众服务的指导方针，促进了马克思主义文艺思想与中国文艺实际的结合，中国文艺的面貌发生了根本性的变化。建国后，《讲话》精神成为中国文艺创作及理论批评的指导思想。意识形态化是该阶段文艺研究的特征之一。“文革”期间极左思潮泛滥，文艺从服务于政治直至沦为极“左”政治宣传的工具，几乎丧失了文艺的特征。

70 年代末 80 年代初，“左”的思想得到纠正，冻结的政治思想文化界迎来了春天。“为人民服务，为社会主义服务”的方向和“百花齐放，百家争鸣”的方针，为文艺发展营造了宽松的环境。改革开放以来，计划经济向市场经济过渡带动了思想变革；西方各种文艺思潮潮水般涌入，于短时期内在我国文艺理论界进行了一番走马灯式的“西方话语体系”的演练。如何立足本土吸取外来文艺思想的精华，剔除其糟粕，在继承民族文艺优良传统的基础上，创造性地发展马克思主义文艺思想，建立独立开放的文艺学体系，成为中国当代文艺研究者思索与工作的主题。

90 年代，受国外带有后现代主义印记的“文化研究”思潮影响，中国文艺学界开始重新审视以往文艺学一系列的基本假设和学术惯例，重新认识文艺研究者的角色地位；一些有成就的学者调整价值取向，扩大研究疆域，关注文艺与社会—文化发展中某些被遮蔽、被漠视的现实问题，并从新的视角考察文艺学的民族性和地域性问题。

相对于过去，中国当代文艺研究在以下几方面有所突破：

1. 构建开放的马克思主义文艺理论体系，充分认识文艺的审美特性

文艺的本质是什么？长期以来，我国文艺理论界强调文艺是社会生活的反映，突出文艺的“真”与“善”的价值取向，曾经忽视乃至撇开“美”，使文艺成为非艺术品。新的历史条件下，对马克思主义文艺反映论进行深入研讨，文艺的审美特征得到了应有的重视。文艺依然是对社会生活的反映，但这种反映不再是以往强调的那种机械的镜子式的观照，而应在“真”的前提下，以“美”作为旨归，在此过程中，体现“善”的价值取向。作为社会意识形态，

文艺的特征在于它的审美性。有的文学研究者提出了“文学是审美的语言的意识形态”的核心观念。文艺审美意识的觉醒，使文艺研究比以往任何时候都更注重文艺美的各种形态以及人们审美趣味的变异。这表现在创作中，就是作品比以往有了更多的艺术魅力。

2. 在肯定反映论的前提下，以价值论为补充，以主体论为中心构筑新的理论体系

在过去相当长的时期中，文艺创作者表现的“人”，理论批评者心目中的“人”，是纯粹政治意义上的人，甚至还是被庸俗社会学扭曲了的人。今天，文艺创作者和研究者重新认识并进一步阐释了一条朴素的真理：“文艺学是人学”。就文艺学而言，对象主体、创作主体、接受主体都是活生生的人。离开了人，很难设想能有文学艺术，能有文艺研究。文艺审美活动的主体——人的丰富性、生动性成为文艺理论界密切关注与全力求索的重大课题。已有学者推出了“主体论文艺学”一类著作，提出了“文艺是主体的特殊活动”即“艺术活动”的主概念，并由此把文学艺术展开为一个过程。这较之轻视人、扭曲人、践踏人的倾向，是一种历史性的进步。中国文艺学的质的飞跃也是以此为支撑点的。

3. 文艺新学科建设受到重视

近些年来，随着对若干文艺基本理论问题的重新认识与深入探索，作为基础学科的文艺学取得了长足的进步。与此同时，文艺学还越来越广泛地与其他学科发生联系，文艺心理学、文艺符号学、文艺社会学、文艺美学、文艺批评学、文艺价值学等一批新学科建立起来。例如，被学界认为最具发展潜能的比较文学学科，其研究视域所及，不仅包括中国内地文学，还包括台、港、澳乃至整个世界范围内的华文文学；它立足汉文学主体，纵横四海，进行跨民族、跨国度的文学比较，使中国当代文艺研究真正汇入了世界文艺研究，现代特征日益凸现。这些文艺新学科所取得的理论与实践成果，开拓了文艺研究者的思路，拓展了文艺学的应用范围，扩大了

文艺学的社会影响。反过来，它们又为文艺理论、文艺批评及文艺史研究提供了新材料，增加了新内容，为文艺学的学科建设增添了活力。

4. 文艺学的应用研究不断加强

文艺学基础理论研究的不断推进，必然带动其应用研究的新发展。在文艺批评领域，社会—历史模式与政治模式一统天下的局面被打破。对我国传统文艺批评的借鉴，心理批评、文化批评、美学批评、形式批评、接受反应批评等多种新视角、新方法的运用，使文艺批评园地的声音前所未有的丰富。在此基础上，研究者又展开了对文艺史，特别是现当代文艺史的反思。他们更新观念，以更为客观公允的态度审视文艺发展史，以往被忽视或被埋没的文艺家及其作品得到重新发掘，另一些被过高或过低评价的文艺家及其作品的价值则得到重新评估。

总的来说，中国当代文艺学研究出现了如下变革趋势：由外部转向内部，由单一转向多元，由封闭转向开放，由局部转向整体，由静态转向动态，由客体转向主体。中国当代文艺学正在加快其现代化的步伐。

四、探究宗教奥秘的宗教学

宗教是一种十分普遍的社会现象，据资料统计，目前各类宗教信徒约占世界总人口的80%；中国信教群众总数达1亿多人。

由于信仰对人类精神世界作用的直接、强烈与持久，宗教历来就是人文社会科学关注的重要对象。

宗教学，正是以作为社会文化现象的人类宗教活动为研究对象，旨在揭示宗教产生和发展规律的人文学科。

（一）宗教学的学科发展历史回顾

作为一门人文学科，宗教学可谓既古老又年轻。说它古老，是因为古希腊的先哲如柏拉图、亚里士多德就已对宗教现象表达过理性的看法；说它年轻，是因为宗教学直到19世纪后期才成为一门独立的学科。宗教学的前身是中世纪盛行于欧洲的基督教神学，其特点是将古希腊、罗马的哲学与基督教信仰结合起来，试图以哲学知识论证宗教，从而为信仰铺设坚实的理论基础。由于这是一种本末倒置的求证，客观上使基督教神学成为近代科学的对立面。即便如此，基督教神学毕竟意味着人们已经走出了古代社会自发的宗教信仰状态，开始对宗教进行自觉的研究与思考。14世纪的文艺复兴运动促成了哲学与神学的分离，一批人文思想家如斯宾诺沙、霍尔巴赫、伏尔泰、狄得罗等，先后开始对宗教进行理性考察，他们的理论观点为近代宗教学的形成与发展培奠了土壤。

现代宗教学正式成为一门独立的人文学科是在19世纪70年代。1870年英籍德国学者麦克斯·缪勒发表系列演讲《宗教学导论》，首次使用“宗教学”概念，提出“应当对人类所有的宗教，至少对人类最重要的宗教进行不偏不倚、真正科学的比较；在此基础上建立宗教学”。缪勒打破了中世纪神学研究中仅关注基督教的局限，首次将宗教研究的视野从欧洲扩大到整个世界，将宗教学的研究对象从基督教扩大到伊斯兰教、佛教、道教等各种宗教形态，并确定了以比较为核心的宗教学研究方法。以此为起点，随着对全人类宗教现象研究的日益专门化和科学化，现代意义上的宗教学逐渐得以确立和发展。

考察宗教学的历史进程，一般以第一次世界大战为界标，此前为比较宗教学时期，此后为分化拓展时期。初创期的比较宗教学，主要对世界各主要宗教的起源和演化进行对比梳理，在广泛收集材料的基础上，从历史学、人类学、社会学、心理学等视角探讨宗教的起源和本质，并试图用历史进化论的观念，将世界范围内的各种宗教纳入统一的演进结构中，构建学科理论体系。这一时期，围绕着宗教的起源，重要的流派和学说包括：麦克斯·缪勒等的德国自然神话学派，英国人类学家泰勒的“万物有灵论”，史密斯（英）、迪尔凯姆（法）和弗洛伊德（奥）等的“图腾说”，弗雷泽（英）

等人的“前万物有灵论”。这些学派从历史进化的角度寻求宗教的源头，拂去了长期以来基督教神学蒙在宗教诞生问题上的天启神秘色彩，赋予宗教学研究以思想启蒙的现代品格。

由于比较宗教学将宗教信仰的发端导向原始人屈服于自然的伟力而产生的错误观念，难免从根本上撼动信仰的根基；加上第一次世界大战所造成的巨大破坏力更加重了这种信仰危机，社会心理需要宗教学维护宗教的神圣性。于是，一次大战后宗教学研究发生了明显的转向，研究者们纷纷避开对宗教整体的历史演进体系的宏观建构，转而对各种具体宗教现象与问题进行实证性研究。宗教学由此进入了分化拓展时期，并因此广泛与其他人文社会学科联姻，生发出宗教哲学、宗教人类学、宗教社会学、宗教心理学、宗教文化学、宗教语言学等一批分支学科，从不同层面丰富着宗教学的内涵和外延，为人们深入认识宗教这一社会现象的本质特征提供了一面面多棱的透视镜。

（二）20 世纪宗教学的基本理论与方法

1. 关于宗教本质的多元解释

揭示研究对象——宗教的本质特征，是宗教学的第一要义。宗教活动的核心是信仰，信仰的主体是现实社会中的人，客体是有形无形各种状态的神灵——一种超自然、超人的力量。20 世纪以来，围绕着宗教活动的主客体关系，众多的宗教学学派，从不同的切入点对宗教的本质特征进行了理论阐发。

一种观点立足神本位，认为宗教的本质就在于对于神灵的信仰和崇拜。持这种本质观的主要是宗教人类学派。如泰勒从“万物有灵”论出发，将宗教定义为“对于精灵实体的信仰”。他在《原始文化》中表达了如下观点：“一切宗教，无论是发展层次较高的宗教，还是发展层次较低的原始宗教，它最深层、最根本的原因就是对‘灵魂’或‘精灵’的信仰。”弗雷泽则受宗教信仰的原生状态——原始巫术思维的启发，认定宗教是对“能指导和控制自然与人生进程的超自然力量的迎合或抚慰”。为他赢得很大声誉的《金枝》，便集中探讨了宗教与原始巫术之间的渊源关系，认为巫术是原始人依附又臣服于自然的一种思维方式，“宗教把自然现象的更迭解释为本质像人、而能力无限超过人的神的意志、神的情感或愿望所规定的”，而一旦人们开始懂得借助周密的观察研究去发现和掌握自然规律，宗教就会自然被科学所替代。综观诸学派关于宗教起源的考证演绎，我们可以看到，不同历史时期的神灵，从原始的自然神到人格神，再到更为抽象的“无限性的存在”，但无论怎样演化，神灵都是人顶礼膜拜的对象，人对神灵的信仰是宗教最原始的本质特征所在。

另一种观点立足人本位，认为宗教的本质在于信仰主体的心灵体验。宗教心理学派的相关学说，为这种本质观提供了有力支持。美国心理学家詹姆斯特别强调宗教体验的价值，说宗教是“个体的人在孤独时刻与他所认为的任何神圣事物之间保持的情感、行为和经验”；这种心理体验具有如此巨大的磁力，甚至能够决定人们的人生态度，因此，他在演讲《宗教经验之种种》中将引导人们形成健全心态的现代宗教与科学同视为“增进人类福利的钥匙”。瑞士心理学家荣格接触了许多因丧失传统宗教信仰，迷失在人生意义的困惑之中的精神病患者后，也从心理功能的角度对宗教的本质有了如下判断：“宗教是人类精神的一种特殊态度”，拥有宗教经验的人“便拥有了一笔巨大的财富”，“它是生命、意义和完美的源泉，同时也给予这个世界和人类一种新的辉煌”。看来，对有形无形的神的信仰、崇拜与相应的心理体验，构成了宗教本质的基础和最明显的特征。

无论是立足神还是立足人来寻求宗教的本质，都着眼于宗教活动内部人与神的关系，而归根到底宗教是一种高度社会化的人类活动，对其本质特征的追寻必须充分考虑它的社会属性，宗教社会学、宗教文化学等学派在这方面做了有益的探索。

法国社会学家迪尔凯姆十分关注宗教实践活动的群体性。他在《宗教生活的基本形式》中，通过破译图腾崇拜将宗教的本质由

“天空”拉回“大地”，揭示了宗教的世俗本质。原始宗教的图腾是神的象征，更是氏族社会生活的鲜明标志，是被神圣化了的氏族本身。比如，像鄂伦春这样主要依靠狩猎为生的民族，他们图腾崇拜的对象为熊，而像彝族这样主要靠种植经济作物为生的民族，他们图腾崇拜对象则为竹子。鄂伦春族和彝族根据本民族的生活方式对图腾对象作出了不同的选择，这表明图腾崇拜是社会生活的反映，图腾本身是什么并不重要，重要的是它能维系个体的情感归属，使氏族社会的生活传统得以延续。

对于宗教的社会属性，马克思主义本着历史唯物主义的观点，从理性批判的角度论证得更为透彻。马克思认为，国家、社会产生了宗教即颠倒了的世界观。他在《〈黑格尔法哲学批判〉导言》中写道：“**宗教里的**苦难既是现实的苦难的**表现**，又是对这种现实的苦难的**抗议**。宗教是被压迫生灵的叹息，是无情世界的心境，正像它是无精神活力的制度的精神一样。宗教是人民的**鸦片**。”（《马克思恩格斯选集》第1卷，人民出版社1995年版，第2页）由此可见，宗教根源于社会生活本身，它以一种神圣化的形式，通过教会等团体组织的制度性活动，作用于人们的意识观念和道德情感，以此来曲折地反映和影响社会历史。也正是在这层意义上，宗教携带着强大的社会力量深深地介入了人类社会历史的进程。

在宗教文化学派的视野里，宗教与语言、艺术、科学交叉互动，共同编织了人类文化的巨网。因此，探察宗教的本质，应该给予其文化属性以足够的重视。必须明确，任何宗教都是特定历史社会条件的产物，不同的社会形态必然诞生不同的宗教，宗教的内涵也必然随社会历史的发展而变化。宗教与人类文化的进步发展的关系如此密切，以至于在宗教文化学派学者的眼中，“宗教是历史的钥匙”。当代宗教哲学家、文化史学家道森借跟踪宗教发展轨迹研究西方现代文化起源的思路，就十分有代表性。他的代表作《宗教与西方文化的兴起》表述了如下观点：同样经历漫长的封建社会，欧洲文化现代化进程远远早于东方，其原因恰恰在于西方的宗教观的内核比东方更人性化；东方宗教热衷于维护神灵偶像的永恒完美，并制定了以印度种姓制为代表的严格的宗教世俗制度来维护稳定的社会秩序；与之不同，西方宗教观始终存在一种致力于将“神”化作改造人性和世界的精神力量。因此，近代以来，当东方还处在维系了千年的文化稳定状态时，西方已爆发了工业革命，进入了新的社会历史形态。同时，传统基督教也发生了重大变革，以适应社会历史的发展。由此可见，宗教作为社会文化心理结构中的重要组成要素，积极参与了人类社会历史的变迁。

从上述各学派对宗教的本质的认识中，可得出的初步结论是：作为宗教学研究对象的宗教，其本质可归结为人们对超人、超自然力量信仰的观念意识、情感体验和实践行为，及其相应的规范化、体制化的社会文化体系。这一结论是建立在20世纪宗教学研究思路的根本性转折的基础之上的，那就是突破传统神学研究的局限，将视野扩大到对整个世界范围内人类历史进程中宗教社会现象进行全方位、多角度、多层次的研究。

2. 关于宗教要素与宗教历史的研究

经过一百多年的发展，宗教学已经形成较为完备的学科体系，其学科理论建设主要沿着共时与历时两个方向展开。

共时研究主要围绕宗教的本质属性，从不同形态的宗教中抽取共性因素加以分析和探讨，这也就是宗教学界所谓的“要素”研究。宗教社会现象的共同要素究竟有哪些？不同的研究者有不同的概括。比较通行的观点，是将宗教观念、宗教体验和宗教行为、宗教制度视为宗教的基本要素，前二者是宗教活动的内部动因，后二者则是宗教活动的外部表现。通过本质属性的“要素”析出，宗教学研究的基本范畴得以确定下来。

具体而言，宗教观念主要包含灵魂观、神灵观和神性观。灵魂观是宗教信仰赖以产生的基础，灵魂不灭的观念广泛存在于各种宗教体系的教义信条之中。从远古人类因无法正确认识生命的自然过程产生灵魂观开始，宗教核心的灵魂观经历了从物质性到非物质性，从人推及自然万物的演化过程，并在教义中外化为“今生与来世”，“冥界与天国”等具体理念，对信徒的现世生活发生着巨大的影响。神灵观是灵魂观的必然发展，是对一切超人、超自然力量的信仰。研究表明，在生产力水平极为低下的原始社会，神灵观表现为人格化的自然神和部落祖先演变成的氏族神，后来随着生产力发展和社会进步，才出现了上帝、真主、佛主等至上神和各种职能神。近代以来，由于科学技术的迅速发展，具体的人格化的神灵则逐渐泛化，并演变成控制自然与人类的形而上必然力量。与神灵观相应的神性观，则是人赋予神的超人、超自然力量的具体反映，表现为天命观念和神迹观念。宗教体验是宗教观念的心理反应，主要体现为宗教活动中信仰者与神灵之间发生的敬畏、依赖、神秘等特殊的情感经验。宗教行为与宗教体制是宗教观念与体验的社会外化，借此宗教物化为一种社会力量。宗教行为的主要形式有巫术、禁忌和礼仪，宗教体制则是传播宗教信仰，组织宗教行为的一整套体系制度。不同的宗教有不同的行为内容和体系制度，如基督教的教会，佛教的寺院。作为一种社会组织形式，宗教体制必然随着社会历史的发展而变化。

历时研究主要围绕推演、描述宗教的发展历史展开。从已经取得的相关理论成果看，宗教学对宗教的历史运动轨迹通常概括为三大阶段：原始社会的氏族—部落宗教，古代阶级社会的国家—民族宗教，近现代的世界宗教。

对原始社会的氏族—部落宗教的研究与宗教的起源研究密不可分。考古学与人类学为原始宗教研究提供了大量第一手资料，证明宗教最古老的形式是以氏族为单位的自然崇拜和祖先崇拜。随着原始社会从母系氏族制演进到父系氏族制，再到部落联盟制，原始宗教的内容和形式不断发生相应的变化。以祖先崇拜为例，从女性崇拜到男性崇拜，从血亲崇拜到英雄、首领崇拜。原始宗教在国家出现后逐渐国家化、民族化，埃及、巴比伦、中国、印度、波斯等文明古国，先后形成了具有与王权紧密结合的富有阶级色彩的古代国家宗教，对社会生活发生更直接的影响。古代宗教经过历史长河的汰洗，佛教、基督教和伊斯兰教至今仍保持着活力成为世界性的宗教，其信众超越了国家、民族的界限，影响力空前深入广泛。宗教也成为备受关注的重要社会意识形态，当今社会许多全球性的热点问题都与宗教密切相关。宗教学研究的时代性由此得以愈加彰显。

3. 关于宗教与社会文化关系的研究

如前所述，20 世纪人文社会科学的发展对宗教学研究起了积极的推动作用，同时，宗教学研究也对社会文化产生了深远的影响。宗教与社会文化的关系成为 20 世纪宗教学研究的又一重要领域。如果将共时态的本质属性研究和历时态的发展轨迹研究视为对宗教现象的内部钻探，那么，对宗教与其他社会文化现象的关系研究，则可视为对宗教现象的外部勘察，它们交织成宗教学的三维立体结构。与其他人文社会科学学科一样，宗教学的理论建设也必然在复杂的现代社会文化“场”中展开。

首先说说宗教与经济的关系。宗教作为一种社会意识形态，隶属于上层建筑，必然受制于经济基础。原始宗教、古代宗教及近现代宗教，都是特定社会物质经济条件的产物。比如当原始人尚处于依赖自然环境生存的状态时，他们崇拜的是天、地、雨、风等自然现象。宗教一经产生，就对社会经济发生着积极的或消极的影响。一方面，宗教组织利用信仰的力量巧取豪夺，客观上加重了人民的负担，阻碍了社会经济的发展；另一方面，宗教慈善事业援助弱势社会群体，维护社会稳定，成为推动社会经济发展的重要力量。不论是积极作用还是消极作用，宗教与经济关系的研究显示，宗教团体是一种重要的社会经济成分，宗教对经济基础的影响不可忽视。

其次来看宗教与其他社会意识形态的关系。

在阶级社会中，宗教与政治的关系十分密切。统治阶级通常利用宗教充当调和社会矛盾维护政权的工具。这一历史阶段的宗教，要么通过安慰麻醉群众起到维护现行政治体制的作用，要么成为被统治阶级反抗起义的由头。就后者而言，中国封建史上历次大规模的农民起义都具有浓郁的宗教色彩即为明证。近现代以来，宗教在国际政治中日益发挥重要的作用。帝国主义的殖民化进程往往由宗教开路，当今社会令人惴惴不安的国际恐怖活动也夹杂着复杂的宗教因素。宗教与政治的关系已成为全球性的热点问题之一。

宗教社会功能的发挥还集中体现在宗教与道德的关系上：两者之间存在着千丝万缕的联系。宗教学界对此的研究，以道德是否来源于神启为起点展开，通行的结论是两者都是一定社会历史条件下的产物，即相互依存又相互独立。世俗的道德准则经常借助宗教的力量得以推广维系，宗教信仰甚至与道德结合生成宗教道德，对人们的社会心理和行为产生十分强烈的作用。这种作用随历史条件的变化有时是积极的，有时则是消极的。

作为社会意识形态，宗教与艺术在把握现实的方式上有相通之处，即都借助想像激发主体的情感体验。虽然宗教想像将主体引向一个虚幻的世界，艺术想像则落脚于现实生活的厚土，但这种相通让宗教常常与艺术更紧密地纽结在一起。历史上，既有大量以宗教为题材的文艺作品，也有许多宗教采用文学、绘画、音乐、雕刻、建筑等形式加以传播。如基督教的《圣经》和伊斯兰教的《古兰经》中的很多内容，就是以神话传说、寓言故事，甚至纯粹的诗歌小说形式写成。而宗教也对艺术发生了深远的影响，基督教对西方艺术、佛教伊斯兰教对东方艺术的渗透可以说是入木三分的。

同为人类把握现实的一种思维方式，宗教与科学和哲学的关系始终是宗教学研究十分关注的热点问题。历史上，以信仰为基础的宗教和以理性为基础的科学，经历过一个水火不相容的历史阶段，布鲁诺、伽利略等科学家为此经历的磨难尽人皆知。但也有许多卓有成就的科学家对宗教甚感兴趣，宗教意识通过深刻影响他们的哲学观、价值观而介入其科学研究，增强了他们的洞察力和突破力。20世纪以来，伴随着现代科技的迅猛发展，宗教不但没有消失，反而日益显示出与科学融合的可能。宗教与科学积极对话，在新的认识层面上寻求着结合与互动。数学家与哲学家海特的看法颇具代表性。他认为，宗教符号赋予人们生命的意义，科学模式赋予人们改造环境的能力，宗教与科学的影响如此之大，人类历史未来的方向将取决于现代人如何看待科学与宗教的关系。爱因斯坦的话更为生动，他以为科学与宗教彼此如此需要，以至于宗教没有科学是盲的，而科学没有宗教则是跛的。宗教与哲学的关系就更为复杂，两者在相当长的历史时期内呈现出纠结状态。举例来说，备受中国哲学研究者关注的《周易》，本来是一本占卜用书，具有十分浓厚的宗教色彩。魏晋盛行一时的玄学，其内核便既有老庄哲学的理趣又有佛教的神道。而在西方中世纪，哲学曾经沦为神学的“婢女”。近现代以来，虽说哲学试图以鲜明的理性思辨与宗教划清界限，但历史渊源关系决定了两者在思想方法上多有相通之处。特别是在物质文明高度发展的现代社会，面对充满精神困惑的人们对于诸如“终极关怀”这样的重大的命题反复诘问的时刻，宗教与哲学的关系又注入了新的活力。

（三）宗教学研究在现代中国

20世纪初，“宗教”一词伴随着西学东渐的浪潮由日本传入我国。起初，受思想启蒙运动的影响，这一时期的知识分子，不论是持保守立场还是激进立场，几乎都将宗教观念视为阻碍社会进步的势力加以排拒。此后随着科学观念的逐步深入发展以及新的学术思想和方法的不断移植引入，一些知识分子开始以更加理性和客观的态度对待宗教现象，并首先在我国宗教史的梳理方面做出较为突出的成绩。如，梁启超、胡适开创了用现代方法研究佛教的先河；许地山等关于道教对我国社会文化的深刻影响的研究；穆斯林和非穆斯林学者协力推动的伊斯兰教研究小高潮：20年代极大地促进了基督教与中国文化精神的结合的“非基督教运动”的兴起，这些都表明中国现代宗教学研究进入了草创期。

建国以后直到“文革”结束，在这段历史时期内，受社会意识形态领域“左”倾错误思潮的干扰，我国的宗教学研究步入低谷。宗教学因其研究对象的特殊性，很难在当时广泛开展无神论宣传教育的政治气候下健康发展，宗教往往被视为荒诞不经的唯心主义，等同于迷信，与科学精神背道而驰。纯学术性的宗教研究寸步难行，即使是对马克思主义宗教观的研究和宣传也多是断章取义。这一时期发表的宗教研究的著作与文章，几乎全部出于宣传无神论和政治路线斗争的需要，要么是资料的整理汇集，要么是一边倒的批判论调，学术价值十分有限。到了十年“文革”，宗教学研究更是陷于停滞状态。

新时期在思想解放运动的驱动下，我国的宗教学研究日益呈现出勃勃生机，进入了学科建设的快速跃进期。20 世纪 80 年代初，围绕如何辩证理解“宗教是人民的鸦片”展开了一场热烈的讨论。在这场被戏称为“鸦片战”的论争带动下，广大的宗教学研究者坚持马克思历史唯物主义的原则立场，清除“左”的思想流毒，以正确理解马克思主义宗教观为突破口，在广泛吸收借鉴外来研究成果的基础上，结合本国实际，着重对社会主义历史条件下的宗教现象进行考察和分析，积极建构富有中国特色的宗教学理论体系，取得了多方面的理论成果，特别体现在以下两方面：

首先，就社会主义历史条件下的宗教问题，研究界达成以下基础性共识：(1) 宗教存在的长期性。宗教作为一种社会意识形态、一种文化现象，一经产生便具有相对的独立性。又由于我国的社会主义并不是建立在资本主义充分发展的基础上的，尚处于初级阶段，因此，宗教赖以存在的社会土壤并未完全失去。从世界范围看，宗教走向最终消亡可能比阶级、国家的消亡还要久远。(2) 宗教问题具有群众性。社会主义历史条件下的宗教，其政治经济作用都发生了根本变化，作为一种群众性的团体，在党和国家积极的宗教政策指导下，它完全可以与社会主义协调发展。(3) 当代宗教问题具有特殊复杂性。要求我们运用唯物辩证法，依法管理宗教事务，坚持独立自主办宗教。

其次，发掘本国原始宗教资源，进行系统整理和研究，出版了《中国各民族原始宗教资料集成》等填补空白的著作。与此同时，针对宗教与中国传统文化的关系进行深入研究，特别围绕儒家思想是否为成熟的宗教形态等问题展开了学术探讨。这些颇具民族性的研究成果均为现代宗教学研究作出了贡献。

经过 20 多年的发展，我国现代宗教学的学科建设已经颇具规模。学科地位不断提高，学科结构体系不断拓展完善，20 世纪 80 年代后由从属于哲学的二级学科独立为一级学科。学科研究领域不断扩大，一改过去以佛教、道教研究为主的状况，研究内容纵横拓展，几乎涵盖了现代宗教学研究的方方面面。学术研究队伍不断扩大，实力不断增强，既有前辈学者的厚积薄发，又有新锐学者的借鉴创新。学术交流活动空前活跃，涌现出丰硕的学术成果。

要点归纳

1.1　哲学是关于世界观的理论体系。

1.2　20 世纪出现了马克思主义与西方非马克思主义两大哲学思潮：马克思主义哲学在社会历史运动和科学革命中得到应用、检验及发展；分化为科学主义与人本主义的西方非马克思主义哲学，流派纷呈、论见各异，影响也很广泛。20 世纪下半叶，不同哲学思潮流派从对抗、对峙逐步走向对话。

1.3　当代中国哲学重新确立真理标准及实事求是的思想路线，邓小平理论对马克思主义哲学的发展作出了重要贡献。

2.1　历史学是研究人类在时间中的活动，探求人类社会演进轨迹的人文科学。

2.2　20 世纪西方历史学发生了研究模式的变革。就研究框架而言，“欧洲中心论”失去其统治地位；传统“政治史”模式被打破；强调史学研究的主体性；史学研究方法和技术手段得到更新。马克思主义在史学领域的影响不断扩大。

2.3　当代中国史学的发展显示了以下特点：在唯物史观指导下，立足传统与现实，构筑中国特色的马克思主义史学理论体系；方法论由封闭研究走向开放研究；弘扬民族史学优良传统，自觉培养高尚的人文精神。

3.1　文艺学是以文学艺术审美活动为研究对象的人文科学。

3.2　20 世纪世界文艺学研究表现出如下特征：研究观念较之以往更系统、开放；更注重本体研究；在理论研讨与争鸣中不断发展。

3.3　20 世纪世界文艺学的突破性进展主要有：对创作主体艺术思维及心理的深入开掘；对文艺作品形式的重新认识；对文艺接受问题的注重；对文艺与社会—文化系统关系的进一步思索。

3.4　中国当代文艺研究的重要进展主要有：构建开放的马克思主义文艺理论体系，充分认识文艺的审美特性；在肯定反映论的前提下，以价值论为补充，以主体论为中心，构筑新的理论体系；文艺新学科建设受到重视；文艺学的应用研究不断加强。

4.1　宗教学是以作为社会文化现象的人类宗教活动为研究对象，旨在揭示宗教产生和发展规律的人文科学。

4.2　宗教学的学科发展，以第一次世界大战为界标，此前为比较宗教学时期，此后为分化拓展时期。

4.3　20 世纪以来，围绕着宗教活动的主客体关系，众多的宗教学学派从不同的切入点对宗教的本质特征进行了理论阐发。其学科理论建设主要沿着共时与历时两个方向展开：共时研究就是宗教学界所谓的“要素”研究，通行的观点将宗教观念、宗教体验和宗教行为、宗教制度视为宗教的基本要素。历时研究把宗教的历史运动轨迹概括为三大阶段：原始社会的氏族—部落宗教、古代阶级社会的国家—民族宗教和近现代的世界宗教。宗教与社会文化的关系则是 20 世纪宗教学研究的又一重要领域。

4.4　宗教学研究在现代中国经历了曲折的发展过程。当代中国宗教学界就宗教存在的长期性、宗教问题的群众性、当代宗教问题的特殊复杂性达成了广泛共识。当代中国宗教学正迅速成为人文社会科学领域的显学之一。

问题探讨

1. 为什么把“文史哲”称为传统人文学科？

2. 哲学历史学、文艺学、宗教学在 20 世纪的发展有哪些共通的特点？

DI LIU ZHANG

第六章 语言学心理学人类学传播学管理学的进展和影响

重点提示

1. 语言学是怎样的学科？20 世纪语言学有何重要进展？它如何跨越并影响人文社会科学与自然科学？中国语言学有何突破？

2. 心理学是怎样的学科？20 世纪心理学有何重要进展？它对整个科学体系产生怎样广泛的影响？当代中国心理学的重建取得了哪些成就？

3. 人类学是怎样的学科？20 世纪人类学发生了哪些变革？它对现代科学发展有何重要意义？中国人类学如何在探索中前进？

4. 传播学与管理学分别是怎样的学科？它们在 20 世纪是怎样迅速崛起并产生跨学科影响的？

语言学、心理学、人类学、传播学、管理学在 20 世纪逐步成为跨越人文社会科学和自然科学两大部类，而总体上仍然倚重于人文社会科学的重要学科。

这些学科的重大进展，对整个科学体系，特别是对人文社会科学体系产生了多方面的积极影响。

一、20 世纪语言学与现代科学

语言学是一门研究人类语言的内部结构、功能和发展，揭示语言本质及其存在和发展规律的学科。它已历经了传统语言学、历史比较语言学和现代语言学三个阶段。传统语言学以书面语为研究对象，以实用为目的，多为解释古书及作文修辞服务，长期依附于文艺学、哲学、逻辑学、历史学等学科。19世纪，历史比较语言学突破传统语言学的路子和方法，把研究重心转移到探究语言的历史渊源及相互关系上，以此为基础，产生了普通语言学。20世纪，结构主义语言学揭开了现代语言学的序幕，语言学由此获得了更为迅猛的发展，确立了独立完整的学科体系。其理论及实践成果在当代人文社会科学及自然科学领域产生了重大的影响。

（一）现代语言学的主要进展

1. 索绪尔开创结构主义语言学

20世纪初，历史比较语言学走到了鼎盛时期，在揭示有共同来源的语言或方言间的亲疏关系、语音的演变秩序等研究中取得了一系列重大成果。随着语言学的独立与发展，历史比较语言学逐渐显露出它的局限性。瑞士语言学家索绪尔感到比较语言学的方法过于关注语言历史流变的细节，未能抓住语言的实质。毕其一生，索绪尔努力以一种更科学的思路来彻底改造语言学，在探讨语言的本质属性及阐释描述语言的系统结构方面颇有建树，奠定了现代语言学独立的理论基础。语言学界通常以索绪尔为界标，他之前的历史比较语言学为传统语言学，他开创的结构主义语言学则被视为现代语言学的正式开端。索绪尔的现代语言学思想集中体现在《普通语言学教程》中，概括起来主要有以下四点：

首先，语言是符号系统。

交通信号灯同时具有物质性（不同颜色的灯光）与表意性（红灯停、绿灯行），索绪尔分别称为“能指”与“所指”，两种属性配合使信号灯成为指挥交通的符号。语言也是这样一种符号，它犹如一张纸，“所指”思想是正面，“能指”声音是反面，我们不能切开正面的同时切开反面。红绿灯与行停意义间的约定是人为规定的，语言符号的声音与思想之间也没有内在的必然联系，是社会成员约定俗成的。否则，我们便无法理解为何“火”这个概念在汉语和英语里的发音完全不同。

一个脱离棋局的“将”，根本谈不上棋子“将”的价值。而一副象棋丢失了“将”，随意用一块石子来代替，只要在棋局中被放在“将”位上，按“将”的走法走，它的相应价值就产生了。同样道理，孤立的语言单位也没有价值，只有把它放到“语言棋盘”中，与其他语言单位相互对立构成系统，才能具有语言价值。确定了语言的符号属性后，索绪尔又以下棋为喻，形象地说明：语言是一个系统，它的任何部分都可以而且应该从它们共时的连带关系去加以考虑。

语言是一个完整的符号系统，其中各种成分之间存在相互依赖、相互制约的关系；系统具有自己特有的内在秩序或内在规律。这成为索绪尔现代语言学的全部思想基础。他纠正了历史比较语言学孤立、零碎地考察语言现象的倾向。

其二，区分语言和言语。

为摆脱传统语言学对语言细节的纠缠，索绪尔提出区分语言和言语：语言是语言符号相互关联的系统，言语则是实际话语。前者是社会的、主要的，后者是个人的、从属的。如“我看书”，句中的“我”在实际话语中可能是张三李四或其他人，而作为语言单位的“我”是同一的，是“看书”动作的发出者，即施事主语。如果把语言比作一首交响乐，言语就如同乐师的演奏。乐师各不相同的演奏方法和技巧处理，并不影响交响乐的现实性。索绪尔认为，语言学的研究对象应该严格限制于不依赖个人的语言系统，而不要钻进语言的具体表现——千差万别的言语迷宫。虽然语言存在于言语中，但语言研究只有分路走，排除杂乱的、偶然的言语现象，才能确立语言学科的科学性。

其三，区分历时态和共时态。

对语言系统既可以作历时态的研究，也可以作共时态的研究。在历史比较被认为是语言研究惟一正确思路的时代，索绪尔侧重强调共时态研究，也就是对一个时期内一种或多种语言作横断面的研究，以充分揭示语言的结构。他指出，对说话者来说，惟一存在的现实是语言的共时状态，语言历史演变的干扰只能使语言学家作出错误的判断。他形象地解释道，要描绘阿尔卑斯山的全景，只能从它对面的汝拉山上选取一个点去摄取。语言也是这样，要集中在某个状态对它加以描写和确定使用的规范。因为语言是一个共时的符号系统，系统中任何一个因素的历时改变，或许都会从根本上改变系统。那些变化因素之间的互相替代，本身并不构成系统，也不能反映一个共时语言系统的原貌。倘若语言学家老是跟着语言的演化转，那就好像一个游客从汝拉山的这一端跑到另一端去记录景致的移动，却无法真正领略阿尔卑斯山的全景。

其四，区分深层结构和表层结构。

索绪尔还把语言系统分为深层系统和表层系统。深层系统是由社会因素构成的，它是静止的、规范的。表层系统则是个人的言语表达，它受到个人的物理的、生理的、心理的因素的干扰。语言学着重研究深层系统。

索绪尔的思想首先在欧洲传播开来，继承者从他的共时语言观出发，站在“语言是符号系统”的理论基石上，选择各自的钻探点深入下去，有效地推广和发展了他的学说。一股结构主义语言学思潮逐渐成形，并在近半个世纪内风行一时。索绪尔的结构主义语言学思想在欧洲音位学、语符学及美国描写语言学的理论建设中大放异彩，开创了现代语言研究的新局面。

索绪尔等结构主义语言学者设计了一条道路，沿着此路发展下去，语言学将与自然科学日趋靠近，直至成为精确严密的自然科学的一员。与之相对，另一些语言学者则选择了从社会文化的演变去打量语言。他们认为，语言随着民族的成长而发展，是民族精神的外在表现，同时又承载着民族的历史和文化，研究语言须与历史文化、风俗习惯的研究相结合。语言是一种非本能性的、获得的文化功能。若将各种语言比作景观，那么，从拉丁语到俄语，景象大体相同，英语稍有变化，山形有些倾斜，但还认得出来，而到了汉语，就连头上的天都变了。因此，不应根据一些预定的标准（如希腊—拉丁语法）来描写某种语言，而应根据它本身的语音、形式和意义的模式来描写，力图揭示其本性。文化语言学所表征的人文主义语言思潮，与风行的结构主义语言学互为补充，势头虽不如后者强劲，但也是一股不可忽视的潜流。

2. 乔姆斯基对现代语言学的拓展

如果说索绪尔开创现代语言学是从区分言语和语言开始的，那么，美国语言学家乔姆斯基对现代语言学的强烈震动始于他对“语言行为”和“语言能力”的划分。

20 世纪 50 年代，乔姆斯基创建转换生成语法。在乔姆斯基之前的美国描写语言学以语言经验为研究对象，借助分析大量现存的语言现象来归纳语音、词汇和语法规律，目的在于描写“语言行为”。描写语言学者强调对语言行为的调研，采用捡花生式的归纳法，说到底是经验主义语言学。转换生成语法的研究对象则是“语言能力”，就是人脑认知系统中的语言机制部分，目标定在揭示人脑语言机制的工作原理——普遍语法。在乔姆斯基看来，语言不是实在的东西，人脑中的普遍语法才是实在的，千变万化的句子都是从普遍语法中派生出来的。儿童学习语言，并不需要掌握所有语句的道理正在于此。普遍语法好比人脑的语言程序，只要弄清楚并确定它的构成原理及规则系统，就可以从根本上解开人类语言的奥秘。

通过以上比较可以看出，乔姆斯基的转换生成语法决不仅仅是一种狭义的语法理论，而是一种新兴的语言学理论，从起点到思路都另辟蹊径。打个比方，假如我们把人类语言当作一个魔方，那么，语言学者已习惯从外部的旋转中捕捉色块的组合变化规律。而乔姆斯基别出心裁地想出了另一种玩法，他索性把魔方拆开，直接剖析它的内部结构，进而掌握色块组合变化的内在机制。经过分析思索，乔姆斯基认为，“语言魔方”的内部结构核心就是句法关系，它具有操纵色块变化——生成语言的能力。1957 年《句法结构》

的出版标志着转换生成语法的诞生。

与新颖的研究思路相适应，乔姆斯基一改描写语言学的经验主义立场，站到理性主义的大旗下，全心全意要把语言学改造成数学一样的自然科学。命题可以从假设出发，通过逻辑推演，把姿态万千的语言概括成有限的结构转换规则，而且，这些规则可用简略的数理推导式加以表达。在 20 多年里，转换生成语法经过好几个阶段，从最初排斥语义到结合语义解析语法，富有探索精神的乔姆斯基不断修正完善转换生成理论。他发展了索绪尔提出的“表层结构”和“深层结构”的思想，提出不少语法分析新概念，构建了一整套英语分析的形式化体系，深深影响了现代语言学的发展轨迹。

乔姆斯基语言研究的目的已不在语言本身，他越来越把对语言的思考引向生成语言的大脑，引起了一场心理语言学的革命。

“乔姆斯基革命”让西方语言学的主流从描写具体语言的结构转到试图对整个人类的语言能力作出解释的方向上来，20 世纪 60 年代和 70 年代可说是乔姆斯基时代。但是，在实际运用中，主要通过内省推演方法产生的转换生成语法规则也存在问题。特别是当它被应用到计算机自然语言程序编制中后，人们发现，有些计算机生成语句句式清晰，主干及修饰成分也符合语法规范，但句意却模糊不清，难以满足人机对话的需要。于是，一批语言学者开始反省乔姆斯基把语言能力与语言行为截然分开的做法。

他们认为，在大脑奥秘远未昭示天下的情形下，转换生成语法也只能是对语言能力的带有猜测性质的描写，而并非精确的解释。多数情况下，一句话如何讲，在选择陈述句或否定句表意都相同的条件下，采用何种句式，全看说话人的实际需要。因此，解析句法结构就不能一概从人脑内部，带有天赋色彩的普遍语法找原因，而应该更多地结合具体语用环境来考虑。即使从大脑内部的普遍语法找依据，也要顾及人类认知结构的不断发展变化。这些被称为功能学派的语言学者在乔姆斯基内省推演的基础上，再次重视对实际语言材料的调查取证，做实实在在的话语分析。也就是说，他们重新关注起“语言魔方”的具体操作者及操作环境来。

功能学派的理论主张和研究成果，将现代语言学从对语言系统内部的研究推进到语言使用的研究，建立了语用学、篇章语言学、话语分析等新的学科。这些新学科与音系学、语义学、语法学等共同构筑起现代语言学的大厦。

其中尤其值得一提的，是建立在传统语义学基础上的语用学的发展。

有学者概括，20 世纪的语言学从“关注重心”这层意义上，可以说经历了形态研究→句法研究→语义研究→语用研究四个发展阶段。70 年代初重新兴起的语义学研究，其原初的立足点是把意义看作语言文字本身固有的属性，这种属性是内在的、固定的、不受外界因素影响的。也就是说，它研究的主要对象是抽象于使用之外的语言的固有意义。在语义学研究者来看，有三种句子，一是不存在真实与否这个判断性问题的句子，二是包含暗示意义的句子，三是因包含指示性语词而不足以表达一个完整思想的句子，应当被排除在语义学研究范围之外。而这三种被扔进“废纸篓”的句子，恰恰构成了语用学的三个主要研究课题。如果说语义学是对抽象语言能力的研究，那么，语用学就是对言语行为的研究，或者说，是对使用中的语言意义的研究。可以认为，语用学是语义学研究的必然延伸和发展。语用学在充分吸收现代语言学以及哲学、人类学、社会学、心理学等学科滋养的基础上，格外重视语言的社会、文化、心理属性，重点研究语言在一定的语境中使用时所体现出来的具体意义，提炼出“模糊性”、“间接性”、“关联性”、“层次性”、“人文性”等语用理论，对语言交际的规律提供了有价值的解释，为寻求自然语言的逻辑作出了贡献，并较为成功地以外界因素去说明、解释语言结构。90 年代被认为是语用学迅速发展的年代。化传统语义学的“废纸篓”为神奇的语用学，呼应着功能学派的理论主张，拓展了语言学研究的疆域，使其与自然科学、人文社会科学广泛交叉，促进了语言学理论成果在外语教学、计算机信息处理、文化交流等重要领域中的实际运用。

（二）现代语言学：跨越人文社会科学与自然科学

1. 现代语言学对人文社会科学的重大影响

随着现代语言学对语言本质、结构及功能认识的深入，它在人文社会科学领域的影响日益扩大。过去对语言现象的解释常常仰仗哲学、文艺学、逻辑学、历史学、心理学等学科的理论支持，而今情势大变，人们正试图通过“语言的棱镜”重新审视本学科内的许多基本命题。

在哲学领域，正如我们在前面提到的那样，语言在认识世界过程中的中介作用受到普遍重视，产生了声势浩大的语言哲学运动。语言哲学的倡导者把哲学的首要任务落实为从哲学角度研究语言，尤其是语义。他们认为，哲学在建立关于世界及其意识的理论之前，必须先建立关于语言的理论。当代哲学的许多新兴流派，如分析哲学以及现象学、解释学的崛起无不是语言哲学运动的产物。

在社会学领域，社会学家把语言结构的变异与社会结构的变异联系起来，以两者的关系为研究对象，产生了社会语言学。

心理学与语言学更是日趋接近，下一节即将介绍的认知心理学的迅速发展就是两者紧密协作的结果。乔姆斯基大力倡导的心理语言学，专门探讨语言活动的心理过程、心理机制及发展规律。语言与人类心理活动的内在关系受到当代心理学界更多的关注与揭示。

现代语言学不仅为与语言有直接关联的人文社会学科提供了新颖的研究视角，产生了许多边缘性或交叉性的学科，还以发端于20世纪现代语言学的结构主义思潮影响了整个人文社会科学方法论的变革。

结构主义语言学思想体现着一种考察事物的整体性、转换性、自调性的系统观念，可以视为一种关于世界的哲学思维方式，在20世纪的自然科学领域（特别是物理学领域）已得到集中反映。由于索绪尔、乔姆斯基等在语言研究分析中创造性的成功运用，结构主义观念思潮波及几乎整个人文社会科学领域，结构主义语言学的基本概念原理被广泛移植。例如，法国社会人类学家列维—施特劳斯全面运用结构主义语言学的观点方法解析人类文化的系统结构，认为“一切文化都可视作符号系统的整体”，艺术、宗教等社会现象的“内在本质跟语言是相同的”。在具体文化系统的分析操作中，他借鉴音位分析法，仿照音素提出“神话素”的概念，作为神话分析的基本单位。列维直截了当地把自己的人类学命名为结构主义人类学。诸如此类的学说在心理学、历史学、文艺学等诸多人文社会学科中颇具影响。

事实上，在结构主义语言学的冲击下，人文社会学科间的相互联系一度似乎都集中到了语言上。风俗、礼仪、社会行为、音乐、舞蹈、戏剧、影视乃至时装，都成了广义上的语言；而结构主义等语言学研究方法也就成了许多人文社会学科的研究方法。

2. 现代语言学与信息科学技术

自索绪尔开创结构主义语言学以来，现代语言学就不断从自然科学中吸取营养，借鉴数学、物理学、计算机科学的原理方法来改造与推动现代语言学的理论建设。乔姆斯基的转换生成语法理论使这一科学化进程跨出了实质性的一大步。

如前所述，乔姆斯基力图揭示人类语言的生成机制。他以严谨的数理推导式演绎转换生成语法。这种做法促成了交叉学科——数理语言学的诞生。这门学科主要借助电子计算机，运用布尔代数、集论等数学中的一些理论和方法来分析、描写语言结构。数理语言学的产生，不仅意味着语言学与数学的成功结合，更为重要的是，它促进了现代语言学与电子计算机工程技术的联姻。

20 世纪中叶，人类社会开始步入信息时代。今天，人类传递信息的手段日趋多样，但无论是图文符号信息还是声像信息，从职能上讲都是语言的延伸，且常常需要转换成相应的语言符号才能更好地完成信息沟通的功能。因而，语言仍然作为最重要的信息载体备受瞩目。电子计算机工程技术介入语言研究不仅加速了语言学科的科学化现代化进程，更加大了语言学科在当代社会的影响。

一方面，电子计算机信息处理技术加盟语言研究意味着一场工具革命。有了计算机的帮助，往日工程浩大、历史漫长的辞书、典籍的编纂工作简便快捷了许多，经卷浩繁的历史文献的保存与检索易如反掌。语音、词汇的调查分析，句型归纳、语言类型的平行比较等语言学常规工作的效率成倍增长。

另一方面，语言学的研究成果直接关系到计算机自然语言程序设计，即计算机与人直接对话技术的进展。这涉及计算机应用技术的质的飞跃。数理语言学的迅速发展，使语言结构描写形式化、数字化程度不断提高，为人们设计各种计算机人工语言提供了方便。自从 20 世纪 70 年代起，数理语言学开始深入语言的内部——语义学领域，开始解决语言的构造问题。这为计算机自然语言程序设计提供了必要的理论基础。

现代语言学与电子计算机工程技术的联姻与相互促进已成为信息时代的一种大趋势。语言学家同编制程序的数学家、控制论学者、电子学者之间正展开理论与生产上的广泛合作。人机对话实现的前提是将人类的自然语言代码化，变为计算机能够理解的人工语言，再通过计算机的指令控制，带动机器的运转、仪器设备的工作。这都离不开语言学对语音的生理物理分析、语法结构的解析，以及语用领域的言语分析与合成研究。因此，电子计算机工程技术及相关的控制论、信息论等现代科技的发展越来越多地取决于现代语言学的进展。据此，有科学家断言，在当今及未来的电子时代与电子文化中，语言学发达的程度是衡量一个国家科技水平，首先是电子学与电子工业发展的一个重要标志。

特别值得一提的是，当代脑科学在揭示人脑基本构成及基本活动规律，以及对意识机能，脑内分工与协作神经网络机制的研究方面，已取得突破性成果。进而，人们对思维过程中逻辑与非逻辑、形式化与直觉因素的互补关系也已有所认识，并已借助计算机展开模拟大脑思维的人工智能的研究。这无疑为现代语言学对语言生成机制的深入探索进一步提供了自然科学依据。与此相应，语言作为人类思维和交际的最重要的工具，人类社会最重要的文化载体，担负着记录保存人类文明成果的重任，它对人类的认知模式及思维方式具有不可忽视的反作用。所谓东方思维与西方思维的分野，就与东西方不同形态的语言文字差异有直接关系。20 世纪以来，语言符号理论的广泛传播，使语言与意识的关系问题受到前所未有的关注。如对儿童获得语言能力的过程及行为异常者语言结构的分析研究，有助于揭示人脑思维的结构模式及其历史演变。神经语言学正是这样一门研究人脑与语言关系的新学科。语言研究反过来又促进了脑与意识这一当代科学领域的前沿课题的探索，进而对人工智能技术的发展起至关重要的作用。

现代语言学在自然科学与人文社会科学之间实现了成功的跨越，并以丰富的理论成果和操作实绩使自己成为连接两大科学部类的桥梁之一。到 20 世纪末，世界上多数的大学都设有语言学系和语言学专业，语言学理论不但是语言学系学生的专业基础课，而且也是哲学、心理学、教育学、社会学、人类学、传播学、计算机学等专业的学生必修的基础理论课。其学科的建设道路及产生的重大影响，为其他人文社会学科的建设发展提供了十分有益的启示与参照。

以研究“语言人”为己任的语言学在继续前进。英国语言学家罗宾斯在 1996 年出版的《简明语言学史》（第 4 版）的结尾写道：“语言也许是人类最有特色的能力。人类在理解和研究语言的过程中，同时也在整个文化史中不断地认识自己，并且遵守我们文明的来源古希腊的中心特尔菲城的阿波罗神庙上，面对来访者那条谕示：了解你自己。”

（三）中国语言学：继承、吸纳与开拓

中国传统语言学（文字学、音韵学、训诂学）源远流长，而现代意义上的语言学要到 20 世纪初，随西学东渐之风由西方传入国门。1898 年，马建忠借鉴拉丁语法通析汉语语法结构，同时概括出一些汉语语文独有的特征，第一部系统的汉语语法著作问世了。《马氏文通》奏响了中国语言学的序曲。中国语言学的规模发展是

在建国以后，成就主要体现在汉语的实际应用研究方面，如制定语言文字工作方针政策，订立推行汉语拼音方案，推广普通话，合理简化汉字，进行方言及少数民族语言普查等。现代汉语的语音、词汇、语法体系建立起来并不断完善。20 世纪 50 年代和 60 年代，中国语言学理论建设深受苏联语言学影响，曾就语言的工具性、阶级性等问题展开过大讨论，社会语言学产生了普遍而深远的社会影响。

在近一个世纪的发展历程中，如何处理好继承传统与吸收西方现代语言学成果之间的关系，探索总结汉语自身的特点规律，一直是中国语言学学科建设无法绕开的课题。

长期来，中国语言学界笼罩着一层阴影：西方语言学者一直宣扬，文字的高级阶段是形态丰富的表音文字，而汉字所属的表意文字只是文字的低级阶段。文字发展的规律果真如此吗？汉字是否必须走拼音化道路？这道难题困扰了中国语言学者多年。80 年代，随着汉字理论研究的深入，人们逐步得出一种共识：表意汉字与表音文字相对照，汉字的字形字音间虽缺乏对应，但起源于象形文字的方块汉字具有平面信息储存量大、联想功能强等优势，双方各有特点。因此，不应以己之长度人之短，草率划分优劣。

以汉字表意性理论为突破口，针对汉语理论体系建构中移植多原创少的状态，从 80 年代后期开始，一场围绕汉语特性的理论研讨在全国语言学界展开了。早在 19 世纪初，西方某语言学家曾断言，缺乏形态变化的汉语是“偏离纯粹规律的形式的语言”，只有“不太完善”的语法结构。是汉语果真不完善呢，还是因为下结论者戴着有色眼镜，用西方语法模式硬套汉语，造成削足适履的尴尬呢？中国语言学者就汉语言学研究的观念方法及发展方向作出了积极深入的思索。

一批学者认为汉语的本质属性是人文性，并希望由此打开汉语言学研究的新局面。具体而言，汉语偏重心理，略于形式，语句经济，语义富于弹性。西方语言则形态丰满，形式严谨，缺乏弹性，力求言能尽意。这样，用西方语法的眼光看，汉语的句法控制能力极弱。只要语义条件充分，句法就会让步。从西方语言材料中概括出来的西方语法理论及其结构主义描写方法无法很好地适应汉语语言材料，造成西方语言学理论的框架思路同汉语事实的深刻矛盾。为此，必须建立体现汉语人文特质的语言理论及方法。中国文化语言学在这样的背景下应运而生，其倡导者力图继承传统语文的解释精义来把握汉语的文化特征，辅之以结构描写的科学方法，塑造一种全新的汉语言学范式。

有些学者则指出：中国文化语言学的思想虽然深刻但失之片面，且并不能完成汉语言学的全部任务。作为一门草创阶段的学科，它涵盖领域过于宽泛，必然妨碍其学科系统建构的科学性与严密性，从而难免出现体系松散、观点难以统一的不足。尽管如此，中国文化语言学在揭示把握汉语特性，开拓汉语言研究思路方面功不可没，这已成为当代中国语言学界的一种共识。

以上只是当代中国语言学基础研究关注的热点之一。80 年代以来，中国语言学界在理论语言学、汉字学、汉语史、近代汉语、现代汉语以及少数民族语言研究方面取得显著成绩。

至于当代中国语言学的应用研究，20 世纪 80 年代以来，计算机语言学和汉语信息处理这一现代语言学分支，始终处于领跑地位。通过语言学专家与科技工作者联手合作，中国语言学在其应用领域取得又一重大进展，一向被西方语言学界视为难以攻破的堡垒——汉字信息电脑输入，从编码方式到处理技术都有了重大突破。该领域涉及的主要方面，包括基于自然语言的汉语句法和语义分析、汉语语料库的建设和语料加工技术，基于语料库的语言分析方法，汉外机器翻译系统及其评测方法、文本分析与生成，现代汉语自动分词，机器词典，机器文字识别，机器自动文摘，文本检索及校对，智能型汉字输入方法和人机接口，等等，都已取得较好的实际使用效果。目前，我国已建成最大的汉字字形库，收入汉字数量达 6 万。同时，汉字编辑及排版系统软件也不断改进完善。尽管汉字的自动化信息处理特别是句处理层面还存在许多问题，汉语发展尚未完成由“书同文”走向“语同音”的历史使命，然而，古老的文字与硅世界的奇特的结合，中文信息电脑处理技术的日新月异，为汉语言学的研究与应用开辟了光辉的发展前景，国际人士认为“将给亚洲的经济和文化生活结构带来巨大的变化”。

我国著名人文学者季羡林指出：“现在大家公认21世纪将是语言学和生物学的世纪。语言学的研究关系到我们国家的建设，关系到人类发展的前途。”他呼吁提高对语言学价值的认识，加大语言学研究的投入。

二、20世纪心理学的重要进展及其广泛影响

心理学本意是关于心灵的理论，是把人（以及动物）的心灵作为对象，并用科学的方法阐明其本质的学问。什么是“心灵”，什么是“科学的方法”，时代不同，学派不同，其理解也相异。

19世纪中叶，自然科学的威望日增，生理学接近成熟，心理学才摆脱哲学的一般讨论而转向对实际问题的研究。1879年德国哲学教授兼生物学家冯特，在莱比锡建立了世界上第一个心理学实验室，主要应用生物学的实验技术，研究心理过程。冯特认为，心理活动是能够直接感受的体内的经验，它可以通过精心设计的多以动物为对象的实验，进行实证性的确定。冯特把他有开创意义的工作称为“生理心理学”或“实验心理学”。长期以来，西方心理学史将他的追随者所持的一些极端的观点也说成是冯特的观点。这类观点中最引人注目的是：心理学的基本方法是分析，心理活动可以区分为如同化学元素那样的一些心理要素；实验的主要模式是“内省—报告”，即要求观察者冷静体察并客观地报告他自己头脑中正在发生的过程，然后对这些口头报告进行分析和分类，以判定他头脑中的活动包含何种基本心理要素。后人或着眼于冯特把意识作为研究对象，称之为意识心理学，或突出他的追随者强调的“元素分析”，称之为构造心理学。

冯特学派的成就和不足，激发了19与20世纪之交心理学家许

多有意义的发展。美国学者詹姆斯提出“意识流”概念反对“元素”说，认为每一意识状总都是心物总体的一种机能。

（一）现代心理学的重要进展

1.20 世纪上半叶的四个发展方向

20 世纪初，除詹姆斯的理论经杜威等人的努力在美国形成了强调心理的作用的机能主义学派外，现代心理学几乎在同一个时段，主要从四个方向上，向冯特学派提出挑战。

首先是行为主义。1913 年，美国心理学家华生发表论文《行为主义者心目中的心理学》，文章开宗明义：心理学是行为的科学。针对冯特学派的“意识心理学”，华生提出，意识是看不见、摸不着的，“内省—报告”是主观的，科学的心理主要建立在可以客观观察和测量的东西上面，其任务是研究人和动物的行为，寻求预测和控制行为的途径。按照华生的说法，有机体即人和动物的行为是对环境中特定刺激的反应，心理学的研究对象主要是可以用实验和观察进行验证的刺激—反应之间的关系。华生学派还援引俄国巴甫洛夫的条件反射理论，强调不论各种行为如何复杂，都可以归结为可习得的刺激—反应单元，行为是有规则可循的。行为主义心理学影响深远。20 多年后，美国心理学家斯金纳一方面强调要在规范实验操作技术的基础上研究有机体的行为，一方面指出行为主义是关于心理学内容和方法的一种科学哲学。这种“新行为主义”并没有克服行为主义的根本缺陷：一是排斥心理学对人的头脑中的活动即心理的内部过程的研究，二是认为人与动物的行为没有本质的差别，极大地忽视人的社会活动的复杂性，忽视人的主观能动性的研究，几乎把人等同于动物。随着时间的推移，新行为主义阵营中，不少人对研究心理的内部过程问题作出了不同程度的退让。

其次是格式塔心理学。格式塔是德语 Gestalt 的音译，意思是整体、完形。这个诞生于德国的学派主张心理学研究人脑的内部过程，和冯特一样，主要研究各种知觉问题；但是反对冯特学派某些人的“构造主义”，即反对把心理活动分解成为数不多的几个基本元素的做法。格式塔学派借鉴自然科学的有关思想，特别是物理学中关于“场”的理论，认为人在观察外界事物的时候，所看到的东西并不完全决定于外界，而是在人的头脑中有某种“场”的力量把刺激组织成一定的实形，从而决定人看到的外界东西是什么样的。格式塔心理学认为心理现象是一个整体，整体决定其内在的部分，整体大于部分之和，整体中的相互关系才是研究的重点。一句话，它突出整体的综合的研究。这种观点和方法是有积极意义的，但是该学派早期把知觉作为不变的主题，失之褊狭。

再次是精神分析。其理论是我们已经提到的奥地利精神病学家弗洛伊德首创的，它不仅对冯特学派，而且对整个心理学带来很大冲击。弗洛伊德在他长期的治疗精神病的实践中，逐渐形成自己的理论体系。其核心理念，一是关于人类行为的本能，认为人的内在生物性的情欲是最基本的冲动；二是关于“无意识”，认为心理机能中意识不到和难以接近的部分就是“无意识”，并认为人的根本心理动机都是无意识的，有意识的心理过程只是显露在表面的一些孤立的片断，如同海面上的岛屿，“无意识”的心理活动则是水下巨大的海床，在人的生活中起着决定性的作用。在弗洛伊德看来，意识的内容是理智的、自觉的，无意识的内容则多与理智、道德相违背。理智与无意识的冲突激化，就造成精神病。为治病而对病人的无意识进行心理分析，就是精神分析。弗洛伊德不断修改和发展他的理论，直至把精神分析作为解释全人类的动机和人格的方法。他的追随者对泛性主义和本能观多持保留或反对的态度，更多地注意心理活动与社会文化环境的关系，形成了新精神分析学派。他们的缺点是把社会环境缩小并追溯到家庭环境，把种族文化归结为亲子关系和保育方式，没有完全跳出生物学化的套路。

必须指出，苏联在马克思主义哲学背景和巴甫洛夫生理学基础上开展的心理学研究，其发展方向与西方有明显区别。苏联学者的主导性理论倾向是：心理是脑的机能，是客观现实的反映；意识与活动有着不可分割的联系，人的意识是在他的活动中形成和发展起来的，受活动的制约，又对活动起调节作用；心理的反映功能是有主动性的，表现为心理活动的选择性；意识作为心理的高级形式，是人类社会—历史发展的产物，归根到底是由社会物质生活条件决定的；社会对人的意识的制约性，和意识对社会生活的具体历史条件的依存性，明显地表现在不同历史时期和不同社会集团的人们彼此不同的个性特征中。事实不断证明，这种理论原则具有广阔的发展空间。但是，苏联心理学在发展过程中往往受到行政命令的控制，缺乏学术民主，对其他国家的心理学研究在相当程度上采取排斥的态度，这就妨害了心理学的健康发展。

2.20 世纪下半叶的三股新潮

上半个世纪各主要学派争论的结果，各家的合理主张保留下来，“学派壁垒”日趋淡化，20 世纪 50 年代以来，在三个领域内，涌现了三个潮头。

一是在认识理论领域中，认知心理学取得重要进展。宽泛说来，凡是侧重研究人的认识过程的，均属认知心理学。例如瑞士心理学家皮亚杰主要研究儿童的认知活动，探索认识发生和知识增长的心理机制、分析智力的性质及其结构和机能，他的思维心理学便是一种结构主义的认知心理学。而当代西方心理学文献中所称的认知心理学，一般特指以信息加工的观点和概念说明人的认知过程的科学。这种狭义的认知心理学形成于 60 年代前后。当时越来越多的心理学家背离行为主义单纯研究有机体外部行动的立场，转向探究人的内部心理过程，而格式塔心理学的整体观和皮亚杰关于认知过程的见解获得日益广泛的重视；乔姆斯基心理语言学和计算机科学等新理论的产生，则为进一步揭示人的认识过程的心理机制提供了必备的条件。1967 年，《认知心理学》专著在美国出版，以信息加工理论为核心的认知心理学成为国际心理学界合作研讨的重要课题。在西方，该学科的一个基本假设，是把人看成类似计算机的信息加工系统，认为人对信息的接受、记忆、决策、输出等步骤，可与计算机对符号的接收、编码、贮存、决策、输出等进行类比。此外，还强调人头脑中已有的知识和知识的结构对人的行为和当前的认知活动的决定作用，强调认知过程的整体性，认为人的信息加工有一定的模式。信息加工认知心理学对于人的认知过程已取得大量的实验研究成果，丰富了当代心理学的内容和研究的方法、技术。然而，无论是在西方还是在全球范围，上述基本假设和多数基本观点都有争议，许多学者强调人不仅是信息的传感器，而且还是信息的发生器，对于信息加工认知心理学能否代表心理学的发展方向表示怀疑。

二是在人格理论领域中，人本主义心理学的崛起。这不是一个体系严密的学派，而是一种学术思想运动，主要代表是美国心理学家马斯洛和罗杰斯，主题是人格发展及其与社会生活的关系。二次大战以后，西方资本主义发达国家中物质财富的增长与精神文化的危机形成强烈反差，像行为主义那样片面追求自然科学化的心理学不足以解释人类高级的、复杂的心理活动，像精神分析那样的以病态人作为主要研究对象的心理学不足以阐释人类高尚的、丰富的内心生活。人本主义心理学突出人的潜能和价值，主张心理学主要对人格发展进行整体把握和个案研究，要探讨对个人发展和社会进步富有意义的问题。马斯洛为研究“最佳人性”，研究人格发展能够达到的高度，重点分析健康人的心理，曾对他的学生进行抽样调查，并对历史上和现实中的著名人物如贝多芬、爱因斯坦、林肯等等进行个案研究。他的人格理论是以动机论为基石、以“自我实现论”为核心的。他先后论及的人类的“基本需要”，按由低级到高级的层次排列为：生理、安全、归属和爱、尊重、认知、审美和自我实现。在马斯洛看来，创造潜能的发挥是人的最高需要，是人生追求的最高目的，这一目标以及潜在美德的实现就是“自我实现”。精神病态则是社会环境负面影响使人脱离自我实现的一种异化表现。罗杰斯认为，人格就是一个人根据自己对外在世界的认识而力求自我实现的行为表现。他说，他的全部思想的基础就是人类是“积极主动的，自我实现和自我指导的”。60年代以后，罗杰斯将他的“以人为中心”的理论扩大到各种人际关系方面，在教育、教学等领域中有较大影响。60 年代和 70 年代，美国讨论人本主义心理学的学术中心要以百来计数，参加人本心理学会议的人数要以千来计算。70 年代初，影响扩及西欧。人本心理学此后产生了不同的趋向，主流派继续强调人的潜能及其发挥，另外的趋向或主张加强体系的严密性和论证的科学性，或强调人生的意义，希望超越个人的“自我实现”。从马克思主义的观点看，人本心理学的局限在于：对于人的本质和看法以自我为出发点，过于强调天生潜能的作用，相对忽视人性的社会因素，“自我实现”论则有脱离社会历史条件的空想色彩。

三是在情绪理论领域中，情绪心理学提出了新的假说。人们常说，心理过程包含知、情、意，情绪问题远较认识问题复杂，却未获充分的科学研究，有人称之为“待开垦的处女地”。二次大战之后，心理学界从不同的角度、用不同的方法，研究情绪过程的主观体验、行为表现和生理机制，探讨情绪与认知、个性的关系。到 60 至 70 年代，情绪心理学形成较为完整的体系。然而它较之认知领域的研究，总体水平还不高。随着生理心理学、信息加工认知心理学和人本主义心理学的发展，借助“脑成像”之类的高新科技手段，当代情绪心理学围绕情绪在人格发展中的地位和作用等问题，提出了若干有影响的假说。其中，突出强调情绪的功能、价值的“情绪智慧”说引起了较为广泛的关注。“情绪智慧”的概念产生于 90 年代初，其主要理论于 1995 年在美国学者的普及性著述中得到较为集中的介绍。这一假说的基本点是，人对自我情绪的感知力、调控力和激发力，以及与此相关的对他人的理解能力、人际交往能力，对事业成功的作用，超过了人们所熟知的“智商”。这一假说还提出，“智商”主要受先天基因制约，而“情绪智慧”则主要是后天形成的。我国有学者认为，对心理学的发展而言，这一假说突出了情绪的研究的重要性，提出了对情绪进行多角度科学研究的可能性，有一定启示意义；但是对这一假说的整体评价，尚须持审慎态度。

二次大战之后心理学的发展，呈现出一些显著的特点。

特点之一，20 世纪上半叶各主要学派在心理学对象、方法问题上争论激烈，互不相容的局面有所改观，存异求同、互补互渗成为主导性的趋势。从上述三种学派或思潮的形成和发展的轨迹看，可说都是在不同程度上综合了历史上和现实中其他学派的合理成分而向前推进的。它们各自都有特定的研究范围，但并不画地为牢，井水不犯河水；它们的哲学背景，或以科学主义为主，或以人本主义为重，但都多少从对方的观念和方法论中寻求借鉴。可以说，各种思潮流派都意识到了心理现象的高度复杂性，意识到了心理学尚处在探索前进的历史阶段，没有任何一家可以一劳永逸地包打天下。这就促成了学派发展进入了分化、综合、再分化、再综合的良性循环。比如面对当代心理学重点课题之一的“异常行为与心理治疗”，人们就会感受到心理学各主要学派都有生存的理由与合作的必要。又如美国心理学家韦纳 1986 年出版的《动机和情绪的归因理论》，从认知的视角，把动机、情绪、归因等问题有机地结合在一起，提出了相对完整的动机和情绪的归因模式，克服了过去动机问题研究视野过于褊狭的局限，有很好的发展前景和应用价值。而 90 年代对中国心理学和教育学界产生了广泛影响的美国心理学家加德纳于 1983 年提出的“多元智能”理论、斯滕伯格于 90 年代初提出的“成功智能”理论等，都是不拘一派、综合创新的成果。

当代心理学的特点之二，是学科结构通过内部和外部交叉融会，已经发展成为一门边界模糊、分支众多的科学。和语言学一样，心理学两栖于自然科学和人文社会科学而植根于后者。从内部层面看，如果说生理心理学较多地涉及神经生理学、生物物理和生物化学，那么认知心理学和发展心理学，就更多地具有兼跨两大科学部类的特点，而社会心理学，以及从宏观上探讨心理学思想体系的理论心理学，则与人文社会科学有着更为直接的关联。从外部看，当代几乎没有哪门重要的人文社会科学未与心理学结盟，而心理学又同不少自然科学组成新学科，心理学与相关学科的某些重叠部分已经难以区分。我们上面简单介绍过的信息加工认知心理学、人本主义心理学、情绪心理学，实际上都内在地拥有科际杂交的特征，它们形成体系后又不断地同其他学科交互作用，构成新的发展方向。

当代心理学还有一个特点，那就是体现了唯物辩证法某些精神的系统方法得到广泛运用。以上说到的学派和思潮均将特定领域的心理现象作为一个整体、一个过程进行综合把握。这是在中观领域中对系统方法的运用。当代各种应用心理学科发展迅速，它们面对的是具体的实际问题，而且研究对象被一再细化，要求进行十分精细的研究；在微观领域，许多研究者仍然坚持运用系统方法，这是一种历史进步。

（二）现代心理学对科学体系发展的全方位影响

1. 心理学对哲学发展的影响

20 世纪心理学，无论亮的是什么旗号，实际上都在不同的层面上，以不同的方式回答一个问题，即心理活动是如何产生的，心理现象的运动和发展有何规律。具有科学价值的研究结果已经显示：心理现象是物质世界长期发展的产物，与脑的发展密切关联，是由客观事物的刺激引起脑的活动而产生的主观活动，表现出对客观事物的依存性；同时，人作为积极活动的主体，与客观事物存在着交互作用的一面，心理活动表现出对客观事物的能动性。这些科学资料，对于我们在前一章中涉及的哲学基本问题的深入探讨具有重要意义。列宁早就意识到心理学研究与马克思主义哲学发展有密切关系，在他生活的那个时代，便指出心理学所提供的一些原理使人们不得不拒绝主观主义而接受唯物主义；他把心理学列为构成认识论和辩证法的知识领域之一。当代马克思主义哲学工作者十分关注心理学的最新成果，用以验证、丰富和发展辩证唯物主义，并与心理学联手，推动了理论心理学的建立和发展。

西方若干心理学派，除了自觉为它们所推崇的科学主义或人本主义哲学提供思想资料，以扩大这种或那种哲学思潮的影响之外，还直接以它们提出的心理学假说、思想和方法去阐释人性、人生和世界，有的发展成为颇具影响力的哲学思潮，精神分析是较为突出的例证。

心理学的发展还拓展了当代哲学研究的领域。我们在第五章简略介绍的当代形态的“心智哲学”就是一个典型的例证。

2. 心理学对综合性学科建设的影响

我们在第一章中提到，马克思主义认为，随着人类对自然、对自身的理性认识能力的发展，科学终将是统一的。现代心理学作为一门兼跨“文”“理”、辐射面广、渗透性强的学科，在人文社会科学综合化乃至人文社会科学与自然科学两大部类综合化的历史进程中，发挥了纽带和桥梁的作用。这种作用突出地表现在，心理学的演化促成了一批综合性学科的产生和发展，受其影响最大的是行为科学、管理科学、思维科学。

先说心理学与行为科学。第一次世界大战前后，一批西方学者不满于当时科学界、特别是人文社会科学领域过度分化的倾向，发起了以科学主义哲学为导向的所谓“科学统一运动”，并逐步形成气候，以至在 1947 年出现了“科学统一研究所”，并出版《国际统一科学百科全书》等。这股思潮，颇借重于心理学以及生理学、生物学对人类和生物行为的研究，在方法论上更是明显地受到行为主义心理学的影响。1949 年，不同学科的研究者在芝加哥集会，主题是倡导发展关于“行为”的一般性理论，这些理论必须用公众能观察了解的客观事实进行判别。这里的“行为”，泛指一般生物和人类的行为。这次会议正式提出的“行为科学”，主要指心理学、人类学、社会学三门学科，有跨越“文”“理”而以人文社会科学为主的特色。20 世纪下半叶，行为科学重视经验性和综合性的理念和方法先后扩及经济学、政治学、语言学、精神病学，进而影响教育学、地理学以至历史学，有的学者把行为科学视为人文社会科学的主流，有的国家如美国的权威科学机构采用了“行为及社会科学”这样的概念。应当指出，“行为科学”远不成熟，理论与方法存在唯科学主义的倾向，但是它以心理学等学科为基础，力图沟通以至综合多数人文社会学科乃至若干自然学科，其取向是值得注意的。

再说心理学与管理科学。管理科学是为适应日趋复杂的现代生产、现代科学等领域的管理工作的需求，而在20世纪得到迅速发展的。这门综合性甚强的科学，早期把研究的着眼点放在经济—技术管理，50年代起转换为社会—技术管理，70年代起进一步上升为心理—社会管理。现代心理学的发展对管理科学的两次飞跃都发挥了重要影响。如今，有人称科学、技术、管理是现代人类文明的“三大支柱”，心理学及其众多分支学科在管理科学中占有重要的位置，将对管理科学的进一步综合发展起催化作用。

心理学对思维科学发展的重要意义恐怕是最易为人理解的。我们所说的思维科学，又称认识科学，是指研究人的有意识思维的特点、规律、历史发展和人工模拟的综合性科学。无论是研究思维的自然属性还是社会属性，研究思维的物质基础还是表达和交流思维的工具，都离不开现代心理学的参与。20世纪下半叶，以揭示多种心理活动的生理机制为目的的生理心理学，以研究高级心理活动的认知心理学，研究多种心理活动的年龄特征的发展心理学，对于大脑的结构和功能、人工智能、认识的发生发展等重要课题的突破，都发挥了积极作用，推动了思维科学的形成和发展。我国学者把心理学列为思维科学的基础学科之一，言之有据。近些年来，思维科学的研究发展很快，综合的趋势在加强，心理学的贡献随处可见。

3. 心理学对众多具体科学门类的影响

现代心理学对人文社会科学乃至自然科学领域众多具体学科的影响，首先通过对哲学和综合性学科的作用间接发挥出来，其次则通过心理学与各具体学科直接的交互作用而得到体现。

现代心理学对于特别注重探究人的精神生活领域的人文社会学科如文艺学、教育学、历史学、宗教学和文化人类学等影响明显。这些学科均有“人学”之称，它们有选择地运用心理学的成果阐释人的精神世界，充实和发展本学科的基础理论，并在本学科与心理学的结合部位，建立了许多交叉学科和边缘学科。心理学与语言学的交互影响，取得了重要的科学成就。由于人类在各社会领域中的主体地位日益凸现，现代心理学对以社会发展为研究重心的社会学、经济学、法学的影响也日趋增强。研究个体和群体在特定社会条件下心理和行为发展规律的社会心理学，是心理学与社会学交互作用的成果。从世界范围看其研究范围和研究规模不断扩大，成为心理学与社会学的重要生长点。工业心理学、商业心理学、法律心理学等，都对相关学科起了双向促进的作用，并成为相关学科的有机组成部分。鉴于我们在分别讨论人文社会科学若干主干学科发展现状时，几乎无可避免地涉及心理学的影响，这里就不作展开了。

心理学的血脉直通自然科学。现代心理学除了对上面已经提及的生物科学、计算机科学有所依傍，又有所影响之外，还对现代医学的发展发挥了建设性的作用。这种作用先是从精神病的诊断和治疗过程中体现出来的：临床心理学家用心理测验等手段诊断病情，查找心理障碍的原因，研究精神药物的效应，探索心理治疗的方法。继而心理因素在维护健康和致病方面的影响成为医学心理学的主题，心理健康成为健康概念的重要内容，现代医学的观念和手段得到了更新，“身—心医疗保健”的对象扩及每一个人，心理咨询和心理卫生发展成为专门的行业，咨询心理学和心理卫生学成为医学与心理学的互生学科。在美国，越南战争和海湾战争后出现的“战争综合症”，成为医学和心理学共同处理的课题。在日本，90年代中期有位兼晓中西医的医师写了一本涉足心理保健领域的小册子，提出“使人不得病的医学才是真正的医学”、“积极乐观的心态是对人身心最有效的药物”、“重新认识、开发、利用你的大脑”等观点，在其国内成为畅销读物，并促使作者又写出了续著。这类观点是否恰当有待研究，但现代心理学对医学的冲击和促进则是不容低估的事实。

心理学尽管在20世纪取得了长足的进展，但是许多学者仍然从不同的角度表达了对它的种种困惑和不满。90年代，我们曾在本书不同章节提到的后现代主义思潮，也在心理学领域激起了反响：一些学者要求重新审视心理学的专业知识、专业实践和研究方法，希望心理学进一步超越客观现实和主观意向的对立、弥合学院心理学和非学院的专业服务实践之间的疏离、克服科学主义和人文主义的对峙，把心理学研究的声音加入到“应该怎样”的文化对话中去。

（三）当代中国心理学的成就

中国古代思想家有不少关于心理学思想的论述，但是封建社会未能提供使之发展为一门独立学科的条件。到了清代末年，西方心理学开始传入中国，成为师范学校的一门课程。由于新文化运动的重要骨干蔡元培的倡导，20 世纪 20 年代和 30 年代成为中国现代心理学的开创时期。中华人民共和国成立后，心理学出现过较好的发展势头，但是一度出现对心理学中“生物学化”的批判，“文革”中心理学被宣判为资产阶级伪科学。“文革”之后，中国心理学迅速重建，进入繁荣发展的新时期。这一阶段中国心理学的重要进展是：

1. 注重理论心理学的研究，确立当代中国心理学发展的科学方法论

和其他人文社会学科的发展一样，国门开放之后，百来年的外国心理学思潮从四面八方涌入。心理学的对象与方法，意识的起源与发展，身与心的关系，对于国外心理学思想体系的评价，对于中国心理学的历史反思和发展预测，这些成为当代中国心理学必须首先回答的问题。20 多年来，以辩证唯物主义为指导探讨心理学基本理论的工作取得显著进展，出现了一批理论心理学专著和中国、西方心理学史，把心理学界定为“研究有机体心理活动和行为表现的科学”已为多数人认同，为中国心理学的健康发展打下了较好的理论基础。

2. 追踪世界心理学发展动向，建构当代中国心理科学的体系

为了弥补历史造成的差距，填补国内研究的空白，中国心理学的情报资料工作十分活跃，及时掌握世界范围内心理学的研究动态，以迅速作出回应。在不长的时间中，通过借鉴、选择、消化，心理学的多个领域、各个层面，都得到了不同程度的开发，其中基础学科建设受到了重点扶持，新兴心理学科雨后春笋般地建立起来，已形成较为完备的学科体系。

3. 应用研究发展迅速，成果比较显著

注重应用是全球心理学的发展趋势，把心理学研究与社会主义现代化建设结合起来是当代中国心理学的发展准则之一。心理学在教科文、经政法医体等领域投入甚多，教育改革、科技进步、大众文化、企业管理、人口问题、独生子女政策、家庭结构、医疗保健、体育竞赛、犯罪等等，都是心理学的热门话题；认知心理学、发展心理学、社会心理学等基础学科，教育心理学、管理心理学、创造心理学以及心理卫生学、心理治疗学、心理咨询学、心理测量学等交叉学科、应用学科，从广泛的应用研究中获得了丰富的资料和强大的动力。

4. “本土化”的探讨初步展开

大陆和台湾的不少学者认为中国心理学总体上尚停留在移植阶段，对外国特别是美、俄等国的心理学依赖太多；两岸都有学者不约而同地从四个层次上进行“本土化”的探索。一是重新验证国外的研究结论；二是对比国内外人类心理活动和行为表现的异同，发现中国人心理的特有的与重要的现象；三是修改心理学的旧概念、旧理论，创立适用于中国人心理的新概念、新理论；四是寻找适合中国国情的研究方法。这种探讨有积极意义。如在发展心理学领域，我国学者自觉地遵循摄取—选择—中国化的路子做了不少工作，较有特色的如：围绕“道德判断的发展”在国内 15 个～18 个

地区开展了大规模调查研究，对汉字和中文认知发展进行了专题研究，对发展心理的研究方法也作了改进和创新，等等。教育心理学的本土化问题也在进行初步探索，我们将在第十章中另作介绍。

三、20 世纪人类学的变革及其科学意义

人类学在英语中由两个希腊语词“人”和“科学”组合而成，意为“研究人的科学”。人类本身具有自然属性和社会—文化属性，与此相对应，人类学形成了体质人类学和文化人类学两大分支。人类学像语言学、心理学一样，拥有跨越、联结自然科学和人文社会科学两大部类而主要归属于后一部类的学科特征。

现代意义的人类学，创立于 19 世纪中叶。美国和英国人类学奠基人摩尔根和泰勒分别于 20 世纪 70 年代发表名著《古代社会》和《原始文化》，以空前丰富、翔实的资料，阐述人类的历史变迁分为蒙昧、野蛮、文明三个时期，被称为早期人类学的进化论学派。摩尔根以及泰勒等代表人物的工作，还在以下几个方面对人类学的发展产生了重要影响：一为寻根倾向，把研究重点放在人类的远古时代，以原始落后民族为主要研究对象；泰勒把“残存”于现代生活的传统的礼仪、习俗、观念等视为“过去的活的见证和纪念碑”。二为综合倾向，对人类的生物属性和社会—文化属性进行综合考察，对遍及世界的人类文化和相似现象进行比较研究，力图揭示人类进化、社会进步、文化发展的内在脉络。三为求真精神，注重资料的收集和整理，特别是倡导长期深入一个基地进行，后来被称为“田野研究”的“完全参与调查”。摩尔根一生中几度以部落成员的身份生活在印第安人中间，采集了大量第一手资料。

人类学经历了一个以综合为主的阶段之后，开始新层面上的分化。1901 年一份“美国博物院报告”将人类学分为体质和文化两个纲。

（一）20 世纪人类学的拓展和变革

1.20 世纪上半叶人类学的拓展

由于摩尔根的《古代社会》的积极方面受到马克思主义创始人的高度评价，也由于早期进化论学派立论和论证的某些不足，20世纪上半叶，进化论学派的人类社会发展的阶段论说受到了相当一部分英美人类学家的排斥。以马林诺夫斯基和布朗为代表的一批英国的学者属于功能主义学派，他们将文化人类学的重心引向文化因素的社会功能及彼此间内在联系的研究，认为任何文化不是一堆元素的偶然综合，而是一个严密的整体。以博厄斯为代表的一批美国学者则强调每个文化集团都有自己独一无二的历史，这种历史一部分取决于社会集团特殊的内部发展，一部分取决于外部影响，人类学的任务是了解各民族文化的具体表现，而不是提出普遍规律；主张把民族学、语言学、考古学结合起来，对一个一个民族和部落进行深入的实地考察，把描述和记录具体事实视为可靠的“历史的方法”，而不注重理论的概括。这是另一个影响很大的学派——历史学派。以上两大学派都存在十分明显的阶级局限和时代局限，未能对 19 世纪形成的学科框架实现重大突破，功能派的某些观点和成果还曾为殖民主义者所利用；但是它们和同时代的其他流派，如法国的社会学派和德奥的文化圈学派等，毕竟从不同角度、不同层面拓宽了人类学的视野，在一定范围和许多具体问题上为学科发展作出了积极贡献。如历史学派的博厄斯以 40 年时间研究印第安人的文化，懂得 17 种印第安人方言，主持了规模空前的对北美西北部海岸的印第安部落和亚洲东北部西伯利亚土著居民的社会与文化的实地调查和比较研究。他在人类学的多个领域中都颇有建树。他通过深入细致的体质人类学测量，对美国土著民族与欧洲移民进行比较研究，从生物进化、脑的大小结构证实种内差异大于种族之间的差异，以充足的材料论证“智力测验”根本无法看出种族之间有优劣之分，并从历史事实、文化成就等方面批驳了种族主义者的“欧洲白色人种优越论”。

人类学在苏联称“民族学”，它的发展经历了曲折的道路，于30年代开始形成马克思主义民族学的苏维埃学派，维护了历史唯物主义的研究方向，同时有学者对于民族学只研究原始社会提出质疑。

2. 二次大战之后人类学的变革

二次大战的人类学就其主流而言，偏重研究世界上的“未开化地区”和小型社会，目标主要是认识人类早期社会和文化的演变。但是从世纪之初开始，就出现了若干以研究现实文化现象为主的动向；二次大战期间，许多学者都卷入了对交战各方国民性的研究，美国女学者本尼迪克特的调查报告《菊花与剑》（又译《菊与刀》或《菊花与刀》）就是研究日本国民性问题的，此书并成为美国制订战后对日政策的依据之一。二次大战之后，出现了全球性的文化动荡，人类面临一系列严峻课题，战前人类学的研究框架受到挑战。围绕“重新把握人类学”这个主题，人类学发生了变革。

变革之一：从古代走向现代。这是研究的对象与重点的转移。“史前的”、“原始的”人类理所当然地继续受到重视，但已不再是人类学的惟一领域和特有标志了。人类学家开始用人类学的眼光，站在人类整体发展的高度，研究现代社会的文化变迁，分析现代城市和农村的发展，参与全球问题的讨论。他们的注意力更多地转向诸如环境、技术、经济、法律、政治组织、婚姻和亲属关系的基本结构、宗教信仰、迷信习俗、语言文化等现实问题。导致这一转变的主要驱动力是社会的需求。冷战时期，美国几乎所有的著名大学的人类学专业，都十分重视对中国和苏联的研究。中美建交前，美国学者跑到台湾从事中国社会与文化的研究。中国改革开放以后，西方人类学家来华进行调查或开展合作研究，课题大多选择改革开放中出现的新问题，如现代化与中国文化的关系，农村实行责任制以后的文化变迁，乡村小城镇的兴起，婚姻家庭的变化等等，通常选择特定区域进行较长时间的调查分析。这是世界人类学发展潮流的一个剪影。

变革之二：从“异文化”研究到“本文化”研究。早期的人类学，多以研究他国、他族、他地的“异文化”为主要内容。二次大战之后，民族解放运动蓬勃兴起，原殖民地国家纷纷取得独立，种族主义和大国沙文主义政策遭到普遍唾弃；同时，对本国、本族、本地的文化研究的需求日益增长。在这种背景下，人类学的研究重心移向“本文化”，本国主流文化的变迁、本族体质与文化心理的发展、本土社区生活的历史与现实状况等领域，成为研究的热点。当然，这种研究仍以“全人类研究”为背景，跨文化比较研究十分活跃。

变革之三：从半封闭研究到开放性研究。二次大战前的人类学，往往把自己束缚在体质、文化两“纲”以及考古、民族、语言三“目”的模式之内。人类学研究对象从古到今、从“异”到“本”的重心转移，促成了新的学科概念的产生：人类学是对人类及其成就，包括过去与现在所做的系统研究。正如有的人类学家所说，新的研究领域永远向人类学敞开着大门；人类学的研究工作不可能顾及学科界限，而是按需求一直在向前发展。1993 年在墨西哥举行的第 13 届国际人类学和民族学会议共拟定 189 个专题，较上届专题总数增加 54%，其中属于综合理论研究的，共有 72 个专题；属于二级分支学科的如风俗学人类学等共 25 个专题；属于与政治、经济、生态环境、人口、妇女等应用学科交叉的专题共 92 个。由此可见当代人类学在学科框架、理论视野和研究方法上确已具备“综合性、立体性、交叉性”的特点，其开放度是很大的。

变革之四：马克思主义对西方人类学的影响增大。马克思主义创始人对人类学的创立作出了重大贡献。马克思本人在体弱多病的晚年放下《资本论》第 2、3 卷的写作而从事文化人类学研究，写下《路易斯·亨·摩尔根〈古代社会〉一书摘要》等 5 种笔记，恩格斯则利用摩尔根等人的科学资料，写出了《家庭、私有制和国家的起源》。如上所述，马克思主义的人类学思想，以至摩尔根的《古代社会》，曾受到英美人类学界的排斥。然而二次大战之后情势发生很大变化。社会主义国家民族学研究在马克思主义指导下取得的成果令西方瞩目。西方一些知名的人类学者呼吁“当代人类学必须同马克思主义对话”。和马克思主义经典作家的名字和学说连在一起的书籍和文章大量出现。1973 年和 1983 年分别于美国和加拿大召开的第 9 届、第 11 届国际人类学和民族学大会上，都对马克思主义人类学问题举行了专门的讨论会。美国人类学协会为摩尔根恢复了名誉。二次大战之后在国际人类学史影响较大的美国新进化论派代表怀特和被认为是“20 世纪人类学的集大成者”的法国结构主义派代表列维—施特劳斯等人均声称受到马克思主义的重要影响。

二次大战后人类学的研究方法和手段也有重大改革。

人类学在 20 世纪下半叶所发生的变革，在世界科学发展史上具有典型意义。

（二）现代人类学对于现代科学发展的意义

人类学对于人文社会科学乃至整个科学体系的意义，首先是通过对马克思主义所作的积极贡献体现出来的。

有学者指出，马克思晚年是为了在当时的历史条件下科学地认识原始社会，进而为完善唯物史观而去研究文化人类学的。摩尔根的《古代社会》为马克思主义创始人在这方面的工作提供了良好的基础。贯穿着马克思和恩格斯两人理论观点的《家庭、私有制和国家的起源》，主要论述人类社会尤其是原始社会史的分期、氏族制度、家庭、私有制和国家的起源和发展。这部著作不仅利用了摩尔根《古代社会》中的大量的人类学资料，而且在原始社会史分期及其原则、民族制度、婚姻家庭理论方面也直接汲取了摩尔根的观点。这就是说，以摩尔根等人为优秀代表的早期人类学，对于唯物史观的完善是起了积极作用的。20 世纪人类学取得的丰硕成果，使人类对于自身的起源、变迁和发展有了丰富得多的感性认识和理性认识，使唯物史观不断得到充实和发展。

人类学对于现代科学发展的意义，又是通过文化研究这个人类学拥有独特优势的领域发挥出来的。

本书第二章专门讨论过人文社会科学的文化建设功能。人类学是能够广泛透视人类种种文化经验的学问。在人类学家的眼中，文化是环境中的人为部分，人类古往今来的行为无不具有特定的文化意义，人类创造文化，文化反过来作用于人类素质（含体质）的全面发展。正是人类学的这一特殊定位和特殊视角，使它与语言学、心理学血脉相连，并像语言学、心理学一样，跨越、联结了科学的各大部类和各门具体学科；使它同社会学、历史学以及文艺学、宗教学、教育学、政治学、经济学、法学、传播学、管理学等等拥有大量相近乃至相同的研究对象，却可作出各有千秋的互补性很强的研究结果；使它在参与探讨自然科学技术的软件建设、分析自然科学技术的文化效应方面可以起到难以替代的作用。有学者开出了一份都市人类学的问题清单，其中包括：拉丁美洲的都市与美国或欧洲的都市类似到什么程度？不同国家的都市行政与都市贫穷现象是否具有相同的模式？日本和印度的都市还保留多少亚洲的特色？第三世界中受殖民主义与新殖民主义影响的都市跟那些未曾遭受殖民统治的都市是否有所区别？很明显，每个问题都将追溯到文化之根。

人类学对于现代科学发展的意义，还通过它独具特色的研究方法展示出来。

完全参与调查法，在人类学中得到普遍的应用，迄今仍在沿袭、发展。仍以马林诺夫斯基为例，他于 1915 年去西太平洋的特罗布里恩群岛作现场调查，历时三年。他学会了当地人民的语言，体验当地的文化习俗，记载土著文化的各种细节，如每日的生活安排，土著居民的友谊和向往，他们的喜怒哀乐，以至在不同情境中发出的不同声调。马林诺夫斯基依据这些资料，提炼出功能派的理论。又如美国历史学派女学者玛格丽特·米德为了研究青春期与文化的关系，24 岁时只身远赴太平洋的萨摩亚岛住了九个月，在三个毗邻的小村里研究了 50 名少女，发现她们的青春期行为特征与美国青年男女很不一样，这同整个社会文化是有密切关系的。以上这些被称为“田野作业”、“人种志”或“民族志”的方法，在二次大战后被区分为两种不同类型，其中从一个社会或一个民族自己的观点和模式来研究自己文化的方法，被称为“主位研究法”。这种方法对其他学科产生了广泛影响。

人类学对现代科学的影响当然也直接表现为与人文社会科学、自然科学各具体学科的交互作用。

在综合性学科方面，人类学与行为科学、管理科学、思维科学联系之密切，均可与心理学、社会学、传播学等相比。人类学与生命科学的发展，特别是同遗传学、生理学、动物行为学、生态学的发展，存在着特殊的互动关系。20 世纪 90 年代中期的人类学家，已经有根有据地宣告，人类史前时代存在着四个关键性的阶段：大约 700 万年以前，类似猿的动物转变成为两足直立行走的物种；在大约 700 万年到 200 万年前之间，“两足猿”演化成许多不同的物种，每一个种与稍有不同的生态环境相适应；在距今 300 万年到 200 万年之间，发展出脑量明显增大的一个物种，这一支便发展成直立人、智人；然后是现代人的出现。仅从这一概略的叙述中，便不难读出人类学及其相关学科作出了何等巨大的努力和贡献。我们参照下面这张综合了几种意见但仍远不完备的“人类学分科体系”表，可进一步体会人类学的辐射性影响。

（三）在探索中前进的中国人类学

人类学于 20 世纪初由蔡元培倡导传入我国，习称民族学。经过 20 年的宣传介绍，到 30 年代后得到初步发展。50 年代中期以后，我国人类学被视为资产阶级学科，难以取得整体性的进步。但是，人类学的一些分支学科，如古人类学、考古学、民族学、语言学等，还是取得了长足的发展。特别值得提出的是，结合民族识别的重大历史任务，从 1956 年开始，我国人类学者与其他专业人员一道，在全国范围内开展了大规模的少数民族社会历史调查和少数民族语言调查，积累了大量资料。同时，重大的考古发现及相关研究也为我国人类学的重建创造了必要条件。

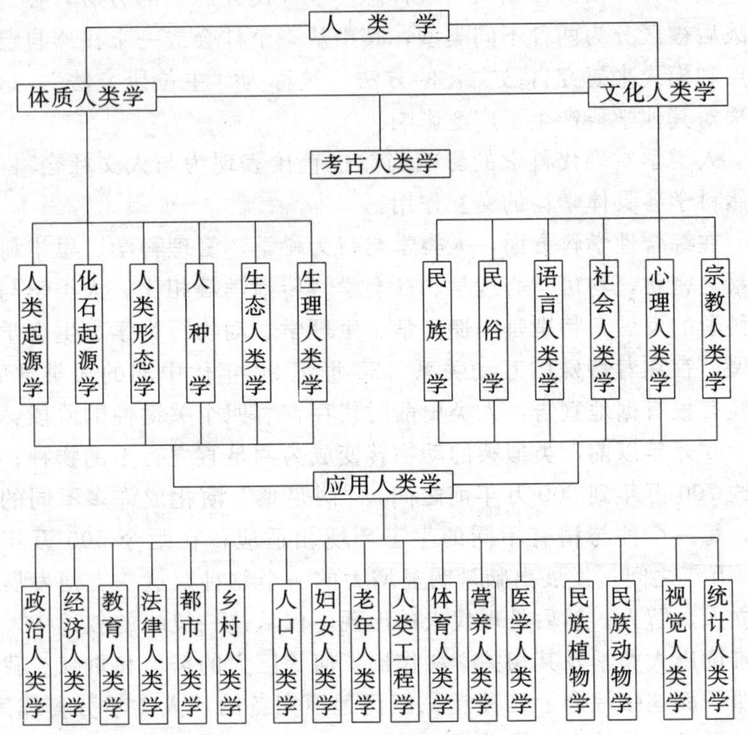

20 世纪 80 年代初，人类学得到重新认识，中国人类学学会成立，研究工作在以下几个方面取得显著进展：

1. 重视基础理论建设

现代中国人类学的领军人物费孝通指出："人要研究人自己，从科学历史上说是人类学 19 世纪的创举，到 20 世纪初年建立起了一套科学的方法，不能不说是人文世界中的一项新发展和新突破。但建立这一门科学可能比其他科学更为困难些，不仅是因为人文世界领域广阔，而且使人们研究人，不同于人研究物。研究者必须要有一种新的观点和境界，就是研究者不但要把所研究的对象看成身外之物，而且还要能利用自己是人这一特点，设身处地地去了解这个被研究的对象。”1985 年，马克思的《人类学笔记》出版，产生重大影响。重新起步的中国人类学界全面了解世界人类学发展的历史和现状，先后围绕“人类学的地位和作用”、“人类学与两个文明建设”、“人类学的应用”、“中国人类学的现状”等主题进行广泛的学术探讨，总结经验教训，对于从中国的国情出发，建设有自己特色的人类学研究体系，取得了日益明晰的认识，出版了一批探讨人类学基本理论的专著。人类学界普遍认为，20 世纪 80 年代兴起，90 年代中期形成热点的关于中国人类学“本土化”的持续讨论，对中国人类学的发展具有重要意义。基于中国人类学的发展现状，费孝通提出了“跨文化对话”以及人类学与“文化自觉”等前沿命题。

2. 关注世界人类学发展趋势，扬长补短

中国人类学坚持立足本土，向世界开放。人类学的经典著作和一系列名著，包括反映了当代世界人类学前沿的著作，在较短的时间内被译介到中国。中国的人类学学术团体和有关机构积极开展对外学术交流，国外许多人类学专家学者来中国开展合作研究和田野调查。中国人类学研究成果逐步受到国际学术界的关注和重视。由中国都市人类学会主办的“国际人类学、民族学 2000 年中期会议”在北京举行，会议主题为“都市民族文化：维护与相互影响”。

中国人类学要在世界人类学研究中取得一席之地，必须扬长补短。考古人类学和民族学中的少数民族研究是我国人类学中相对领先的科目，20 多年来取得许多重大发现和原创性研究成果。考古人类学关于旧石器和新石器时代的人类文化研究，关于夏商周时期的文化研究，以及秦汉至元明时期文化研究，举世瞩目。少数民族研究中的民族调查，规模之大，搜集资料之多，是中外历史上罕见的。中国学者清醒地看到，即使是这两个领域，成果仍不能令人满意。例如，我国拥有丰富的古人类化石，但是到 1990 年为止，全国发表过旧石器研究论文的人数还不足 40；又如，20 世纪 50 年代大规模的少数民族调查，由于一度大搞突击而影响了调查的质量，很多遗留问题有待进一步补救。对于中国来说，古人类学和少数民族的研究仍须进一步强化，形成优势。与此同时，要把学科重点转向现代社会文化和中国主体民族的研究。现在，有关少数民族地区如何加快经济建设、文化建设步伐的问题，当代国民素质问题，均成为人类学研究的热点。

3. 发展应用人类学

研究城乡建设规划、改造人们生活环境的结构人类学，研究优生优育、计划生育、人口密度比例的人口人类学，研究人类医疗行为、提高人们生命质量的医学人类学，特别是我们将在第十章中讨论的教育人类学，都开始受到重视，取得了实绩。

四、20世纪传播学的崛起和开放式发展

传播学是一门研究人类传播现象的科学。对于现代人而言，传播无处不在：收看电视是传播，下发公文是传播，好友交谈是传播，甚至自言自语也是传播。所以，传播学的研究对象相当广泛，从广义上讲，包括内向传播、人际传播、群体传播、大众传播四类传播方式。

内向传播是指人体内部的信息处理活动，这是一切传播活动的基础，深思或者自言自语就是最典型的内向传播活动。

人际传播是指两个个体之间的信息传播活动，也是最常见的传播现象，交谈、书信往来或者互相发送邮件都是人际传播。

群体传播指的是正式群体如政党、政府机构、企事业单位等，和非正式群体如社区、社交圈等成员间的信息传播活动，班级授课、会议发言、政府公告均属群体传播。

大众传播，这是一种职业的传播方式，它指的是通过报纸、广播、电视和网络等媒体，面向广大人群传播的媒介传递信息的活动。

从上述角度来看，传播学与传统的新闻学的视角有所不同。从

学术研究的实践来看，新闻学所研究的内容属于传播学研究的一部分，其外延甚至小于大众传播学的外延。在本节中，我们不再专门阐述新闻学的研究。

（一）传播学在20世纪的历史演进

人类的传播现象古已有之，甚至可以说有人就有传播。然而在人文社会科学各学科的大家庭中，传播学却显得相当年轻。多数传播思想史研究者都认为，威尔伯·施拉姆在1949年出版的《大众传播》一书，标志了传播学诞生。然而，在此之前，传播学已经历了近半个世纪的酝酿。

1. 传播学的起步

传播学的萌芽最早可以回溯到20世纪初的美国。随着工业化和城市化浪潮的兴起，一些社会研究者如社会学家库利、帕克和哲学家杜威都表现出了对传播的关注。由于深信传媒对社会具有强大推动作用，他们也成为传播学技术乐观主义的先驱人物。不过，著名学者们对于传播的观点，通常都是在论述社会结构时顺便提及的，因此这些研究一开始并没有得到学界的重视。

一战期间，德国人的宣传攻势使以政治学家拉斯韦尔为首的美国学者对这一问题表现出了浓厚的兴趣。到了二战期间，由于希特勒大规模利用广播进行宣传，拉斯韦尔的研究受到了更多的关注。1948年，拉斯韦尔在《传播在社会中的结构与功能》一文中开篇就指出，说明传播行为就是回答下列问题："谁？说什么？通过什么渠道？向谁？有什么效果？"该文一经发表，就界定了传播学研究的五大领域，即传播者研究、内容研究、媒介研究、受众研究和效果研究，在传播学上被称为"五W"模式。

二战前后，由于社会学家拉扎斯菲尔德、社会心理学家勒温和心理学家霍夫兰的加入，传播方面的研究进了一步。

作为实证主义方法论的一位代表人物，拉扎斯菲尔德在传播学的方法论上作出了杰出的贡献。为了求证传媒在竞选中的作用，拉扎斯菲尔德在美国的伊利县进行了一次大规模的受众调查。在该项调查中，拉扎斯菲尔德等人发现，大众传媒的作用并不像人们想像中那么大；而事实上，人际传播在竞选宣传中发挥了积极的作用，那些在小群体中具有相当威望的人的观点左右着人们的观点。拉扎斯菲尔德把这些人称为“舆论领袖”。信息由大众传媒传递给“舆论领袖”，又由“舆论领袖”通过加工传递给一般受众，传播的这样一个过程，被拉扎斯菲尔德称之为“二级传播”。这是传播学史上具有里程碑意义的发现。

勒温关于传播的社会心理研究，远远超出了传播学和心理学的范围。由于二战期间食品供应紧张，美国政府鼓励公众食用以前他们很少食用的动物内脏，并进行了广泛的宣传。在研究这些宣传活动时，勒温发现家庭主妇的态度直接决定了宣传的效果。由此他提出了“把关人”假说，指出，在信息渠道中存在着一些允许或不允许信息通过的人和机构，这些人和机构选择和过滤着他所接触到的信息，这些人就是信息的“把关人”。“把关人”理论的提出，对解释大众传播中的控制有着重要的意义，同时也对政治学、社会学等学科产生了广泛的影响。

霍夫兰在年轻时进入美国军队，在军方的支持下，进行了著名的“陆军实验”。他所开创的传播学的实验研究方法，对于传播效果的测量起到了积极的作用。在二战前后，霍夫兰通过一系列的实验证明，传媒的效果是较为有限的。他的理论被后来的传播学家归纳为“有限效果论”。在离开传播学的研究领域之前，霍夫兰一直埋头研究在什么样的情况下可以提高传播的效果，为传播学留下了大量宝贵的实证文献。

传播学习惯于把拉斯韦尔、拉扎斯菲尔德、勒温和霍夫兰称之为传播学的四大奠基人，尽管在他们在从事传播学研究时，甚至并不知道自己在从事一门新的混合型学科的研究。施拉姆综合先驱者的成果，正式提出传播学的概念并为它确立了一系列基本范畴，从而正式宣告了这门学科的问世。

2. 传播学的繁荣

传播学走向最繁荣的时代是20世纪的60～70年代。随着传播学作为一门独立的人文社会科学进入现代大学的学科体系，越来越多的人关注传播学并投身于传播者的研究。不同的观点开始碰撞，传播学日渐分化为三大阵营。

（1）古典学派

作为行为科学的研究者，拉斯韦尔等四位传播学的先驱人物都受到过良好的实证方法训练，有的本人就是实证主义方法的开拓者。他们的后继者顺着他们的思路不断地进行发展创新，逐渐形成了至今仍有巨大影响力的传播学主流思潮——古典学派。

古典学派所奉行的核心思想就是实证主义。他们认为，传播学的研究对象类似于自然科学研究的对象，人的行为是有某种不变规律的。在强大的传播事业面前，人是被动的，他们会大量接收信息并受其影响。他们还认为，人与人之间的行为是相似的，通过研究少数个体，就可以推知整个社会或人类。因此，完全可以用自然科学的方法来进行传播学的研究。传播学的方法应力求量化，依靠统计和实验，做到严格的“价值中立”，将经验知识与对经验知识的主观解释区分开来。

在古典主义的旗帜下，20世纪60年代以来的传播学研究取得了一系列骄人的成果，最知名的有“使用—满足”理论、“议程设置”理论、“沉默的螺旋”、“知识沟”以及形形色色的传播模式研究，等等。这些研究成果使传播学古典学派一直统治着传播学的研究。

（2）批判学派

二战前后，一批杰出的欧洲思想家，尤其是德国的法兰克福学派的几代学者迁移到了美国。受到思辨哲学和批判主义研究方法的影响，这些学者从研究视角到研究方法，都与古典学派有很大的分歧。

以法兰克福学派为代表的批判学派，主张将传播的研究纳入现代资本主义社会制度层面进行考察。从人本主义的立场出发，批判学派的学者多认为他们观察到传播技术的发展，在社会制度的驾驭下加深了对人的异化；本着解放人的目的，他们对传媒与相关的制度进行了猛烈的批判，并指出古典学派的研究忽略了传播中真正重要的话题。批判学派对实证研究的量化方法也提出了很多疑问，他们认为文化批判的非量化研究方法更有助于传播学的研究。

由于批判学派的学者多是欧洲学者，因此该学派在美国一度没有太大的影响。随着阿特休尔等美国本土批判学派的代言人涌现后，该流派的影响日见明显。

(3) 技术主义学派

加拿大传播学家英尼斯和他的弟子麦克卢汉的观点与其他人是那么的不同，以至于在一段时间内传播思想史学家们根本不知道该把他们及其追随者放在哪个阵营中。

英尼斯和麦克卢汉在他们的著作中，引导人们把目光绕过传播的内容和结果，投向传媒本身，强调媒介是人类文明发展史中的决定性动力。在麦克卢汉看来，媒介对人类有着重要的影响，它是人体的延伸。由于媒介，人的感官、甚至中枢神经系统都得以延伸，并逐渐创造出一种全新的人的环境。媒介的形式比其传递的内容更重要，而这一点恰恰是以往的研究者所忽视的。他认为，任何媒介的“内容”都是另一种媒介，是媒介的形式本身而不是媒介所传播的内容对人产生了影响。麦克卢汉对电子传媒十分赞赏，他认为世界在电子媒介的作用下成了“地球村”。

英尼斯师徒的研究在很长一段时间中得不到广泛的认同。然而传媒革命却为这一传播学流派带来了新的生命力。目前，在世界各国，都有一批技术主义学派的后继者，他们对于新媒体的研究正在成为传播学中的显学。

可以说，在相当长一段时间中，上述三大阵营的对立是非常明显的，各学派间存在的分歧与争论大过它们之间的共通点，各学派之间的敌视多于他们之间的对话。这种对立对传播学的发展虽说有若干的负面影响，但看基本的一面，在20世纪六七十年代，这种学派的对立促进了新兴传播学的必经的学科分化。而学科分化在当时起到了积极的历史作用，不同观点的碰撞引发了传播学的繁荣。

3. 传播学的危机与变革

人类的传播领域是一个具有巨大革命性的发展领域。从古至今，人类历经了语言传播革命、文字传播革命、印刷传播革命和电子传播革命等多次传播革命的洗礼，人类也从石器时代走向了信息时代。传播革命给人类社会带来了进步，对于传播学来说带来了挑战。

20 世纪 90 年代的网络传播革命不仅是一场传播技术上的革命，同时也带来了与传媒相关的社会结构性的连锁变化，传媒环境变得更加复杂。传播学所面临的困难，不仅在于一些具体的研究理论无法解释网际空间的传播现象，更重要的是，以传播学一个学科的力量，无法应对网络传播和虚拟环境给人类带来的各种各样带有全球性特征的经济、文化、社会、法律问题。

其实，几乎与此同时或者更早，各派内部在研究方法或者说研究结构上的危机，已经使传播学的发展陷入了一种近乎停滞的状态。由于古典主义过多地强调实证的研究方法而无视批判学派的理论建构功能，导致传播学的主流研究在理论建构上有所欠缺；而批判学派由于完全排斥实证方法而显得脱离社会实践；技术主义则同时受到其他两大阵营的攻击，这种攻击完全无视技术主义也具有一定的合理性和科学性。随着时间的推移，这种学派对峙、固步自封的格局，妨害了必要的学科整合，给传播学研究造成了越来越大的负面影响。对于这种状况，传播学的开拓者施拉姆十分不满。他认为，直到 20 世纪 80 年代，传播学仍旧没有发展出一个有系统的中心理论，让传播学研究者可以围绕着这个中心建构相对完备的学问。

面对传播学研究的危机，许多传播学的研究者作了深刻的反思。探求的结果导致传播学在 20 世纪末发生了若干可喜的变革，为传播学的新生提供了契机与活力。这主要表现在两个方面，其一是学派之间从对立转向对话；其二是传播学开始走上了学科一体化的道路。

一方面，自 80 年代以来，古典学派越来越意识到自己在研究方法上的缺陷。他们重新审视了批判学派的人本主义态度，并以此为基点，掀起了一场“复归人”的方法论革命，质的研究在方法论中的地位被大大提升。与此同时，作为传播学批判学派最重要的继承者——英国文化学派，也反思了以往批判学派在方法论上的欠缺。该学派的代表人物斯图亚特霍尔以自己的研究实践表明了对实证主义的态度，那就是将实证主义的方法放在与哲学思辨方法同等重要的地位。各学派在理论和方法上的互相借鉴，使传播学的研究正在逐渐形成自己的研究核心，将学科锻造成以“信息人”为研究核心的理论体系。

另一方面，20 世纪末，随着网络社会的崛起，传播学开始与经济学、政治学、法学、伦理学、社会学、心理学、语言学和计算机科学等学科重新携手，共同解决虚拟社会的重大课题，如虚拟经济、网络诚信、网络安全等全球性问题。从一个角度来看，传播学本来就是多门学科共同构建的知识领域，重新从这些学科中获得知识营养，对传播学的学科发展而言，具有重要的意义。从另一个角度来看，传播学与其他学科的综合化研究，也对人文社会科学应对重大现实理论问题提供了一条可行的途径。关于这一点，下面将进一步阐述。

（二）传播学对现代科学体系的渗透

如上所述，传播学是建立在诸多人文社会学科以及若干理工学科基础上的一门混合型学科，可说至今尚未形成严谨的相对独立的体系。而且，随着传播业界的不断发展，越来越多的学科进一步介入传播学的研究，比如经济学、法学、计算机科学、信息科学、生物学等学科，均把它们与传播学的交叉地带作为自身学术研究的前沿。但是，由于传播学逐步自觉地选择了开放式的存在，使它特有的研究方法与研究成果能够与其他学科资源共享，从而推动了其他学科理论与方法的进展。这主要表现在：

1. 传播学为人文社会科学方法的成型作出了重要的贡献

传播学的萌芽时期，正是人文社会科学尤其是行为科学具体的实证研究方法日臻完善之时。当时，社会科学的工具制造者拉扎斯菲尔德、霍夫兰等人在传播领域的实证研究，为人文社会科学的实证研究方法提供了堪称经典的个案，推动了调查研究、实验研究和文献研究等人文社会科学研究的具体方法的进展。最明显的例证就是，在伊利调查之后，抽样方法得到了更多的改进，盖洛普的典型抽样方法得到改进，科学的概率抽样方法被广泛地运用。传播学的研究还创造了许多以后在人文社会科学研究中被广泛运用的具体方法，比如在质的研究中一种重要的方法——焦点小组座谈法，就是拉扎斯菲尔德在哥伦比亚大学广播研究所研究传播现象时与社会学家默顿共同发明的。

2. 传播学是人文科学与社会科学，人文社会科学与自然科学对话的重要平台

由于传播学的相关学科不仅跨越人文科学、社会科学，而且延伸到自然科学，因此它理所当然地成为各学科相互联系的纽带。在传播学研究中，来自于科学技术方面的声音和来自于人文社会方面的声音经常互相碰撞。而在很多学科一体化的研究中，传播学扮演了非常重要的角色。比如，在研究网络信息安全这个课题时，主要通过传播学这个平台，把法学、伦理学、社会学等人文社会科学的研究视角与计算机技术和信息科学的研究视角联结在一起。许多学者认为，在信息社会中核心的内容是传播。比较而言，在解决信息社会诸多课题的学科中，关键的学科是传播学。

3. 传播学的研究为几乎所有人文社会科学主干学科提供了新的研究视域

一方面，传播学的理论研究为人文社会科学其他学科提供了新

的研究视角和理论支持。以社会学和心理学为例，这两个学科在理论和方法上曾给予年轻的传播学以各种支持，同时，它们也得到了相应的回报。当今社会，大众传媒已经渗透到人类生活的每一个角落。作为研究人类社会生活的社会学，不能无视传媒的社会影响。在研究传媒对公众产生的社会影响这一话题下，尽管社会学从本身的视角作出了许多独到的研究，但它也同样大量借鉴了传播学的研究成果。传播社会学在传播学的帮助下，取得了令人瞩目的进展。同样，主要以个人心理活动为研究对象的心理学，也面临着信息时代的新课题。传媒的大众传播给个人心理活动增添了新内容，同样也为心理学的研究增加了新的话语空间。借助传播学的研究，心理学已经在受众心理影响方面取得了突破性的进展。

另一方面，传播的拓展，使传播学在它与其他学科的边缘领域开辟出了大量的边缘学科。传播学与人文科学主干学科联姻，出现了传播哲学、传播美学、传播伦理学、艺术传播学、宗教传播学等；与社会科学主干学科联姻，出现了传播社会学、传播法学、传播经济学、政治传播学等；与人文社会科学混合型学科联姻，出现了传播心理学、传播人类学、教育传播学等。这些新兴的边缘学科在解决实际问题时有着独特的优势，取得了丰硕的成果。

当然，传播学的学术研究还远远没有到达成熟的地步。在更多的情况下，它主要是吸收来自于人文社会科学其他学科为它输送的养料，并借此不断丰富和完善自己的研究内容和研究体系。

（三）中国的传播学研究

中国的传播学起步甚晚，主要限于新闻学领域。20 世纪 50 年代末，曾有复旦大学和中国人民大学的学者将一些美国传播学的研究成果译介到中国，当时人们把大众传播称为“群众思想交通”，结果被视为资产阶级新闻学而遭到批判。在“文革”中，新闻传播学理论只剩下“阶级斗争工具”、“阶级性、思想性、指导性、群众性、战斗性”等等，新闻学已无学术可言。

1978 年，中国学者郑北渭发表了《公共传播学的研究》与

《美国资产阶级新闻学：公共传播学》两篇论文，向国内学界介绍传播学，拉开了中国传播学研究的大幕。此后，施拉姆等著名西方传播学者来中国，阐释传播学理论前沿。1982年在北京召开的中国第一届传播学研讨会，标志着传播学正式在中国登陆。

从1982年开始到20世纪末，传播学的研究队伍不断壮大，年轻学者迅速成长，译著、专著与论文层出不穷，传播学专业的本科生和研究生数量以几何级数增长。中国的传播学的领域不断拓展，学科涵盖新闻、影视、出版、舆论、国际传播、跨文化传播、媒介经济、媒介技术、媒介与社会等领域，学术研究渐趋繁荣。主要进展与存在问题是：

一是及时全面地引进了西方各流派的传播理论。由于中国传播学起步晚，因此它的起点建立在一个较高的理论平台上。从1982年以来，传播学的研究者们致力于翻译国外的传播学名著和新著。施拉姆等著的《传播学概论》、沃纳丁·赛福丁等著的《传播学的起源、研究与应用》等书在1985年以前被译介到中国；麦克卢汉、英尼斯、拉斯韦尔、德弗勒、麦奎尔等传播学名家的名著和论文也大都在90年代问世。近些年来，国外学者对于新媒体的知名研究成果以及一些学术新锐的最新传播学著作，也在很短时间内被翻译成中文。这些西方传播学理论的精粹极大开阔了中国传播学研究者的视域，但也同时衬托出中国传播学研究的一个弱点——学术研究的本土化工作还有所欠缺。中国传播学的本土化工作目前依然停留在初级阶段，少有值得推崇的成果。

二是进行了大量的概论性质的基础理论研究。从1988年戴元光和邵培仁的《传播学原理与应用》问世开始，15年来，先后有几十本概论性质的传播学教材和专著问世。这些教材和专著多以“五W”模式为框架，对传播者、传播的内容、传媒、受众和传播效果等传播的诸多要素进行一般性的论述。这些教材和专著对于传播学的普及有着积极的意义，其中也不乏令人耳目一新的独到见解，但更多地反映出传播学专题研究领域的欠缺。从目前的状况来看，在为数不多的专题研究中，学者们多集中于对传媒和受众心理的研究，对传播的功能、方法、效果、内容以及传播控制等方面深入的专题研究成果则相对较少。

三是在实证研究方面取得了一定的进展。1982 年陈崇山在北京进行了一次大规模的受众调查，拉开了中国传播学实证研究的序幕。此后，中国传播学实证研究的主题日益增多，从单一的“受众的阅读行为”主题逐渐演化为“媒介与性别”、“媒介与儿童”、“媒介从业人员的自我认同”等多种主题；方法也越来越多样化，从单纯的调查研究方法渐渐扩展到文献研究、实地研究以及定性定量综合研究的方法。但是从目前的情况来看，缺乏实证研究依然是中国传播学发展的瓶颈。另外，抽样缺乏科学性，统计分析缺乏专业性，使很多实证研究成果缺乏应有的价值。缺乏有力的实证研究成果的支撑，将在很大程度上制约传播基础理论研究的深入，严重影响传播学的本土化进程。

总的说来，中国的传播学在过去 20 年走过的道路是充实和精彩的，但与国外传播学相比，与国内其他较为成熟的人文社会科学主干学科相比，传播学的成长之路还很漫长。

五、20 世纪管理学的勃兴与广泛应用

现代管理学正式诞生于 20 世纪初期，是研究人类社会管理活动规律的一门新兴混合型学科。它的迅速成长，一靠时代的机遇，二靠先于管理学科成长起来的人文社会科学一系列主干学科的理论积淀，三靠现代自然科学技术领域中数学、统计学、信息学、工业工程学、计算机科学以及其他学科知识的支撑。

到 20 世纪末，管理学已经成为人文社会科学的显学之一，成为科学体系中较为有效的公共工程平台。

说它是“显学”，因为它发展势头良好，地位突出，影响广泛。

称它为科学体系中的“公共工程平台”，因为它是人文科学与社会科学之间、人文社会科学与自然科学之间的交叉学科和边缘学科；现代科学发展本身越来越离不开管理，管理学作为跨学科的应

用科学，既是人类科学体系的产儿，又是这一体系的共享物。

管理学一般理论研究的对象“管理活动”，主要包括管理者、受管理者、管理过程、管理环境。

（一）管理学的学科定位

管理学作为人文社会科学的主干学科之一，正式成型的时间较晚。但管理思想的萌芽，则可以一直上溯到人类开始为达到共同目标而进行集体活动的远古时代。古往今来，人类在漫长的社会实践活动中摸索积累了许多宝贵的管理的经验体会，有些由智者总结提升为理论性的条文，记载在经史典籍之中，更多的则以相对朴素的经验形态，口口相授，薪火相传，蕴藏在民间。古代管理思想宛如点点星光，在现代管理科学的背景天幕上熠熠闪亮，成为现代管理科学的源头活水，并经与现代科学理念的结合被重新发扬光大。

20世纪初，适应西方社会工业化进程，现代管理学正式形成。一般认为，现代管理科学的创立者要推美国的泰罗。他首创的科学管理制度——“泰罗制”对现代管理思想的发展具有重大的影响，他也因为出色的管理理论和实践而被公认为“科学管理之父”。与泰罗一起对现代管理学建设作出重要贡献的还有法约尔、穆尼、巴纳德等人，他们的共同之处是都来自于管理工作的第一线，其理论观点多建立在第一手实践经验的基础上，史称“古典主义”时期。

第二次世界大战以后，学者们纷纷介入管理学的研究。他们从不同视角、在不同层面上提出不同的理论观点，甚至与从事实际管理工作的研究者发生激烈的争论。这是一个理论新见迭出、专题著作汗牛充栋的时期。其结果，一方面极大地推动了管理学的学科建设速度，另一方面由于缺乏对管理学研究对象内容与范围的明确定位，也逐渐形成了本书前面已经提及的“管理理论的丛林”状态。我们权且将这段时期称为管理学的“草创期”，其特征是生机勃勃而缺乏明晰的生长脉络。

从20世纪60年代起，管理学在经历了最初的探索科学管理途径到对管理多角度、多层面的散点式研究之后，开始进入它学科建设的成熟期。管理学家们着手对已有的管理理论进行梳理、综合，逐步区分一般管理理论与具体管理理论，努力构筑管理学的统一理论框架和学科内部的分支体系。今天，现代管理学已经由最初的边缘学科发展而成一门跨越自然与人文社会两大学科部类的重要应用学科，在一般管理学之下有着企业管理、行政管理、旅游饭店管理、知识管理等多门二级子学科，体系日趋庞大和完备。

作为典型的尚处在开放性发展中的应用学科，现代管理学的内容杂、层次多，结构体系庞大。在此，我们只能紧紧抓住管理学的研究对象——管理活动，来梳理一下一般管理理论的结构框架。管理活动由管理活动的管理者、受管理者及管理过程三要素构成。同时，管理活动又总是在一定的社会环境中进行，因此，管理环境是考察管理活动必不可少的第四大要素。现有的管理理论的阐发尽管各有侧重，但基本上都围绕着管理活动的这四要素展开。

1. *管理活动的管理者与受管理者*

管理活动中的管理者与受管理者都是人，确切地说都是“组织人”。就总体而言，前者是管理行为的施予者，后者是管理行为的接受者。但是，在具体的管理活动中，两者的关系并不是绝对的，更不是一成不变的，双方在一定条件下可以相互转换。因此，现有管理理论首先着眼于管理活动中的“组织人”的共性研究，管理理论称之为“人性假设”。这是一个认识逐步深入的过程。粗略地概括，管理学家们对管理活动中的人性假设先后经历了“经济人”—“社会人”—“文化人”等几个阶段。

“经济人”又称“理性人”，由 18 世纪英国古典经济学家亚当·斯密提出。他认为人的本性是追求私利，渴望以最小的代价获取最大的利益，人类的经济活动正是基于这样的人性前提。该假设被现代管理学之父泰罗所继承。以“经济人”假设为前提，管理就成了一种谋求实现最佳经济效益的最佳方法；它利用人的经济动机，形成了以严格的标准化操作规程来管束人的行为、提高工作效率的模式。“社会人”假设来自本书第三章提及的“霍桑实验”。这个由美国心理学家梅奥等人主持的长达9年的实验表明，影响工作效率的不是待遇和工作条件，而是工作中的人际关系。梅奥据此提出以“社会人”取代“经济人”，管理必须重视人的社会需要，它不仅包含物质需求，更包含精神需求，如归属、受人尊重、自我价值实现等。由此不但引发了管理理论的一次重要的革命，还有力地推动了行为科学理论的发展；后者极大地丰富了现代管理学对人性的研究。20世纪后期，管理学开始进入后现代主义时期。随着自然科学与人文社会科学的飞速发展，人对自身本质的认识又有了新的发展。其中，德国哲学家卡西尔以“人是符号动物”取代传统哲学“人是理性的动物”，颇具震撼力。他认为文化是人类在寻求自身不断解放过程中创造的一个巨大的符号系统，人在创造文化的同时也塑造了自身的本质。据此，后现代管理理论提出了“文化人”的人性假设，试图涵盖此前的“政治人”、“经济人”、“社会人”、“复杂社会人”等种种人性假设，认定它们不过是复杂人性的不同侧面。

除了对管理活动中人的共性加以研究之外，现代管理学还特别关注管理活动的主体与客体的相互转化。相应的理论如管理活动的双主体论和“有限理性的管理人”等。

2. 管理活动的过程

现代管理学一般将管理活动的过程划分为四个环节：设定目标—计划决策—领导指挥—控制监督。在一个复杂的管理系统中，上述四个环节是一个相互紧密依托而循环往复的过程。

设定目标是管理活动的第一个环节，是人们在管理活动中运用科学的管理措施所要达到的预期目标，它既包含对预期结果的设想，还包括对为达到预期结果所采取的措施的设计。为保证设定目标的正确性，通常必须经过以下基本程序：提出问题—收集信息—制定方案—确定方案—目标修正。

计划决策是管理过程的第二个环节。计划相当于整个管理工作的行动指南。计划的内容简言之就是5W1H——做什么（What）、为何作（Why）、何时做（When）、何地做（Where）、谁去做（Who）及怎样做（How）。现代管理理论就计划制定的原则归纳了几条原理：(1) 限定因素原理，又形象地称为“木桶原理”，意为木桶能装多少水取决于最短的那块木板，同理，制定计划必须充分考虑局限性因素。(2) 许诺原理，强调计划应当根据最经济的原则制定合理的期限。(3) 灵活性原理，即计划设计应具有灵活性，一旦出现意外因素能够较为方便地调整。(4) 导向性原理，这是强调计划执行过程中，必须定期检查评估，以根据具体情况变化适时调整。

在目标设定及计划制定过程中，通常会产生若干备选方案。对备选方案进行分析比较判断，并选择真正进入实施的方案的工作环节，就是决策。理想的决策应该是高度理性的，即客观、公正、全面地考虑各种内外部条件，选择决定一个目标明确、导向一致、执行程序清晰、各方利益没有冲突的最佳方案。但是，在具体管理过程中，决策者由于“身在此山中”的当局者身份，很难实现决策的完全理性化。因此，现实管理中的决策多为“有限理性决策”，特别是当决策者是一个个体的时候。为此，现代管理理论更推崇集体决策，并从实践中总结了一些可行的方法，著名的有“头脑风暴法”、“名义群体法”、“德尔菲法”等。它们都倡导由领导者提出问题，然后或共同讨论，相互启发，或独立思考，不拘一格发表意见，达到集思广益，最大限度增加决策的理性程度。

管理活动的第三个环节是领导指挥。领导在现代管理学中的含义，更多是指一种“行为和影响力”，它可以带领和激励成员实现组织目标。好的领导是一种技能，更是一种艺术。在很大程度上，我们所谓的“管理的艺术”经常就落实为领导指挥的艺术。在具体的管理过程中，领导的工作内容主要包括制定组织战略目标，并围绕目标进行相关系列决策；与部属充分沟通、交流，达成共识；分解落实目标，理清部门职责，指挥部属完成工作任务；根据部属完成任务的具体情况，以奖惩形式对组织目标的实施进行监控。

管理活动的第四个环节是控制监督。概括而言，控制监督是保证和促进管理目标、计划顺利施行的重要环节。其中，控制规定各种标准规范，建立相应的信息反馈机制，并根据反馈信息采取相关行动纠正重大偏差，调整微小偏差，以确保管理目标和各项计划的实施；监督则根据控制所设计的标准规范，在一定框架内进行监察、督导、审查，以达到防患于未然，促进管理过程顺利完成的目的。

3. 管理活动的环境

现代管理学所研究的管理活动的环境，实际上就是组织环境。当然，组织环境有内部与外部之分。管理学创立的 20 世纪初期，企业组织面临的外部经营环境相对比较确定，因而管理学的研究重点主要集中在组织内部；而 20 世纪中期以来，伴随着信息化时代的来临和全球经济一体化进程的不断加快，以企业为代表的各种组织所面临的外部环境日益复杂，亟需现代管理学作出及时反应。因此，主要研究组织外部环境的组织环境理论应运而生。据此，我们所谓的管理活动的环境，主要是指组织的外部环境，重点研究其中对组织具有直接、间接和潜在影响的所有确定和不确定的因素。

按照组织环境理论，管理活动涉及的外部环境可分为三个层次：与组织目标的实现直接相关的“任务环境”，包括产业、原材料、能源、市场及人力资源等；涉及同行业经营状况的“竞争和行业环境”；范围广阔的“相关宏观环境”，包括一切会对组织目标构成影响的自然资源、政策导向、社会文化、经济、技术大环境等。为适应日益复杂的环境变化，进行组织环境分析是现代管理的一项十分重要的工作，它通常包括环境扫描、环境监察、环境预测和环境评估等四个环节。

面对充满不确定因素的变动中的环境，组织应该如何应对才能实现对环境的有效控制呢？现代管理理论主要提供了三种不同的观点：一是强调进行自身调整以适应环境的改变“适者生存”的种群生态理论。二是强调管理者主观能动性的“综合分析理论”。三是具有大系统观的“资源依赖”理论，其核心理念是组织管理应本着生态环境大系统的观念，尽量减少组织之间的边界，增加不同组织间的合作，借助修正、操纵和控制相关组织来维持组织与环境的平衡。

（二）现代管理学：科学与人文视野的交叉互动

梳理一下现代管理学的发展历程，我们可以看到，与20世纪许多人文社会科学学科一样，现代管理学的学科建构也出现了两条较为清晰的建构线索——科学主义方向和人文主义方向。同时，作为人文社会科学的“公共工程平台”，现代管理学的发展时刻受到各种人文社会科学乃至自然科学思潮的影响和推动。我们在其理论“丛林”中可以清晰地辨认出偏向科学主义的结构主义、实证主义，偏向人文主义的人道主义、阐释主义等思潮理念推波助澜的痕迹。从现代管理学的发展趋势来看，研究者们正在打破科学主义和人文主义管理思维模式之间泾渭分明的界限，寻求科学与人文视野的交叉互动，运用多元化思维，闯出“管理理论的丛林”，使管理真正成为科学与艺术的有机结合体。

1. 现代管理学理论建构的两条基本脉络——科学主义方向与人文主义方向

先说科学主义方向。20世纪初期，泰罗以“科学管理”命名自己的管理理念，就表明了他及其同道想要将这门新兴学科的建设引向科学主义方向的意图。泰罗及其助手大处着眼，小处着手，大到考虑劳资双方职责的科学分工、合理的工人培训手段、程序和报酬激励制度，小到不放过像砌砖这样一道细小的工序，对之进行观察分析，制定左右手协调动作的操作规程，以图最大限度地提高生产效率，并以此为依据制定了一系列的“科学管理”原理。在古典管理学家们的努力下，管理研究的对象被明确为一个组织结构系统，计划、组织、控制等管理学的基本概念及相应的学科体系框架得以确立，并沿用至今。

用调查研究和科学化的定量分析取代管理者的个体经验、判断，以此作为管理决策措施的前提依据，管理学理论建设的科学主义方向赋予这门学科以鲜明的现代品格。但与此同时，管理的科学主义方向也存在着一些局限性，特别是对管理的社会性因素及管理活动双方的主体性重视不够。这就需要管理学的人文主义发展方向来加以弥补。

事实上，人们早在“科学管理”创立和施行不久就注意到了它的内在局限。20 世纪二三十年代在管理学界发起了一场“人际关系运动”，就试图纠正“科学管理”过于机械化的做法，着重关注和研究管理活动双方的心理需要及其对工作效率的影响。由此产生了标志管理学的人文主义方向的“人际关系学派”。前面第一小节中提及的美国心理学家梅奥主持的霍桑实验就是该学派的杰作。如前所述，“人际关系学派”通过霍桑实验有力地证明了管理主体是“社会人”而非单纯的“经济人”，并揭示了“非正式组织”的存在及其对组织成员的重要导向作用，以此提示管理学研究决不能忽视各种社会性因素。此后，在“人际关系学说”的基础上发展起来的“行为学说”比之更进一步，从单纯强调管理活动中主体的感情因素进而探讨主体的行为规律，提倡人尽其才、人尽其用，提出了影响深远的“人力资源开发”、“自主管理”等一系列十分人性化的管理新概念。

将管理学的人文主义发展方向推向极致的，是我们在本章第二节中提及的美国心理学家马斯洛的人类动机理论。1943 年，马斯洛发表《人类动机理论》，提出了人类需要层次理论，位于需要层次“金字塔”最底层的是生理需要，其上依此是安全需要、爱的需要、受尊敬的需要，顶端即自我实现的需要。这些需要逐级递进，构成人类行为的基本动机群。美国学者赫茨伯格把马斯洛的人类动机理论应用到管理领域，他因研究如何有效激励组织成员的工作动机，提出“激励—保健因素理论”而闻名于管理学界。

通过以“人际关系学派”、“行为学派”为代表的各人文主义管理学派的努力，社会心理与文化的观念逐渐深入管理森林的腹地，相关的学说观点交织成现代管理学理论研究和实践操作中颇具活力和亮色的一片园地。

2. 与实践结合，多元思维促进现代管理学的开放发展

现代管理体系建立在近代资本主义生产方式的基础上，尽管在不同的历史阶段，其内容和构架不断更迭变迁，但总体而言，它的哲学根基——理性主义始终没有动摇过。众多管理学家们一直在向着一个价值目标努力，即寻找和确定一套具有普遍适用性的管理原理和方法。20 世纪 80 年代以来，后现代主义哲学文化思潮冲撞下形成的一股后现代管理思潮则试图从根基处撼动现代管理这座大厦。这派学者认为，在信息化、全球化浪潮席卷世界，经济文化形态发生重大变化的情况下，必须从各个层面反思、更新现代管理的传统理念，特别如理性、人性假设、组织文化、管理对象、原则等这样的基石性概念。他们十分关注西方企业组织现代化以后的种种异化现象和弊端，反省日趋统一、模式化的现代管理制度对人性隐蔽的控制与压抑，揭示了任何管理制度都是由居于统治地位的管理者制定而不可能保持完全的中立、客观的事实，打破了持续已久的关于“我们创造了自己的管理思想”而使生活质量全面提高的盲目乐观。

反思的同时，后现代管理学者根据西方后工业社会由工业经济向知识经济过渡的特征，提出了“知识管理”的全新理念。所谓“知识管理”，就是对知识的管理，其目标是“促进知识的生产和流动，使知识在使用中实现价值”。由此，后现代管理学思潮完成了管理的对象的转变——由组织中人的劳动转变为知识及其创新。按照美国管理学家德鲁克的观点，后工业化时代，知识已经转化为一种基本资源，它甚至是获得其他资源的基础；后工业社会的管理核心是知识经济管理。以知识经济管理为核心，后现代管理理论认为今天的管理最基本的问题，是组织如何应对环境迅速而激烈的变化，确立的管理目标是提高组织的适应竞争、不断发展的能力。以此为前提，后现代管理以叛逆的姿态提出的最具建设性的观点是，不要使管理局限于技术，而应使管理真正成为艺术，也就是说，不

再拘泥于传统，彻底摒弃门派之争，使管理学的理论建设与实践更加紧密地结合在一起，以多元化的开放性思维促进管理的健康发展。

在这样的思潮背景下，近 20 年来，管理学学科建设取得了长足的进步。这不仅指切合实际需要涌现出大量新兴的分支学科，尤其值得一提的是，出现了不少与实际结合得较为理想的新的管理理论和方法。这些最新的管理理论和方法较好地体现了各管理学派间的借鉴融合，特别是较好地体现了科学主义与人文主义管理思维模式的交叉互动。

以下，我们以 20 世纪八九十年代的企业管理为例，着重介绍其中富有代表性的几种：

全面质量管理。这是 20 世纪 60 年代首先出现于日本的一种管理模式。组织中的所有成员以提高和确保质量为核心，把专业技术、管理技术及不断发展的现代科学结合起来灵活运用，建立一套科学、严密、高效的质量保证体系，控制影响质量的全过程的各种因素，全员参与、全程参与，以确保工作质量和管理的高效。其特点是重视受管理者人在管理中的主体地位，以提高产品质量为目标凝聚全体组织成员的注意力，通过科学化、制度化的调控管理，激发他们的才智和潜力。

企业再造。这种实践发端于日本，由美国学者提出的新型管理理论，以全面加强质量管理，注重管理全流程的思路为基础，主张企业组织自主更新改造，紧密配合市场需要确定企业的业务流程，以柔性的扁平化的和以团队为基础的组织结构取代传统的组织结构，强调信息技术的及时获取，突出各职能部门间及与组织环境间的沟通合作。企业再造理论在促进企业不断改革管理体制以适应日益国际化的竞争环境方面有突出贡献，80％的美国企业借此改善了经营业绩，并在 20 世纪 90 年代后重新超越日本同行。

学习型组织。这是 20 世纪 90 年代以来最流行的一股管理潮流，指通过营造整个组织的学习气氛，充分发挥组织成员的创造性思维能力，从而建立一种有机的、高度柔性的、横向网络式的、符合人性的能持续发展的组织。美国管理学家圣吉在他的专著《第五项修炼》中说："20 世纪 90 年代最成功的企业将会是'学习型组织'"。他认为，建设一个学习型组织必须苦练五种内功，即尝试系统思考、努力自我超越、改善心智模式、建立共同愿景和强化团队学习。学习型组织的提出与实践，较好地适应了知识经济时代对企业组织和其他各类组织发展的要求，前所未有地肯定和突出人在管理中的主体地位，是管理人文主义思潮的出色体现。

以上三种近 20 年来风行全球的企业管理理论和方式，突出反映了当今时代管理的新特点。窥一斑而见全豹，我们可以清楚地看到，现代管理学正在穿越"理论丛林"，以更加开放的姿态，吸纳融合人文社会科学和自然科学各门学科的新知识、新方法，进一步打造现代科学体系的"公共工程平台"。

三、管理学在当代中国

现代管理学在当代中国崛起的时间不长，但是其建设发展的速度又是所有新兴人文社会科学学科中最为惊人的。只要从近年来管理类书籍在各家书店中的社科图书中几乎占据半壁江山的情形，就可得到有力的印证。20 世纪 80 年代以来，管理学热潮始终不退，成为我国社会生活中一道亮丽的风景。进入这片迷人的风景，扑入我们眼帘的首先是研究界对各种世界新潮管理理论的扫描，它们组成了各具特色的"西洋景观"，冲击着我们的传统观念；接着我们会饱览那些现代管理理念在本土的实践成果，它们构成的景致鲜活生动，不论成功还是失败都给人留下鲜明深刻的印象；最后，我们来到了一片名为"东方管理"的景区，亲眼见证我国管理学者在这片园地的辛勤耕耘：他们正努力尝试将现代管理学理论的枝条与东方古老传统文化的大树嫁接在一起，使之开出更艳丽的花朵，结出更富有营养的果实。

归纳起来，我国学者立足中国传统文化厚土、结合现代社会管理实践经验提出的一系列东方管理理论，在以下几方面对西方管理学进行了有益的补充与拓展：

一是发掘中国传统文化中所蕴涵的管理思想精华，古为今用，有效丰富了现代管理的内涵。

学者们将目光投向《易经》、《道德经》、《论语》、《孙子兵法》等古典文化要籍，一方面从古代思想家们关于治国安邦、修身养性的论断中寻找与现代管理的结合点，让那些年代久远的声音重新焕发出时代的新意；另一方面将中国传统管理思想与印度、阿拉伯世界等其他东方文化的源头连接起来，使之扭结成一个整体，与西方管理学进行比较研究，在更宽广的文化视野中发现东方管理思想的精华所在。

在这样的研究背景下，我们首先看到的是东方文化为日趋全球化的管理提供了深远的哲学视野。比如，东方管理本着“天人合一”思想，更讲求管理的中庸之道，就是在肯定人的个体欲求的基础上，更强调为了群体利益而节制个体欲望，与自然和平相处，谋求社会的和谐进步。还有，东方管理讲求“以德为先”原则，其道德的内涵不仅针对人际关系，而且还包括了对人与自然关系的调适。这一原则对于纠正西方现代管理片面追求利益最大化的不良倾向具有十分重要的意义。其次，治国安民和修身养性一体两面的东方传统管理思想，十分符合现代管理由刚性向柔性的转变趋势，以人为本的思想和实践方法，为围绕人做文章的现代柔性化管理提供了许多可资借鉴的具体手段和措施。

二是借他山之石，钻研日本、新加坡等国的管理成功经验，加以理性分析与锻铸，加强现代管理实践的后劲。

东方管理学的萌芽与生长，得力于日本和新加坡为代表的亚洲四小龙的经济奇迹。因此，总结这些东方国家管理的成功经验对于东方管理的理论建设有着十分重要的意义。比如，日本企业的管理创新与新加坡融合儒家思想精华的国家管理，两者成功的共同之处，都在于重视群体的道德教化和精神凝聚，而这恰恰是过分张扬个性的西方管理思想中所缺少的因素。建立在张扬个性的文化背景上的西方管理核心理念是“制”——控制、制服，而建立在群体伦理道德文化背景上的东方管理核心理念则是“导”——引导、疏导。当今时代，融合东西方管理思想的优势，必然是增强现代管理实践力量的源泉所在。

三是从华商管理的成功实践看东西方管理思想的融合与实践。

华商管理是东方管理最生动的实践典范。探查华商管理的文化渊源，我们会发现其突出的混合特色：底色无疑是以儒家思想为中心的中华传统文化，底色之上还涂抹着所在国的主流文化；在受西方文化渗透较深的国家和地区，还会染上许多西方文化的复杂色调。总体而言，华商管理的文化背景是色彩斑斓的，体现出其鲜明的兼容性、开放性。而这种对多元文化的兼容并包正是华商管理取得成功的坚实基础。华商管理尝试将东西方管理的精华积聚在一起，立足传统、着眼现代，锐意开拓进取，为现代管理的文化融合和制度创新提供出色的实践范例，同时也向世人展现东方管理的巨大魅力。

四是作为东方管理思想的发源地，当今中国的管理学的理论建设与实践也颇有成就，并以鲜明的民族特色成为现代管理区域化、文化多元化的生动演绎。

20 世纪 80 年代以来，改革开放为管理学热潮在中华大地的兴起与涌动提供了最佳契机，一时之间，从学习世界先进的管理理论，到探索总结传统文化所蕴涵的管理思想，东西方管理理论汇聚着不断创新的自然与人文社会科学知识，在中国的现代化建设进程中日益成为一种先导性力量，经与实践的结合，开出璀璨的花朵。

总而言之，管理学在当今中国方兴未艾，现代化建设热潮中的中华大地为管理学的理论建设和实践提供了一片充满希望的沃土。现代管理学一定会推动中国的经济腾飞和民族的振兴。

要点归纳

1.1 语言学是研究人类语言的内部结构、功能和发展，揭示语言本质及其存在和发展规律的学科。

1.2　20世纪语言学的重要进展，一是索绪尔开创结构主义语言学。他认为语言的本质是符号系统，确立了科学主义语言观。二是乔姆斯基创建转换生成语言学，探索语言生成的内部机制，引发了一场心理语言学革命，拓展了对语言的认识。三是关注语言实际应用的功能学派等崛起，语义学、语用学取得迅速发展，扩大了语言学的疆域。

1.3　现代语言学在人文社会科学与自然科学之间实现了成功的跨越：一方面，它为与语言有密切关联的人文社会科学提供新的研究视角，并以其结构主义思潮影响了整个人文社会科学方法论的变革；另一方面，它通过与计算机工程技术的联姻和互相促进，对自然科学技术的进展产生越来越重要的影响。

1.4　中国语言学在继承传统，吸收西方现代语言学成果，以及探索汉语自身规律、强化跨学科应用研究的过程中寻求发展。

2.1　心理学是以有机体人，以及动物的心理活动及其行为表现作为对象，并用科学方法阐明其本质的学科。

2.2　针对19世纪实验心理学的缺陷，20世纪上半叶现代心理学主要向四个方向发展——行为主义主张建立刺激—反应模式的“科学心理学”；格式塔心理学强调心理现象的完整性；精神分析着力开掘无意识心理领域；前苏联心理学界则强调意识活动的社会历史内涵。

2.3　20世纪下半叶，认知心理学在揭示人的认知心理机制方面取得重大进展；人本主义心理学在研究人的潜能以及健全人格等方面获得较多成果；强调情感的功能和价值的情绪心理学初步形成体系。

2.4　现代心理学对科学体系发展产生全方位影响。心理学成果不仅成为哲学探讨的重要资料，而且拓展了当代哲学的研究领域；心理学的演化促成行为科学、管理科学、思维科学等一批综合性学科的产生及发展；心理学对文艺学、历史学等众多具体学科产生积极影响。

2.5　当代中国心理学理论研究与应用研究并进，在追踪世界心理学发展动向的同时，初步探讨关于建构具有本土特色的学科体系的课题。

3.1　人类学是研究人的自然属性和社会—文化属性的学科。

3.2　20世纪上半叶，功能主义学派及历史学派重视文化人类学研究，从不同角度和层面拓展了人类学的研究领域。二次大战后，人类学实现了四个方面的变革：从古代走向现代；从"异文化"研究转向"本文化"研究；从半封闭研究转向开放性研究；从排斥马克思主义到吸收马克思主义的观念方法。

3.3　现代人类学对现代科学发展有着重要意义：丰富了马克思主义唯物史观；独具优势的文化研究在人文社会科学领域占有重要地位；"主位研究法"等研究方法对其他学科产生广泛影响；对许多具体学科的发展有直接推动作用。

3.4　当代中国人类学重视基础理论建设，关注世界人类学发展趋势，加强对现代社会文化和中国主体民族的研究，并不断发展应用人类学。

4.1　传播学是一门研究人类传播现象的科学。传播学的研究对象从广义上讲，包括内向传播、人际传播、群体传播、大众传播四类传播方式。

4.2　传播学在20世纪的历史演进：萌芽于20世纪初，两次世界大战中获得发展契机，四位先驱者初步奠定传播学结构框架和基本研究方法，由施拉姆确立一系列基本范畴；繁荣于20世纪六七十年代，分化为古典学派、批判学派、技术主义学派三大阵营；20世纪80年代开始谋求变革，日益形成本学科的研究主题，与其他学科互动发展。

4.3　传播学对现代科学体系的渗透表现为：为人文社会科学方法的成型作出贡献；为人文科学与社会科学、人文社会科学与自然科学对话提供平台；为几乎所有人文社会科学主干学科提供新的研究视域和理论支持。

4.4　中国传播学起步较晚，发展道路曲折，20世纪80年代以来全面引进外国传播理论，开展概论性质的基础理论研究，实证研究方面取得一定进展。

5.1　现代管理学是研究人类社会管理活动规律的一门新兴的混合型学科。

5.2　“管理活动”的基本要素是管理者、受管理者、管理过程、管理环境。管理者与受管理者均属“组织人”，现代管理理论首先着眼于具有主体性的“组织人”的人性假设。管理过程一般分为设定目标、计划决策、领导指挥、控制监督四个互相关联的环节。管理环境即组织环境，主要包括任务环境、竞争和行业环境、相关宏观环境；组织环境分析通常包括环境扫描、环境监察、环境预测和环境评估等。

5.3　现代管理学理论建构的两个基本方向是科学主义与人文主义；多元思维促进现代管理学的开放发展。基于科学与人文视野的交叉互动，近20年来，先后出现的全面质量管理、企业再造、学习型组织等管理理论和方式风行全球。

5.4　中国学者立足中国传统文化沃土、结合现代社会管理实践经验，提出了较为系统的东方管理理论。

问题探讨

1. 语言学心理学人类学传播学管理学的学科性质有何相近之处?

2. 语言学心理学人类学传播学管理学在20世纪的发展道路、功能影响诸方面有何共通的特点?

DI QI ZHANG

第七章

经济学社会学法学适应时代需要迅速发展

重点提示

1.20世纪经济学如何在不断接受挑战的过程中得到发展?当代中国经济学取得哪些重要成就?

2.20世纪社会学如何应答日趋复杂的社会问题?马克思主义与现代社会学的关系如何?

3.20世纪法学如何适应社会法治的需求而发展?法学对于当代中国实现法治有怎样的指导意义?

经济学、社会学、法学是社会科学中具有典型意义的主干学科,它们的科际关系十分密切。

20世纪经济发展不断受到挑战、社会结构急剧变动、改革呼声日见高涨,为这些活跃的、动态的学科的迅速发展提供了历史机遇。

一、20世纪经济学不断接受挑战

经济学是研究人类社会生产、交换、分配、消费等各种经济活动和各种相应的经济关系,揭示其运行、发展规律的科学。经济是社会的基础,经济活动和经济关系在人类全部社会活动和社会关系中,具有决定性的作用;对经济进行理论的、应用的、历史的以及有关方法的研究的经济学，在人文社会科学中相应占有较为特殊的地位。

（一）现代经济学研究对象和研究方法的发展

1. 现代经济学两大体系基本研究对象的区别

经济学作为人文社会科学发展史上较早出现的一门独立的科学，是随着资本主义生产方式的产生和发展而逐步形成的。

一个国家经济财富的主要来源是什么？穷国如何变为富国？英国古典经济学家斯密于1776年写出名著《国民财富的性质和原因的研究》（习称《国富论》），否定了在16世纪～17世纪西欧原始资本积累时期的重商主义把对外贸易作为财富源泉的观点，把经济研究从流通领域转到生产领域；又扬弃了18世纪中叶法国重农主义只把农业视为财富创造者的观点，指出一切物质生产部门都创造财富。他以财富的生产和分配即生产关系作为研究对象，反对国家干预经济发展，主张让自由竞争的市场机制这只“看不见的手”支配社会经济活动。英国古典经济学的集大成者李嘉图1817年出版《政治经济学及赋税原理》一书，发展了斯密理论中的科学因素，坚持商品的价值是由生产中耗费的劳动决定的原理，认为经济学的主要任务是阐明财富在社会各阶级间分配的规律。李嘉图与斯密一样把资本主义视为永恒的制度，他们的学说是西方资本主义经济学，特别是我们下面将要讲到的自由主义经济学的理论源头；但他们奠定了劳动价值论的基础，成为马克思经济学说的一个重要来源。

19世纪中后期，经济学这棵大树分成了两大枝干，裂变为两个体系：一是资本主义的经济学，一是马克思主义的经济学。这两大体系在研究立场和研究对象上有很大区别。

当时，一些法、英资产阶级学者不赞同斯密和李嘉图对经济学研究对象的定位。他们认为，商品的价值应该由这个商品的“效用”，即个人从消费一种物品或劳务中得到的主观上满足的程度决定；不应该只考虑生产关系，而不考虑人的消费和需求。这就打开了西方经济学由着重研究生产、供给和成本，转为着重研究消费、需求和效用的大门。这种转向由1870年前后产生的边际效用学派完成。“边际”是额外的意思，“边际效用”指个人从重复消费同一物品或劳务中得到的某些额外的或者说追加的满足。边际效用学派用“边际效用价值”论取代古典经济学中占有较为重要地位的劳动价值论，否定马克思主义的剩余价值论，用边际分析法淡化生产关系的研究；把人的经济行为解释为：面对有限的资源和技术带来的“稀缺性”，理性地追求利益最大化；宣称资本主义是一架自我调节的机器，能够自行解决它的种种矛盾。1890年，英国经济学家马歇尔出版《经济学原理》，深入而全面地阐释经济供求理论，综合了古典经济学对经济领域客观因素的重视和边际学派对主观因素的强调，崇尚经济自由主义；这是新古典经济学体系形成的标志，成为20世纪西方经济学的先导和基础。

20世纪西方经济学的研究，从总体上看承袭了边际效用学派的基本思路。它们研究财富，研究国民经济或一般经济活动，研究个人消费的满足和市场，但是很少研究具体的生产，尤其是在一定社会历史形态下的生产。谈到生产问题，他们多研究超越社会历史条件的“生产一般”。现代美国主流经济学代表萨缪尔森在其《经济学》教材中对于经济学下的定义证明了这一点。他认为，处在经济学核心的是“稀缺规律”，即社会无法拥有足够的资源能满足人们无限的消费需求；经济学主要研究社会如何作出最佳抉择，以使用具有多种可供选择用途的、稀缺的生产资源，为现在或将来生产各种商品，并把商品分配给社会的各个成员或集团进行消费。那么，什么是经济学家考虑的重大的基本的“经济选择”问题呢？萨缪尔森提炼出三个问题，那就是：“生产什么和生产多少？”“如何生产？”“为谁生产？”这三个问题是典型地针对“生产一般”而提出的。从这个意义上讲，现代西方经济学的研究带有很大的抽象性。

应当看到，随着资本主义经济各种矛盾的深化，面对着层出不穷的现实经济问题的挑战，现代西方经济学的内容越来越广泛，它们的具体研究对象也越来越丰富。如产权经济学以交易成本与产权制度为研究对象，供给学派以供给和经济“滞胀”为研究对象，等。尽管它们在研究立场和研究视野上带有明显的阶级的和历史的局限性，但是特定学派对于某一专门研究对象的深入研究往往有一定价值，有的还会拉动整个经济学的发展。

现代经济学的另一个体系，起源于马克思从1867年开始陆续发表的巨著《资本论》，以及他与恩格斯的其他政治经济学著作。马克思和恩格斯不仅对斯密、李嘉图的政治经济学的内容进行了根本性的科学的变革，而且在辩证唯物论和历史唯物论的基础上，把政治经济学的研究贯穿于人类历史的各个发展阶段，即从资本主义生产关系或生产方式，扩展到整个人类社会各种生产关系或生产方式。

在20世纪中，随着无产阶级革命运动的推进和社会主义社会的诞生、发展，马克思主义经济学关注资本主义经济发展的新问题、新动向，着重研究社会主义的生产关系和生产力，努力揭示社会主义经济关系的性质及其运行的规律，丰富和拓展了马克思主义经济学的研究对象。社会主义是前无古人的事业，社会主义经济发展及其理论研究走过了曲折的道路。当代中国经济学的研究重心是从计划经济体制向切合国情的社会主义市场经济体制的转型，由于这是一片“没有航海图的水域”，其成果举世瞩目。

2. 现代经济学研究方法的发展

现代经济学研究方法的发展与其研究对象的发展有着密不可分的联系。

现代西方经济学虽然流派繁多，但多以比较适合于特定对象的实证方法与规范方法进行研究。实证方法与规范方法的最大区别在于，实证方法对经济现象多采用事实和行为的分析，回答“实际怎样”的问题，一般的步骤是观察与衡量、建立经济模型、通过事实检验模型并提出相应理论；而规范方法一般涉及对经济现象、经济政策的是非优劣的价值判断，回答“应该怎样”的问题。马克思主义经济学论证资本主义有着不可克服的社会矛盾和共产主义的必然实现，研究的基本对象是具体社会历史形态中的经济活动和经济关系，使用的是辩证唯物主义与历史唯物主义一体化的方法。

尽管现代西方经济学往往公开排斥马克思主义经济学的方法论，但这并不排除某些学者或研究结论，由于尊重客观事实和规律而不自觉地符合辩证唯物主义和历史唯物主义。同样，也不排除某些马克思主义经济学家或某些马克思主义经济学成果，因理论脱离实际而背离马克思主义的科学方法。

现代经济学在具体研究方法上的一个重要发展是经济学家越来越多地借助于实验室和其他受控制的实验来研究经济现象，解释经济行为。其做法类似于心理学和教育学的实验。

特别值得一提的是，现代经济学大量运用现代数学方法和先进的计算机技术进行经济数量关系的分析。数学在经济学上的应用，大大地促进了经济学的发展；同时，经济学的发展又促进了数学的进一步发展。有人认为在 20 世纪以前，对数学起了较大推动作用的是自然科学，而在 20 世纪，对数学起较大推动作用的是人文社会科学，尤其是经济学。当今，不懂高等数学的人，在经济学的许多领域内简直寸步难行。数学方法的广泛介入增强了经济科学的精确性。

1968 年诺贝尔经济学奖设立，这同现代经济学研究方法的不断科学化是密切相关的。

（二）现代西方经济学的主潮和流派

1. 现代西方主流经济思潮及其流派

经济思潮和理论流派有密切联系，但区别也是明显的。经济思潮的范围比理论流派的范围要广泛得多。同一经济思潮，可能有许多流派。

纵观西方经济学的发展历史，尽管各种流派纷繁复杂，但基本上是两大经济思潮：一是经济自由主义，一是国家干预主义。

国家干预主义思潮的内核是：在社会经济生活中政府的“看得见的手”占有重要地位。它主张扩大政府职能，对社会经济活动进行控制和干预，并且由国家直接从事经济活动；反对经济领域的自由放任，要求限制私人经济。它的理论源头是上文已经提及的16世纪到17世纪欧洲封建社会晚期出现的重商主义。当时的人们认为流通领域特别是对外贸易乃社会财富的源泉，强调在国家支持下发展对外贸易。

经济自由主义思潮的内核是：在社会经济生活中占统治地位的应当是市场这只“看不见的手”。这种思潮主张由自由市场的力量支配各种经济活动；国家的基本职能是为自由竞争提供制度与法律保障，只直接担当某些不适合由市场机制进行协调的经济活动。它发端于17世纪中叶到19世纪的古典政治经济学。古典经济学认为，要增加一个国家的财富，最好的经济政策，就是给私人经济活动以完全的自由，充分的自由竞争是发挥社会每个成员主动性和积极性的条件。

西方经济理论基本上是上述两大经济思潮同时并存，此消彼长，此起彼伏。从19世纪开始，由于自由资本主义发展较为顺利，早期经济自由主义占据主导地位；而从20世纪30年代起，则是以凯恩斯主义为代表的新的国家干预主义占主导地位，辅以经济自由主义思潮。

为什么现代西方经济学中，新的国家干预主义能占有主导地位呢？这就要说到当代西方经济的大背景。20世纪初以来，垄断经济的形成改变了资本主义的经济特征，盲目生产现象的增多使经济危机接踵而至，传统的自由主义的各微观经济学流派的理论，已经不能适应资本主义经济发展的挑战。1929年，资本主义国家发生了有史以来的最大的经济危机。当时主要的资本主义国家的经济陷入长期大萧条，失业问题严重，关于资本主义社会可以借助市场自动调节机制解决就业问题的理论失灵，经济学限于微观研究的弊端充分显露。美国总统罗斯福1933年就职后兑现竞选时的承诺，大力推行国家多方面干预经济的“新政”。在这种背景下，早在1926年就发表了《自由发任主义的终结》的英国经济学家凯恩斯于1936年出版《就业、利息和货币通论》一书。他对资本主义经济进行宏观分析，否定了“供给自行创造需求”的传统“定律”，认为在自由放任的条件下，社会的总需求即“有效需求”通常不足，市场不能自动实现充分就业的均衡，提出有效需求决定就业量的理论。“有效需求”包括“消费倾向”、“对资本资产未来收益的预期”、“流动倾向”三种心理要素，以及投资需求。凯恩斯主张政府干预经济，用赤字财政政策代替健全财政原则，增加公共开支，降低利率，刺激人们的投资和消费，从而提高有效需求，增加就业机会。《通论》标志着凯恩斯主义的形成，也标志着西方经济学史上的一次革命。

第二次世界大战后，凯恩斯主义成为西方的主流经济学，广泛流行了实行所谓“混合资本主义经济”的北美、西欧和日本。20世纪五六十年代，西方国家垄断资本主义发展，经济持续增长。但是，国家垄断资本主义固有的矛盾逐步激化，国家干预经济不断引发新问题，从60年代末开始，西方经济普遍出现了经济停滞和通货膨胀并发的“滞胀”局面，失业率和财政赤字急剧上升，国际收支状况恶化，凸现了主要关注宏观经济学的凯恩斯主义的理论与现实之间的落差。于是，数十年来受压抑而始终绵延不绝的经济自由主义思潮再度活跃并占上风。新自由主义经济学认定，政府对经济的过度干预，造成了经济发展的不稳定。70年代以后；新自由主义思潮影响日增，英美等西方国家的政府转而奉行自由经济政策。而80年代末、90年代初出现的经济衰退，使以充分就业为主要目标的凯恩斯主义再度走向前台，美国克林顿政府的经济政策被认为是凯恩斯主义某种复兴的具体表现。总之，经济自由主义思潮卷土重来，与凯恩斯的追随者完善凯恩斯主义乃至建立“新凯恩斯主义经济学”的持续努力，两者长期对立竞争，交叉结合，成为当代西方主流经济思潮发展的突出景观。

凯恩斯主义者主要致力于把《通论》短期的静态的总量分析长

期化、动态化，提出了各种经济增长理论和经济波动理论。这些追随者因对待19世纪末到20世纪30年代的“新古典经济学派”的态度不同而分为两派。在凯恩斯的祖国，新剑桥学派对新古典经济学持否定态度；在美国，以萨缪尔森等为代表的“新凯恩斯主流经济学”则一开始就把凯恩斯的宏观经济理论和新古典经济学的微观经济理论调和、综合起来。英美两派各有所长，但是萨缪尔森更加敏于接受新思想，并善于折中和综合。他称新古典经济学是以充分就业为分析的前提，而凯恩斯则着重研究各种不同的就业量的情况，因而两种理论是相辅相成的，可以被纳入同一个体系。在近半个世纪中，他的《经济学》教科书一改再改，以凯恩斯主义为基点，执著地倡导把私营经济和公共控制混为一体的“混合市场经济”，主张“政府的看得见的手”与“市场的看不见的手”并举，陆续把经济学各种不同的思想流派综合在一起。他在90年代初完成《经济学》第14版之后自称：“我已成为晚期20世纪主流经济学的代言人。”1995年，该书第15版问世。

与凯恩斯主义和新凯恩斯主义相抗衡的各种新自由主义思潮中，影响最大的是50年代中期以后在美国开始出现，在70年代获得迅速发展的货币学派。货币主义最基本的理论是现代货币数量论，它的中心命题为：货币最重要，货币供应量的变动是引起产量、就业和物价变动的决定性因素；货币当局（中央银行）的行为支配着经济周期中货币存量的变动，因而，通货膨胀、经济萧条都可以而且应当惟一地通过货币当局对货币供给的管理来加以调节。在同凯恩斯主义者的论战中，货币学派提高了人们对货币供应和货币政策的重视程度。从1975年起，西方7大工业强国中就有5个公开宣布推行货币主义政策。货币主义学派的代表人物为美国经济学家弗里德曼，他深化了经济学对决定总需求的因素的理解，推进了货币量对宏观经济影响的研究。弗里德曼赢得1977年诺贝尔经济学奖。很多人认为，他在20世纪西方经济学领域的影响，仅次于凯恩斯。

新自由主义思潮包括许多不同的学派和理论。除货币主义学派之外，重要的还有：

“理性预期宏观经济学派”。70年代后期，从货币学派中分离出一种激进的自由主义流派，它认为资本主义经济体制中各个经济主体对经济的未来发展的预期总是合乎理性、合乎未来实际情况的，政府干预经济的政策通常归于无效。这一理论的奠基者美国学者卢卡斯获得1995年诺贝尔经济学奖。

供给学派。该派批评凯恩斯主义片面强调需求和把有效需求不足看成是资本主义一切矛盾的根源。他们认为，当时资本主义国家步入滞胀困境，不是由于需求不足，而是供给不足。出现通货膨胀时，要实行减税，减少政府的社会开支和对经济的法律干预，以刺激供给，供给将自行创造需求。他们认为，只要生产发展、供给增加，需求也会增加，经济形势就会好转。供给学派曾得到美国总统里根的推崇。

消费者理论。认为消费者的意愿和需求决定着商品生产的数量和类型，决定着生产资源的配置。这种理论与货币、理性预期、供给等学派的共同点是反对国家干预经济，强调自由市场机制的自动调节作用。

公共选择学派。将人们从互相交换中获益的观念运用于政治决策领域，创立了政策决策理论，其代表人物布坎南由此获得了1986年的诺贝尔经济学奖。

2. 现代西方非主流经济学派

由于战后科学技术的日新月异，一些资本主义国家的经济发展迅速，同时，经济危机和经济波动更加频繁，各种社会问题也越来越尖锐，而主流经济学派却没有给予这些问题以足够的重视，没能作出令人信服的解释和提出有效的解决方法。这样，一些20世纪30年代出现的非主流经济学派，在战后获得了进一步的发展，其观点被许多国家政府采用。这些流派既不属于凯恩斯主义，也不属于新自由主义。这些独树一帜的派别中，影响最大的是瑞典学派。它曾在凯恩斯之前提出了国家干预经济的主张，运用总量和动态分析方法建立动态经济理论体系。二次大战后，瑞典学派的经济理论和政策主张，日益受到许多资本主义国家的政府和经济学界的重视。

其次，是1950年去世的美籍奥地利经济学家熊彼特的经济理论体系。他用“创新”理论来解释资本主义的经济发展和周期波动。这一理论的特点，就是强调生产技术的革新和生产方法的变革，以及它们在资本主义经济发展过程中至高无上的作用。创新理论不仅对当代西方的经济增长论、经济发展论、经济成长阶段论和新制度经济学有重大影响，而且追随者们还将其发展成为技术创新经济学和制度经济学这两个新的分支学科，对社会思潮也产生了一定的影响。

再次，在20世纪五六十年代，美国经济学家罗斯托形成了他的经济成长阶段论。他所提出的“起飞”等概念，已成为当今经济界的流行术语。罗斯托把人类动机看成是经济成长速度的决定因素，宣称人类动机是经济成长的基础，由于各个经济成长阶段的中心人物不同，他们的欲望和动机也在更换，这就决定了经济成长阶段的交替和主导部门的变化。

此外，还有两个相互间比较接近，既反对凯恩斯主义，又反对新自由主义的非主流学派。一是美国新制度学派。这个派别形成于20世纪五六十年代，近些年来已经形成了与新凯恩斯经济学、货币学派相抗衡的一股重要力量，有的学者把它看作是“对主流经济学的第三种挑战”。该学派企图为解决资本主义制度的问题提出新处方，把经济关系看作是社会文化关系的一部分，认为经济学的研究任务，就是为了从制度上或结构上为资本主义社会的“弊病”找原因，从而提出改革主张和建议；在政策主张上，新制度学派强调社会结构改革，提倡实行改良主义的政策，并自称为“改革派”。二是在60年代后期形成的激进经济学派。这个学派的成员比较复杂，他们都主张抛弃资产阶级传统经济学的基本概念和方法，反对主流派的理论观点，揭露垄断资本集团的剥削活动和相关政策。90年代随着垄断经济活动的不断加剧，这一流派的发展速度很快。

3. 西方经济思潮流派发展现状及趋向

首先，西方经济学流派林立，歧见迭出。

这是资本主义固有矛盾的反映，是西方经济频频陷入危机的表现，也是西方经济学家为资本主义经济摆脱困境寻求出路的一种反映。随着西方进入后工业社会，经济生活日益复杂，而代表不同阶级、不同阶层、不同社会集团和不同生活的经济学家，提出不同的学术观点和政策主张，这是题中应有之义。1992 年，萨缪尔森赞同地重申瑞典某经济学家对资本主义经济体制的评论：如何能够在没有政府计划机构的情况下计划，又如何能够在不让私人企业家从其创新中获利，并因其巨大失误而冒破产危险的情况下，让市场发挥配置资本和劳动的作用，仍是一个没有得到解答的基本挑战。

其次，各个反对新凯恩斯主流经济学的流派的出现，已经改变了凯恩斯主义“一家独尊”的地位。

当前各流派的并存与纷争，已经显示出西方经济学的某些新趋势。

其一，一些流派的经济学家提出要扩大经济学的研究领域，打破传统的纯经济分析框框，强调要把经济学的研究同社会学以及其他人文社会学科的研究结合起来。1992 年由于 60 年代对人力资本的研究而获得诺贝尔经济学奖的美国学者贝克，既是经济学教授，又是社会学教授。他强调，所有的人并不是独立行事，而是相互依靠地行事；在他看来，经济学与社会学、法学等领域是相通互补的。此外，经济学与伦理学的综合研究出现了强劲的发展势头，获得 1998 年诺贝尔经济学奖的印度学者阿玛蒂亚·森的出色工作证明了这一点。

其二，承认西方经济学还很不完善，要走的路还很长。某些经济学家强调，应进一步运用自然科学、经济计量和数量统计等方法，使经济学更加精密化和科学化。与此同时，更多的经济学家看到了不确定性和博弈论已成为当代经济学的重要内容。被称为 20 世纪伟大天才之一的匈牙利学者冯·诺依曼开拓了博弈研究，发明了计算机；他认为社会科学必须运用数学工具，但应当是一种不同于物理学的数学工具。这种思想，对经济学界有重要影响。1994年的诺贝尔经济学奖授予三位博弈论专家。而近一二十年来迅速发展的以研究信息不对称问题为中心内容的信息经济学，某种意义上也是博弈论的一种应用。

其三，有人认为，20世纪80年代以来，经济发达国家已经由“产品社会”向“服务社会”转化，由工业经济向“知识经济”转化，以前的经济学是建立在产品社会、工业经济基础上的，而“服务社会”、“知识经济”的经济学，则要加上历史、文化、社会的解释，以此形成经济学的新形态，寻找新的对长期经济增长的决定因素。

其四，经济的国际化趋势，使国际经济学的地位日见重要。开始于1997年的亚洲、俄罗斯和其他国家的金融危机，都是由大宗国际投机资本迅速流动而引发并导致恶化的，又像传染病一样，从一个国家波及另一个国家。这类危机提示，各国和国际金融体系必须适应全球经济一体化的趋势，国际经济学正在加快发展的步伐。

其五，有些学者对西方经济学关于“经济人”假设的基本前提，以及把经济学分为宏观和微观两个部分的理论体系的基本构架，提出了质疑和挑战。依据长期形成的学术传统，“理性自利”是对“经济人”内涵的核心界定。经济学两大板块中宏观经济学研究的对象是整个经济，从总体上分析经济问题；微观经济学研究的对象是单个经济单位，主要是居民户（家庭）与厂商（企业）。当代若干流派的经济学家认为，固守上述传统，有碍于经济学的创新与发展。他们主张重新审视关于“经济人”的经典定义；主张注重研究宏观经济的微观基础，用微观理论解释宏观现象，而不要把两者截然分开。

（三）马克思主义经济学及其在当代中国的发展

我们在本节开始时对经济学所下的定义，大体反映了马克思主义的基本观点。

1. 马克思主义和列宁主义经济理论

(1) 马克思主义经济学的创立

马克思主义经济学是19世纪中叶马克思和恩格斯在批判继承英国资产阶级古典经济学的基础上创立的。

《资本论》是马克思主义经济学说中具有里程碑意义的主要著作。《资本论》第1卷由马克思于1867年出版，第2卷和第3卷是在马克思逝世以后，经恩格斯花费巨大精力整理，于1885年和1894年出版的。

马克思和恩格斯的经济学说的侧重点是研究资本主义经济制度的产生、发展和灭亡的规律。它以劳动价值学说为基础，以剩余价值学说为中心内容，具体包括劳动价值学说、剩余价值学说、资本学说、资本积累和无产阶级贫困化学说、社会资本再生产学说、经济危机学说等。

马克思和恩格斯从对资本主义经济的科学分析，从人类历史发展的观点，提出了社会主义和共产主义社会的一些基本特征。他们从历史发展的角度，论证了公有制代替私有制的必然性。公有的生产资料是丰富和提高劳动者生活的手段。公有制的生产是有计划进行的。在共产主义第一阶段即社会主义阶段，社会总产品的一部分作为生产资料，是属于社会的；一部分用作生活资料，在劳动者中间按劳分配。只有在社会产品极大丰富，消灭了旧的社会分工以及体力劳动和脑力劳动的对立，劳动成为生活第一需要之后，社会才会发展到各尽所能、按需分配的共产主义高级阶段。共产主义是以每个人的全面而自由的发展为基本原则的社会形式。马克思和恩格斯都没有亲身经历共产主义第一阶段的经济实践，没有预见到在这一阶段的相当长的时期内还会存在着商品经济，也未预料到社会主义首先在经济和社会形态落后的国家建立。

(2) 列宁对马克思主义经济学说的发展

19世纪末和20世纪初，资本主义社会发展到垄断阶段。列宁继承和发展了马克思和恩格斯的经济学说。列宁发现了帝国主义时代政治经济发展不平衡，必然导致帝国主义国家之间爆发战争，并得出社会主义不能在所有国家同时胜利，而将首先在一国或几国取得胜利的重要结论。列宁清醒地看到，新社会仍然是一种抽象的东西，只有经过各种各样的不完善的具体尝试，这种抽象的东西才会在实际生活中体现出来。俄国十月革命胜利后，列宁在一系列著作中，从苏联的国情出发，分析了从资本主义向社会主义过渡需要一个历史时期，在这个过渡时期中，经济上存在着多种经济成分，其中基本的成分是社会主义经济、小商品经济和资本主义经济。经过1918年～1921年的国内战争，列宁就如何向社会主义过渡，提出了引入商品经济关系的新经济政策。这是不同于军事共产主义的社会主义经济的新模式。列宁多次强调发展社会生产力对巩固社会主义的重要意义。列宁十分重视经济计划、按劳分配、经济核算、社会主义物质利益原则的作用。在最后的经过深思熟虑的几篇著作中，列宁把发展商品经济列为苏联社会主义建设的核心课题。

列宁逝世后，其继任者虽然也指出了社会主义经济规律的不以人们意志为转移的客观性质，论述了生产关系一定要适合生产力状况的规律，提出不能把计划工作和有计划按比例发展规律混为一谈，但是实践中没有真正贯彻，特别是没有从理论和实际的结合上解决如何在落后国家中建设社会主义这一重大历史课题。在经济理论领域，只承认消费资料是商品，不承认生产资料是商品；只承认价值规律在流通领域有调节作用，不承认它在生产领域也有调节作用。这种“特种商品生产论”，以及超越历史发展阶段、高度集中、日益僵化的经济体制，后来对苏联和其他社会主义国家发展社会主义商品经济产生了消极影响。

2. 马克思主义经济学在中国的发展

1949年中华人民共和国建立后，在领导中国社会主义经济建设的实践中，毛泽东和中国其他的马克思主义者，提出了许多具有重要意义的关于社会主义建设的理论观点。毛泽东认为社会主义社会仍然存在着生产关系和生产力之间、上层建筑和经济基础之间两种基本矛盾。他还分析了社会主义经济中的各种矛盾，提出了正确处理农业、轻工业、重工业之间的关系，正确处理国家、集体、个人三者之间的利益关系等一系列理论原则。在对社会主义商品生产和商品交换问题上，对来自苏联的理论有一些新的突破。但是，以上这些正确理论观点和原则并没有得到真正贯彻。此外，正如当代我国学者指出的那样，当世界范围经济发展理论与实践发生重大变革的历史阶段，我们没有吸收现代经济学的积极成果，而是闭关锁国，想摆脱苏联的模式，又找不到科学的出路。从指导方针看，坚持行政性资源配置的框架，用向地方政府分权的办法来加快经济发展，结果事与愿违，欲速不达。1956 年以后，错误的经济思想逐渐占居主导地位：在生产资料所有制方面脱离实际地宣扬“一大二公”；在分配和交换领域，否定按劳分配和等价交换，宣扬平均主义和无偿调拨；在国民经济的发展速度和比例关系上，片面宣扬高速度而否定平衡的比例关系；在生产关系和生产力关系上，片面强调变革生产关系的重要作用而贬低甚至否定发展生产力的决定作用。直至“文化大革命”中，许多马克思主义经济理论的基本原理也被当作资本主义受到粗暴的批判，并使国民经济遭到极其严重的破坏。

“文化大革命”的结束，使中国社会主义建设的发展进入了一个新的历史时期。中国共产党十一届三中全会以来，邓小平抓住了马克思列宁主义毛泽东思想的精髓，解放思想，实事求是，紧紧把握解放和发展生产力这一社会主义的最根本要求，在总结人民群众的创造性实践经验的基础上，关注世界经济学发展动态，提炼本国经济学界最新反思与研究的成果，对我国改革开放和经济建设的一系列重要问题作了精辟论述。这些论述，构成了一个相对完整的思想体系——邓小平经济理论。邓小平经济理论是对马克思列宁主义毛泽东思想的继承和发展，是当代中国的马克思主义政治经济学。邓小平经济理论对马克思主义经济理论的重大发展主要表现在以下这些方面：

经济建设必须从社会主义初级阶段的国情出发；

社会主义的本质是解放生产力，发展生产力，消灭剥削，消除两极分化，最终达到共同富裕；

社会主义的根本任务是发展生产力，发展是硬道理；

公有制为主体和共同富裕是社会主义的根本原则；

社会主义也可以搞市场经济；

从根本上改革束缚生产力发展的经济体制；

分“三步走”，基本实现社会主义现代化；

坚定不移地实行对外开放；

农业是我国国民经济的基础和根本，任何时候都不能忘掉；

科学技术是第一生产力，经济建设必须依靠科技和教育；

经济建设必须按客观经济规律办事；

经济建设必须有可靠的思想政治保证和稳定的社会环境；

坚持物质文明和精神文明两手抓，两手都要硬。

1997年9月召开的中国共产党第十五次代表大会，将邓小平理论确立为中国共产党的指导思想。邓小平的经济理论是邓小平理论的重要组成部分。十五大沿着邓小平理论的方向继续前进。这次历史性的会议依据改革开放以后中国经济发展的新形势，充分汲取国内外经济学研究的最新成果，力求进行理论创新。会议对马克思主义经济理论作出的新贡献，主要表现在以下八个方面：

第一，再次强调并充分阐述社会主义初级阶段理论，正确而深刻地把握了实践中的社会主义的存在和发展基础，实现了我国社会主义模式的重新正确设定。

第二，全面认识公有制经济的含义，不拘泥于本本，努力寻求极大促进生产力发展的公有制多种实现形式，把所有制性质和实现形式区分开来。明确提出公有制可以而且应当有多种实现形式，这是对马克思主义所有制理论的重要突破，也是改革实践的一次思想大解放。

第三，把公有制为主体、多种所有制经济共同发展，作为我国社会主义初级阶段的一项基本经济制度。

第四，确立股份制作为我国公有制条件下的一种企业组织形式，鼓励劳动和资本联合，从而为股份制经济的发展提供了有效的制度和政策条件保证。

第五，把调整和完善所有制结构，作为经济体制改革的重大任务。

第六，改变计划经济条件下，国有经济无处不有的状况，从战略上进行调整，增强活力，提高控制力、竞争力。

第七，明确非公有制经济是社会主义市场经济的重要组成部分。

第八，完善分配结构和分配方式，坚持按劳分配为主体，把按劳分配和按生产要素分配结合起来。

在20世纪80年代中期中国经济比较自觉地走上改革的轨道以后，当代中国经济学研究工作者对于中国马克思主义经济理论的重大发展，发挥了十分积极的作用。例如，由于越来越多的经济学者掌握20世纪最后20～30年理论经济学发展的成果，促进了90年代中国经济改革在制度层面上的进展。从那以后，各方面经济制度的创新，例如企业制度创新、金融制度创新等等就成为改革设计和改革实践的中心课题。扫描全局，中国经济学界在宏观经济理论层面取得重要突破，特别是实现了从通货膨胀理论研究向通货紧缩理论分析的跨越。在微观经济理论层面，密切关注一系列现实问题并使之上升为理论，包括国企改革、国有资产管理体制、乡镇企业的管理和制度、农村合作组织、外资企业、民营关系、消费者行为、上市公司的行为和绩效、产业组织、企业集团、价格、竞争政策和反垄断问题，等等。在政治经济学理论领域，无论是所有制理论研究、分配收入理论的研究，还是学科建设与研究方法的探讨，都有重要突破，关于公有制的实现形式、知识经济、新经济、虚拟经济等，均纳入研究视野。此外，经济史学、国际经济学、农村经济发展理论领域，也取得了显著进展。

马克思主义经济理论与马克思主义的整个科学体系一样，必定随着时代、实践和科学的发展而不断发展。中国经济发展的难题很多、很大，集中表现为两大主题，一个是发展中国家面临的问题，包括“三农”、贫困、失业、收入差距、法制不健全、市场不健全还有腐败问题等等；另一个是经济转轨的问题，也就是从计划经济转向市场经济所带来的一系列问题，包括国有企业、国有银行、计划控制、政府职能、法律结构等等。两大主题的问题相互交织、相互影响、相互制约，加上中国人口众多，幅员广阔，历史遗留问题不少，新问题层出不穷，出现了所谓“带着问题增长，在增长中解决问题”的特殊国情。随着中国改革的深入，对于经济学理论创新要求越来越高。国内有影响的经济学者指出，面对新一轮改革的挑战，首先，当代中国经济学必须进一步加强基础理论研究，加紧工作，防止错失重大历史机遇；其次，学科建设重在形成惠风和畅、百家争鸣的宽松氛围，建立严肃、严谨、严格的学术规范；再次，倡导经济学者之间，特别是具有不同经历和不同学科背景的学者之间相互切磋的良好风气。

沿着解放思想、实事求是、与时俱进的思想路线，中国的马克思主义的经济科学必定会有新的发展。

二、20 世纪社会学面对日趋复杂的社会问题

社会学是对社会进行具有某种综合性质的研究，力求运用科学方法揭示出自己所研究的对象的特殊规律性的一门学科。现代社会学越来越集中地探究社会生活中受到普遍关注的现象和问题，社会学研究往往成为各种社会思潮的焦点，以致有人预言将会出现一个“社会学时代”。

（一）现代社会学研究对象和研究方法的发展

现代社会学在西方是仅次于经济学的热门学科，在马克思主义科学体系中也占有重要地位。然而，20 世纪以来，对社会学研究对象以及与之相关的研究方法的争议，始终不曾停息。

20 世纪初期，对社会学的研究对象和研究方法的看法，较前更为清楚地分化成三类。一类以社会整体即社会构成及其变迁为研

究对象，基本研究方法要求取法自然科学，走实证主义的道路，具体方法注重社会调查。另一类则把社会个体的行为和动机作为社会学的主要研究对象，基本研究方法除实证方式外，还强调通过“理解”进行“解释”，具体方法较多地以个案分析为基础。第三类是马克思列宁主义的看法，在研究对象上主张社会整体和社会个体的辩证统一，基本研究方法坚持辩证唯物主义和历史唯物主义的一体化，具体方法强调多样化。

关于社会学研究对象和研究方法的这三类观点，对20世纪社会学的发展影响甚为深广。此后的许多看法往往是它们的延伸、变形或调和。由于研究对象的范围的不同，有宏观社会学和微观社会学之分；由于研究对象的层次的不同，有理论社会学和应用社会学、普通社会学和特殊社会学之别。社会学的方法论基础，或以实证主义即科学主义为主，或以反实证主义即人文主义为主，或持辩证唯物主义和历史唯物主义；具体的研究方法，则与研究对象相关联，分别侧重于采用社会调查法、个案法、实验法、观察法等。

二次大战之后，社会学的研究对象和研究方法，出现了以下发展趋势：

一是研究重心转向现实问题的诊断，研究方法转向综合比较。社会学通常把别的具体人文社会科学学科都涉及，但又不作专门研究的社会问题，作为重点对象。中国学者指出，除社会结构、社会变迁等重大问题继续受到广泛重视之外，有特色的社会学的研究内容如：对社会发展不起决定作用但有一定影响的因素的研究；从人的分类对社会问题的研究；尚未被其他学科作为对象的某些社会关系的研究；社会生活；社会风尚；社会病理和社会病态；地域性的社会问题；社会学特有的研究方法，等等。研究方法，从个案描述转向综合比较，从定性研究为主转向定性研究与定量研究结合，从一般的数量分析转向广泛采用统计分析和数学模型。

二是跨学科交叉研究迅速发展。许多社会学领域的问题，比如社会犯罪问题，必然涉及心理学、法学、伦理学等多种学科；而许多其他领域的问题，如经济分析、环境污染、艾滋病防治、信息高速公路建设等，又有待社会学介入。这就造成了社会学研究对象的复杂化与研究方法的复合化。

三是研究对象沿着时间和空间两个方面拓展。社会学研究在时间上的拓展，主要以未来社会学的勃兴为标志，社会学家把目光延伸到未来，并以此对现实社会现象的解释提供指导；社会学的预测方法随之有了长足进展。社会学研究在空间上的拓展，则以世界社会学的出现为标志，社会学家面对整个世界进行跨国度、跨民族、跨文化的综合研究，以此对国际社会事件作出因果分析。与此相适应，社会学的大规模综合比较研究方法逐步走向成熟。

(二) 现代西方社会学的思潮流派

19 世纪末和 20 世纪初期，西方社会学的主要思潮一分为二。逐步取得主导地位的，是以法国第一位社会学教授迪尔凯姆为代表的实证主义社会学思潮。迪尔凯姆继承并发展了西方社会学创始人、法国学者孔德于 19 世纪上半叶开启的实证主义传统。他与孔德同样强调从整体上研究社会，但是把研究对象具体规定为“社会事实”，也就是独立于个人及群体之上，并对个人、群体及其行为具有某种强制性的社会现象。他也像孔德那样强调社会学是与其他各门科学一样的实证科学，但是不主张用物理学、生物学的观点解释社会现象。他运用统计方法研究自杀现象，运用人类学资料研究宗教现象，并用一系列实证规则充实了孔德的实证主义方法论。

与实证主义社会学思潮不同，以德国社会学家韦伯为代表，形成了“理解社会学”思潮。韦伯把社会学的研究对象规定为社会行动者的行为动机和价值取向，认为社会学不应从社会整体结构、而应从个人及其行动的方面去研究社会。他又认为行动的客观方面是可以用实验和调查方法进行研究的，而行动的主观方面则要依靠“理解”作为解释。他倡导的个体主义的“理解社会学”也产生了持久而重大的影响。

20 世纪 40 年代，美国社会学家帕森斯提出了结构功能主义的名称，并和他的弟子共同努力，试图把迪尔凯姆、韦伯以及英国新古典主义经济学、美国实用主义哲学的不同理论要素进行综合，使这个学派的理论在50年代～60年代中期的西方，成为社会学的主导性思潮。结构功能主义把社会看作是一个相对稳定的巨型系统，各子系统存在着结构上的分工，各自发挥着特定的功能，相互依存又相互制约。社会结构自发地具有维持平衡的本性。当受到内外变动的刺激，原有均衡被打破时，系统内部开始调整，通过结构分化、解除干扰，建立新的平衡。

在大量社会问题蜂拥而至的60年代中后期，结构功能主义受到了多方面的批评。有的认为，社会学更为需要的是与实际生活密切联系、可操作性强的“中层理论”；有的认为，社会中的冲突较之均衡是更为普遍的存在；有的认为，社会结构和社会进程应该用社会成员之间资源交换平衡与否加以解释。受现代哲学思潮的影响，还出现了精神分析社会学、结构主义社会学等不少新的学派。

与人文社会科学发展的主导倾向相一致，80年代以来，社会学在继续进行各种学说论争的同时，围绕当代世界的主要社会变迁和社会发展问题，也就是现代化、全球化、信息化三大主题，出现了不同思潮流派之间相互对话、相互渗透的融合态势，社会问题的复杂性和社会认识的综合性日益为各种不同的学派所关注。许多学者进行着在新的层面上综合各派理论与方法的尝试。例如，新的结构性理论，新功能主义以及法兰克福派的社会批判理论等，都试图在融会多种社会学理论与方法的基础上重建社会学知识体系，产生了大量富有启示意义的研究成果。在社会学应用功能逐步增强的同时，它的理论力度也逐步增大，出现了若干视野开阔、有世界影响的社会学理论代表人物，如英国社会学家吉登斯等。

（三）马克思主义与现代社会学

马克思主义创始人从来没有把自己的学说称作社会学。但是由于马克思、恩格斯对人类社会的总体结构和发展规律的概括作出了划时代的贡献，由于他们创立了辩证唯物主义和历史唯物主义一体化的世界观和方法论，第一次使科学的社会学的出现成为可能，所以他们事实上开创了与以孔德为宗师的西方社会学有原则区别的马克思主义社会学，连有的西方学者也称马克思为“社会学之王”。马克思主义社会学的初创形态是宏观社会学理论，科学地阐述了人们的社会存在与社会意识的关系，阐述了生产力与生产关系、经济基础与上层建筑的内涵，阐述了社会基本矛盾及其在阶级社会中的主要表现形态；马克思主义的方法论则为研究社会现象提供了科学的准则。

20 世纪初，以列宁为代表，继承和发展了马克思关于社会的学说。列宁第一次明确地把马克思的社会理论称为马克思主义社会学。列宁认为，科学的社会学应该把社会看成一个处于运动过程中的有机整体，唯物史观是社会学的方法论基础。列宁把研究视野扩展到帝国主义阶段的资本主义，扩展到社会主义的革命和建设。遗憾的是，苏联早期曾用历史唯物主义简单地取代了全部社会学研究，把社会学视为资产阶级的伪科学；此外，也有人认为社会学侧重研究的社会问题，在社会主义社会里是不存在的，因而社会学无存在之必要。

中国社会学在 20 世纪上半叶曾得到一定发展，但是后来受苏联取消社会学的影响，于 1950～1978 年陷于停滞状态。70 年代末，社会学得到平反，历史反思的结论是：否认社会学是一门科学，禁止它的存在，无论从科学的还是政治的观点来说，都是错误的。由此，马克思主义社会学在中国得到迅速发展。其主要标志，一是中国学者对社会学发展的曲折道路进行了回顾和展望，提出了重建中国社会学的战略目标，社会学的学术声誉不断提高，社会影响日益扩大；二是解放思想，实事求是，在重新认识马克思主义社会学说的同时，也注意借鉴西方社会学百余年来积累起来的丰富的思想资料，吸收其有益成果；三是贯彻双百方针，提倡学术民主，思想活跃；四是注重社会学学科定位的基础性、综合性、兼容性，在方法论层面上注重理论研究与经验的结合、定性研究与定量研究的结合、科学态度与人文关怀的结合。在不太长的时间中，中国社会学的研究队伍迅速壮大，新生力量健康成长，取得不少成果，全面展开了社会学理论、社会学方法、社会学史的研究，拥有一大批分支学科的学科体系已经形成，围绕社会发展战略与模式、现代化、社会转型、二元社会结构（城乡关系）、社会问题、社会政策、社会观念与社会心态等主题，对劳动、人口、就业、生态、文化、教育、社会心理、民族、妇女、婚姻、家庭、青年、儿童、老年、犯罪、交通、城市、农村等方方面面问题作了多角度研究。90 年代中后期，一系列前沿性问题，例如全球化趋势与民族—国家发展的关系、东亚发展模式的反思、社会协调持续发展的思路、农村农业农民的状态、社会分层与社会流动的趋势、社会资本与社会关系的测定等等，均先后进入社会学者的研究视野。

值得一提的是，社会调查研究已广泛开展，其中如小城镇调查，婚姻家庭调查，农村家庭生活方式调查，中等城市发展战略调查，中年知识分子状况调查，中国青工状况调查，中国青年的生育意愿调查，全国百县市经济和社会调查，人口老龄化趋势调查，人口迁移调查，下岗失业人员状况调查，国民素质调查，以及就经济体制改革与社会变迁、城市开放和社会发展、社会生活方式的专题调查研究，都取得了比较扎实的成果。

现在读者走进书店，可以看到大量社会学的专著和译著，可以从处于本土化进程中的中国学者的社会学著作中，了解中国和世界当前面临的各种各样的社会问题，了解中国乃至全球的社会发展趋势，了解可供选择的多种社会发展战略和策略。中国社会学已开始面向现代化，走进了千家万户。

但是，中国社会学同国内发展较快的其他人文社会学科相比，与国外社会学的发展速度与规模相比，都有一定的差距。90 年代，中国社会学界已勾画出面向 21 世纪的学科发展蓝图，前景光明。

三、20 世纪法学与现代社会法制建设

法学，又称法律学，是研究“法”这一特定社会现象，揭示其发展规律的科学。法学的起源很早，东西方古代先哲的论述中包含

了丰富的法学思想。这些关于法的起源、本质、作用及其与社会经济文化关系的论述，构成了古典法学的理论内容，对古代社会法律的制定起了重要的借鉴作用。历史上，法学与政治学或神学长期结合在一起，作为独立学科的现代法学的诞生要推至19世纪，以资产阶级法学体系的建立为标志。现代法学的进程与现代社会的法制建设息息相关。

（一）现代法学研究对象和研究方法的发展

1. 现代法学研究对象的发展与法学学科体系的调整

法学研究对象和涉及范围并非一成不变，它因社会不同时期的经济、政治制度及法律现象的不同而不同，同时也受到法学的学科性质和自身发展状况的制约。

在法学的幼年时代，法律研究的一些重要问题已经被提出，围绕着“法律是什么”与“法律应该是什么”，古代思想家、法学家已进行过有益的探讨。但是，由于早期社会法律制度尚远未健全，法学与哲学、政治学、伦理学界限不清。欧洲中世纪法学又进一步沦为神学的附庸，古典法学的研究对象较为模糊，研究范围也有限。进入资本主义社会后，随着经济的迅速发展，社会关系日益复杂，各种法律制度应运而生。加之社会意识形态领域的开放程度不断增加，法学研究的对象及涉及领域也不断扩大。

现代社会生活的多元化，社会关系和生活的多结构、多层次的发展趋势，要求法学工作者不仅要从社会的各个角度、各个层次以及各个侧面来研究法律现象的内容和结构，还须研究法所涉及的各个领域的社会关系，以及法学所涉及的其他学科的有关内容。研究对象的增加，研究范围的扩大，势必引起现代法学学科体系的变动、调整。

法学学科框架的传统构成主要包括理论法学、历史法学、部门法学及应用法学几大板块：理论法学研究整个法的基本概念、原理和规律等，又称法理学，是法学研究的基础；历史法学从历史角度研究不同类型、不同国家的法律思想和法律制度的沿革；部门法学研究各部门法，如刑法、民法、行政法等法的原理和规律；应用法学主要研究国内和国际的现行法律及其制定、解释和应用，是法学体系的主要部分，并随着新的部门法的不断创新而日益增多。

信息时代来临，国际交往日趋频繁，法律的国际化和全球化趋势逐步呈现，对不同国家的法律制度、法律学说进行比较研究的比较法学在现代法学中的地位有所提高。同时，随着现代法学与其他学科间多角度多层次交流的展开，诞生了边缘法学。它是由法学与其他人文社会科学以及自然科学交叉形成的一系列分支学科的总称，如法律逻辑学、法社会学、法经济学、法律语言学、法医学、司法精神病学等等。这些新学科应运而生，富有成长性，已成为现代法学的又一重要组成板块。

2. 现代法学研究方法的发展

就方法论而言，由于现代法学不同派别对法学研究对象及范围有不同的认识，也就采用了不同的研究方法。

以价值为本位的法学家从抽象的理性、正义或某种精神出发，认为法学的研究对象是永恒的理想法，以之作为现行立法的依据。与此相应，他们较多采用抽象思辨的研究方法。以规范为本位的法学家从法律形式出发，往往割断法律规范与社会实践的联系，强调研究法律规范本身，摒弃对法律规范的内容作任何政治的或道德的评价，对法律作抽象的分析研究。以社会为本位的法学家则从法的实际效用出发，强调研究法与社会事实之间的相互关系，他们通常采用基于事实材料之上的实证方法。20 世纪下半叶，系统观念深入人心，将法视为社会系统的一个构成因素加以研究，获得了一系列新成果。在马克思法学体系中，辩证唯物主义和历史唯物主义一体化的方法论始终处于主导地位。值得注意的是，法学文化的蓬勃兴起带动了法学研究的全面开放。作为一种文化现象的法学，已开始改变它严厉、僵化的形象，法制观念成为一种具有丰富内涵的文化观念，法学研究的方法因而更加多样化。

(二) 现代西方法学的主要流派及其发展走向

1. 20世纪西方法学的主要流派

我们在这里介绍的西方法学流派，主要是指法理学流派。由于法理学是法学研究的基础，所以某流派的法理学观点必然会决定该流派对历史法学、部门法学、应用法学等板块的研究；在这个意义上，不同的法学流派实际上就是不同的法理学流派。

现代西方法学体系，是在反抗中世纪附庸于神学的法学观的过程中建立起来的。古典自然法学派的“社会契约论”，将法学由神圣虚渺的天界召回凡俗实在的人间。权利平等、契约自由、罪刑法定等法律原则，适应了资产阶级民主政治与法制的需要，成为现代法学的先声。19世纪，西方各国展开了广泛的立法活动，建立并完善法律制度。在此过程中，现代法学体系得到确立与发展，其重要标志便是形成了历史法学派、分析法学派、德国古典唯心法学派及社会法学派等基本法学学派。

20世纪以来，现代西方法学流派更加众多，但大多能从19世纪的法学流派中找到其根源。20世纪上半叶，形形色色的法学学派大致可分为四大主流学派：社会法学派、分析法学派、新自然法学派，以及新康德主义—新黑格尔主义法学派，它们是19世纪四大法学流派的延续和发展。这些学派虽然存在理论分歧，但对照近代西方法学，它们也具有共同之处——都强调阶级与阶级的调和与合作，强调社会国家利益同个人利益相结合，强调法的社会化。其中新康德主义—新黑格尔主义法学派曾为法西斯政权利用，风光一时，对两次世界大战起了某种推波助澜的作用。当西方世界从两次世界大战的噩梦中清醒过来，这种对道德正义等法律价值准则持怀疑态度的法学学派，便如春日下的雪人走向衰落。

20世纪中叶，新自然法学派与对法律的价值准则取排斥态度的新实证主义分析法学派之间的论战，导致了西方法学史上最有影响的两大法学传统流派——自然法哲学与古典实证主义分析法学的全面复兴。与此同时，由美国法学家庞德等人提出的法学与人文社会科学全面结合的研究方法，也得到人们的认可。社会学、人类学、经济学、政治学以不可阻挡之势介入法学研究。1964 年，美国“法与社会协会”成立。社会法学的分支流派如雨后春笋，纷纷出现。与 19 世纪末的社会法学相比，20 世纪大行其道的社会法学派在理论纲领上没有发生太大变化，但在方法论上有了很大突破。一时间，西方法学界形成新自然法学、新分析实证法学、社会法学三足鼎立之势。

新自然法学派的代表是美国的富勒、罗尔斯。富勒认为：“法律是使人的行为服从于规范治理的事业”。从这个定义出发，富勒认为法律应该具有某种道德性，否则法律就不能存在。这种道德特性就是富勒提出的法制八大原则，即法律的普遍性，法律的公布，不溯及既往，法律的明确性，法律的非矛盾性，遵守的可能性，法律的稳定性以及官方行动与宣布的法律规则的一致性。西方评论家认为，这八大原则是富勒对法理学的最大贡献。罗尔斯出版于 1971 年的《正义论》，被称为第二次世界大战后伦理学、政治学、法学领域中最主要的理论著作。罗尔斯指出：“正义是社会制度的首要价值，正像真理是思想体系的首要价值一样。……某些法律和制度，不管它们如何有效率和有条理，只要它们不正义，就必须加以改造和废除。”

新分析实证主义法学派的代表是英国法学家哈特，他的主要著作是《法律的概念》。与早期的分析实证主义法学相比，新分析实证主义法学有自己的特点。它放弃了传统分析实证主义学派一味注意分析法律概念和结构的方法，注重吸收其他学派，像社会法学和自然法学的长处和成果来分析法律现象。很多新分析实证主义法学家还把现代逻辑学、语言学和哲学作为工具来研究法律。他们的视野更加开阔，方法更加先进，较少教条气息，比较注重功效。

社会法学近几十年来成为欧美法学领域研究热门。社会法学派认为，法律与社会有十分密切的联系。法律的制定要受其他社会因素（诸如经济、政治、文化）的影响。法律的实施更具有社会基础，法官审判、警察执法、公民守法等都是社会现象和社会事实。法学研究应重视法律的社会功能、社会作用。20 世纪 60 年代后，社会生活的节奏大大加快，犯罪率上升、人口激增、种族冲突、福利、健康、教育等问题层出不穷。与此相适应，有关社会法也不断增多，诸如劳工法、种族关系法、消费法等等。这些立法一般都具有改良性质，有促进社会变化的功能，迫切需要进行社会法学的研究。这为社会法学派的发展创造了条件。

在三大主流学派之外，20 世纪七八十年代以来，西方法学中又出现了一些新的思想派别，他们的见解从不同侧面丰富了当代的西方法学。

2. 当代西方法学的综合化趋势

20 世纪后期，是新自然主义法学、新分析实证主义法学及社会法学三大流派齐头并进的时代。值得注意的是，目前三大流派的观点正呈融合之势，对立正逐渐缩小，有学者提出了建立一门“统一法学”的主张，综合法学派因此诞生。其观点是，法律的事实、形式和价值是密不可分的，法律的制定和实施受到社会多种因素的制约。它的功能、目的和价值不能只归结为某一个点触，而是多层次、多方面的。法律既不能忽视理论，也不能漠视实践。社会法学派只强调法律的事实，新分析实证主义学派只注重法律的形式，新自然法学派只推崇法律的价值，都不全面。其实，法律犹如一张错综复杂的织网，法学就是要把这张网的线头拉在一起，因此，各学派应当消除偏见，分工合作，形成统一法理学。综合，是当代法学的大势所趋。

（三）马克思主义法学及其对当代中国实现法治的指导意义

1. 马克思主义法学的基本原理

马克思主义法学诞生于 19 世纪 40 年代。它以一体化的辩证唯物主义和历史唯物主义为哲学理论基础，深刻地分析了法的社会基础，对现代法学的进程产生了深刻影响。马克思主义法学认为，法与社会的经济、政治、文化等等因素形成了一张多维的“社会—法律”网络，其中，经济因素是最具决定性的。法服务于经济基础。虽然其他意识形态会对法产生影响，但是，归根到底，对法的本质的认识应该落到“物质的关系”上。

马克思主义法学还认为，法不是社会的附属物，而是一个“新的独立的部门”，具有影响社会关系和社会进程的特殊能力。所以法具有内在的独特结构和特性，有自己的独特发展规律。

既然法是“社会—法律”网络中的有机组成部分，服务于经济基础，那么我们就必须从特定历史阶段经济条件、物质利益和阶级关系中去探究法。然而法又是一个“新的独立的部门”，是一种文化现象，所以我们又不能忽略法学自身的原理与规律的研究。马克思主义法学实际上就是这样剥去了法的神圣外衣，使人们能够像考察社会其他现象那样来研究“法”，使法学成为一门科学。

2. 马克思主义法学与现代中国的法学研究

中国封建社会也有自己的法学思想，但偏重于刑法理论。19世纪后半期，西方现代法学思想逐渐传入中国。中华人民共和国建国之前，由于战乱频繁，经济文化落后，法学与许多人文社会科学的主干学科一样，进展缓慢。直到建国后，法学研究的状况才有了较大的改观。

人们通常把建国后法学研究的历史一分为二，前者为改革开放前的30年法学研究，后者为改革开放后的法学研究。

我国前30年法学研究的主导理论基本上是从苏联引入的“国家和法的理论”。苏联的法学理论是马克思主义法学苏联化的产物。该理论为苏联早期社会主义法制的确立作出了重要贡献；但后来出现了偏离马克思主义法学原理的倾向，特别是它无视社会主义在发展过程中社会主要矛盾发生转换的实际情况。它孤立地凝固地强调法的阶级性，把法的本质与法的阶级性完全等同起来；它不顾法律科学自身的延续性和继承性，对西方法学文化持全盘否定的态度；

它侧重研究法与政治的关系，忽视对法与经济基础这一重要关系的探讨。中国从20世纪50年代中期进入社会主义初级阶段，经济、政治、文化和社会生活各方面存在着种种矛盾，阶级矛盾由于国际国内因素在一定范围内长期存在，但社会的主要矛盾是人民日益增长的物质文化需要同落后的社会生产之间的矛盾。来自苏联的法学理论，使法学脱离上述国情，长期依附政治，随政治风向摆动；漫长的封建历史也给现代中国的法制建设投下了文化阴影。人治大于法治，人情胜于法理，法学领域罕有建树，法制建设举步维艰。十年动乱，"砸烂公检法"，法学研究销声匿迹，社会主义法制陷于瘫痪。

十一届三中全会以后，邓小平深入分析中国国情，创造性地运用马克思主义原理，提出建设中国特色社会主义理论，其中十分强调加强社会主义民主与法制建设。20年来，我国的社会主义民主与法制建设取得了很大进展，一个以宪法为基础，包括一系列重要法律在内的社会主义法律体系得以加速构建，较好地适应了我国经济基础的现状，初步改变了过去那种无法可依的局面。与此同时，中国的法学研究取得较大突破。法学研究者坚持马克思主义法学的基本原理，运用邓小平理论，面对中国实情，否定以阶级斗争为纲的思维习惯，并从古今中外的法学思想中汲取有益营养，切实把法学研究工作的重心转移到法与经济的关系上，为经济建设服务。1992年之前，围绕法律面前人人平等、法的本质属性、人治与法治、公法与私法、权利本位与义务本位，以及法制改革等重大问题，进行了深入的讨论与研究，总体上法学观念有了根本转变。1992年中国确立实行社会主义市场经济的方针，法学界开始全面研究社会主义市场经济法律体系的建设和实施，进而对依法治国、建设社会主义法治国家的问题进行探讨。

中国共产党第十五次代表大会明确地提出了"建设社会主义法治国家"的目标，大力推进依法治国的进程。江泽民指出："依法治国，就是广大人民群众在党的领导下，依照宪法和法律规定，通过各种途径和形式管理国家事务，管理经济文化事业，管理社会事务，保证国家各项工作都依法进行，逐步实现社会主义民主的制度化、法律化，使这种制度和法律不因领导人看法和注意力的改变而改变。”

“依法治国”理论阐明了“依法治国”的主体，“法”的性质和形态，以及“治国”的内涵。这一理论既同过去那种重人治不重法治的状况划清了界限，也同西方资本主义国家的法治划清了界限。这一理论的提出，标志着中国共产党对建设中国特色社会主义民主政治认识的深入，对发展社会主义民主、健全社会主义法制提出了新的更高的要求。这一指导思想的形成，无疑是20世纪中国法学研究取得的最突出的成就。“依法治国，建设社会主义法治国家”是一项艰巨的系统工程，围绕着这样一个重大的理论命题和构建中国特色社会主义法律体系这样繁重的历史任务，中国法学工作者还有大量工作要做。在法制实践中，现行立法的数量、质量、内容及司法形式的改变，都对现有法学理论提出了许多问题。我国法制建设中遇到的许多新问题也亟须法学工作者去着手解决，如国际法与国内法的关系、立法体制、司法体制、宪法监督等。又如“一国两制”的法学原理、法律史意义及其对宪法学的国体和政体提出的新问题；香港法律的研究，及如何解决由此引起的不同性质、不同法系法律在规范上的冲突问题；随着改革开放的深入，中国法学界如何更多地寻求与国际法学的沟通与对话，等等。此外，当代中国法学界内部也存在更新观念、拓宽视野、革新手段的迫切要求。所有这些都必将有力地促进中国法学的现代化进程。

要点归纳

1.1　经济学是研究人类社会生产、交换、分配、消费等各种经济活动和各种相应的经济关系，揭示其运行、发展规律的科学。

1.2　经济学于19世纪中后期裂变为两大体系。西方经济学转向侧重研究社会如何使用稀缺的生产资源去生产商品，在一定程度上满足消费者需求；其研究范围随经济问题的增多而拓展；一般采用实证方法与规范方法。马克思主义政治经济学研究整个人类社会各种生产关系和生产方式，具体研究对象日益丰富；使用的是辩证唯物主义和历史唯物主义的方法。

1.3　在现代西方经济学领域中，国家干预主义思潮占主导地位，辅以经济自由主义思潮；在接受时代和社会挑战中派生出许多学派，主流学派为凯恩斯主义及后凯恩斯主义。

1.4　马克思主义经济学在当代中国取得了重大进展，邓小平经济理论的形成是其主要标志。

2.1　社会学是对社会进行具有某种综合性质的研究，力求运用科学方法揭示出研究对象的特殊规律的一门学科。

2.2　二次大战之后，社会学的研究对象和研究方法在19世纪与20世纪之交形成的三种体系的基础上，出现了研究重心转向现实问题的诊断、研究方法转向综合比较的趋势；跨学科交叉研究使社会学研究对象复杂化、研究方法复合化；未来社会学和世界社会学的出现标志着研究跨度的扩展，大规模综合比较的研究方法逐步走向成熟。

2.3　20世纪西方社会学早期，迪尔凯姆的实证主义社会学和韦伯的理解社会学占有重要地位；中期结构功能主义崛起；60年代中后期产生新的分化，80年代后出现了综合趋势。

2.4　马克思主义的创立第一次使科学的社会学的出现成为可能。20世纪马克思主义社会学的发展走过了曲折道路。80年代起中国社会学获得迅速发展。

3.1　法学是研究“法”这一特定社会现象，揭示其发展规律的科学。

3.2　法学的研究对象和涉及范围因社会不同时期的经济、政治制度及法律现象的不同而不同，同时也受到法学自身性质和状况的制约。20世纪法学的研究对象和研究方法的发展牵动了法学学科体系的调整。

3.3　20世纪上半叶，法学有四大主流学派；中叶，社会法学派、新自然法学派和新分析实证主义法学派三足鼎立；后期，出现综合化趋势，有人提出建立综合法理学的主张。

3.4 马克思主义科学地阐明了“法”的本质。马克思主义法学有力地促进了现代中国的法制建设。党的十五大提出了“建设社会主义法治国家”的指导思想，这是20世纪中国法学取得的最为突出的成就。

问题探讨

1. 经济学社会学法学的学科性质有何相通之处？
2. 经济学社会学法学在20世纪的发展有何共同规律？

DI BA ZHANG 第八章

人文社会科学的发展趋势

重点提示

1. 当代人文社会科学发展的背景及状况如何?
2. 当代人文社会科学的主导发展趋势是什么?

一、当代人文社会科学面临的挑战和机遇

(一) 当代社会的新的特点

我们这里所说的"当代",是以20世纪末为起始点的一个时间概念。我们身处其中的当代社会具有如下特点:

1. 在和平与发展的主旋律之下社会矛盾、社会问题纷繁复杂

第一次世界大战与第二次世界大战,其间只相隔20年左右。可是二次大战结束至今,相对和平时期已持续近60年。在这近60年中,曾经出现过为时不短的冷战局面。直到20世纪80年代末、90年代初,随着华沙条约国组织的解体,两个超级大国争霸的冷战局面才告结束。和平与发展成了当代国际社会的两大主题。由此,人类才能在不受战争威胁的情况下,冷静地考虑自身的发展问题,而不是像在战争条件下那样,发展问题只能被搁在一边。

和平与发展成为当代国际社会的主旋律,这并不意味着当今世

界已经没有矛盾。实际情况是，当今世界的社会矛盾极为复杂。新的世界大战一时打不起来，然而局部战争却从未停止过。地区性的民族矛盾从某种意义上说显得更为突出。特别值得注意的是，各种矛盾（例如发达资本主义国家之间的矛盾，发达国家与发展中国家之间的矛盾，社会主义和资本主义两种制度之间的矛盾）呈犬牙交错之状。而苏联的解体、东欧的剧变，使世界范围的社会矛盾更是增加了复杂性。

在和平与发展的主旋律之下，全球性的社会问题也呈现出相当的复杂性。这些问题的尖锐程度和深刻程度，不是以往任何一个时代所能比拟的。

比如，如何看待社会主义的问题。有的人认为，苏联的解体和东欧的剧变，宣告了社会主义在世界范围内的失败，社会主义制度已经不堪一击。一些拥护资本主义、反对社会主义的研究者，总是从自己的愿望出发去研究社会主义理论，目的是加速他们所说的社会主义的“大失败”。对于他们的不良用心，我们必须加以回击。但同时，我们必须看到，由于社会主义实践内容的发展，对社会主义理论问题的积极探索，不仅是允许的，而且是必要的。当然，探索必须以坚持科学社会主义的立场为前提条件。邓小平建设中国特色社会主义理论，就是对社会主义理论的成功探索和发展。

按照人们以往的理解，私有制及社会分工是商品生产的基本前提，而公有制则与商品生产无缘。但是实际情况并非如此。事实上，社会主义社会的商品生产，不仅可以在全民所有制以外存在和发展，而且也完全可以在全民所有制内部立足。公有制与商品经济的关系反映在经济运行机制上，就形成计划与市场的关系。以往人们普遍认为，市场经济和计划经济，分别体现了资本主义国家和社会主义国家的截然不同的特征。1992 年，邓小平根据他对于社会主义的本质的理解，指出：“计划多一点还是市场多一点，不是社会主义与资本主义的本质区别。计划经济不等于社会主义，资本主义也有计划；市场经济不等于资本主义，社会主义也有市场。计划和市场都是经济手段。社会主义的本质，是解放生产力，发展生产力，消灭剥削，消除两极分化，最终达到共同富裕。”（《邓小平文选》第3卷，人民出版社1993年版，第373页）这无疑是对社会主义理论的重大发展。

市场经济体制在中国逐步确立以后，对于社会主义理论的积极探索仍然不可松懈。举例说，在市场经济条件下应当如何遏制党内腐败现象的滋生蔓延，怎样才能建立起防止腐败的有效机制；怎样才能避免城乡之间、地区之间、社会群体之间贫富差距的进一步扩大，限制事实上已经严重存在的贫富不均；怎样才能确保市场经济的有序发展；怎样才能造就一支高素质的干部队伍，等等。这些问题都有待于我们进一步思考和探索。

2. 新产业革命的兴起引发世界各国间的更为激烈的竞争

历史上的产业革命对于社会的进步发展，曾经产生过十分重要的作用。第一次产业革命于18世纪60年代首先发生在当时资本主义最发达的英国，从棉纺织业开始，逐步发展到采掘、冶金、机器制造、运输等部门，20世纪80年代因蒸汽机的发明和采用而得到进一步的发展。产业革命提高了生产的社会化程度，促进了社会生产力的迅速发展。它使资本主义制度建立在机器大工业的物质基础之上，并最终战胜封建制度而居于统治地位。产业革命的完成使工人成为机器的附属物，同时也成了足以同资产阶级相抗衡的阶级力量。第二次产业革命导源于以电的应用为标志的技术革命，其结果是开创了一个电气化时代。在这一个时代中，物质文明和精神文明的成果获得了双丰收。

第二次世界大战以后，以电子计算机的发明和应用为起始点，一场新的产业革命进入了酝酿期。随着计算机技术的完善并进到新的更高层次，核物理和核技术、空间科学和航天技术、生物工程和相应技术、激光理论和技术、新型材料科学和技术、超导理论和技术陆续问世并取得巨大进展，新的产业革命浪潮正在形成。

在这种情况下，世界各国间的竞争必然加剧。新产业革命处于领先地位的国家毫无疑问将利用自己的科技优势，抢占市场，扩大自己在世界上的影响。这种竞争，既是科学技术的竞争，又是综合国力的竞争。竞争的结果，是科学技术水平高的国家发展更快，南北差距越来越大。这就印证了“科学技术是第一生产力”的论断。

3. 信息传播手段的改进促进了世界范围的对话和交流

众所周知，当今的人们处于信息时代。一方面，人们所面对的信息，比过去要多得多；另一方面，信息的传播媒介和传播手段，要比以往先进得多。

加拿大传播学家M·麦克卢汉认为，以传播媒介为标准，人类历史可以分为四个阶段：(1) 口头传播时代。(2) 文字出现的阶段。(3) 印刷时代。(4) 电子时代。由于广播电视等一系列电子媒介的出现，人与人之间的时空距离骤然缩短，整个世界变成了“全球一村”。“地球村”的每一个居民都将处于无法摆脱的信息包围之中。

现在，距M·麦克卢汉提出“地球村”的概念已经近40年，信息传播手段又有了新的改进。多媒体技术进一步拓展了计算机的应用领域。它将文字、数据、图形、图像和声音等信息媒体作为一个集成体由计算机来处理，把计算机带入了一个声、文、图集成的应用领域。多媒体系统把计算机、家用电器、通信设备组成一个整体由计算机统一控制和管理。国际上有一句口号叫“多媒体技术——下一代的浪潮!”预见了多媒体系统的发展将对人类社会产生的巨大影响。计算机网络为人们传递和摄取信息提供了极大的方便。所谓网络，是指在地理上分散布置的多台独立的计算机通过通信线路互联构成的系统。根据网络区域的大小，计算机网络可有局域网和远程网之分。小到机关单位的各个部门，大到跨国跨洲，都可构成计算机网。借助于计算机网，入网的计算机拥有者将可以共享信息资源。摄取异国异地的信息的工作，可以在举手之间完成。如果说建立在微电子技术及软件技术基础上的计算机是现代社会的“大脑”的话，那么，由程控交换器、大容量光纤、通信卫星及其他现代化通信装备交织而成覆盖全球的电信网络是现代化社会的

“神经系统”。

信息传播的迅速，人们之间时空距离的缩短，其结果是使小国寡民的心态及思维方式受到猛烈冲击，使更多的人们得以摆脱自我封闭的状态。在这样一个时代，人们的开放意识将有所增强。个人与他人、个人与周围世界之间的对话与交流将变得越来越方便。

（二）挑战和机遇并存

1. 当代人文社会科学所面临的挑战

说当代人文社会科学面临着挑战，其主要理由是：

（1）迅速发展、日趋复杂的社会实践使当代人文社会科学研究存在较严重的滞后现象

我们在上一节中概括了当代社会的新特点。和平与发展的时代主题导致了世界经济一体化与政治多极化；产业革命的推进与科技的发展导致了社会信息化和文化多元化。整个世界瞬息万变，各种问题不断向纵深发展，使人文社会科学面临着极大的挑战。

人们对于社会实践的认识总是需要有一个过程的。毛泽东的《中国共产党在民族战争中的地位》指出：“运动在发展中，又有新的东西在前头，新东西是层出不穷的。研究这个运动的全面及其发展，是我们要时刻注意的课题。”就理论与实践的关系而言，总是新的实践内容在前，对新的实践内容的理论概括在后，然后以新的理论概括指导新一轮的实践。从这个意义上说，理论滞后是常有的事。理论滞后意味着理论受到了实践的挑战。从实践对理论的要求来看，滞后现象又是决不允许长久持续的。

从整个世界来看，当代人文社会科学的滞后主要表现在某些理论无法解释新出现的社会问题。比如苏联的解体，就是传统的政治理论难以解释的；又比如对于第三世界国家的发展问题，传统的现代化理论无法套用。对社会主义的再认识，发展中国家该如何步入现代化，以及怎样实现可持续发展等等，都为当代人文社会科学提出了难题，需要逐步加以解决。

以可持续发展战略的研究为例。1987年，联合国环境与发展委员会提出的报告《我们共同的未来》中将可持续发展定义为："既满足当代人的需要，又不损害后代人满足需要的能力的发展。"这在当时被奉为经典定义。然而在可持续发展战略的实施过程中，人们发现这一定义已经不能很好地解释实践中遇到的新问题；这就反映了可持续发展理论研究的某种滞后。人们正尝试用新观念对可持续发展的内涵加以丰富、扩充和深化。

中国的情况也是如此。中国的社会主义事业沿着改革开放的大道，已经取得了前所未有的成就。改革开放带来了社会生活内容和人们思想观念的深刻变化。这对于传统的人文社会科学，无疑是一种挑战。而经济体制的转轨，则是社会经济基础范畴中的重大变革。这种变革是以往的人们所难以设想的。用以往人们所理解的社会主义理论，很难解释中国今天的社会主义实践。经过邓小平发展了的社会主义理论，圆满回答了中国社会主义的现实问题，并对实践发挥了很好的指导作用。这就迫使当代人文社会科学随之调整和发展。

(2) 分支学科的激增使当代人文社会科学的内部综合面临挑战

我们在前面已经说过，由于社会生活内容的不断丰富，新生事物的不断出现，使人文社会科学研究正进一步走向专门化。新的分类学科迭现，对某些微观对象的研究越来越深入。

以社会学为例。据联合国教科文组织的统计，现代社会学的分支学科已达100种以上，而且正逐年增长。这正如迪尔凯姆预料的那样，社会有多少领域，就有多少社会学分支学科。

新兴学科的异军突起是件好事，但是当代人文社会科学所面临的问题常常不是微观的、局部的，而是整体的、宏观的，需要分支学科之间，甚至是学科与学科之间通力合作。要想把这么多研究角度各异、发展水平参差不齐的分支学科协调好、整合好，确实相当困难。

比如艾滋病问题，它所涉及的学科包括医学、社会学、伦理学、传播学、法学等等，其中社会学就涉及道德社会学、文化社会学、医学社会学、社会心理学、群体社会学等多个分支学科。如果其中一门或几门学科没有协调好，那么研究的效率就会受到影响。

分支学科不断增加还会导致人文社会科学研究领域的重叠等问题，这也为人文社会科学的内部综合提出了新的要求。

(3) 各国对人文社会科学重视程度不一，为人文社会科学研究带来困难

从某种意义上说，当代人文社会科学的研究已离不开世界各国的合作。世界各国对人文社会科学研究的态度是不同的，这就不可避免地造成国与国之间人文社会科学研究水平的不一。由于人文社会科学的研究对象往往是世界性的课题，需要各国共同努力，所以水平的参差，会给人文社会科学研究带来困难。以经济学为例。在世界经济一体化势头强劲的今天，有些国家经济研究水平相对低下，个别的国家和地区甚至拿不出完整的经济发展统计资料，这就不可避免地影响了全球经济研究的科学性。

2. 当代人文社会科学的发展存在着机遇

对于当代人文社会科学的发展来说，可谓机遇与挑战并存，机遇与挑战往往相互对应、相互依存，构成同一事物的两个方面。

(1) 当今世界复杂的社会生活内容和社会矛盾为人文社会科学的发展提供了肥沃的土壤

人文社会科学以社会与人为研究对象。作为人文社会科学的研究对象，社会生活内容越是丰富，社会矛盾越是复杂，人文社会科学发展的现实基础就越是坚实。很难设想，对象十分简单，甚至可以一眼看透，研究该对象的科学会是发达的、发展的。从这个意义上可以说，社会生活内容复杂性的加大，是人文社会科学发展的巨大推动力。进而言之，人文社会科学要从当代的社会生活中吸取营养。越是复杂的社会生活，为当代人文社会科学提供的营养也就越是丰富。

(2) 多学科的齐头并进为当代人文社会科学的发展提供了多重视角

如前所述，人文社会科学各分支学科都得到了长足发展。换一个角度可以说，人文社会科学各分支学科的水平从来没有像现在这样高，这就为它的整体发展奠定了良好的基础。与此同时，与人文社会科学相关的多种学科的齐头并进，对人文社会科学来说，不啻是一种很大的促进。计算机无孔不入地进入人们的工作领域和生活领域，极大地影响了人们的思维方式。它对于人文社会科学发展所产生的影响（有些影响是潜在的）是不容低估的。此外，计算机作为一种工具，使人文社会科学研究如虎添翼，相对于以往传统的研究方法，将计算机用于人文社会科学中某些分支学科的研究，这无疑是一种新的视角。在研究人与自然的关系的时候，引入生态伦理学的观点，将可以通过全新的视角审视这一历来使人们头痛的问题。人们过去总是过于强调人与自然的对立，以征服自然为荣，常常对自然资源进行掠夺性开发，结果每每受到来自大自然的惩罚。新兴的生态伦理学，其中心思想是，必须给自然界以“公民的身份”。也就是说，自然界是人类社会的一个特殊“公民”，有其权利和尊严。反自然的行为都是不人道的，也是不道德的。

当代人文社会科学发展的强大推动力还来自自然科学的高度发展。自然科学不仅以其令人瞩目的成果，而且以其理论和思维方式的革命性进展，对人的科学世界观和方法论产生了重大的影响。当代科学技术发展所形成的思维方式的特点是：从绝对走向相对，从单义性走向多义性；从精确走向模糊；从因果性走向偶然性；从确定走向不确定；从可逆性走向不可逆性；从分析方法走向系统方法；从定域论走向场论；从时空分离走向时空统一。这不仅使人类对客观过程认识更加深化和全面，而且把人的认识水平提升到一个新的更高的层次。这些崭新的思维方式的迅速扩散，使自然现象与社会现象之间在许多方面存在的鸿沟日趋消失。科学技术概念、理论、方法、手段向人文社会科学的广泛渗透，这已经是不争的事实（当然，另一方面是人文社会科学的价值、伦理观念和理论也在自然科学研究中得到广泛的应用）。

（3）外部环境的变化为当代人文社会科学的发展创造了良好的

条件

就国际的情况而言，冷战时代的结束，和平发展主旋律的高扬，相对稳定的国际环境的形成，这些，对世界当代人文社会科学的发展都是极为有利的。在全球性战争的条件下，人文社会科学可以从中获得许多具有特殊价值的研究课题，但由于人们（包括人文社会科学研究者）或者是卷入了战争，或者是要为自身的生存和自己国家在战争中取胜而奋斗，人文社会科学不具备发展的有利条件。相反，在和平环境中，人文社会科学研究工作者，得以从容地面对研究对象，得以潜心地进行研究，研究工作得以取得重大的进展，这是可以预期的。

再就中国的情况而言，自党的十一届三中全会以来，经过拨乱反正，人们的思想获得了解放。社会主义事业得以前所未有的速度发展。改革推动了社会生产力的发展，改革使社会生活乃至人们的思想观念发生了深刻的变化，改革使社会主义得以进一步自我完善。所有这一切，又都对当代中国人文社会科学的发展产生了深刻的影响，提供了优越的条件。从 1992 年邓小平南巡讲话发表到中共十五大、十六大的召开，我国的经济体制发生了历史性的变化。原先的中国人文社会科学是以计划经济为其支撑点的，是与之相适应的；而今天的、今后的中国人文社会科学，将以市场经济体制为其支撑点并与之相适应。中国当代人文社会科学中的不少分支学科，在研究内容、体系框架以至理论概括上，都必须做出相应的调整。调整本身就是一种发展。发展的动力来自研究对象的变动，同时也是中国当代人文社会科学自身的内在要求。以上我们简要回顾了十一届三中全会以来社会生活为中国当代人文社会科学所创造的良好的条件。应当特别指出的是，在十一届三中全会以来的 20 多年中，社会秩序稳定，政治环境宽松。在学术研究领域，“双百”方针得到了真正的贯彻。这样良好的氛围、环境，是建国以后的任何历史时期都无可比拟的。

综上所述，当代人文社会科学在发展中既受到了挑战，又存在着诸多机遇。

二、当代人文社会科学发展的趋势

（一）东西方文化在碰撞中互补的趋势

东西方文化的关系问题，是一个世界性的命题，同时又是跨世纪的命题。

研究东西方文化的关系问题，既是促进当代人文社会科学发展的需要，又是人文社会科学内容的一个组成部分。

多年来的实践证明，东西方文化的关系处理得比较好的时期，往往也就是人文社会科学发展得比较快和比较正常的时期；东西方文化的关系处理得不好的时期，往往也就是人文社会科学发展不怎么正常的时期。

就世界的整个人文社会科学而言，它既要从西方文化中汲取营养，又要从东方文化中汲取营养。缺少哪一部分营养，人文社会科学的发展都会受到影响。就中国的人文社会科学而言，固然应当较多地关注中国的现实问题，并且努力形成中国特色，但是完全撇开西方文化这一参照系，排斥对西方文化成果的借鉴，中国的人文社会科学将无法获得大的进展。

从以往的情况看，东西方文化的关系大致呈现为如下几种状况：

第一种情况是，过于强调两者的对立和排斥。

这种情况，在中国历史上曾经存在过。从《史记·西南夷传》的记载开始，中国人就嘲笑“夜郎自大”，但是这种嘲笑本身就隐藏着中原皇朝中心的意识，就隐藏着老大自居的心理。在近代西学东渐的潮流中，许多人都曾经陷入过“夜郎自大”的境地。在被世界列强打得穷于招架的时候，有些人还盲目地认定：“中学为西学之祖”。中原皇朝中心的意识再一次得到淋漓尽致的表现。在新中国建立以后，决然排斥西方文化的现象同样存在过。在“左”的思想的指导下，国家闭关自守。看待西方文化，过多地强调了它与东方文化相对立、相排斥的一面。其结果，是丧失了利用人类共同的精神财富的机会，到头来受到惩罚的是我们自己。

当然，类似的情况在西方也是存在的。19世纪中晚期，当西方人凭借船坚炮利把东方国家完全纳入以欧洲为中心的世界体系时，西方有些人自恃西方文化优越，对东方文化采取了藐视和排斥的态度。这种倾向在以后相当长的一段时间内很有市场。不少西方人不屑于了解东方文化，认为东方文化代表的是无知和愚昧。其实，灿烂的东方文化和根基扎实的东方文化传统，在人文社会科学的发展进程中，曾经作出过非凡的贡献。贬低和排斥东方文化，只会使人文社会科学以至世界文化蒙受损失。

第二种情况是，过于强调两者的会通和相融。

东西方文化无疑是有着许多相通之处的。它们在诸多方面是可以相融的。但是两者的关系并不是单纯的相通和相融的关系。应当看到，东西方在社会政治制度、价值观、文化取向、文化底蕴方面存在着诸多差异。两者不经过碰撞是不可能相融的。一部分过于强调东西方文化会通、相融的人，往往试图以西方文化来同化东方文化，自己明明立足于东方文化土壤，却主张“全盘西化”。然而事实上，“全盘西化”的路是走不通的。

第三种情况是，确认东西方文化在碰撞中互补。

两种文化都各有自己的长处，要形成互补之势，冲突是不可避免的。碰撞是冲突的一种表现。东西方文化不互相接触，当然无碰撞可言，也就无所谓互补。东西方文化互相接触后，不互相碰撞，恐怕也难以产生互补效应。互补效应应当包括两个方面：两种文化互通有无、取长补短，此其一；两种文化互相参照，相反相成，此其二。

在当今时代，东西方文化互补作为当代人文社会科学的发展趋势，已经是越来越明显了。具体地说：

首先，在互补过程中，东方文化的地位将逐步提高，它对西方文化的影响力将明显增强。

在过去相当长的一段时间中，两种文化在互补中的作用力是不平衡的。从根本上说，就是因为近、现代以来，西方的经济实力和科学技术水平大大领先于东方。“落后就要挨打”。处于挨打境地的国家，无暇也无力提高在东西方文化互补中的作用力和影响力。当今时代，情况完全不同了。由于中国的经济建设取得了令人瞩目的成就，由于中国的综合国力已经大大增强，由于中国在国际社会的影响日益扩大，在这种情况下，中国的传统文化受到了西方国家和民族的越来越多的重视。其实，在5000年以上（一说7000年）的文明史中，中国文化曾经数度出现过灿烂辉煌。正如毛泽东在《中国革命和中国共产党》一文所指出的那样：“在中华民族的开化史上，有素称发达的农业和手工业，有许多伟大的思想家、科学家、发明家、政治家、军事家、文学家和艺术家，有丰富的文化典籍。在很早的时候，中国就有了指南针的发明。还在一千八百年前，已经发明了造纸法。在一千三百年前，已经发明了刻版印刷。在八百年前，更发明了活字印刷。火药的应用，也在欧洲人之前。所以，中国是世界文明发达最早的国家之一，中国已有了将近四千年的有文字可考的历史。”随着东西方文化事业的发展和东西方文化交流的扩大，世界范围内的开发和发掘东方文化特别是中国传统文化的热潮已经兴起。有些西方人文社会科学学者宣称21世纪将是中国文化的世纪。

其次，西方文化对东方的影响，将在更广阔的范围内和更大的程度上得到体现。

西方文化和东方文化都是世界文化的构成部分。在东方文化对西方文化的影响力有所扩大的同时，西方文化也对东方文化形成了更大的冲击。事实上，国门打开以后，西方文化大量拥入，这是情理之中的事情。

西方文化是一个庞杂的体系，对它需要进行具体分析。其中的相当一部分，或者与先进的生产力相联系，以科学技术的成果的形式出现；或者反映了人文社会科学所达到的较高水平。毫无疑问，这些也就是西方文化中的精华。但是，另一方面，西方文化中也大量存在着糟粕。人文社会科学的某些研究成果带有政治偏见，由于这个原因，某些结论是带有偏颇的。还应当看到，西方的物质文明高度发达，人们的精神世界却往往有着较为空虚的一面，两者形成了很大的反差。毋庸讳言，西方文化中也还包含了消极的人生观和价值观。

随着改革开放在更高层次上的实施，西方文化纷至沓来，拥入中国。应当说，这比将西方文化一概拒之于门外要好。西方的进步文化或者优性文化，与中国的传统文化中的精华部分相交融，形成了一种开发民智、推动社会进步的力量。在中国历史上常常有这样的现象，在顽固的习惯势力难以冲破，在众人处于蒙昧状态的时候，思想先驱者常常向西方寻求真理，从西方寻求引导民众摆脱蒙昧状态的良方和武器。先驱者们从西方借来的火种，实际上也就是当时西方的某些先进文化或者优性文化。事实证明，这类文化确实发挥了灌输先进思想、打破沉闷空气、促进社会变革的巨大作用。在近现代，孙中山、鲁迅以及辛亥革命、五四运动中的一大批先驱者就是这样做的，而且是颇获成效。这就可见引进西方优秀文化的重要。进而言之，在中国新民主主义革命中发挥了巨大作用的马克思主义，其实也就是西方文化中的最优秀的部分。它与中国革命实践的结合，将中国革命引向了胜利的彼岸。

与此相反，西方的劣性文化拥入中国以后，则产生了很坏的影响。这类文化以腐朽没落为其主要特征。它不是引导人们前进，而是引导人们倒退；不是引进人们创造和奋斗，而是引导人们追求糜烂的生活；不是引导人们坚守精神家园，而是引导人们走向颓废和堕落；不是引导人们对社会负起责任，而是引导人们推崇极端个人主义。总之，是使得它的接受者与社会进步格格不入。这类文化与中国传统文化中的糟粕部分结合起来，对人们产生了极大的腐蚀作用，当代人文社会科学研究工作者必须对此保持警惕。

随着西方文化对东方文化影响力的增大，东西方文化之间的冲突程度将会加剧。一方面，是面对西方优秀文化的涌入，东方文化中的糟粕部分将会与之相对峙、相抵触。事实上，这两部分文化是水火不相容的。而面对西方文化中糟粕部分的冲击，东方传统文化中的精华部分则对此形成了抵御之势。上述两种冲突将是长期存在的。我们在第一种冲突中，要有意识地削弱后一种文化的力量；在第二种冲突中，则应增强中国传统文化的抵御力。

在未来的时间里，在西方文化大量进入的情况下，公民必须时时保持清醒的头脑。为此，我们有必要重温毛泽东在《新民主主义论》中的这样一段重要论述："中国应该大量吸收外国的进步文化，作为自己文化粮食的原料，这种工作过去还做得很不够。这不但是当前的社会主义文化和新民主主义文化，还是外国的古代文化，例如各资本主义国家启蒙时代的文化，凡属我们今天用得着的东西，都应该吸收。但是一切外国的东西，如同我们对于食物一样，必须经过自己口腔咀嚼和胃肠运动，送进唾液胃液肠液，把它们分解为精华和糟粕两部分，然后排泄其糟粕，吸收其精华，才能对我们的身体有益，决不能生吞活剥地毫无批判地吸收。所谓'全盘西化'的主张，乃是一种错误的观点。形式主义地吸收外国的东西，在中国过去是吃过大亏的。"毛泽东的教诲，对于我们以正确的态度处理东西方文化的关系问题，仍然有着极大的启迪意义。

现在的情况是，在东西方文化的关系问题上，人们存在着一些错误认识。有的人对西方文化表现出一种盲目崇拜的情绪，有的人言必称西方文化，有的人对西方文化显然是食而不化。尤为令人担忧的是，目前殖民文化在一些地方畅行无阻。殖民文化在广告、商标以及餐饮、娱乐行业沉渣泛起，可是许多人乐此不疲。应当说，这是一个摆在当代人文社会科学面前的严峻课题。

最后，未来东西方文化的互补将既是两者之间的全面的互补，又是全世界范围内的整体互补。

所谓东西方文化之间的全面互补，也就是全方位的互补。不仅包括自然科学和工程技术的交流和互补，也还包括人文社会科学方面的交流和互补。

世界范围内的整体互补，是指在东西文化的互补过程中，两者各自从世界上一切国家、民族的优秀文化中吸取营养。形成世界范围内的整体互补格局，将使东西文化的交流、互补进程，被放置到一个无比开阔的背景上，将极大地丰富东西文化交流互补的内容，推动这种互补达到新的境界。

（二）科学主义与人文主义交融的趋势

科学主义实际上也就是唯科学主义。欧文在《唯科学主义，人与宗教》中的一番话道明了科学主义的实质："科学被认为是全知全能的人类救世主而逐渐受到崇拜"。欧文声称，"所有的问题都能被科学地解决，甚至能检验精神、价值和自由问题"。

人文主义是这样一种思想态度，它认为人和人的价值具有首要的意义。通常认为这种思想态度是文艺复兴运动的主题。从哲学方面讲，人文主义以人为衡量一切事物的标准。它扬弃褊狭的哲学系统、宗教教条和抽象推理，重视人的价值。

科学主义和人文主义，并不完全是人文社会科学所包含的内容，也不是可以和人文社会科学等同的概念。但是，我们说，人们所持有的科学主义或者人文主义态度，以及科学主义与人文主义的冲突或者交融的情况，将影响人文社会科学的发展进程，这是确定无疑的事情。

从历史上的情况看，人文主义与科学主义曾经长期处于对立的状态。为了反对封建神学，人文主义者曾经借用科学知识和精神作为斗争的武器。但是，他们很快就表现出对于科学主义的势不两立的态度。在哥白尼的日心说、维萨利的人体解剖理论、哈维的血液循环理论问世以后，人文主义者一再表现出深深的怀疑和不安。人文主义者中极有影响的人物卢梭，断言科学是人类的祸患、罪恶的渊薮。他甚至认为：天文学诞生于迷信；几何学诞生于贪婪；物理学诞生于虚荣的好奇心。总之，科学是从人类的罪恶中诞生的。这样的反科学、反理性的态度，并不只是卢梭的个人情绪，而是相当一部分人文主义者的共同倾向。

人文主义者如此，持有科学主义立场的人们的态度又怎么样呢？科学主义者把对科学的信赖推向极端。他们把推崇科学发展成科学崇拜。19 世纪初期，法国的空想社会主义者圣西门声称，上帝已委托牛顿“教育和指挥一切星球上的居民”。德国著名科学家赫尔姆霍兹，在张扬科学主义方面也是毫不逊色。他认为，按照牛顿力学的原则和方法，必然揭示所有的宇宙之谜，他号召一切知识部门都来向牛顿力学学习和靠拢。以逻辑经验主义为标榜的维也纳学派将科学主义继续向前推进，使之取得了完备的形态。逻辑经验主义持有这样的极端见解：只有有可能得到经验证实的命题才是有意义的科学命题，否则不过是毫无意义的词语排列或废话，是伪科学、非科学。而全部真命题的集合就是自然科学，除此而外，就再也没有真理或有意义的命题了。至此，科学主义对人文主义以至人文社会科学的摈斥态度，就表现得再明显不过了。

人文主义与科学主义的对立，既不利于人文主义的发展，也不利于自然科学的发展。狭义的人文主义，指的是欧洲文艺复兴时期兴起的以重视人的地位和价值为基本观点的思潮。以后，重视人的地位和价值的观点得到延续，人文主义作为社会思潮在各个时代也就得到了延续。人文主义要发展，就需要建立在坚实的科学基础上。坚实的科学基础，主要是指对人的认识更趋于科学，而不能停留于文艺复兴时期对人的认识水平。实际上，一旦背离科学，人文主义就会走向危险的境地。科学主义者宣扬科学万能。其实他们所说的科学仅仅是指自然科学，而并不是指全部科学。自然科学在推动人类进步方面所发挥的作用，毫无疑问是极其巨大的，但是它毕竟不能解决世间的一切问题和课题。有的命题，只有依靠人文社会科学才能解决。人文社会科学是可以与自然科学并驾齐驱的另一种类型的科学。两者的关系并不是对立的，完全可以比翼齐飞。人文社会科学从自然科学中得到滋养，由此开阔了视野，获得了新的视角，改进了研究方法，最终得到了长足发展，这是常有的事。而自然科学的研究者，也离不开人文精神的熏陶。他们的优秀品质、素养的形成，离不开人文社会科学成果所提供的养料。从这个意义上可以说，人文社会科学对于自然科学的作用，是潜在的、无形的、深层次的。它通过影响研究者的潜质，最终影响研究工作本身。因此，否认以至排斥人文社会科学对自然科学的积极作用，既不合乎事实，同时又是极不明智的。

在当前，人文主义和科学主义开始出现了融和的趋势。这主要表现在：

第一，在自然科学领域出现了新人文主义。

无论是对于人文社会科学还是对于自然科学，新人文主义的提出有着非同寻常的意义。美国著名科学史家G·萨顿从研究第二次世界大战中德国的一些科学家的表现中得到启发。他意识到，“科学是我们精神的电枢；也是我们文明的电枢”，“科学是世界上最革命的力量”；然而仅有科学，“它却是绝对不充分的”。科学离开了人道精神，就会成为法西斯的工具，科学家就会帮助刽子手杀人。正因为如此，萨顿在他的著作《科学史和新人文主义》中提出：“我们必须准备一种新的文化，第一个审慎地建立在科学——在人性化的科学——之上的文化，即新人文主义。”萨顿倡导在科学研究中注入一种人文精神。这样一种科学，是人性化了的科学，是可以给世界上绝大多数人带来利益的科学。新人文主义体现了科学主义与人文主义的结合。由于有了这种结合，自然科学将得到最大限度的开发利用。新人文主义的提出表明自然科学工作者对于人文主义的认可和重视。这是科学主义与人文主义相融合的好兆头。这对于人文主义自身的发展无疑是极为有利的。

第二，人文主义者的新的姿态。

在第二次世界大战以后，人道主义（人文主义）者表现出了新的姿态，体现了新的觉醒。

首先，传统的人文主义开始重新接纳科学，并努力利用科学研究的成果，拓宽人文社会科学研究的领域，深化理性认识。

其次，努力将人道主义精神渗透到自然科学研究领域。许多人文主义者竭力以人道主义观点影响科学家：研究自然，不能以征服自然、掠夺自然、统治自然为目的，不能将自然界当作奴仆，而应当以人道主义的态度对待自然、对待地球，保护自然环境，维持生态平衡，与自然协调发展。在此基础上，出现了新兴的生态伦理学。这一门学科，既研究生态，又研究伦理，是一门自然科学与人文社会科学相交叉所形成的新学科。生态伦理学以伦理学推及自然界，以给自然界“公民的身份”为其基本立论，反对对自然界的任何不道德和不人道行为。将人道主义精神向自然科学研究领域渗透和延伸，其宗旨无疑具有积极的意义，客观效果也是比较好的，但理论概括是值得推敲的。对自然界所采取的人道主义，这实际上已经失去了这一概念本来的意义，它只是一种泛人道主义。

最后，当代人道主义对群体的长远的利益的注意。我们知道，人道主义强调个体的尊严、平等、价值。传统的人道主义是如此，当代的人道主义也是如此。这是后者与前者一脉相承之处。但是后者较之前者，毕竟体现了新的觉醒。后者的理性主义成分明显增加了。在对个体的、局部的、暂时的利益和群体的、整体的、长远的利益进行权衡时，最终是作出了理性的选择，以前者服从后者。这种选择是理智的、正确的。在科学技术的发展过程中，对个体有利的事情（例如延长生命、复制威胁人类的基因等），对群体和社会却不一定有利；而对个体不利的事情（例如节制生育、加速某些人体的死亡），对群体和社会却是有利的。在这种个体利益、群体利益发生矛盾冲突的情况下，只能以群体利益高于个体利益作为处事的准则。

人文主义和科学主义趋于融和，并不意味着两者之间只有融和，没有矛盾，也并不意味着融和的过程已经完成。事实上，总是融和中有不融和，在不融和中又有融和。我们只是说，在当前和今后，融和将成为主要的趋向，将成为一种大趋势。

人文主义和科学主义趋于融和并成为大趋势，有着深刻的背景。

一是全球性问题的尖锐化，越来越成为人文主义和科学主义共同关心的话题。科学技术越是发达，社会越是高度发展，危及人类生存的问题就越是尖锐，社会问题就越是棘手。例如，人与自然的关系问题（环境污染问题、生态平衡问题），物质富有和精神贫乏的反差问题，现代科学技术发展所带来的负面效应问题，这些问题困扰着人文主义者，也困扰着科学主义者。单靠前者，或者单靠后者，都无法解决这些难以解决然而又亟待解决的问题。这就从客观上要求人文主义者和科学主义者，打破各据一方、画地为牢的格局，携起手来探讨共同关心的课题。

二是科学的自身发展有着融和的内在要求。今天，已经不是一个各学科壁垒森严、井水不犯河水的年代。科学（包括自然科学和人文社会科学）已经发展到这样的地步：自然科学的发展使人文社会科学研究获得了新的研究方法，也为此开辟了新的研究领域（系统科学等新兴科学，就起到了这种作用）；现代科学在向整合化发展的过程中，促进了边缘学科、交叉学科的兴盛，不仅是自然科学的此一学科与彼一学科，人文社会科学的此一学科与彼一学科，而且是自然科学的此一学科与人文社会科学的彼一学科，都出现了交叉、渗透而最终形成新学科的事实。这样，我们可以说，人文社会科学的发展得益于自然科学，自然科学在其自身发展中也从人文社会科学中汲取了营养。两种科学的联系比以往任何时候都更为密切。

（三）分析综合走向系统化的趋势

在第一节中，我们从研究东西方文化的关系问题切入，预测了人文社会科学的发展趋势。第二节则是从自然科学与人文社会科学的关系中，来探索后者的发展趋势。在这一节中，我们将深入人文社会科学内部，来探究其自身研究方法的变化。

综观人类的学术研究史和思维方式发展史，我们不难看到研究方法所留下的如下轨迹：朦胧的分析与综合——分析、综合、再分析、再综合——系统的分析与系统的综合。

分析、综合是人类最基本的思维方法。认识由感性发展到理性的过程，从具体上升到抽象，再由抽象上升到具体的过程，就思维活动来说，基本上就是分析和综合的过程。分析就是在思维中把客观事物分解成各个部分、阶段、属性，区别本质的和非本质的、偶然的和必然的各种因素，掌握事实的某些单纯的规定，获得对客观事实某些侧面或某些联系的正确认识。综合就是把客观事物的各个部分、阶段、属性在思维中结合起来，探求各种单纯的规定之间复杂的联系，把事物作为多样性统一的整体再现出来，真正深入到事物的本质，把握事物发展的规律。分析和综合相互对立又相互联系，相互依存又相互转化。

很显然，作为思维方法的分析与综合，是受人类自身认识水平以及科学技术的演进过程制约的。在原始时代，石器是当时的人们的主要生产工具。在那种情况下，生产力极其低下，科学技术的发展无从谈起。与此相一致，人们的思维方式体现了“集体表象”的特征，不自觉地呈现朦胧的低水平的分析与综合。在以后的时间里，生产力逐渐发展，科学技术和人类思维也随之发展。人类对研究对象的分析由浅入深，由粗到细，相应的，在分析基础上的综合也逐渐由粗糙变得精密。马克思主义的诞生具有多方面的重大意义。它对于人类思维方式的变革具有里程碑意义。马克思主义以对人类社会发展规律的揭示等多方面的成果，同时也向人们显示了它在思维方式方面所取得的成功。其思维实践证明：没有分析就没有综合，综合必须在分析的基础上才能进行。而分析又总是在某种综合的成果指导下进行的，而且是为了新的综合。没有综合也就无所谓分析。对于事物的认识，要在分析——综合——再分析——再综合的过程中才能完成。

当今时代，科学技术正在以前所未有的速度向前发展。新的学科成群崛起，新技术革命浪潮对各学科形成了强有力的冲击，也对人们的思维方式形成了强有力的冲击。系统论、控制论、信息论、耗散结构论、协同论和突变论等理论观点向各学科领域广泛渗透。对智力工程的研究工作，使人们对知识结构、思维规律和人脑机理的认识和探索趋于深化，使与人的智能有关的各种复杂功能（如判断、识别、理解、学习、规划和问题求解等），通过机器（包括计算机）的介入而得到极大的扩展和延伸。人们开始以全新的视野对待学科创建，拓展了思维科学与智能模拟、智力开发结合发展的道路。在这种情况下，客观现实呼唤完善和变革思维方式。思维方法由分析、综合转变成系统分析与系统综合，已经成为明显的趋势。

系统分析与系统综合，也就是运用系统的观点对事物进行分析和综合。它是哲学原理与数学方法、逻辑方法互相渗透、互相结合的方法。从根本上说，就是辩证法普遍联系原则的具体化。它把客观世界的联系转化为多层次、多方位、多因素、多变量的动态联系整体，揭示出联系在事实、存在、运动和发展中的作用。

分析与综合的系统化，具体表现在以下几个方面：

首先，在跨学科的研究和学科大跨度的延伸中，现代科学技术显示了系统分析和系统综合的整体风格和一体化特性。

现代科学发展的突出特点，是以下两个方面的相反相成：一方面，是科学划分越来越细，分支越来越多；另一方面，是学科之间相互交叉、渗透结合，不断涌现出与传统学科分类迥然不同的新学科。这就是所谓在高度分化、广泛渗透的基础上的整体综合化和全面社会化。

科学技术知识的综合化发展，实质上就是科学研究的集约化发展。这是把更合理地使用科学研究力量，作为在科技领域内以及在社会实践中更有成效地发挥科学研究成果的作用的途径，从理论上深入研究自然科学技术和人文社会科学结合的机制和途径。一个有说服力的事实是：当代富有创造性的理论成果总是出现在各门自然科学、技术科学和人文社会科学的相互交汇处。

系统综合时代的科学必然是“大科学”。这种“大科学”，是自然科学和人文社会科学各学科加速渗透而形成的科学体系，是文化、科技、经济、社会相依发展，传统科学结构格局重新整合以后所形成的科学体系。系统综合时代的学科系统必然是“学科大系统”。在这样的时代里，元科学、基础科学、应用科学进一步连成网络，自然科学和人文社会科学攀枝竞生，新学科群不断崛起，全方位延伸，学科系统气象万千，变化周期大大缩短。系统综合时代的学科战略必然是“学科大战略”。“学科大战略”是文化大战略、科技大战略、经济大战略、社会大战略、教育大战略的同步综合战略。

“大科学”格局和“学科大系统”的直接结果之一，是使人文社会科学发展进一步出现学科交叉和跨学科研究之势。

在当今条件下，学科的发展、科学的发展，离不开联合。联合出效应，联合出力量。蜻蜓的复眼的特殊功能取决于28000个小眼的科学组合。个体的研究，无异于“小眼”；跨学科的群体的研究，如同由众多的“小眼”组合“复眼”。由于有了这样的“复眼”，研究者的目力就达到了“小眼”所不可能达到的范围和领域，盲区和盲点也就不复存在。

法国学者博索特将跨学科区分成三种类型：一是线性跨学科，也就是把一门学科的原理移植到另一门学科中去；二是结构性跨学科，即在两门或更多门学科的结合中形成的新学科；三是约束性跨学科，即在一个具体目标要求的约束下，实现多学科的协调和合作。例如广告学，这是一门研究广告和广告运动的学科。在广告学的研究中，跨学科的趋向表现得十分明显。事实上，广告学的研究，关涉到经济学、市场营销学、公共关系学、心理学、传播学、美学、美术、摄影、计算机科学等等，因而需要诸多学科的全力推进。也有一些学科的研究工作，例如环境科学，是在自然科学与人文社会科学的交叉点上建立起来的，既涉及到自然的因素，又涉及到经济因素、技术因素和社会因素。

其次，宏观和微观两个层面上的系统分析和系统综合的同时并进。

现代科学技术改变了人类的目力和认识能力。一方面，它把人类的视野加以放大，放大到宏观以至宇观领域；另一方面，它使人类的目力达到了微观以至超微观领域。人类的视野向宏观世界拓展，在这过程中兴起了全球学。全球学以全球性的人类共同问题为研究对象。它要探讨全球系统演变的一般规律，研究全球问题在社会和自然各部门、各领域中的具体表现形式及其特征。具体内容包括：人口、粮食、资源、生态、海洋开发、宇宙空间、战争与和平等。研究全球问题，主要运用系统方法、数学方法，依靠电子计算机技术，建立综合性全球模型，从中发现问题及解决问题的方案。从对全球学的了解中我们可以看到，它是在世界性的背景条件下形成的，谋求解决现代科技、经济、社会、环境等复杂的大系统问题的新的科学方法和具体途径，并借鉴各种具体系统的最新研究成果，探索社会系统发展演进的关键环节，从中汲取推进人文社会科学发展的内在动力。

在注重宏观层次的系统分析和系统综合的同时，人文社会科学对微观层次的系统分析和系统综合也在顺利进展。在物理学中，把大于一亿分之一厘米的物体称为宏观客体。把小于一亿分之一厘米的物体称为微观客体。在天文学中，把太阳、行星、星云这样的天体称为宇观客体。我们这里所说的人文社会科学对微观层次的研究，主要包括两层意思：一是对人脑的微观机制的研究，从而揭示人类社会实践活动对思维结构和功能的生成发展的影响，揭示思维系统内认识与评价各要素之间多结构、多层次协同活动的特点和平衡机制，从而在思维的宏观效应和脑内微型机制之间架起桥梁。二是指对社会方面的微观研究。目前，家庭生活微结构研究、社区微结构研究、社会微结构研究、闲暇时间的微结构研究，都已经有效地开展，并已取得了令人瞩目的成绩。家庭是社会的细胞。家庭教育问题，是家庭生活微结构研究中的重要命题。而独生子女教育问题，尤为引人关注。面对这样一个课题，社会学家、教育学家、心理学家、儿童问题专家等等各类专家学者纷纷介入，课题研究涉及社会学、教育学、心理学、生理学、伦理学、经济学等各学科领域。很难设想，这种微结构研究，离开系统分析和系统综合会是有效的。

当代人文社会科学，不论是高屋建瓴式的宏观研究，还是探幽入微式的微观研究，都体现了系统分析与系统综合相协同的特点。宏观层次研究和微观层次研究是互补的。宏观和微观的结合，使人文社会科学在多维视角的观照下得到了更快的发展。

最后，人文社会科学研究趋于系统化。

系统论、控制论、信息论的创立，对于深入认识客观世界的系统，有着不可低估的方法论意义。系统论从整体出发来研究系统整体和组成整体各要素的相互关系，从本质上说明其结构、功能、行为和动态，以把握系统整体，达到最优目标。系统有三个特征：一是由若干个要素或子系统组成，没有一定数量的要素就不成其为系统；二是这些要素或子系统相互联系、相互作用、相互制约，并且这种联系、作用、制约已经有序化，具体表现为一定的结构方式；三是当一定数量的要素按一定的结构方式相互联系起来之后，就产生了一种大于各要素功能之总和的整体功能。

随着科学技术的发展，“大系统理论”应运而生。研究者认为，社会、自然界、人脑都是大系统。面对大系统，单个学科的切入是无济于事的，而必须调动各学科围绕共同命题，遵循整体性原则，协同研究。与“大系统理论”相联系的是大系统方法。它对大系统的成分、结构、功能、联系方式和历史发展等进行综合性考察，使人类从处理简单因素、简单静态和简单系统的能力，提升到具备处理复杂因素、复杂动态和复杂系统的能力，促进了科学知识的整体化。在今天和今后，社会大系统和学科大系统的进一步发展，自然系统、社会系统、思维系统和人工系统相结合，更多地以复合系统的形式出现，在更大的规模上、更多的领域中，体现了现代科学的整体性、全面性和复杂性。这就是说，人文社会科学迈向了系统化的更高层次。

（四）注重应用研究的趋势

近几十年以来，人文社会科学逐渐摆脱传统思辨哲学的影响，越来越注重对社会现实问题的探讨，与社会现实生活紧密相连。由此，人文社会科学的职能发生了重大的变化。人文社会科学不仅具有社会意识的性质，而且具有生产职能、管理职能和预测职能等实用价值。因而它与自然科学一样，可以转变为直接的社会生产力。

当代人文社会科学呈现注重应用化的趋向，有其必然性。

首先，是当代社会的发展对人文社会科学提出了应用化的要求。

随着当今世界新格局的形成，随着国内改革开放的深入发展和经济体制的转换，世界和中国都在不断地向前发展。新的发展也就带来了新的研究课题。例如，世界新格局中的国际关系问题，与高科技相伴而来的人际关系问题、人与自然的关系问题、高科技的负面影响问题，国内改革开放以来人们的价值观念问题、道德伦理问题，经济转轨以后的经济体制问题，等等，这些问题都是前所未有的，有待于人文社会科学研究工作者进行深入思考和探讨。这就从客观上形成了推动人文社会科学注重应用的力量。

其次，注重应用化的推动力也来自人文社会科学自身。

当代人文社会科学与自然科学一样，划分为基础研究和应用研究两个部分。基础研究以丰富的科学知识和发明或发展关于人类和社会现象的新的理论，普遍定律、假设、原理等为研究目标。而应用研究则是为着特殊的实际目标而进行的解决实际问题的研究活动。基础理论的发展为应用研究提供原则、方法、理论体系；而应用研究则是理论与实践的中介，是基础理论伸向现实生活的触角和反馈器。应用研究要发展，必须以基础研究为其坚实的基础，这是问题的一个方面；另一方面，基础研究也需要在应用研究发展的过程中不断地吸收来自实践、来自现实生活的营养，以进一步丰满自身。作为人文社会科学的两翼，应用科学与基础科学同步发展，这是题中应有之义。

最后是各国都鼓励人文社会科学向应用化的方向发展。

当代人文社会科学更注重应用化，这与各国采取相应的政策加以提倡、鼓励不无关系。中国在十一届三中全会以后，对人文社会科学的发展，曾提出过重视基础研究，加强应用研究的方针。在国家的鼓励下，各科研机构大都以应用研究为重点。应用研究获得了比过去更多的经费。高等学校的应用学科得到了国家的大力扶持。美国在战后，面对大量复杂多变的社会问题，通过基本拨款，确保人文社会科学向应用方面发展。仅以社会学为例，历年应用性论文占 60%，基础研究论文占 40%。英国则早在 20 世纪 60 年代就建立了“社会科学研究应用中心”，当今这一趋势进一步得到加强。

人文社会科学加强应用研究的趋势，大致表现在以下几个方面：

第一，人文社会科学更多地直接参与社会管理。

人文社会科学中的一部分应用性新学科，本身就是适应社会管理的需要应运而生的。最为突出的例子是管理科学。我们说过，科学、技术和管理是现代社会的三大支柱。科学技术的发展，社会的进步，呼唤着管理的科学化。在这种情况下，科学管理演化成了管理科学。当把人、物和环境等多种因素结合起来考察，注意各部门之间的相互关系和相互协调，以求得决策、方案和办法的最优化的时候，就又形成了系统管理理论。

人文社会科学中的非新兴学科，也大都以参与社会管理，解决各种社会问题为己任。现代社会，需要研究和解决的问题很多，例如中国的人口问题、三农问题、家庭问题、城市问题、劳动力就业问题、青少年犯罪问题、生态环境问题、交通问题、国有企业亏损问题、教育问题、独生子女培养问题、党内腐败现象问题、社会分配不公问题、舆论引导问题、住房改革问题、医疗改革问题，等等，涉及各个领域、各个学科。上述问题的解决，有赖于各方面专家的参与，在问题的成因、症结，历史与现状，对策与未来预测方面作出研究，并提出可行性方案。人文社会科学就上述问题所进行的社会调查、社会实验、社会工程、社会指标系统、社会预测和社会评价的研究，对政府制定政策和作出决策，对制定社会发展规划等方面，已经发生了并正在发生着重大的影响。

第二，人文社会科学满怀热情关注社会热点问题。

人文社会科学在近年来的发展中，有一个十分鲜明的特点，那就是关注社会热点，及时回答社会现实所提出的各种严峻的问题。热点问题是一个时期中社会矛盾的焦点，是社会公众的兴奋点。正因为如此，人们家谈巷议，议论纷纷。中国处在改革开放和经济转型的时代，热点问题发生的频度比较高。热点问题关系到社会舆论和社会安定，不可等闲视之。毫无疑问，热点问题比较敏感。社会公众对于热点问题常常有着切肤之痛。面对热点问题，采取回避或者顾左右而言他的态度，这些都并非良策。可取的办法应当是进行积极的引导。

近些年来，人文社会科学工作者近距离地跟踪社会现实问题，并努力地进行同步性的思考。一旦社会热点形成，他们便能立即作出快速反应。比如，当社会上出现“民工潮”的时候，经济学家、社会学家、管理学家、心理学家和各类专家，就从各个不同侧面，分析了“民工潮”的形成过程，并对问题的解决提出可行性方案。类似的例子很多。可以这样说，每当社会热点问题出现，就总有人文社会科学工作者在从事研究和引导工作。人文社会科学在热点问题解决过程中功不可没。

第三，人文社会科学更多地发挥了智囊和思想库的作用。

当代人文社会科学并不只是在社会或人类遇到问题了，才显示出它的应用价值。当代人文社会科学注重社会预测。

早在1965年，美国文理学院就建立了“2000年委员会”，并建立了10个工作小组就各种社会问题进行了预测性探索。研究者从美国政府的结构、人们的价值准则、文化制度、计算机的未来等方面进行展望。这种科学的预测对美国社会的发展产生了一定的积极作用。

中国近年来社会预测性的研究也得到了加强。《2000年的中国》研究，是20世纪80年代我国在决策咨询方面开展的一项大规模的人文社会科学研究。它是由原国务院技术经济研究中心（后改为“国务院经济技术社会发展研究中心”）牵头，会同各方面的研究力量共同完成的。《2000年的中国》研究，目标非常明确：为党中央、国务院进行决策和制定政策提出有科学根据的参考资料；为制定各地区、各部门、各项事业的发展规划提供有科学根据的参考资料；自觉地探索中国式的社会主义现代化的道路，研究中国经济、科技、社会协调发展的总体发展战略。《2000年的中国》的研究指导思想包括两个方面：一是未来研究和预测的指导思想；二是怎样走向未来或怎样创造未来的指导思想。《2000年的中国》研究的内容很多。主要包括两个方面：一是综合性的研究，二是分门别类的研究（如经济结构研究，区域经济发展研究，消费结构研究等）。综合研究方面的要点有：1. 探索现代中国社会、经济、科技发展趋势的一般规律；2. 分析国际上对世界前景的各种预测方法，并对国际环境进行综合分析；3. 探索发达国家、发达地区现代化道路的历史经验和教训；4. 探索当前和未来中国建设社会主义的国际条件和国内景况；5. 研究国外在经济发展战略方面的理论和方法；6. 研究并建立中国的国家目标体系、价值系统、预测和评价的理论和方法；7. 研究本世纪末中国环境及生产系统、经济区域及城市系统、社会经济及信息系统，探讨上述系统的依存、互补和制约的机制和条件；8. 研究 20 世纪末中国科学技术的特点、水平和能力，以及科学进步对社会经济发展的适应程度和影响程度，着重研究如何发挥科技进步作用加速经济增长；9. 研究本世纪末中国产业结构、科技结构、智力结构、就业结构、消费结构、人口结构等的最佳化和最优集合，特别注意研究发挥中国人力资源的作用；10. 研究继承和发展中国传统文化、建设精神文明的措施和途径；11. 研究 20 世纪末全国的、区域的、部门的及中心城市的经济形态、结构、组成和内外部联系；12. 提出并论证按时序（1990，1995，2000）分段、按层次（国家、区域、部门、行业）分级的具体目标函数，实现方案及主要技术经济措施。分门别类的研究的要点我们不一一列出。由以上摘引的内容可以看出，该项研究与中国社会的发展贴得很紧，应用性是很强的。

预测研究包括：长期的整体性预测，局部范围的短期预测。总之，人文社会科学在进行社会预测的过程中，充分发挥了思想库的作用，显示了它在应用方面的巨大作用和价值。

当代人文社会科学在注重应用化的过程中，充分发挥了咨询的作用。这种作用大致有两个方面：一是为政府决策提供咨询；二是承担社会的咨询任务（科技咨询、工程咨询、管理咨询、心理咨询等）。国外和国内都出现了许多咨询机构。它们是“脑库”，是“智囊团”。这些机构，打破了理论和实际之间的界限，是一种新型的以科学知识的综合运用为轴心的研究组织。我们已经提到的美国的兰德公司，以及日本的“野村综合研究所”，都是堪称著名的“脑库”。

与“脑库”相联系的，是软科学的发展。软科学是现代自然科学、人文社会科学和工程技术交叉发展而逐渐形成的一组具有高度综合性的新兴学科群。这个学科群包括：科学学、战略科学、规划科学、技术经济学、决策科学、管理科学、思维科学、未来学、行为科学、系统科学以及一些软技术方面的学科。它们综合运用系统方法、计算机技术和决策理论等现代科学技术的知识和手段，对各种复杂的自然现象和社会问题，从它们内部各环节及其相互间的内在联系入手，研究其规律性，找出解决问题的各种方案，从而为组织管理和最优决策提供科学依据。

注重应用，并不等于排斥基础研究。从某种意义上说，应用研究是由高水平的基础研究支撑起来的。

（五）研究手段高技术化的趋势

江泽民在为《现代科学技术基础知识》（干部选读）所写的《序》中指出：“本世纪以来，特别是二次世界大战以后，以电子信息、生物技术和新材料为支柱的一系列高新技术取得重大突破和飞速发展，极大地改变了世界的面貌和人类的生活。科学技术日益渗透于经济发展和社会生活各个领域，成为推动现代生产力发展的最活跃的因素，并且归根到底是现代社会进步的决定性力量。”（科学出版社、中共中央党校出版社 1994 年版）

何谓高新技术，眼下还没有一个公认的定义。但人们对它的理解认识是比较接近的。高科技的主要特征是高效益、高智力、高投入、高竞争、高风险、高潜能。目前得到世界各国公认并将列入 21 世纪重点研究开发的高新技术领域有生物工程、信息技术、航天技术、新材料技术、新能源技术和海洋技术。应当说，高新技术的内涵是十分丰富的。而上述高新技术领域，对人文社会科学影响尤为巨大的是信息技术。信息技术主要是指信息的获取、传递、处理等技术。它是高科技的前导。信息技术以微电子技术为基础，包括通信技术、自动化技术、微电子技术、光电子技术、光导技术、计算机技术和人工智能技术。

在今天，高新技术对人文社会科学的渗透已经日甚一日，人文社会科学研究的高新技术趋势已经越来越明显。

人文社会科学研究手段的高新技术趋势表现在如下几个方面：

一是信息摄取中的高新技术化。

从事人文社会科学的研究，有赖于深入细致的调查研究工作。传统的调查方法不外乎口头方式（开座谈会，进行个别访谈，等等）和书面方式（问卷法，资料法，等等）。这些调研方式在以后的研究中依然是极有价值的。但是，上述调查方法毕竟有它们的局限性：一是获取信息的数量比较少；二是获取信息的速度比较慢；三是获取信息的范围较为有限。由于现代高新技术的介入，信息高速公路发挥了实际效益。从事人文社会科学研究所需要的数据、资料，可以通过计算机网络很方便地获得。这就无异于研究者大大延伸了自己的视觉器官和听觉器官。可以说，高新技术的介入，有效地弥补了传统调查研究方法的不足。

二是信息处理中的高新技术化。

人文社会科学研究中的信息处理，大致包括：检索、传递、储存、运算、管理、加工等。以往在这些环节上，依赖的是人工，既费时费力，又难以形成很高的效益。不仅如此，而且还很容易出现差错。在今天，上述环节上的工作，都可以用计算机来进行处理。在未来社会里，缺乏高新技术知识的人，很难指望在人文社会科学的研究方面能取得很高的成就。

三是研究方法的高新技术化。

运用数学方法进行研究工作，已经成为当今人文社会科学研究的一种时尚。任何事物和现象都有质的规定性与量的规定性。质和量是统一的，不可分割的。在科学研究中，确定事物现象的性质，这是定性研究；关于事物现象的数量分析，这是定量分析。定性是定量的基础，定量是定性的精确化。由定性向定量的发展，是人类认识发展的规律，也是人文社会科学进步的趋势。

在今天，用数学方法从事定量分析，已不是人文社会科学中经济学科的特有现象。社会学、心理学、政治学、语言学以至历史学，都常常进行定量分析。如今，社会学已形成了一套相当完整的定量分析方法，包括单变量分析、双变量和多变量分析、回归分析、时间系列分析、最小间隔分析、方差分析、对数线性分析等等。心理学中运用定量分析，主要是将统计学的手段引入心理测验和实验中。历史学中的定量分析，除了运用一般的统计分析以外(如平均数、相关、回归和概率计算等)，还包括建立模型，模拟历史现象和过程，借用电子计算机分析模拟的结果。人文社会科学中定量分析方法的广泛应用，使计算机得以更多地渗透到研究过程之中，并发挥了越来越重要的作用。

要点归纳

1.1 当代社会的新特点使当代人文社会科学的发展处于挑战与机遇并存的态势。

1.2 传统人文社会的某些理论概括无法解释新的社会现实问题，人文社会科学研究中存在着比较严重的滞后现象，分支学科激增，各国对人文社会科学重视程度不一，这使当代人文社会科学的发展面临严峻挑战。

1.3 复杂的社会生活内容和社会矛盾为人文社会科学的发展提供了肥沃的土壤，多学科齐头并进为当代人文社会科学的发展提供了多重视角，国内外环境为人文社会科学的发展创造了良好的条件，这些为当代人文社会科学的发展提供了良好的机遇。

2.1 当代人文社会科学发展的趋势之一是东西方文化在碰撞中互补。互补过程中，东方文化的地位将逐步提高，对西方文化的影响力将明显增强。而西方文化的精华也将在更广阔的范围内和更大的程度上得到体现。

2.2 科学主义与人文主义交融的趋势。在自然科学领域出现新人文主义；许多人文主义者也开始以新姿态对待自然科学。这一趋势有着深刻的背景。

2.3 分析与综合走向系统化的趋势。在跨学科研究和学科大跨度延伸中，现代科技显示了系统分析与系统综合的整体风格和一体化特征；宏观和微观两个层面上的系统分析和系统综合同时并进；人文社会科学研究趋向系统化。

2.4　注重应用研究的趋势。来自研究对象、自身发展的需求和各国采取的政策构成人文社会科学应用研究的推动力；人文社会科学更多地直接参与社会管理，满怀热情地关注社会热点问题，更多地发挥智囊团和思想库的作用。

2.5　研究手段出现高技术趋势：信息摄取中的高新技术化；信息处理中的高新技术化；具体研究方法的高新技术化。

问题探讨

1. 第四章到第七章中有哪些资料可以作为当代人文社会科学发展趋势的典型论据？

2. 当代人文社会科学还有什么重要的发展趋势？

第 三 编

人文社会科学与初等教育

D I JIU ZHANG 第九章

人文社会科学与教育学的学科建设

重 点 提 示

1. 教育学是一门怎样的学科？它与人文社会科学的关系如何？

2. 人文社会科学与近代教育学的形成有怎样的内在关系？

3. 20 世纪人文社会科学对现代教育思潮的演变起了哪些作用？

4. 当代中国教育学从人文社会科学中吸取了什么营养？

一、人文社会科学与近代教育学的形成

以人类教育活动为对象、以揭示教育发展一般规律为目标的教育学，是人文社会科学的一级分支学科。在一定意义上可说是人生之本、民族之本、教育之本的初等教育，一直是教育学的重要研究对象；初等教育实践需要教育学的理论指导。而教育学的产生和发展，始终离不开人文社会科学的理论原理、研究方法及具体研究成果的全面支撑。

（一）教育科学思想的萌生

人类的教育实践活动，是伴随着人类的产生而产生的。学校的建立，则经历了漫长的历史过程。当代考古学证明，我国的小学产

生于商周时代。在国外，最早的小学大约建于公元前 2500 年左右的古埃及王国时期。教育和人类其他实践经验长时期的积累，导致人类认识的理性飞跃。人类文明史上最早的一批思想家在他们构筑的哲学和其他人文社会知识体系中，开始出现了对教育特别是学校教育的理性思考，其中包含着不少具有科学价值的认识。

1. 中国古代的教育思想

中国古代的教育思想，至春秋战国时期，随着以哲学思想为核心的诸子百家之说的产生和学校教育实践的发展，出现了相当繁盛的气象。

在诸子学说中，儒家创始人孔子影响最大。他兴办私学，传授他的哲学观念和其他各种人文社会学说。孔子对教育的探究和哲学、伦理、政治的思考融为一体。他肯定了中国自夏商周以来形成的“建国君民，教学为先”的教育功能观，提倡“有教无类”的办学方针，把受教育的范围扩大到平民百姓。他以“仁”为最高道德标准，强调以“礼”约身，“学而优则仕”，目的是培养改良政治需要的德才兼备的君子。在教育实践中，孔子继承西周六艺教育的传统，创设新课程，以西周以来的“诗”即诗歌、“书”即历史、“礼”即周礼、“乐”即音乐为基本科目，提出了“兴于诗，立于礼，成于乐”的教育观点。他总结了因材施教、启发诱导、举一反三、学思用结合等教育教学原则和方法，对教师提出“学而不厌，诲人不倦”，以身作则，爱护学生，教学相长等要求。

大约写成于战国晚期的《学记》，是《礼记》中的一篇。它以儒家的哲学观以及政治、伦理学说为理论基础，十分简明而又相当严整地阐述了教育的功能、目的和任务，从小学开始的教育和教学的制度、原则、方法，教师的地位和作用，师生之间、同学之间在教育过程中的关系等。它是世界上最早的教育问题专论。

孔子学说和《学记》中所表述的与哲学、伦理、政治密切关联的教育思想，包含许多至今仍为世人所称道的科学成分。它们在长达 2000 多年的中国封建时代，在以儒家教育为主流、道佛教育为补充的传统教育大格局中产生了重大影响，使中国传统教育思想烙上了鲜明的伦理化和政治化印记，在思维方式上偏重直观感悟。孔子之后，中国古代教育思想不断得到丰富和深化，出现了许多教育思想家和教育思想论著，创造了珍贵的教育文化遗产。但是由于封建主义的禁锢，人文社会知识的科学化体系化进程受阻，教育实践发展迟缓，从隋唐到清代，历朝学校均把《四书》、《五经》作为法定教育内容；古代中国未能如西方那样，从社会内部孕育出近代的教育科学体系。

20 世纪 70 年代联合国教科文组织国际委员会编著的《学会生存——教育世界的今天和明天》是这样评价这段历史的："中国的教育体系开始时比任何其他地方的教育都较为开放和自由"，"这种教育体系对于一个人养成思想和行为的和谐一致，是有成效的。可是后来由于过分强调形式主义和严格的考试评分制度，而使这种教育体系变得死板和僵化"。

2. 西方古代的教育思想

西方的教育思想，早先是作为地中海奴隶制国家兴盛期一些大思想家的哲学和其他人文社会知识的有机组成部分而出现的。

古希腊的思想家都参与教育活动，但他们主要是在各种哲学著作和组建社会的方案中，从哲学以及社会政治、经济、文化等视角，论及教育的目的、任务和内容。其中柏拉图强调教育与哲学的直接联系，重视教育对人的发展和社会政治的作用，重视各种学科在学校教育中的意义，要求对全体满了 6 岁的自由民的子女进行以基本知识和能力为内容的初等教育。亚里士多德认为人是一个发展过程，从植物和动物生活进入专属于人的理智生活和精神生活，提出教育要同人的身心自然发展相适应。他把一个人受教育的年龄按每 7 年为一个阶段分为三期，主张儿童从 7 岁到 14 岁进初级学校，接受读写、体育、道德特别是音乐诸方面的和谐发展教育。他们的教育思想有浓重的直觉、思辨色彩，不少具有科学意义的假说对后世产生了深刻影响，例如亚里士多德便被尊为"遵循自然"的教育思想的鼻祖。

古代罗马的教育拥有更大规模的学校教育实践，从公元前 3 世纪起，7 岁～12 岁的儿童即可进初级学校学习读写算的初步知识。古罗马比较重视课程与教法的研究，演说家、教育家昆体良的《演说术原理》总结了罗马帝国的教育经验，是古代西方第一部系统的教学方法专著，其中关于儿童教育、教学方法的见解备受后人重视。

西方教育思想发展的道路，也是曲折的。中世纪，封建主义、教权主义控制着意识形态领域。直到 14 世纪～15 世纪，如果有人牵出马来要求点清马嘴里面的牙齿数，以纠正传统经典文献记载中的讹误，他将被多数人视为大逆不道。在这样的社会文化背景上，与伊斯兰教和佛教占统治地位的地区相似，西方教育思想只能囿于基督教的教义框架之内。14 世纪中叶，反封建、反神学的欧洲文艺复兴运动在意大利发端，15 世纪中期以后，波及其他国家。人文主义思潮为教育理论的重大突破带来了曙光。

总的来说，从人类早期社会直到封建社会末期，由于社会历史条件和科学发展水平的限制，东西方关于教育的知识，主要表现为比较零散的关于教育经验和教育思想的阐述，通常作为哲学的组成部分，同伦理、政治、宗教乃至理工等知识搅和在一起；方法主要是依靠不充分的观察，对教育实际经验的总结，以及在直觉基础上的思辨。杰出代表人物和教育思想，不论是宏观的综合性的理论假说，还是微观的分析性的经验概括，多呈素朴形态。有学者把这漫长的历史时期称为“前教育学阶段”。

（二）从人文社会科学母体中初步分离而出的教育学体系

1. 欧洲人文社会科学孕育出近代教育学的雏形

（1）欧洲近代教育研究科学化的人文社会科学基础

西方从 16 世纪开始，由于航海路线的开通，新大陆的发现，资本主义社会关系的萌芽和自然科学的进展，欧洲文艺复兴运动的重视客观实在的哲学精神于17世纪～18世纪取得主导性地位，教育研究科学化的思潮随之兴起，19世纪初近代教育学体系基本形成。

提出“知识就是力量”著名口号的英国哲学家培根，尖锐批判经院哲学，倡导面对事实、尊重经验、把感性认识和理性认识结合起来的科学态度，推崇科学的实验方法和归纳方法。他于1623年发表了《论科学的价值》一文，在对科学的分类中，首次把教育学作为一门独立的科学提了出来。哲学体系的革命为教育理论研究的实质性突破开辟了道路。

(2) 夸美纽斯的《大教学论》：近代教育学的雏形

近代学校在欧洲大量出现和发展，一批学者比较自觉地把教育问题作为客观对象进行研究，其中最著名和最有影响的是长期流亡国外的捷克斯洛伐克民主主义思想家、教育家夸美纽斯。代表他的教育思想的《大教学论》，以培根的认识论为哲学基础，是他宏大的社会政治构想的组成部分。他把人的心灵比做田园的泥土，可以栽花植木，结出累累果实。在外国教育史上，他最早提出普及教育的观念，主张所有的人都要学习广泛、全面的知识，发展智慧。他发展了亚里士多德关于教育适应自然的思想，认为教育应从人类的春天即儿童时期开始。夸美纽斯设计出前后相衔的学校系统，把人受教育的时间划分为四个阶段，每段6年，其中6岁～12岁为初等教育阶段；各级学校的课程较前大为丰富，主要是提倡学习广泛的、对现实生活有用的科学知识，如小学阶段增加几何基础、历史、地理、天文、经济与政治生活基本常识等。他创立了学年制和班级授课制。夸美纽斯重点阐述教学的理论，提出了教学的直观原则、彻底与巩固原则、自觉积极性原则、系统化原则和量力性原则等，形成了较完整的体系，并试图建立分科的教学方法。尽管夸美纽斯教育思想伴有浓重的宗教色彩，但是较系统地探究教育教学问题的《大教学论》确实在不少方面揭示了教育特别是教学工作的规律，为近代科学教育学的建立打下了基础。

2. 17 世纪～19 世纪西方人文社会科学的进展与教育学体系的初步形成

(1) 17 世纪～19 世纪的西方教育学发展的人文社会科学背景

教育研究科学化的步伐始终与哲学、伦理学、心理学的发展密切相关。英国哲学家洛克明确指出“人心中没有天赋的原则”，人的心灵如“白板”。他在《教育漫话》中说：“我们日常所见的人中，他们之所以或好或坏，或有用或无用，十分之九都是他们的教育所决定的。人类之所以千差万别，便是由于教育之故”；又说：“国家的幸福与繁荣也靠儿童具有良好的教育”。法国启蒙思想家、哲学家卢梭的《爱弥尔》，运用文学手段激烈反对封建经院教育，呼吁教育顺应儿童自然发展的要求，适应儿童各时期的年龄特征、个性差异和两性差异，对教育学和心理学的联姻起了推动作用。德国著名哲学家康德于 1776 年率先在大学开设教育学课程，进一步强化了教育学须以哲学为基础理论的观念。瑞士社会改革家和教育家斐斯泰洛奇，深受卢梭学说影响又接受康德某些哲学观点，以长达数十年的时间进行孤儿教育特别是初等教育的改革实验。他提出了使教育心理学化的主张，并建立了心理学化的教学思想体系，认为儿童的年龄越小越需要依靠心理学知识的指导，使教育科学研究须以心理学研究为基础的方法论思想得到强化。他强调教育的目的在于顺应自然法则，全面地、和谐地发展所有人的一切天赋力量，教育的中心问题是形成人的道德，教育者的首要职责在于塑造人。他努力寻求简化初等教育教学的新方法，并为小学创建了各科教学法。斐斯泰洛奇的教育思想与实践对英、法、美等国影响很大。他的学说，清末传入中国，对中国的初等教育也有相当的影响。

17 世纪～18 世纪西方的教育理论研究在以近代科学为基础的工业技术体系逐步形成的社会发展过程中，已从混沌的哲学知识体系中分离出来，其理论基础主要是哲学和心理学。初等教育的迅速普及与其对于教育科学的迫切需求，是教育学逐步成形的重要推动力。

（2）赫尔巴特的《普通教育学》：建立在哲学、心理学基础上的独立的教育学体系初步形成

在人文社会科学有关学科不断取得进展的基础上，适应教育实践发展的需求，德国哲学家、心理学家、教育家赫尔巴特试图比较完整地回答“什么是教育”和“如何进行教育”的问题。他于1806年出版了《普通教育学》。较多的教育史学者将此作为独立的教育学体系初步形成的标志。赫尔巴特认为，“教育学作为一种科学，是以实践哲学和心理学为基础的，前者说明教育的目的，后者说明教育的途径”。他所说的“实践哲学”，指的是作为哲学组成部分的伦理学；由此出发，把品性陶冶看作是教育的本质，把道德教育作为教育最根本的任务，并提出了教学的教育性原则，认为传授知识主要是为了形成道德品质。他把学生的多方面兴趣作为课程设置的基础，又把所有的兴趣分为注意、期待、探求、行动四个阶段，认为学生掌握知识必须通过钻研和理解两个环节，而教学程序则分为明了、联想、系统、方法四个阶段，教师可一一对应地采取叙述、分析、综合、应用四种教学法。赫尔巴特建立在他自成一体的心理学基础上的阶段教学论，在一定程度上揭示了教学过程的某些规律，但是失之机械呆板。赫尔巴特综合归纳法和演绎法，构建了自己的教育教学理论体系。

赫尔巴特的后继者形成学派，把四段教学发展为预备、提示、联系、总结、应用分段教学法。19世纪后半期赫尔巴特的教育学说在世界范围广为流传，20世纪初分段教学法曾在中国风行一时。

（3）人文社会科学为教育学的发展开拓新思路

与赫尔巴特同时的德国教育家第斯多惠终身从事师范教育，致力于发展国民教育。他倡导“全人教育”，并创造性地提出“文化适应性”教育原则，强调在教育过程中须考虑国家和民族所特有的文化、历史、经济条件的总和。俄国教育家乌申斯基提出了“如果教育学想从各方面去教育人，那么，它就应当首先全面了解人”的观点，并根据研究人本身及其生存条件的全部科学资料综合研究人的教育问题，强调人的个性培养和教育的民族性。第斯多惠和乌申

斯基从人与文化的视角弥补了“自然适应性原则”的不足，把教育学理论提高到一个新的境界。

19世纪中期英国社会学家、哲学家和教育家斯宾塞在实证主义哲学和庸俗进化论的社会学的理论基础上强调自然科学知识的价值，设计了偏重理科知识的课程体系，并首次明确提出智育、德育、体育的理论概念。

19世纪末在实验心理学基础上孕育产生的实验教育学，将观察、实验、统计等方法引入教育的研究。它的贡献不仅是强调了在教育学领域应用实证化的科学研究方法的意义，从而强化了教育学的科学主义价值取向，更在于实验教育学鲜明地显示了改进教育学研究方法的必要性，以及创造新的研究方法的可能性。

19世纪教育学的学科建设取得重大进展。由于时代的局限和教育理论研究者阶级地位的局限，由于教育学赖以创立的人文社会理论前提有待接受实践检验，教育学的果实还远不是成熟的。后来的一位学者总结教育学研究的历史经验时说，任何时候我们想要讨论教育上的一个新运动，就必须特别具有比较宽阔的或社会的观点。

教育学的科学化，仍须仰仗于人文社会科学的新突破。

（三）马克思主义的诞生为教育学的发展提供了科学指南

1. 马克思主义的创立是人文社会科学的伟大变革

马克思主义产生于19世纪40年代。作为摆脱了剥削阶级偏见的完备而严整的科学世界观，它的创立，标志着整个人文社会科学的伟大变革。它不但为教育学及其相关学科的发展提供了科学的世界观和方法论，还为之确立了宏富的知识背景。

2. 马克思主义是教育学的科学指南

马克思主义创始人从唯物主义历史观出发，认为教育的本质是借助于科学文化再生产，实现人类自身素质的再生产。教育发展受社会基本矛盾即生产力和生产关系矛盾的制约，既具有生产力的属性和功能，又具有上层建筑的属性和功能。社会历史发展是不平衡的，在不同的历史条件下，受社会基本矛盾制约的教育两个方面的属性和功能的具体表现也不同。马克思主义为深入认识和正确处理教育和社会的相互关系，提供了科学的理论。

马克思主义的人性观、人的本质观直接制约着人的发展观。如我们在第一章中所说，马克思主义创始人肯定人有自然属性、社会属性和精神属性，认为人的本质“在其现实性上，它是一切社会关系的总和”，社会性是人的根本属性，而生产劳动和社会实践则是人的本质的表现。因此，人的发展是遗传和变异在劳动和实践基础上相互作用的结果。在高度重视环境和教育对人的发展的巨大影响和作用的同时，强调对人的发展影响的根本因素是社会实践：离开了生产劳动和社会实践，猿的素质就不可能变为人的素质，人的素质就不可能迅速发展，就不能说明环境如何会改变，新的知识和教育为什么能产生。

马克思主义创始人提出了关于人的全面发展学说，认为人的全面发展和一定的社会条件相联系，是历史发展的必然趋势，并把人的全面发展看成是社会主义、共产主义的重要特征和重要内容。这对于确立科学的教育目的理论具有重大的指导意义。

马克思主义认识论强调理论联系实际，教育与生产劳动相结合，要求课程充分反映现代科学最新成果，主张掌握人类创造的优秀文化遗产，这些都对现代教学理论与实践产生了深刻的影响。马克思主义的道德观和美学思想，则对道德教育和美育提供了理论武器。

马克思主义的唯物辩证法强调从事物的普遍联系中研究事物的运动变化。关于矛盾对立统一的观点，必须全面地看问题的观点，事物之间存在着普遍联系的观点，发展的观点，具体问题具体分析的观点，为指导探索教育和教学活动的规律性，奠定了哲学方法论基础。

马克思主义创始人是彻底的唯物主义者。恩格斯在《自然辩证法》中指出："我们只能在我们时代的条件下去认识，而且这些条件达到什么程度，我们才能认识到什么程度。"他们认为真理是一条永不止息的长河。在社会历史实践中不断丰富、发展的马克思主义是教育学的科学指南。马克思主义已经并将继续对全球教育科学的建设和发展产生重大影响。

二、20 世纪人文社会科学与现代教育思潮

（一）20 世纪初叶人文社会科学与世界性新教育思潮的兴起

1. 理论基础和教育发展态势

19 世纪与 20 世纪之交，直接为教育学提供理论支撑的哲学、心理学、社会学诸学科都有新的进展，管理科学伴随发达国家工业化、都市化的加速发展应运而生，人文社会科学界从多方面注视世界范围内教育的迅猛发展和深刻变革。在 20 世纪的第一年，有位英国教育家描述道：现在全世界对于教育的看法，处于相当狂热的状态。1900 年前后，欧洲渐次出现了要求建立与旧式学校在教育目的、内容、方法上完全不同的新学校的呼声与实验，形成"新教育运动"；而工业发展水平已居世界首位，5 岁～7 岁小学儿童在学率达到 70％的美国，则在同一方向拉开了"进步教育运动"的帷幕。这场运动代表了科学教育学发展的一个新的历史时期，其主要代表人物是美国学者杜威，他的《民主主义与教育》被认为是 20 世纪最重要的教育理论著作之一。

2. 新教育思潮的基本理论及其影响

杜威从哲学、心理学、社会学等多重视角研究教育问题，并开办学校，在 4 岁～13 岁的儿童中，进行教育实验，提出并阐释了与"传统教育"相对立的教育概念，建立了实用主义教育思想体系。

杜威曾对当时沿袭欧洲传统教育制度的美国学校作了如此具有

象征意味的描绘:“按几何图形排列着一行一行的简陋的课桌,紧紧地挤在一起,很少有移动的余地;这些课桌的大小,几乎都是一样的,仅能够放置书、笔和纸。另外,有一个讲台,一些椅子,光秃秃的墙壁,还可能有几幅画。我们看了这些情况,就能推断,在这样的场所可能进行的惟一的教学活动。这一切都是有利于‘静听’的,因为单纯地学习书本上的课文,只是‘静听’的另一种形式,它标志着一个人的头脑,对别人的依赖性。”在杜威看来,这样的学校,以教师、书本、课堂为中心,只能培养适应昨日社会的绅士,而不是为现代社会造就具有主体性和创造精神的新人。

杜威自觉地以“有效即真理”的实用主义哲学,作为其教育理论的基础和灵魂,认为“哲学乃是教育的一般理论”,同时教育乃是“使哲学上的各种观点具体化并受到检验的实验室”。他的教育著作的突出特点,便是实用主义哲学与教育理论交融为一体。他认为“经验”是有机体与环境相互作用的结果,而“一切学习来自经验”,教育是“不断改组经验,重新组织经验”的过程,在这个意义上,“教育即生活”。杜威引进了以生物学为基础的机能心理学的基本概念和观点,认为赫尔巴特教育学的基础,基本上是一种从教师出发的“心理学”,其弱点在于忽视了最主要的东西,即儿童具有生动的表现自己的生命力,因此,算不上是儿童心理学;强调教育的重心在儿童,应尊重儿童自身的发展需要倾向和规则,提出“教育即生长”。杜威按照他的社会学观念,认为教育是“社会进步和社会改革的基本方法”,提倡把“教育的社会方面”放在第一位,学校是社会的“一种形式”,“学校即社会”。在课程、教材和方法上,杜威坚决反对旧学校形式主义的一套,主张知和行的统一,从“做”中学。他主持的芝加哥实验学校,小学阶段的课程以纺纱、织布、木工、烹调等作业为中心。他并不反对分科的教学结构,但是在教材方面始终坚持从儿童的经验开始,引申出合乎科学即心理学的方法,而不是学科专家的逻辑的方法。杜威从教育须适应美国资本主义现代化过程中出现的社会生活的根本变化出发,综合人文社会科学多学科的理论,设计以儿童为主,以学习生活直接经验为主，以从活动中学习的方式为主的现代学校制度蓝图。

杜威的思想体系，不仅在美国，而且在欧陆乃至苏联、中国、日本、印度等几十个国家广泛流行，形成了世界性的教育新思潮，对传统的学校教育观念造成很大冲击。实践证明，这种冲击既有不可低估的积极意义，又有明显的消极作用。杜威对于“传统教育”思想体系中的合理因素采取完全摒弃的态度，理论的偏颇影响了教育质量的提高，20 世纪 30 年代受到多方面的批评和抵制。但是杜威思想中的精华部分，直至当代仍然受到人们的重视。

杜威的学生陶行知，从 20 世纪上半叶中国社会的实践出发，立足于带有时代特点和民族特点的实践本位观和群众本位观，把杜威的教育理论发展为“生活即教育”“社会即学校”“教学做合一”，积极倡导生活教育运动，并终身为之奋斗，为中国教育学的现代化和本土化作出了积极贡献，在国际上有一定影响。

（二）20 世纪中期人文社会科学推动教育学建设的繁盛

顺应时代发展的潮流，第二次世界大战前后人文社会科学取得了重大突破，尤其是作为横断科学的系统科学的成型，许多传统的、新兴的人文社会科学与教育学交叉融合，推动 20 世纪五六十年代世界教育学学科建设出现了新的高峰。

1. 世界教育及其研究大发展的理论背景

这一时期世界教育及其研究，由于政治学、社会学、经济学和教育学等交互作用，极大地强调提高教育特别是基础教育总体发展水平的重要意义，由国家增加投入、控制教育、发展教育的格局普遍形成。

二次大战之后两大政治阵营冷战日益加剧。1957 年苏联发射第一颗人造地球卫星之后，美国立即颁布《国防教育法》，标志着科技和教育成为阵营竞争的敏感部位；各国现代化进程中出现的大量社会问题，也使教育与政治与意识形态的关系日益密切。具有广泛影响的美国布鲁纳和苏联凯洛夫等代表人物的教育理论，都有政治学、社会学的理论背景，都打上了鲜明的时代烙印，它们从不同的方向，一致强调着教育特别是基础教育总体发展水平现代化的紧迫性，对各自国家乃至资本主义和社会主义两大阵营的教育决策产生了重要影响。

各国对教育的投资大幅度上扬，还直接受到经济学领域人力资本理论的推动。美国经济学家舒尔茨在苏联学者和其他美国学者研究的基础上，发现美国国民收入的增加，在很大程度上是由劳动者知识能力和技术水平的提高造成的；由此作出判断，教育不是消费性事业，对生产而言，也是一种投资、一种资本，而且人力资本增长速度比一般物质资本增长快。据他推算，美国 1929 年～1957 年国民收入增长额中的 33％得益于教育。并不十分成熟的人力资本增长理论，对许多国家教育的投资和发展产生了刺激作用，有的国家甚至一度出现过教育的过热发展。

总之，在多种推力作用下，世界教育发展的步子明显加大。据联合国教科文组织统计，从 1960 年开始，20 年间全世界教育公共总开支和人均教育开支增长的比率，远远超过了同期国民生产总值和人均国民生产总值增长的比率。

2. 教育观念、内容和方法现代化成为教育学探索的主要课题

这一时期在人文社会科学最新研究成果的基础上，教育观念、内容和方法的改革成为教育学研究的主旋律。

哲学领域，辩证唯物主义的认识论和方法论对教育观念产生的影响日见深广，西方形形色色的现代哲学思潮也在不同方面、不同程度上影响了各种教育学说和流派的兴衰消长。瑞士心理学家皮亚杰关于认知发展的理论，特别是关于认知结构的若干基本概念的确立，关于 0 岁到 15 岁儿童思维发展四阶段的概括，关于儿童发展基本因素的探讨，以及人本主义心理学等流派的新成果，不仅为教育提供了有科学价值的一般心理学原理，还对教育内容的选择和安排，教学认识过程中教师和学生关系的处理，以及解决认知发展中的社会化问题，有着积极的指导意义。世界范围系统科学的新发

展，美国语言学家乔姆斯基探索人类语言能力的思路、方法和成果，则对教育学科建设产生了整体性、深层次的影响。

在全世界教育大发展的背景下，美苏两国在20世纪50年代末60年代初相继集中大批一流学者专攻中小学教育内容现代化课题。许多国家围绕课程问题，在教育的价值、目的、功能、课程结构、课程内容、教育模式、教学方法、教学技术等方面进行了全面的研究，形成了教育教学目标全面化、课程设置综合化、教材内容结构化、教学方法整体优化、教学手段现代化的发展趋势。五六十年代，苏联苏霍姆林斯基致力于在整体性教育实验中贯彻马克思主义关于人的全面发展的思想，提出了学生全面和谐发展的理论；赞可夫1957年开始主持遍及苏联数百所小学、有数千名教师和数万名学生参与的关于教学与发展问题的实验研究，形成了关于儿童个性在知情意等所有方面的一般心理机能整体发展的发展性教学理论体系。领导美国60年代课程现代化运动的布鲁纳，接受并发挥了皮亚杰的认知发展理论，建立了知识结构论和学科结构论，提倡引导学生通过“发现”主动学习；曾在50年代以后致力于教育目标及教育评价研究的布卢姆，60年代末又以西方教育社会学中的民主思潮为方法论基础，在实验研究的基础上，提出了着眼于全体学生学习成绩的提高的掌握学习理论。这一时期，还涌现了其他有国际影响的教育学流派，教育学科的建设在世界范围内取得重大进展。

中华人民共和国于成立不久，即宣布逐步进行教育制度、教育内容和方法的改革，1952年提出应对中小学生实施全面发展的教育，并于50年代末60年代初总结本国正反两方面经验，借鉴外国先进理论，较成功地进行了中小学课程改革。中国自己的教育学体系开始孕育，60年代中期因爆发“文化大革命”而受挫。

3. 进步和隐忧

经历了五六十年代教育现代化思潮洗礼之后，教育及其研究有了长足的进步，但也存在着巨大的隐忧。1972年联合国教科文组织国际教育发展委员会编著的《学会生存——教育世界的今天和明天》一书对世界教育形势作出了这样的评价：

“现在，教育在全世界的发展，正倾向先于经济的发展，这在人类历史上大概还是第一次。”

“现在，教育在历史上第一次为一个尚未存在的社会培养着新人。”

“有些社会正在开始拒绝制度化教育所产生的成果，这在历史上也还是第一次。”

（三）20 世纪后期人文社会科学开拓世界教育学新视野

1. 大科学观的构建与教育观念的重大变革

20 世纪进入 80 年代特别是 90 年代之后，“回顾与前瞻”成为全球人文社会科学共同的话题。回顾，推进了人文社会科学内部各学科，以及人文社会科学与自然科学的沟通与交融，在系统性的分析与综合中，逐步构建大科学；前瞻，或预测 21 世纪的各领域的主要趋势，或强调人类必须正视可能出现的种种问题，或突出可能实现的目标。广义的历史学和未来学的研究，导致以终身教育论为核心的现代大教育观的确立和发展。这带来了教育学学科建设的一次跨世纪革命。

2. 大教育观的形成及教育学的重构

现代大教育观是伴随终身教育理论的崛起而迅速发展起来的。

作为一种国际性综合性的教育思潮，终身教育论始于 20 世纪 60 年代瑞典的“回归教育”试验，理论代表是法国教育家保尔·朗格朗。我们已两次提到的《学会生存——教育世界的今天和明天》，被认为是终身教育思想的奠基之作。这种理论为世界普遍接受并广泛着手实施，成为重新构建教育学的重要杠杆，则是 80 年代之后的事。1996 年联合国教科文组织 21 世纪教育委员会提出了《教育——财富蕴藏其中》的报告，吸收世界范围内教育科学研究的新成果，对终身教育思想作了进一步的阐释。

终身教育论所回答的基本问题是：教育如何适应迅速变化的社会，如何适应人的终身发展需求。它的主要内容是：

（1）全程教育。不应该将人受教育的时期仅限于青少年时代，而应该贯穿于人的生命的全程。把人的一生分成受教育阶段、工作阶段、退休阶段的观念已经过时。据预测，未来社会知识信息总量每5年翻一番，没有人能只靠20来年的学校教育，学到终身需要的知识。同时，未来社会中人们可以用于学习的时间大大增加，自我发展的要求也将与日俱增。因此，教育不能再是一次性的和终结性的，它面向人的一生，各种内容和形式的学习相互渗透，相互补益。中国的俗话“活到老，学到老”，“十年树木，百年树人”，有了新的时代内涵。

（2）全域教育。不应该将人受教育的场所仅限于学校，而应该遍布于全社会。教育必须打破传统的界限，把正规教育和非正观教育融合在一起，把教育的各部分、各阶段统一于一个完整的体系，把发展潜在能力和获得新技能结合在一起。终身教育既是每个人的一种独特经验，又是最复杂的社会关系的整合。学校不但要加强和家庭、社区的合作，而且要向社会开放。要充分发挥学校之外的教育机构、工作场所、大众媒体、文化设施和其他机构的教育功能，利用一切机会和手段使人终身拥有适应环境变化、获得全面发展的学习环境，使教育社会化、社会学习化，使整个社会成为学习社会。

（3）全民教育。1990年世界全民教育大会庄严提出到2000年实现“全民教育”的目标，表示了国际社会及各国政府对普及初等教育和成人扫盲及消除男女教育差异的承诺。在此基础上，国际社会又提出了全民终身教育的目标。1995年社会发展问题世界首脑会议期间，包括中国在内的九个人口大国的领导人发表公报，认为向全民“提供基础教育和终身学习的机会是社会发展和国家进步的基石”。一部世界教育史表明，对饥渴的人而言，教育是茶叶而不是开水；然而一旦解决了温饱，教育便是人民的第一需要。终身教育可以提高人对自身及周围的社会环境和自然环境的认识，鼓励人们充分参与工作和社会生活。全民终身教育是战胜机会不平等的一种手段。

(4) 全面教育。终身教育是人的不断构建。不但要重视终身教育使人适应工作和职业变化的作用，还要重视终身教育在塑造人格、发展个性以及提高认识水平和实践能力等方面的意义。也就是说，终身教育强调的是人的全面发展，人的整体素质的提高，强调的是学会学习、学会生存、学会关心、学会做人、学会创造。

总之，几乎是由整个人文社会科学和自然科学体系支撑而形成和拓展的终身教育观，在教育史上具有划时代意义。20 世纪 80 年代中期，日本宣布进行 100 年来的第三次教育改革，终身教育思想是这场大规模运动的基本理念。欧洲委员会欧洲议会将 1996 年定为“欧洲终身教育年”。随着信息技术日新月异的发展和现代传播学、教育技术学研究的深化，“传播新世纪”中的教育新秩序，已开始呈现在人类面前。中国进入 80 年代以来，以教育“面向现代化，面向世界，面向未来”为指针，已把建立终身教育体制作为未来教育的战略方向，并在利用现代信息技术开发社会教育资源、建立社会教育网络等方面迈出了坚实的步伐。1996 年国家教委制订的《教育的九五规划和到 2010 年的发展计划》表明，中国教育正从适应经济体制和经济增长方式两个根本转变出发，相应实现全面适应现代化建设对各类人才培养的需要，全面提高办学质量和效益的两个重要转变。这是对于世界终身教育思潮的应答和发展。

大教育观是大科学的杰作。它的形成推动了教育学的重构。多少年来，人们的教育观念，往往局限于学校教育范围之内。以终身教育论为核心的大教育观，要求重新审视并构建教育学的理论体系。从世界范围看，教育学的理论建设，开始了新的内部纵向分化与综合，以及与其他学科相互交叉结合的横向分化与综合，教育科学以规模空前的“大家族”面目出现，由小教育观向大教育观拓展、以大教育观推动小教育观的变革趋势已经形成。

初等教育作为学校教育系统的基础层次和终身教育的序曲，具有高度复杂的广泛性、综合性、多质性和效益滞后性；终身教育论的传播改变了初等教育固有的时空观和未来发展观，推动着初等教育观念的体系性转换。美国从80年代中期，随着《民族处在危机之中》的报告的发表，出现了全国范围的教育反思。90年代初，美国教育家波伊尔在他生命的最后几年时间里，带领卡内基教学促进基金会，集中数千小时研究初等教育。他强调，每一个学习阶段与其他阶段关联着；而小学是正规教育中可塑性最强的阶段，教育改革最具希望的前景在于小学，在于正规教育的头几年。他在生前最后的一本著作《基础学校——一个学习化的社区大家庭》的《序》中写道："处于一个新的千年纪元来临之际，我们有机会对美国最为基本的教育机构——小学作出新的承诺。悠悠万事，唯此为大。"中国初等教育研究者以终身教育论反观初等教育学，强调初等教育是与人受教育的最佳年龄段和关键期联结在一起的。初等教育要加强同幼儿教育、中等教育的联系，为学生终身的学习和发展打基础，在全面素质教育上发挥小学特有的优势；强调初等教育要加强学校教育与家庭教育、社会教育的联系，利用自身特有的科学性、系统性、综合性，充分发挥"全面和谐发展"的导向作用，充分开掘校外教育资源，重新构建学校、家庭、社会教育三结合的体制；强调小学要增大对社会开放度，为社区和地区方方面面终身教育的要求服务；强调要首先为小学教师创造继续教育、全面发展的条件，让教师在终身教育的时代潮流中成为先行者和骨干力量。90年代末，中国初等教育启动以"基础教育课程改革"与"教师专业化"为双主题的系统工程，加大了终身教育视野中初等教育改革的力度。

20世纪与人文社会科学发展大体同步的世界现代教育思潮三个高涨期，依次以改变学校教育重心、更新教育内容、筹建终身教育体系为焦点。

有人预言，21世纪在某种意义上将成为教育世纪。对教育更大的重视和更多的投入，是世界和中国可持续发展的跨世纪的战略选择；对教育更为密切的关注则是信息时代人文社会科学的重要特征。可以期待，教育学终将成为大科学体系的前沿学科之一。

三、人文社会科学与中国教育学的当代发展

（一）人文社会科学全面推进中国教育学革故鼎新

人文社会科学的发展，为教育学的形成和进步确立了宽厚的理论基础，开阔了视野，并提供丰富的知识信息和现代的研究方法研究手段。也就是说，人文社会科学的当代成果和发展趋势，对教育学的学科建设具有整体带动效应。此外，从大科学的高度研究人文社会科学发展规律的学科的建立，人文社会科学内部各学科、学派的横向竞争，也有力地推动了教育学的历史反思、现状自省和发展预测。

中国教育学科建设起步甚晚，道路曲折。20 世纪 80 年代后进入了快车道。10 多年时间内正式出版的《教育学》教材就有 100 多部，目前已形成了一个由近百门分支学科构成的庞大学科群，其中大多数分支学科是近年来紧随人文社会科学的建设步伐，在教育改革实践中逐步发展起来的。在此期间，教育的基本理论研究在不少重大问题上取得突破性进展，如对教育本质、教育功能、教育中的科学主义与人文主义关系的研究，主体性教育思想的提出，对教学规律的探讨，以及有关中小学教育实践的理论与方法的研究等等，为当代中国教育的改革和发展作出了贡献，也为教育科学的全方位推进奠定了基础。但从人文社会科学发展的全局着眼，中国教育学科的建设仍然相对滞后，还存在不少问题。解决好这些问题，正是创建小学教育工作者期盼已久的高水平的中国初等教育学的前提所在。

（二）人文社会科学关注当代中国教育学发展的关键课题

1. 教育理论与教育实践

理论与实践的关系，是人文社会科学发展的核心问题。我们已

经说过，关于实践是检验真理惟一标准的讨论，打开了当代中国人文社会科学历史性飞跃的理论闸门，实事求是则是拨乱反正的根本理念。人文社会科学界首先关注当代中国教育学建设中比较普遍存在着的理论脱离实践的问题，并认为这是制约教育学发展的第一位原因。

在人文社会科学领域内，与同层次学科比较，教育学是实践性很强的科学，不仅研究课题来自教育实践，研究结果须回到实践接受检验、指导实践，而且研究行为本身往往就是教育实践的有机组成部分。由于历史的原因，我国的教育学，理论框架基本上是从国外移植过来的；基本原理，不少是以一般的哲学原理或特定的方针政策为前提的逻辑推断，或是心理学及其他人文社会科学研究成果的简单搬用，还有不少是对外国教育观点的引用和阐释。在本本主义实际上仍占有较大市场的情况下，教育学理论易于失之空泛而又大同小异，难以准确地揭示当代中国教育活动的内在规律，难以有效地发挥其指导实践的作用。解决这个问题，首先要强调深入研究教育实践，努力在理论服务于实践的过程中求得理论自身的发展和完善。苏霍姆林斯基曾经说过，教育科学只有当它去研究和解释数十种、数百种最细微、最复杂的教育现象的相互依赖和相互制约的关系的时候，才会成为精确的科学、真正的科学。中国教育学理论只有自觉地把根扎在教育实践的沃土之中，才可能长成万古常青的参天大树。20 世纪 90 年代我国有关小学素质教育实验的科学探讨，如关于愉快教育、成功教育、和谐教育、情境教育、主体性教育的理论研究，成为初等教育研究中最为活跃、全国小学教育工作者最为关心的领域，并成为素质教育理论乃至现代教育原理的生长点之一，就是很好的例证。

从现在起到 21 世纪中叶，是实现我国社会主义现代化建设战略目标的历史关键时期，社会生活的各个方面将发生历史性巨变。新的时代，新的教育，需要建设具有当代中国特色的教育理论。综合我国人文社会科学界和教育界学者的意见，我国的教育实践迫切要求解决的理论课题很多。除了关于素质教育的理论建设之外，与教育学直接相关的重要课题包括：

马克思主义教育理论系统研究；

21 世纪我国教育发展战略及发展趋势研究；

社会主义市场经济与教育的发展；

教育如何与科技发展相适应；

教育投资的经济效益和社会效益；

当代中国儿童发展的特点与学校教育；

现代教学理论的发展与教学改革的深化；

基础教育课程改革理论与实践；

大、中、小学德育的衔接及其目标、过程、评价问题的研究；

教育与生产劳动相结合的理论与实践；

体育新概念；

美育的地位及其与德育、智育、体育、劳动技术教育的关系；

学生心理健康教育；

学校教育、家庭教育和社会教育的综合研究；

教育实验的综合理论研究；

对古今中外教育理论与经验的批判继承；

现代教育技术手段研究；

教师专业化与未来社会教师的素质、结构与培训；

农村教育改革的新思路；

城市教育的综合改革；

教育现代化的理论与实践；

我国终身教育体制的构建及其社会基础与理论基础；

当代东西方教育思潮比较研究，等等。

仅从以上这份极不完整的“菜单”中便可看出，教育实践对于教育理论的需求是多层次、多方位、多形式的。教育学科建设要取得重大突破，基础理论水平要取得迅速提高，在很大程度上取决于理论研究能否从教育改革实践中汲取养料，及时发现具有科学价值的实践问题，发现理论生长点，掌握指导教育实践的主动权，在干预实践的同时不断向科学化推进。

2. 学科分化与学科综合

在第八章中，我们讨论了当代人文社会科学的具体发展趋势之一，是在高度分化的基础上的整体综合化。当代中国教育科学研究中出现的以教育学为基点的学科分化与学科综合的关系问题，正是这一发展趋势在教育科学领域中的生动体现。

几十年来，中国的教育理论研究走的是“单科独进”的路子，基本上靠一本分成“四大块”的教育学统揽全局，停留在较低水平的综合层面上。近些年来，我国教育研究借助于人文社会科学和自然科学的各种理论、方法、技术，开始强化基础理论的分类研究，如教育目的、教育功能、体育、智育、德育、美育、劳动技术教育、心理教育、课程与教材、教学、课外校外活动、教师、学校管理、教育研究方法、教育评价、教育改革等，都逐步形成了自成体系的专门研究领域，这是教育学内部的横向分化。从教育学内部的纵向分化看，与教育理论研究的层次和类别相对应，出现了教育哲学、教育发展战略学、教育史学、教育统计学、教育技术学、教育情报学等；与教育活动的层次和类别相对应，出现了幼儿教育学、小学教育学、普通中等教育学、高等教育学、职业技术教育学、师范教育学、特殊教育学、研究生教育学、留学生教育学、成人教育学、家庭教育学、民族教育学等。

从教育学外部关系看，与人文社会科学乃至自然科学的平行学科交叉结合，形成了教育心理学、教育社会学、教育人类学、教育经济学、教育政治学、教育法学、比较教育学、教育生态学等。

受当代人文社会科学发展趋势的影响，我国的教育学研究也开始追求整体综合。进入 20 世纪 90 年代，我们已经在陆续出版《现代大教育观》、《现代教育科学》、《当代教育新理论》、《战后国际教育研究》、《20 世纪教育回顾与前瞻》、《教育探索者》、《求索》、《中国文化与教育》等大型丛书，1995 年以来又出现了《大教育学》、《现代教育论》一类的教材。这都是学科综合的迹象。

有学者指出，教育学作为教育科学领域最早形成的一门学科，迄今无论从其概念的确切程度、术语的专门化程度、概念体系的严密程度看，还是从其研究方法的科学性、理论的解释能力和预测能力看，与人文社会科学的带头学科相比，还有较大差距；新出现的多数分支学科则尚处初创阶段，整体系统综合的条件很不成熟。在这样的情况下，宜着力推进教育学科的进一步分化，特别要下功夫从理论与实践的结合上开展深入的专题研究，为较高水平的学科综合打下坚实的基础。我们认为，这是一种比较切合我国教育学科建设实际状况的意见。

3. 全球视野与本土特色

人文社会科学的迅速发展不但使当代中国教育学获得了全球视野，还使学科建设强化了本土意识。人文社会科学界普遍认为，教育学的本土化，是当代中国教育科学研究的重要历史使命。这个观点，来自对中国教育学的历史反思和现状分析。

目前已知的最早传入中国的《教育学》，是 1901 年从日本翻译过来的，而日本教育学又多是取自德国的赫尔巴特学派，中国的“师日”，实际上是取法于德国，取法于赫尔巴特。第一次世界大战之后，中国教育学理论转而效法美国，主要是效法杜威的实用主义教育思想，从主流看，这一趋势一直持续到 20 世纪 40 年代。新中国成立后，我们的教育学转而学习苏联，凯洛夫《教育学》迅速出现在每一个教师和师范生的案头。从 50 年代中期开始，曾提出教育学要“中国化”的口号，但是在“左”的思潮干扰下，教育学往往搞成政策阐释或工作手册式的模式。直到 70 年代末，才有试图反映我国教育实践和教育理论方面取得的新进展、新成果的新教材问世，但是很快暴露出基础理论研究薄弱，第一手资料匮乏，研究视野狭窄，研究方法落后等底气不足的弱点。继而出现的大规模引进、介绍国外的教育研究成果的局面，一方面带来空前丰富的理论养料，另一方面又存在着简单照搬、不加分析等问题。

既要有“拿来主义”的全球视野，又要有“洋为中用”的本土意识，是当代中国教育学科建设的紧迫课题。教育科学和其他人文社会科学研究者指出，教育学的研究，对外开放度越大、交往频率越高，其吸收力、生命力也越强，闭国自锁、盲目排外是没有出路的；但是，对于外国教育科学成果的借鉴，如同对于其他人文社会科学成果那样，都要经历一个结合中国实际，使之本土化的过程。中国是一个人口众多、城乡之间地区之间差别甚大、有悠久历史文化传统的社会主义的教育大国，中国教育的发展有它特殊的道路、特殊的规律，简单搬抄外国的本本是行不通的，本土化是必然的要求。中国有丰富的文化教育遗产和新鲜的教育科学思想、教育实践经验，实现本土化具有独特的优势。此外，本土化也是中国教育学走上世界教育论坛的必由之路。

台湾有位心理学家尖锐批评人文社会科学研究的全盘西化倾向。他说，我们所探讨的对象虽是中国与中国人，所采用的理论与方法却几乎全是西方的或西方式的。在日常生活中我们是中国人，在从事研究工作时，我们却成了西方人。我们有意无意地抑制自己中国式的思想观念与哲学取向，使其难于表现在研究的历程中，而只是不加批判地接受与承袭西方的概念、理论与方法。在这种情况下，我们充其量也只能亦步亦趋，以赶上国外学术潮流为能事。当代中国教育学在继续放手引进、充分借鉴外国教育研究成果的同时，要立足本国，注重创新和发展，特别要注重在自己的民族文化背景下提炼、发展教育理论，努力推进教育学科建设的本土化进程，为建立教育学的中国学派、丰富世界的教育科学宝库作出应有的贡献。

4. 实证方式与评价方式

研究方法作为一种思维方式和行为规则，在人文社会科学发展中的地位和作用越来越受到重视。人文社会科学界十分关注当代中国教育学的方法体系的建构，尤其关注实证方式与评价方式的协调和整合。

在教育学的发展史上，实证方式和教育领域中的科学主义思潮相联系，把教育过程看作是使人社会化的科学过程，研究教育要求按照经典自然科学的规范，确定教育内部诸要素的必然因果联系，操作上突出实证，重理性、重分析、重定量，强调客观、精确，将事实与价值分开；评价方法则和教育领域中的人文主义思潮相联系，把教育活动看作是顺应人的个性发展的艺术活动，研究教育要求按照人文科学的传统，对教育活动的意义和合理性进行理解与阐释，操作上突出评价，重体验领悟，重整体把握，重综合，重定性，强调价值取向，否认教育研究成果的客观性和确定性。包括人文社会科学在内的现代科学技术的发展，辩证唯物主义和系统方法的普遍传播，使人们认识到教育是极其复杂的社会现象，一定意义上是促进人的社会化和个性化的科学活动和艺术活动的综合。原先处于两个极端的实证方式和评价方式，随着教育领域中科学主义和人文主义两种思潮的互相渗透、逐步融合而互相交叉、互相沟通。

在人文社会科学的研究方法走向多元统一的时代趋势带动下，当代中国教育学的五种主要的具体研究方法，也就是历史研究法，调查研究法，比较研究法，实验研究法，理论研究法，实践中都在不同程度上碰到了如何处理好实证方式与评价方式互补关系的问题。

近些年来我国广泛采用的教育实验研究法，就有两个基本模式。一种模仿自然科学，强调数学工具的运用，强调严格控制实验条件，强调客观描述事实，追求客观结论。另一种选择教育自然环境，强调研究目标的综合性，对象的整体性，要求调动研究者和研究对象的主动性积极性，追求合理的定性说明。很明显，这两种研究模式，分别带有我们所说的实证方式和评价方式的深刻印记。从实践的情况看，它们各有其局限，又各有其合理之处，在处理特定条件下的简单问题和复杂问题时各有其有效性。较大范围内展开的教育实验，如小学素质教育实验，课程改革实验，教师教育改革实验，总是多层次、多方面的综合型实验，远比自然科学实验丰富、生动、复杂和多样，只选择单一的实验研究模式是难以奏效的，需要我们根据该实验的实际情况，把实证方式与评价方式结合起来灵活应用，以达到实事求是的目标。

又如对于教育学科建设至关紧要的理论研究法，必须立足于教育改革的实践，掌握已有的思想理论材料，确定理论研究的现实出发点；必须从复杂的现象中找到一个适当的确定角度和入手处；必须形成准确的概念和开阔而清晰的思路，建立合理的理论体系结构；必须让结论接受实践的和逻辑的检验。以上的每一个环节，都离不开实证方式和评价方式的综合运用，片面地倚重一种研究方式而排除另一种研究方式都将影响教育研究成果的科学性。

要点归纳

1.1 教育学是以人类教育活动为对象，以揭示教育发展一般规律为目标的学科。

1.2 教育学是人文社会科学的分支学科之一，其产生与发展离不开人文社会科学的理论、方法及成果的支撑。

2.1 萌芽阶段的中西方古代教育科学思想是哲学及其他相关人文社会知识的有机组成部分。

2.2 16 世纪欧洲人文社会科学孕育出近代教育学的雏形——《大教学论》；17 世纪～19 世纪，伴随西方人文社会科学的进展，教育学体系初步形成并不断发展。

2.3 马克思主义的诞生为教育学的发展确立科学指南。马克思主义为教育学提供了科学的世界观、方法论及宏富的知识背景；唯物史观为正确处理教育与社会的关系提供了科学依据；关于人的素质全面发展学说深化了对教育本质、目的、功能的认识；矛盾律等原理则对探索教育和教学活动规律具有指导意义。

3.1 20 世纪初叶人文社会科学的发展形成世界性新教育思潮。从实证主义哲学中诞生的儿童为主，以直接经验学习为主的实用主义教育思潮，对传统教育观念产生了强烈冲击。

3.2 20 世纪中期，传统与新兴的人文社会学科与教育学交叉融合，教育观念、内容和方法的现代化成为教育学探索的主要课题。

3.3 20 世纪后期人文社会科学开拓世界教育学新视野：大科

学观的构建引起教育观念的重大变革；大教育观形成，改变学校教育重心，更新教育内容；建设终身教育体系成为教育学科重构的焦点。

4.1 人文社会科学关注当代中国教育学发展的关键课题：中国教育理论必须适应教育实践的新发展。

4.2 当代中国教育学借助人文社会科学及自然科学的理论方法与技术，强化基础理论分类研究，为较高水平的学科系统综合创造条件。

4.3 人文社会科学的迅速发展，推动当代中国教育学在获得全球视野的同时强化本土意识。

4.4 人文社会科学界促进当代中国教育学的方法体系构建过程中实证方式与评价方式的协调、融合。

问题探讨

1. 教育学的历史发展过程与第一章阐述的人文社会科学历史发展过程总体上是否一致？教育学的历史轨迹有什么自己的特点？

2. 20世纪世界和中国教育学的发展态势与人文社会科学其他学科的发展状况有何关联和区别？

DI SHI ZHANG 第十章
人文社会科学与初等教育的跨学科研究

重 点 提 示

1. 现代初等教育为什么需要人文社会科学的跨学科综合研究?

2. 哲学心理学社会学对于初等教育研究有什么重要价值?

3. 经济学政治学法学对于初等教育研究有什么特殊意义?

4. 人类学传播学比较教育学对于初等教育研究可发挥什么独特作用?

一、现代初等教育需要跨学科的广角研究

我们已经初步讨论了作为人文社会科学分支学科的教育学，是怎样在人文社会科学的全面支撑下，逐步深入地研究教育活动，努力探索教育发展规律，并使学科建设取得较大进展的。初等教育从教育学的科学化民族化现代化的过程中，不断汲取理论养料和知识信息，获取研究方法，从经验型的教育走向了有教育理论指导的自觉教育。然而，初等教育发展的历史已经说明，把自己的理论视野局限于以往教育学的框架之中，是远远不够的。有人说过，研究初等教育就是研究人类的童年时期。在新的教育学体系尚未形成，整个教育科学的发展还滞后于人文社会科学一些前沿科学门类的情况下，初等教育需要主动地寻求跨学科的综合研究。在这方面，人文社会科学可以从各个领域、各个层次提供有效的帮助。

(一) 现代初等教育为什么需要人文社会科学的跨学科研究

1. 教育具有高度复杂的广泛性和多质性

现代初等教育需要跨系科的研究，首先是由教育的复杂本性所决定的。

教育作为培养人的事业，在宏观层面涉及人类的古往今来，社会的方方面面，科学的各种门类。现代教育实践无论是从时间到空间，从广度到深度，都有重大拓展。它像空气和阳光，与人类的生存和发展，息息相关。有人做过这样的类比，就是把航天工程的复杂程度假定为 10^6，那么教育工程的复杂性至少是 10^7。又有人称教育是一个开放的复杂的“巨系统”，教育活动是物质活动系统、生理心理活动系统、社会政治经济活动系统、精神文化活动系统的有机组合。为了说清楚教育到底是怎么回事，怎样才能适应社会发展的需要和人的发展的需要，科学而又艺术地把一代又一代降生到人间的自然人培养成社会化个性化的人，并使之获得终身学习的能力和机会，就必须运用各种有关人和社会的科学理论和方法进行综合研究。从根本上说，教育科学本身就具有跨学科的综合性。所以，有位英国教育家总结教育学发展的历史教训时说，如果我们只是用某门学科的眼光去探索教育，我们就犯有根本性的错误。

初等教育是教育系统中的庞大基石，我们说过它具有高度复杂的广泛性、综合性、多质性和效益滞后性，必须从各种不同的角度对它进行立体式的研究，否则就会重演盲人摸象或削足适履的错误。

2. 现代初等教育面临时代新课题

现代初等教育需要跨学科的研究，又是由初等教育面临新的时代课题所决定的。

20 世纪七八十年代以来，世界范围内初等教育的概念发生了革命性的变化。当代中国的数十万所小学，已不再只是面向部分儿童，从现在起，几乎每一个中国人（多为独生子女）都把自己的童年交托给它们；它们已失去了空间上相对封闭的掩体，任何一所学校都可能而且必须与全社会进行信息交流；它们也已部分地失去了终身教育概念和体制诞生之前的初等教育时间的传统意义，而必须对自己的目标、内容、方法进行全面反思，以自觉承担更为繁重的历史任务。

信息社会的步伐正在加快，新课题层出不穷，而解决这些课题都要牵动多学科的知识和方法。宏观层面的问题姑且不论，即便是关于电脑应不应该广泛运用于初等教育这样的具体问题，也会牵一发而动全身。解决这个问题，至少得明白小学生的全面发展与现代信息技术的多重关系，教师的态度和适应能力，电脑进入课堂以后师生、生生、师师多边关系的变化，小学生接受电脑辅助教学的心理过程，教学软件负载的内容与师生利用这些内容的关系，学生家长、教育界、社会对于电脑用于小学的利弊得失的看法，等等。事实上，90年代中期，在拥有1亿台以上家庭电脑的美国，在小学生与用于教学的电脑之比为17∶1的英国，围绕上述问题，已经产生了很不一致的看法，教育学、心理学、社会学、传播学、历史学、社会学、教育哲学等领域的专家都在参与调查研究。

对于当代中国来说，以培养面向未来的少年儿童为中心，广泛吸收和综合人文社会科学和自然科学的成果，更新小学教育工作者的教育观念和知识能力结构，对新情况、新问题作出富于创造性的反应，形成改革和发展的新思路，已是刻不容缓的事情。

3. 推进初等教育科学体系的完善

现代初等教育研究向教育学以外的众多学科开放门户，有助于打破就教育论教育的狭隘框架和种种思维定势，产生新的科学成果，促进初等教育学和相关学科的共同繁盛，推进初等教育科学体系的完善，促进人文社会科学总体水平的提高。

我们在上面已经一再申说，现代国内外一系列重要的人文社会科学成就，往往产生于不同学科的理论、概念、方法的交互作用之中。如同杂交为中国的农业创造了一代又一代举世瞩目的优良品种一样，初等教育的跨学科嫁接式研究必然结出一批又一批丰硕的果实。

初等教育研究与其他学科的嫁接，就教育学而言是学科分化的表现，对人文社会科学和大科学来说则是一种综合，并终将促进教育科学的高层次综合。例如，一向被看作是心理学的“进口国”的教育学，与心理学、哲学在认知领域中的协同研究，推进了20世纪中叶心理学研究的总体性突破，同时也为教育学、哲学研究的深化带来了新的科学依据和动力。

方兴未艾的当代中国素质教育的理论探讨是另一个有意义的例证。

20世纪80年代中后期主要是在应试教育内部矛盾中孕育着的素质教育，几乎胎死娘腹。关于人的素质的心理学定义，一般都认为素质是先天性的，是人后天心理或能力发展的前提和条件，而教育的主要使命乃是对人的后天发展的有目的干预；按照这一逻辑，“素质教育”说不能成立。我国教育理论工作者援引世界科学史上的先例，指出当前处于素质的传统定义与教育改革实践相悖的时期，完全可以而且必须从实际出发，综合相关科学的研究成果，寻求新的突破。重新界定概念的思路大体是：既确认心理学传统定义的适当地位，又赋予新的内涵，指出素质教育中的素质概念属于教育学范畴，肯定了人的遗传生理素质的“基质”作用，强调了素质的后天发展性以及环境与教育在人的素质形成过程中的地位和作用；由此出发，对人的素质、个体素质、群体素质等概念逐一进行阐释，认为素质教育是从开发受教育者身心潜能为基础，促进受教育者的社会化个性化，以发展和完善受教育者身心素质使之符合特定社会要求的教育模式。

“素质教育”在激烈的观念冲突中艰难落地，产生了广泛社会影响。社会学、经济学在大量实证性研究的基础上指出，素质教育是以世纪之交我国经济发展和社会进步的两个根本转变、两大文明建设为内在依据的，是为迎接新技术革命挑战而建构的现代教育模式。人才学指出，素质教育是全员成功、全型成功的人才工程，有利于大面积开发不同层次、不同类型的创造性人才资源。历史学、未来学则称素质教育有利于民族素质的提高，是与过去告别的标志；它将涉及升学考试制度和整个教育体制的改革，涉及人事、劳动、工资制度的调整，涉及整个社会的教育观念的更新，其意义和难度不亚于19世纪与20世纪之交的废科举、兴新学。哲学界还综合素质教育建立目标体系和操作体系的实际需求，对素质教育观的理论基础即马克思主义关于人的全面发展学说作了新的阐释和发挥。

近些年来遍及全国的小学素质教育实验，正是以这种或那种有创意的跨学科研究成果为理论假设的。

（二）现代初等教育的跨学科研究注重选择与综合

正如我们已经感受到的那样，整个人文社会科学像没有边际的大森林，学科众多，每一门学科又有它的昨天和今天，有各种各样的学派，而且，多数学科都是首先在外国创立的，其中有相当一部分至今尚不成熟。如果我们缺乏科学态度和主体意识，把跨学科研究理解为本国初等教育事实加上外国某些非教育学科的理论定律、名词术语，那将走上一条没有尽头的岔道。我们所说的科学态度就是实事求是，我们所说的主体意识就是为我所用。实事求是才能去伪存真，为我所用才能综合创新。

这方面，江苏省特级教师李吉林的成功之路值得借鉴。长期从事小学语文教学的李吉林从当代教育心理学的发展动向中汲取教益，看到中国初等教育以往受凯洛夫注重认知、忽略情感的教育思想影响过深，阻碍儿童身心素质的全面发展，特别不利于创造性的培育，于是历经十余年，致力于情知结合的语文教学实验。进入20世纪90年代，李吉林受大教育观的启发，进一步掌握马克思关于人的活动与环境有机统一的哲学原理，借鉴中外美学理论和心理学中暗示、移情以及心理场等知识，将语文单科的情境教学经验，提炼为小学情境教育的构想，并在实验中，由文科教学向理科教学、由分科教学向主题性大单元综合教育延伸，由课堂教学向课外活动、校内生活向校外生活拓展，从拓展教育空间、缩短心理距离、利用角色效应和加强操作等方面，为儿童提供一个宽阔而又贴近生活的最适宜的成长环境，促使其个性得到健康发展。李吉林从教育改革实践的需求出发，综合利用教育学及多门相邻学科的现代科学成果，创造性地组织教育实验，其实际业绩和理论思考已经接近当代大教育和情感教育探讨的前沿地段。

我们如果以教育实践为源头活水，以现代人的主动全面发展为中心，融合人文社会科学不同学科、学派审视教育的精华，调节它们这样那样的“视偏差”，必能形成对现代初等教育的更全面、更深入的认识。

二、哲学心理学社会学与初等教育的基础理论研究

对初等教育的重要课题“打破砂锅问到底”，就要请出“哲学先生”来回答。初等教育是人类童年的再创造，为了科学、高效地完成培育下一代的使命，必须有心理学作重要依据。现在各国的初等教育事业，其从业人员和受教育人数之多，社会影响之大，都是社会多数行业难以与之相比的；初等教育问题本身也就是重大的社会问题，离不开社会学的探究。哲学以及心理学、社会学，与初等教育的总体研究息息相关；这三门学科，与教育学分别交叉共生的教育哲学和教育心理学、教育社会学，构成了初等教育重要的理论基础。

(一) 教育哲学的内涵与意义

1. 教育哲学是哲学与教育学的交叉学科

哲学，我们已经说过，是世界观和基本思想方法的理论形式，是关于自然界、社会和人类思维及其发展的最一般规律的学问。

教育学原来是蕴含在哲学之中的，17 世纪开始从哲学中分离

出来。但无论是谁，研究、论述教育问题时，总要以一定的哲学观点和方法为基础。19世纪中叶，德国的一位哲学家以黑格尔哲学为理论基础，总结和归纳了教育学基本理论，写出《教育的体系》一书。美国教育家将此书译为英文时，书名译作《教育哲学》，这就是教育哲学名称的由来，并由此而加速了教育学与哲学自觉结合的进程。经过几十年的酝酿和探索，杜威的《教育哲学引论》（《民主主义与教育》一书的副题）于1916年出版，许多人认为，这是教育哲学作为一门独立的交叉学科正式形成的标志。我们已经了解，西方现代哲学流派名目繁多。各派哲学纷纷涉足教育领域，相应地出现了各种各样的教育哲学流派，并和哲学发展的总体格局相对应，形成了科学主义教育哲学和人本主义教育哲学的对峙。

十月革命后的苏联，用马克思主义哲学推动教育科学的发展，指导教育改革，同时对西方非马克思主义的教育哲学进行了较系统的批判。批判中也出现了简单化的偏向，认为马克思主义哲学可以直接指导教育科学研究，以至完全否认教育哲学有存在的必要。受这股思潮的影响，中华人民共和国成立以后，基本上取消了教育哲学的研究和教学。

20世纪50年代后期，世界范围内教育的大发展和大变革迫切需要更新教育观念和研究方法，需要从更为广阔的背景和更高的层次上综合教育科学研究的成果，教育哲学的地位日见重要。80年代起，中国的教育哲学研究进展迅速。

哲学和教育学的体系、学派不同，对教育哲学的研究对象、方法、功能的看法也不同。马克思主义教育哲学是马克思主义哲学的应用学科，又是教育的基础理论，其任务是遵循解放思想、实事求是、与时俱进的原则，研究教育思想、教育理论同教育实践的关系，教育思想、教育理论同相关科学理论的关系，教育科学同整个社会实践的关系，不断深入地揭示教育的本质、基本规律和发展趋势。因此，马克思主义教育哲学是联结哲学和教育、理论和实践、历史和未来的科学通道，是推进教育观念和教育研究方法论现代化的重要杠杆。

2. 教育哲学是初等教育研究的理论根基

教育哲学是现代社会与现代教育发展的产物，是现代哲学影响教育的形式。为什么说教育哲学是初等教育研究的理论根基？一是教育哲学对初等教育的本质进行的探究具有整体性；二是它及时综合初等教育科学及相关学科研究的成果，对初等教育产生的问题不断提出广泛而深刻的解释和说明；三是它对初等教育的理论和实践具有评价作用和选择作用。当代中国的教育哲学，努力寻找马克思主义哲学和教育学的结合部和新的生长点，批判地吸收中国传统教育哲学思想的遗产和外国教育哲学流派的研究成果，从教育观和方法论的高度推进初等教育的研究。中国社会主义初级阶段的初等教育，如何面对世界范围内科学技术迅猛发展、综合国力激烈竞争的挑战，如何面对现代化建设和人民群众日益增长的文化需求，如何面对中国城乡之间和地区之间经济、文化发展不平衡的矛盾，如何重新认识初等教育在现代大文化、大教育体系中的地位和作用，并进行“综合治理”，这都是教育哲学正在探讨的问题。

我们可以从关于初等教育价值的讨论，看看教育哲学对于提高初等教育研究水平的作用。

无论是中国还是外国，初等教育领域中新旧观念的冲突，最主要、最核心的是教育价值观的冲突。教育哲学在这方面的进展，为改造陈旧落后、片面偏颇的初等教育价值观提供了科学依据，并有利于带动初等教育观念的整体变革。

价值通常指事物对人的效用。从哲学上看，价值是在有特定需要的主体与满足需要的对象即客体之间的关系中产生的，它体现在主客体相互作用的条件下，客体的属性满足主体需要的程度。主体是主动承担认识和实践活动的一方，有自主性、自觉性、主动性，所以主体只能是人，可以分成个体、群体和社会三个层次。客体是主体活动指向的对象，有自在性、受动性和对主体的制约性，可以是人，也可以是物。在实践过程中，主体与客体相互依存，相互作用，相互转化，关系复杂。由主体的利益和需要所决定的价值目标、价值取向、价值追求，是价值观念的核心内容。教育哲学将哲学价值理论应用于初等教育价值研究，取得多方面的认识成果。

（1）有助于科学地确立初等教育的育人功能与社会功能统一协调发展的价值观。

古往今来，在教育与社会的关系上，歧见迭出。在其两端，或孤立地强调教育的目的和功能全在顺应性地发展人的个性；或单纯地强调教育须直接为维护和巩固一定的政治经济制度服务，直接为发展经济服务。当代中国的初等教育饱受狭隘功利主义教育观念之累，往往把考分和升学状况作为衡量办学成绩的标尺。用教育哲学的价值理论看问题，可以受到不少新的启发。

其一，教育价值的主体也可分为个体、群体、社会三个层次。在社会大系统中，具有用人需求的社会是价值主体，以人的培养为本质属性的教育系统是价值客体。社会主体本身又是分层次、分系统的，需要其成员受到不同类型、不同程度的教育，以提高其成员的素质，并按此需要对教育系统进行认识、调控、改造。同样也是分层次、分系统的教育客体，通过育人活动满足社会主体多层次、多方位的用人需求。将教育首先是每个社会成员都要接受的初等教育从社会大系统中分割出来，把学生从小就纳入“小学——中学——大学”的所谓“成功方程式”，与社会主体的需求不相适应，对于少年儿童的成长十分有害。

其二，以社会为主体的教育价值的实现，受到教育客体属性的制约。教育活动首先是初等教育活动直接能够创造的是育人价值，至于受教育者运用其在教育中所获得的素质，去创造物质和精神的价值，则是在教育以外进行的活动，这些外部价值能否实现、如何实现，不仅是与所受的教育相关，更直接地是受各方面社会条件的影响和制约。我国有教育哲学研究者指出，将教育在内部直接实现的育人价值，与教育通过育人而在教育外部间接实现的各种社会价值区分开来，有利于科学地评价教育特别是初等教育的作用，克服在初等教育领域出现的急功近利的短期行为，防止出现社会各界特别是学生家长对学校教育期望值过高，达不到期望或出现问题时统统归罪于学校教育的消极倾向。

其三，现代社会主体需要的是现代化的人。作为价值客体的现代教育，其内在价值和外部价值的统一性和结合部，在于实现国民的现代化。当代中国初等教育必须主动满足社会主体的需求，按照“三个面向”的战略构想，调整自身的目标模式，确立服务于人的全面和谐发展与服务于社会的全面持续进步两者辩证统一的价值取向，增强育人的基础性和开放性、社会适应性，以自己特有的地位和功能，促进教育和社会的协调发展。

(2) 有助于深入探讨初等教育内部的主客体关系，自觉地确立通过师生合作互动建构学生主体地位的价值观。

初等教育内部的价值关系，主要是由教师和学生构成的。谁是主体？有从强调教师在教育活动中的重要作用、主导作用出发的教师主体论，有从肯定学生在认识活动中处于主动、积极地位出发的学生主体论，还有“教师是教授活动主体，学生是学习活动主体”的“双主体”论，较多的提法是“教师为主导，学生为主体”。为什么会出现这么多不同的观点？重要原因之一是理论视角不一：有的是从认识论、社会学等特定的理论视角提出的，有的则是把不同的视角揉在一起。教育哲学价值理论为这一问题的探讨开拓了新的视野。

教育教学活动中师生双方都是有自觉能动性的人，存在着大量复杂的师生互为主客体的现象。立足于教育价值论，在总体的和最终的意义上，初等教育的价值主体是学生，价值客体是教师；教育的直接价值，可以看作在师生相互作用的过程中，教师的指导满足学生发展需要的程度。

为什么要加一个“在总体和最终的意义上”的限制语呢？因为小学生主体地位的形成和强化，有一个从低级到高级、从量变到质变的螺旋上升过程。这是小学生在教师指导和其他因素作用下由不知到知、由不会到会、由主观能动性较弱到自我发展能力较强的过程，是“教学相长”、“青出于蓝而胜于蓝”的过程。我国教育哲学研究者认为，在实际上是把教师作为绝对主体的教育价值观指导下，不是要教师去满足学生的教育需求，而是要学生去追逐和实现教师的教学要求，并将考试改造为维系这种教育价值观的工具和手段，结果造成教育、教学活动中主客体关系的倒置，和真正的教育价值主体地位的失落、利益的丧失甚至被剥夺。这是一种值得重视的见解。当今中国基础教育课程改革的核心理念被概括为“为了每一个孩子的发展”，美国中小学教育改革的基本纲领则是“不让一个孩子掉队”：东西方基础教育在同一教育价值观的引导下进行着“相向运动”。

必须强调，突出小学生的价值主体地位，实施“主体性教育”，绝不意味着轻视教师在教育、教学过程中的指导作用，恰恰是赋予教师更为重要而艰难的使命。叶圣陶所说“教是为了达到不需要教”，蕴含着深刻的现代教育哲理。强调小学生在总体和最终意义上是价值主体，更不意味着轻视教师职业的崇高价值和自我价值。在某种意义上，教师的职业价值和生命价值正是通过学生价值的实现而得到体现，得到升华的。

(3) 有助于扭转初等教育内容上“重理轻文”的价值观念，牢固地确立文理互补的价值观。

在中外教育史上，重文轻理、重理轻文的两种倾向，交替领衔。西方发达国家和一些发展中国家，在反思二次大战之后经历的曲折的社会发展道路时，取得一个共识：要恢复文科教育的重要地位，找回失去了的“另一半教育”。在中国，“学好数理化，走遍天下都不怕”已成为某种“集体无意识”，对初等教育的影响甚深；而近几年来，从大学到小学，都响彻了“在加强科技教育的同时加强文科教育”的呼声。参照本书第五章、第八章中的有关论述就可发现，在这些现象的背后，存在着一个关于知识价值的哲学理论的发展过程，即由科学主义与人文主义形成对立，到发现对立，到开始克服对立。

当代教育哲学的价值理论研究表明，光看到小学文科教育对于小学生价值观念、社会公德、思维品质、智能结构、情感意志等方面的培育具有重要作用是不够的，在文科课程的门类和教时上做加法也未必全是明智的选择，更为重要也更为困难的是在强化科际联系，实施以文理互补、文理互渗为核心内容的综合性教育这一点上下功夫。发达国家和中国先进的初等教育课程改革实验说明，小学教师确立正确的教育价值观，并具备相应的文化素养和教育能力，是实施综合教育的关键所在。李吉林的情境教育实验是一个范例。

一个优秀的小学教师工作者，必须认真学习教育哲学。

(二) 教育心理学的内涵与意义

1. 教育心理学是心理学与教育学的共生学科

教育学与心理学可以说具有某种“血缘”关系。在古代思想家和近代教育家的论述中，或多或少都包含一些心理学思想。

我们在第九章中说过，欧洲文艺复兴运动后，许多教育家非常重视教育和教学的心理问题。在独立的教育学形成之后，多次出现过教育学的心理化运动。教育心理学作为一门独立学科的形成，是同实验心理学的发展密切相关的。19 世纪与 20 世纪之交，冯特在德国、瑞士、美国的传人为创立教育心理学作出了积极贡献，他们强调一切教育都应根据儿童身心的发展阶段而实施，所发表的论著已触及现代教育心理学的多种课题。1903 年，受到实验心理学直接影响的美国心理学家桑代克出版《教育心理学》一书，把心理学与教育学嫁接为一体，阐述改造人类个体的科学知识；后来，他把此书扩展为三大卷，依次阐述个体在未受教育之前的“本性”是怎样的，在教育、学习过程中“本性”怎样变化，个性的差别又是如何形成的，并于 1914 年将三卷简编为《教育心理学概论》。一般认为，桑代克是教育心理学的开创者。

在现代教育心理学中最有影响的学派，一是把一切心理现象都归结为刺激与反应的联结的行为主义，二是起源于格式塔心理学的认知主义，三是人本主义。认知主义强调人的学习是由于主观的组织作用而形成认知结构，并从强调学生被动学习转向强调主动学习，从学习问题研究转向教育、教学问题研究，从实验室纯理论研究转向教育情境中的实际应用研究。人本主义则认为，教育心理学应着重研究个性的自我实现。

中国的教育心理学家20多年来广泛研究古今中外教育心理学的思想和成就，从实际出发开展教育和教学过程中各种心理现象的实验研究，开始建立自己的教育心理学的科学体系。

从教育心理学的发展过程可以看出，现代教育心理学主要是研究教育和教学过程中的种种心理现象及其变化，揭示在教育、教学影响下受教育者学习和掌握知识、技能，发展智力和个性的心理规律；研究受教育者形成道德品质的心理特点，并讨论教育和心理发展的其他关系。

如前所述，当代教育学和心理学都取得了重要进展。由这两门学科融合而成的教育心理学，面临着进一步综合“双亲”的最新研究成果，对自身的理论框架和观点材料不断进行调整、更新的课题。

2. 当代教育心理学与初等教育的心理视角

我们常说，教育工作只有在符合儿童心理的规律时，教育才能起到它应有的积极作用。进一步说，在某种意义上，初等教育是负有育人使命的成人群体，与充满发展渴求的众多低龄儿童，在心理上全面交互作用的动态过程。也正因为这样，教育心理学成了初等教育研究不可或缺的理论基础。近些年中国出版的《小学儿童教育心理学》、《小学生心理与教育》等论著和教材，对小学素质教育的实施和教育质量的提高，起了积极的作用。在此基础上，我们可以联系人文社会科学迅速发展的大背景，结合小学教育改革的实践，更充分地利用心理学特别是发展心理学的新成果探索小学教育规律。从教育心理学的发展动向看，以下课题值得重视。

一是要全面关注初等教育过程中的认知因素和非认知因素，进一步克服重认知、轻情感和意志的倾向。

应当看到，忽视教育过程中的非认知因素，说到底，是忽视初等教育关于人的全面和谐发展这个整体教育目标的表现。小学生教育心理研究表明，忽视6岁～12岁这一年龄段的儿童的情感、意志的教育，是会给人的终身发展造成重大缺憾的跛足的教育。我们在第六章中简要地介绍了国际上情绪心理学领域的重要进展。当代中国学者在这一方面也取得了很好的成绩，特别是在中小学生情感教育的实验和研究上，作了不少具有创造性的探索。有学者把中国儿童情感教育的成功实验概括为六种模式，即教师有意识地把儿童学习过程中“情”和“知”两个心理过程统一于教学活动的情知教学模式，教师创设一个儿童易于投入的情境以使教学目标和其他教育目的共同完成的情境教学模式，教师把认知目标和相应的情感目标大致量化的“认知切入”模式，教师精心设计系列活动对儿童爱的能力分步培育的“爱的操练”模式，教师充分运用艺术手段影响儿童情感发展的审美建构模式，以及引发儿童学习兴趣，让儿童体验成功快乐的愉快教育模式。上述概括至少说明，初等教育的非认知领域，是一个多么开阔的用武之地。

二是要充分认识小学生心理教育在整个初等教育体系中的地位和作用。

我们的教育学习惯于讲“德智体美劳”，传统的教育心理学着重讲德育特别是智育领域中的心理。20世纪80年代中期，中国有学者提出了“心育”的概念，认为人的素质可以分为生理素质、心理素质、社会素质三个层次，思想、品德、知识、技能、美感等社会素质是在心理素质基础上发展起来的；心理教育的目的是使儿童保持健康的心理状态，具有良好的心理品质，防治心理疾病，它与德、智、体、美、劳诸育相互渗透，又有自己特殊的内容，是教育体系中其他诸育的基础。应当说，这拓宽了教育心理研究及小学教育改革的视野。研究结果表明，中国小学生中较多地存在学习动机不足，学习习惯不良，学习能力不够，注意障碍，自控力差、自我中心，耐挫力低，学习焦虑，自卑，社交退缩等问题。90年代，心理教育逐步纳入了中国初等教育的目标体系，许多学校迅速吸收关于心理教育的科研成果，通过心理品质的培养、心理卫生的教育以及心理问题的辅导，有效地提高小学生的心理素质，维护他们的心理健康，积累了不少经验。随着小学素质教育的发展和课程改革的深入，小学生心理教育的重要性将进一步表现出来。

三是要高度重视教师心理的探讨。

一般的教育心理学对教师心理的研究相对滞后。“振兴教育的希望在教师”，小学教师在初等教育中的主导作用是毋庸置疑的。与学生的素质结构相对立，教师的心理素质也是教师整体素质的基础；理应把教师心理作为教育心理的十分重要的部分进行研究，让我们的小学教师形成积极的“自我意象”，自觉进行心理训练和心理保健，成为讲求自主性、开拓性、务实性、合群性、效能性的现代“人类灵魂工程师”。中国学者叶澜在探讨中小学课堂教学改革时提出，课堂教学作为一个整体的师生交互作用着的动态过程，其中的教师不只是为学生成长作出奉献，不只是完成别人交付的任务，它同时也是自己生命价值和自身发展的体现。这位学者在《让课堂焕发出生命活力》中向中小学教师发问：“当学生精神不振时，你能否使他们振作？当学生过度兴奋时，你能否使他们归于平静？当学生茫无头绪时，你能否给以启迪？当学生没有自信时，你能否唤起他的力量？你能否从学生的眼睛里读出愿望？你能否听出学生回答中的创造？你能否觉察出学生细微的进步和变化？你能否让学生自己明白错误？你能否用不同的语言方式让学生感受关注？你能否让学生的争论擦出思维的火花？你能否使学生在课堂上学会合作，感受和谐的欢愉、发现的惊喜？……”这里许多问题都是对教师心理素质的挑战，它突出反映了从教师心理视角深入考察课堂教学，让教师自己认识自己的必要性。

发展中的教育心理学对于初等教育实践的价值由此可见一斑。

（三）教育社会学的内涵与意义

1. 教育社会学是社会学与教育学的共生学科

教育社会学研究教育与社会的关系，重点研究教育的社会性质、社会功能，从社会的角度探讨教育发展规律，是一门社会学和教育学的共生学科。

教育社会学是在教育与社会的联系日趋密切，现代教育在提高生产力，促进经济发展和社会进步方面显示出日益重要的作用的背景下，产生和发展起来的。

最早从事教育社会学研究的是欧美社会学家和教育学家。1883年，美国一位社会学家首先使用教育社会学一词。过了几年，杜威在《学校与社会》一书中将学校看作是一种社会制度，论述了学校与社会的关系。一般认为，我们在第七章介绍过的法国社会学家迪尔凯姆，是教育社会学的创始人。迪尔凯姆在专著《教育与社会学》中强调，教育的性质、起源和功能都是社会性的，应该研究教育的现状及其在社会学意义上的功能，教育与社会变迁和文化变迁之间的关系，并把学校和课堂作为不断发展的系统进行研究，对不同类型的教育制度进行比较研究。20世纪上半叶，西方教育社会学从运用社会学的理论解说教育问题，转向与教育学合作探讨教育和一般社会行为的关系，以及教育与社会的交互作用。

二次大战以后，世界范围内教育社会学在宏观和微观两个方向上不断开拓新的研究领域，研究方法从强调周密调查发展到讲求定量分析与定性分析的结合，并开始评价政府的教育政策。

当代教育社会学的研究对象已从学校教育扩展到大教育，跨国跨地区的比较教育社会学研究日益受到重视，并主动接受经济学、政治学等多种学科的辐射，成为一个十分活跃的具有一定综合性的研究领域，在教育决策、教育立法，以及对教育理论和教育实践的评价等方面，起着不可忽视的作用。

中国古代许多思想家都关注社会对教育教学的影响。20世纪20年代到40年代，多数大学的教育学专业都开设了教育社会学的课程，陶行知的教育理论十分重视教育与社会的关系。70年代末中国恢复社会学研究后，教育学界和社会学界对建立中国自己的教育社会学提出不少建设性意见。80年代中期，开始推出《教育社会学概论》等专著，学科建设进展较快。

由于社会教育学把教育作为特定的社会现象，综合运用教育学和社会学的原理和方法，从各个层面去研究教育和社会之间的基本关系，所以它被公认为教育的重要基础理论学科。

2. 当代教育社会学与初等教育中社会问题的探讨

当代教育社会学从宏观层面研究教育与整体社会之间的关系，从中观层面研究教育与社区的关系以及学校内部的社会关系，还从微观层面研究教育过程中的社会性问题。初等教育工作者掌握教育社会学的知识，可以站得高一点，看得深一点，干得好一点。这里仅从微观领域选择几个具体课题略作阐释。

先说班级问题。

当代教育社会学提出，班级是在宏观社会文化背景制约下的特殊的儿童社会。班级在教学的意义上是“课堂”，教育社会学强调教师、学生、教材“三要素”所受的社会环境影响，要求推进课程、教学手段和教学活动方式社会化，使儿童在“社会情境”中学习。近些年来中国初等教育推出多形态课程、引进现代教育技术、开展开放性班级教学活动，取得积极成果。教育社会学指出班级集体是一个复杂的社会关系体系和社会组织，班级制度是一种社会制度，建议强化师生、生师、生生、师师间的多渠道交往，协调好人际关系，创造开放、灵活的组织形式，丰富班级的社会文化生活，使小学生在独特的社会群体中找到比较合适的位置，防治差生增多、“问题儿童”和反社会行为低龄化等教育社会病。当代中国许多小学在班级建设中开展“交往教育”，进行组建课堂学习小组等改革班级组织形式的实验，不断调整、改善学生在班级组织中的位置，强化了班级在推动儿童社会化、个性化方面的功能。有的地区吸收当代教育社会学等学科的研究成果，连续多年大面积地开展班级集体建设的实验，把班级集体的目标、组织结构、人际关系、舆论、纪律五个结构要素，和班级的教育质量、学生个性发展水平、班级组织的自我管理程度这三个功能指标，按照一定的比例关系综合为指标系统，对班级集体发展水平进行测试，并产生了《班级社会学》等论著。

再说独生子女的教育问题。

独生子女问题是国际性问题，但是由于中国推行一对夫妇只生一个孩子的生育政策，现在的小学基本成为独生子女的“一统之下”，独生子女教育已成为社会热点问题。当代教育社会学的研究表明，对独生子女的整体素质状况须持实事求是的态度，防止仅凭某一特定时期、特定地域的调查数据，或夸大独生子女问题的严重性，或无视客观存在的消极因素。教育社会学要求运用科学方法，对独生子女在家庭、学校、社区中的心理特征和行为表现进行定量和定性综合研究，并注意对特定的群体和个体的特异性进行具体分析。资料显示，独生子女的品德个性缺点在幼儿和小学阶段比较明显；社会教育学十分关注这一阶段的独生子女问题。初等教育首先要切实推行素质教育，特别要为独生子女创造健康的人际交往环境，增加他们多方面的社会生活体验，强化自立性教育、集体主义教育和抗挫折教育。其次要沟通学校和家庭的联系。家庭是社会的基本单位，“四（老人）二（父母）一（子女）”的家庭关系结构和核心家庭小型化趋势，家长对子女的过度依恋、过度关心、过度期待，往往是儿童自我中心、任性脆弱的温床。许多学校用举办家长学校、爷爷奶奶培训班等方式帮助家长更新观念、改变态度，并全面开通学校和家庭的日常联系渠道。再次，学校要积极参与所在的城乡社区的文化教育建设，社区是区域性或地区性的社会。学校主动争取所在社区各方面的支持和合作，逐步实现学校—家庭—社区教育一体化，对解决独生子女问题十分重要。

关于教师问题。

当代教育社会学对于教师的研究，着眼于社会角色这个核心概念。角色指个体在一定的社会规范中履行一定社会职责的行为模式。教师的社会角色，主要是同职业联结在一起的。我国有的研究者把教师的职业角色与整个社会联系起来，探讨教师的社会责任、社会权益、社会地位；把教师与学校群体联系起来，探讨教师所扮演的教育者与同事的双重角色，以及作为学校成员的教师在学校中的地位；把教师与学生群体联系起来，探讨作为学生个体社会化承担者的教师的实际权威、控制方式和影响限度；在上述基础上，进而探讨教师自身的职业社会化的内容和过程，探讨信息社会教师角色的转换。从这一扼要的介绍中，我们不难体会，对教师的社会学分析，对于小学教师的自我认识和自我发展，对于小学师资队伍的建设，确实具有多方面的积极作用。当代中国社会教育学研究者对小学教师的经济地位、政治地位、文化地位作了专门研究，并指出了影响小学教师地位的主要因素；其中，关于职业形象影响职业声望的观点，关于小学教师队伍女性化带来的问题，都是值得注意的。

三、经济学政治学法学与初等教育相关属性的研究

我们已经看到，社会教育学大体上是从社会学的立场讨论教育问题的，其中全面涉及教育与经济、政治、文化这社会三大领域的基本关系。要深入认识初等教育的各种社会属性，还须借助专门研究经济、政治、文化的各门人文社会学科的学理和方法。这里，先看专门研究经济、政治和法的经济学、政治学、法学是怎样与教育学联姻的，它们对初等教育有何科学价值。

（一）教育经济学的内涵与意义

教育经济学是介于经济学和教育学之间的，研究教育与经济的相互关系，并着重对教育进行经济分析的交叉学科。

虽然经济是教育最重要的基石，教育在经济发展中具有重要的作用，古代的中外思想家也早已有过关于两者关系的一般论述，但是只有到近现代社会化大生产迅速发展的时代，两者的深刻联系才进一步表现出来。20 世纪 20 年代，苏联经济学者开始创造性地专门研究教育的经济意义，设计出计算教育经济效益的方法。50 年代后期，苏联人造卫星升空引发了教育研究的热潮。1959 年到 1963 年间，美国经济学家舒尔茨接连发表论著，揭示教育因素在促进经济增长中的作用，提出了我们已在第九章中介绍过的“人力

资本”论。“教育远不是一种消费活动，教育投资赢得的是一种蕴藏在人体内部的生产潜能”这类观念广为传播，以全面细致地考察教育在国民经济中的意义为重点的教育经济学初步形成。此后，研究范围迅速扩大，主要课题包括：教育对经济的促进和制约作用，经济对教育的决定和制约作用；集中体现教育和经济联系的劳动力的数量、质量、结构和流动；教育投资的来源、形式及其构成，教育投资在国民经济中的合理比例；教育投资经济效果的评价、教育体制和经济体制间的关系；教育计划和社会经济计划的关系；教师的供求关系和学校工作效率问题。随着信息社会的来临，知识经济和终身教育崭露头角，教育经济学面对着新的挑战和机遇。

中国的教育经济学从20世纪70年代末才起步，但是进展较快。90年代中期，已开始系统研究中国社会主义初级阶段市场经济条件下教育与经济的关系，特别是研究教育与生产力的关系。

教育经济学作为教育学和经济学的交叉学科，为初等教育研究打开了至关紧要的经济视野。它对教育的经济分析，特别是对教育与生产力相互关系的研究，从一个具有根本意义的方面，较为充分地揭示了初等教育的性质、地位和作用。当年舒尔茨的研究称，初等教育的收益率高达35%，在各级学校教育中居于榜首。当代的教育经济学研究又指出，没有证据表明不考虑质量的教育总规模和经济增长之间存在直接因果关系，但是识字率未能接近普及的国家，人均收入皆未超过500美元则是事实。诸如此类的研究都有助于人们进一步认识初等教育的位置。教育经济学还有助于人们全面而深入地认识初等教育和经济之间，特别是教育和生产力之间的相互关系，强化教育与经济、教育的育人功能和社会功能统一协调发展的价值观，把育人质量作为初等教育的生命线，并自觉参与社会主义市场经济体制下初等教育内外结构的调整和体制的改革。此外，教育经济学可以使初等教育工作者有点“经济头脑”，通力协作，提高教育投入的使用效率和经济效益。

（二）教育政治学的内涵与意义

教育政治学是政治学和教育学交叉生成的新兴学科，以教育和政治的相互关系为研究对象，一般侧重考察教育过程的政治因素。

教育与政治的关系是古老的话题。第一次世界大战之后，国际社会政治民主化和教育民主化的思潮抬头，一位英国学者于1923年推出《教育政治学文集》，对教育的政治作用等问题作了广泛的探讨。20世纪30年代，美国政治学家梅里亚姆等在一次较大规模的跨国考察研究的基础上发表关于公民教育的系列著作，他的关于政治教育的理论成为美国教育政治学的基础。二次大战以后，由于教育地位的提高和政治学的迅速发展，西方教育政治学初步形成，并成为一个相当活跃的领域。马克思主义一贯重视教育与政治关系的研究。在中国，虽然第一部《教育政治学》的正式出版已是90年代初期的事，但是自80年代以来，现代教育政治学所包含的一系列基本问题，实际上都得到了不同程度的研究。

与教育相关的政治学的基本概念，如政治、政治文化、政治社会化，不同的时代、社会、阶级和不同的学派，有不同的看法。按照马克思主义的观点，政治产生于并服务于一定的经济基础，是经济的集中表现；其职能主要是处理阶级内部的关系、阶级之间的关系、民族关系和国际关系，一切政治活动都围绕政治体系展开。政治文化包括政治认识、政治情感、政治价值观、政治理想，是影响社会政治活动的无形力量。人的政治社会化，是人接受政治活动和政治文化影响，从一个非政治人转变为政治人的终身过程。一般说来，教育政治学的研究领域有：教育与政治关系的历史演变，教育与社会政治的关系，教育与政治文化的关系，教育与国家，教育与人的政治社会化，教育民主化，教育目的和教育内容的政治学分析，政治教育，等等。当代中国教育政治学的前沿课题，是教育与中国特色社会主义民主政治的关系。

鉴于中国初等教育在处理自身和政治的关系上多次出现“钟摆”现象，教育政治学对于当代初等教育的改革和发展具有特殊的意义。一是有助于科学地理解政治的内涵，全面认识社会主义民主政治对于初等教育所起的带有直接性、普遍性、权威性的制约作用，和初等教育在维护和巩固社会主义民主政治体系、传递和发展政治文化等方面的功能，理性地处理好两者之间的关系。二是有助于认识人的政治社会化是教育政治功能的基本内容，而儿童早期教育在人的政治社会化过程中具有十分重要的作用，自觉强化适应小学生全面和谐发展的社会主义民主政治教育。三是有助于了解教育机会均等的政治意义，全力普及九年义务教育，提高教育质量，缩小初等教育办学水平的地区差别和校际差异，从各个方面为逐步实现教育民主化的目标创造条件。

（三）教育法学的内涵与意义

教育法学以教育法为研究对象，它的发展与教育法的发展密切相关，也同教育学和法学的发展密切相关。

教育法的理论研究，始于19世纪。第二次世界大战以后，为保护和协调教育的发展，有关教育立法和执法的问题日益复杂，教育法在国家法律体系中的地位不断提高，教育法学应运而生。在50年代中期，美国成立了全国性的教育法问题研究会。1957年，联邦德国的两位学者合著《学校法学》，被认为是最早的教育法学专著，也是教育法学初步形成的标志。日本、英、法等国的教育法学也相继取得较大进展。中国对教育法的理论研究是从20世纪七八十年代之交开始的，由于教育的立法工作滞后，教育法学体系难以完整构建。到1997年国家已正式颁布《中华人民共和国教育法》(1995)、《中华人民共和国义务教育法》(1986)、《中华人民共和国职业教育法》(1996)、《中华人民共和国学位条例》(1980)、《中华人民共和国教师法》(1993)等5部主要教育法律，还颁布了16项教育行政法规，200多项教育行政规章；1998年，国家又颁布了第6部主要教育法律《中华人民共和国高等教育法》。这标志着初步形成了中国特色的教育法律法规体系的基本框架；这为当代中国教育法学研究取得突破性进展创造了条件。

教育法体现国家意志，并主要依靠国家强制力保证其实施，受到政治体制的制约。同时，现代教育法又在相当程度上反映了社会化大生产对教育的要求，体现了人类文明的进步。作为调整教育活动的法律体系，教育法在执行阶级统治的职能，维护统治阶级权益的同时，还执行社会公共职能，保障国民受教育的权利，维护整个社会的有序运行。这就是教育法学研究的重点课题之一：教育法的本质和职能。教育法学重点研究的对象还有教育法律体系，教育法的制定和实施，教育法与教育行政，学校的法律地位，等等。

教育法学作为法学与教育学合作产生的交叉学科，它的研究成果的传播，有利于增强全社会的教育法律意识，有利于加强国家对教育的领导和投入，有利于加快教育法制建设，推动教育全面依法治教。中国正在通过改革和探索，在坚持社会主义基本制度的前提下，自觉调整生产关系和上层建筑的各个方面、各个环节，以适应社会主义初级阶段生产力发展水平和实现现代化的历史要求。对初等教育来说，单靠传统的行政手段，已很难调整它与方方面面的关系。用法律保障初等教育的发展，规范教育管理，协调教育关系，调整教育纠纷，保护师生和学校的合法权益，这是实践提出的迫切要求。《中小学教师职业道德规范》第一条就是“依法执教”。如果说，以往初等教育无法可依，那么，教育的基本法《教育法》，直接与初等教育相关的《义务教育法》、《教师法》和《未成年人保护法》等法律，以及一系列小学教育教学法规先后颁发后，矛盾的主要方面已开始转变为有法不依、执法不严、违法不究。这里的关键是强化学校内部和外部的法律意识，强化依法治教的观念。教育法学将对此作出特殊的贡献。

四、人类学传播学比较教育学与初等教育的文化思考

把教育作为一种文化现象进行考察，是许多人文社会学科都十分重视的课题。重在文化研究的人类学、传播学与教育学交叉后产生的教育人类学、教育传播学，以及重在跨文化比较研究的比较教

育学，对于当代初等教育的文化本性的研究，拥有独特的视角和功能。

（一）关于教育人类学

教育人类学是教育学与人类学的共生学科。

人类学研究人，同人的全部生活领域发生联系，当然要研究教育领域中人的问题。教育学研究育人现象，也要向各种“人学”敞开门户，20 世纪初，美国学者最早运用人类学方法研究教育。1913 年，意大利教育家蒙台梭利在美国出版世界第一本《教育人类学》，她运用体质人类学的方法对儿童身体的各项发展作详细考察，从中解释儿童发展、学习进程，据此改进教育。20 世纪上半叶，英美一批著名人类学家投身教育研究，用大量调查资料批判遗传决定论，提出教育有传递、转变、改造文化的功能。二次大战后，人类学家反思教育，围绕培养新人的课题，运用参与观察与深度访谈的方式研究学校教育的具体问题。60 年代，人类学家凭借对人类文化发展整体研究的优势，对某些生产力欠发达的地区和民族盲目发展教育正确地提出了告诫。70 年代是英美教育人类学相对成熟的时期，主要运用文化人类学的知识和方法研究教育，对一系列传统教育学的观点提出异议，推动了教育观念的转换。在几乎相同的历史阶段，西方还存在另一个以德语国为主、流行西欧的教育人类学派；该派着重探讨人如何通过教育，发展为自然性和社会性相协调的完整的人，研究方法以定性分析为主。苏联则是在民族学的领域中研究教育的。

中国教育人类学起步甚晚。20 世纪 90 年代初出版的第一本《教育人类学》主张从中国的国情出发，以马克思主义为指导思想，研究教育与人的本质和发展的相互关系，完整阐述教育中人的本质和发展，以及人的本质和发展对教育的要求；方法上注重定量研究和定性研究的结合。

我们在第六章已经说过，当代人类学的研究已不顾学科界限，成为对古今人类及其成就所作的系统研究。当代教育人类学的开放度也很大，不可能圈定它的范围。但是，对教育和文化关系的探讨是教育人类学的基本主题，是教育人类学区分于其他学科的标志。本书第三章介绍了“文化”的内涵。相同的文化包容着共同的价值观念、理想和精神，是凝聚和激励人心的重要力量，它又是提高人的素质的基本手段和途径，文化力还是综合国力的重要标志。教育人类学全面打开了初等教育研究的文化视野。

教育人类学认为，教育本身是高级形态的文化过程，是文化的特殊组成部分，文化制约教育，教育服务于文化；另一方面，教育是文化的基础和生命机制，从多方面反作用于文化。初等教育从这一视角认识自身在中国特色社会主义文化建设中的位置，十分必要。教育人类学认为，教育具有文化的吸收积聚功能、传递功能、选择功能和创造功能，本质的功能是创造；又认为，教育文化功能的积极发挥取决于人类的教育意识。有鉴于此，初等教育要立足中国社会主义现代化的现实，继承、发掘中华民族历史文化的优秀传统，充分利用人类文明的共同成果，在育人目标上确立科学主义与人文主义交融、通识教育与特长教育统一、社会化与个性化同步的价值取向，在教育内容上确立校内外经验综合化、课程形态多样化、国际化民族化统一、现代与传统沟通的新概念，并推进课程结构的综合化、可选择性和特色化的发展趋势，自觉培养儿童的主体性、创造性。应当指出，教育人类学面对现实进行“文化寻根”，面向人类进行“文化比较”，深入一线进行“田野作业”，这种研究教育的特殊模式和方法，以及所取得的大量思想资料，对初等教育的文化思考颇有助益。例如，为加大素质教育的实施力度而研究特定范围中的小学生素质状况及其成因，便可借鉴教育人类学的研究思路，把这个课题同学校、家庭、社区的文化背景分析，同国民素质问题的探讨联结起来，做深入细致的一线调查，作纵向和横向的比较研究。

（二）关于教育传播学

我们在第六章中已经对传播学的学科定位和发展轨迹作了介

绍。

教育是传播的重要存在方式，传播学与教育有着近乎天然的联系。现代传播学的集大成者施拉姆同是一位教育学家，他有个著名的观点：研究传播基本上也是研究教育传播。从世界范围看，传播学与教育学的正式联姻，始于20世纪70年代，后逐步形成教育传播学。80年代中期，中国高校开始设立教育传播系。

教育传播学首先是运用传播学的原理和方法研究和阐释教育。应当说，传播学的全部科学理论都可以在一定程度上适用于教育传播。同时，对于教育传播的专门研究也丰富和发展着传播学的理论。传播的含义、结构、模式、功能、技术研究，大众传播研究，受众研究等等，都可以同现代教育理论相嫁接，逐步化合成独具一格的理论体系。

媒传教育研究是当代教育传播学的重要组成部分。有学者提出，信息革命带来传播革命，同时引发教育革命。教育传播学强调各种现代传播媒介特别是电脑和网络都具有巨大的教育潜能，但是它们不可能替代学校教育；将现代传播媒介恰当引入学校，有利于改革学校教育，逐步实现课堂内外、学校内外、传统教育媒体与现代教育媒体、教育与技术、人文教育与科技教育的结合，建立起“传播新世纪的教育新秩序”。

教育传播学十分关注大众传播的理论与实践。大众传播的四项基本内容为新闻、宣传、教育、娱乐，各有侧重地体现了传播的监视（或守望）环境、协调各种关系、传递社会文化、提供娱乐的四项功能；传播的任何一项功能，都可能产生正面或负面效应。大众传播与学校教育的关系，成为教育传播学的重要研究对象。

就中国初等教育而论，教育传播学的每一个基本议题，都具有现实意义。其中，大众传播给学校教育带来的复杂文化影响，引起普遍的关注。“电视儿童”、“游戏机痴迷”、“追星现象”，以及近年为电脑联网强化了的“信息过剩综合症”，给小学教育带来了困惑。教育传播学的研究者指出，必须提高对传播正负效应的理性认识。小学生判断力和选择力有限，往往在庞大的“大众文化”的信息网中不辨东西，久而久之，种种负面文化信息在儿童头脑中积淀起来，以后很难清除。教育传播学倡导在小学阶段即开始“媒介教育”，以引导小学生全面认识现代传播媒介的功能，正确判断信息价值，有选择地采集信息，逐步学会创造性地处理信息。由此可见，教育传播学促进初等教育的“文化思考”：在整个小学教育阶段，方方面面都要重视建构小学生的主体地位，培育他们的主体精神。站在文化建设的高度，确立主体性教育观念，正是中国小学跨世纪的重要课题。

（三）关于比较教育学

比较教育学作为一门带有综合性的教育理论学科，诞生较早，发展较快，但是至今还难以给出公认的学科定义。它的一个基本特征是“跨文化比较”：立足当代，对可比较的涉及整个教育领域的问题，进行跨国度、跨民族、跨学科的综合研究。

19 世纪初，一位法国教育家首次提出比较教育的研究计划和初步意见。在近一个世纪的时间内，比较教育研究的主要形态是立足本国教育发展需要，引进外国教育的成功经验。随着各国经济、政治、文化发展差距拉大，出现了教育体制多元化，再也不可能简单移植他国教育模式。20 世纪上半叶，比较教育的主要特点是对世界各国教育制度的发展进行国际性、综合性的对比研究，探寻支配各国教育制度的基本因素，以有所区别地借鉴国外教育经验。1933 年，一位美籍犹太人出版的《比较教育学》，把民族文化精神作为关键因素，对六国教育的八大领域进行比较研究；有人认为，这是比较教育学发展史上的一块界碑。苏联也重视研究他国教育经验。

二次世界大战以后，比较教育学进入学科更新阶段。其研究领域拓展到世界大多数国家、教育的各个层面和教育内部外部的各种关系，研究方法也受到广泛重视。60 年代中期以后，除继续以区域或以问题为主进行比较研究外，一些国际研究机构和联合国教科文组织，力求通过跨文化的比较和跨学科的综合，把握人类教育的整体发展趋势，发表了以《学会生存》、《学无止境》、《教育——财富蕴藏其中》为代表的一系列著名报告。《教育——财富蕴藏其中》所提出的“以人为中心的发展：教育和文化的最终目标”，代表了当代比较教育学的主导性思潮。比较教育学在广泛借鉴人文社会科学诸学科的理论和方法的过程中，形成了自身研究框架的多元化。

中国比较教育研究启动较早，但是发展道路曲折。20 世纪 80 年代中国的比较教育学开始形成独立的学科，中国特色的理论体系尚在建设之中。

比较教育学的跨文化研究，对初等教育的理论和实践富有启示作用。1990 年，中国即出版了《世界初等教育的发展与改革》。此后，又有研究者对初中及初中以下各阶段的中西儿童教育进行较全面的比较研究，包括中国和西方的儿童教育观，儿童生理和心理特点，儿童教育体制，儿童教育课程设置，儿童教学方法，儿童品德教育等，并预测中西儿童教育未来发展的趋势，提出了中西儿童教育开始从相互分离走向相互借鉴融合的观点。

这里我们仅以关于小学生的考试比较研究为例。中国是一个重视考试的国家，小学也不例外；即使在偏僻的乡村小学里，一、二年级的学生往往也有几万字乃至十几万字的“课外读物”：绝大多数是各种各样的试题汇编。当代的主旋律是“转轨”，但是应试教育还刹不住车。欧美国家一般不主张对学生过多考试，尤其是小学。英国本来是一个考试制度森严的国度，由国家统一组织 11 岁考试和 16 岁考试。1965 年开始，由工党政府提出废止 11 岁考试，延续了一个世纪的 11 岁考试基本终止。值得注意的是，近年英国出现了加强考核的呼声；美国现代小学不搞统考，但是近年恢复。这是一组现象。中国是目前世界上少有的对学生主要采取百分制评定的国家之一，有的小学老师还要把它精确到小数点后一位乃至二位，期末、毕业或升学考试要用各种成绩相加排名次。法德两国的小学各科成绩评定实行三级分制；法国到小学毕业，综合学生各方面的成绩，其结果用 A_{+}、A、B、C、C_{-} 这样五个等级来表示。这是另一组现象。中国多数小学重视学生间成绩差异的比较。欧美国家比较注重全面考核小学生的表现，侧重学生自身的纵向比较。“全面考核”的内涵，中西有同有异。这又是一组现象。还存在其他许多反差度甚大、错综复杂的现象。围绕一个教育问题，从尽可能完整地搜集不同文化地域的不同现象入手，比较教育观念、教育制度的同异，追溯其文化背景、历史渊源，预测其发展动向，联系教育整体状况作出理论探讨，并提出相应建议：这就是比较教育的基础工作方式之一。

大范围、综合性的比较教育研究，如《世界教育发展的启示》、《当代世界小学教育改革趋势》等等，对于中国初等教育的参考价值，不言而喻。

要点归纳

1.1　现代初等教育需要跨学科的广角研究，是由教育的复杂本性、初等教育面临新的时代课题、必须进一步完善初等教育科学体系等因素决定的。

1.2　现代初等教育的跨学科研究要强调实事求是，以去伪存真；要注重为我所用，以综合创新。

2.1　哲学心理学社会学是初等教育学的基础理论。

2.2　哲学与教育学交叉联结所产生的教育哲学，能综合各学科研究成果，对初等教育的本质进行整体性的探究，对初等教育产生的问题提出广泛而深刻的解释和说明，对初等教育的理论和实践具有评价、选择作用，是初等教育研究的理论根基。

2.3　心理学与教育学的共生学科教育心理学，为初等教育研究提供了必不可少的心理视角。当代教育心理学的发展动向提示，要全面关注初等教育过程中的认知因素和非认知因素，充分认识小学生心理教育在整个初等教育体系中的地位和作用，高度重视教师心理的探讨。

2.4　社会学与教育学的共生学科教育社会学，把教育作为特定的社会现象，综合运用教育学和社会学的原理和方法，从各个层面去研究教育与社会的基本关系，为初等教育中社会问题的综合探讨提供了丰富的思想资料和方法工具。

3.1　经济学政治学法学推进初等教育相关社会属性的深入研究。

3.2　经济学政治学法学与教育学分别交叉产生的教育经济学、教育政治学、教育法学，分别以教育与经济、政治、法的相互关系为研究对象，它们对于初等教育的经济分析，对于初等教育政治要素的考察，对于依法治教，都具有特殊的意义。

4.1　人类学传播学比较教育学推进初等教育的文化思考。

4.2　人类学传播学与教育学分别共生的教育人类学、教育传播学，具有丰富的文化思想资料和独特的文化视角，比较教育学则具有跨文化性质；对初等教育的精神文化属性进行广泛而深入的研究，它们均可发挥独特的作用。

问题探讨

1. 现代初等教育在不同层面上的跨学科研究为什么要特别强调科学态度和主体意识?

2. 学习人文社会科学基础知识对于更新初等教育观念、推动初等教育的改革和发展有何积极意义?

DI YI BAN 第1版

后 记

《人文社会科学基础》是国家教委师范教育司在组织有关专家反复论证的基础上决定编写的一本实验教材。该书从立项到面世共经历了四个年头。其间的甘苦，不是过来者恐怕是体会不到的。

编写过程中困难之一，在于“人文社会科学”这一核心概念的界定。对此目前国内学术界尚持有不同看法。有些意见之间的分歧颇大。为了找到充分的根据，并且尽可能使论述严谨周密，我们翻阅了各种书籍资料，充分征求专家意见，进行了反复研讨，可以说是尽了最大的努力。当然实际效果如何，有待于读者检验。

编写过程中困难之二，在人文社会科学的领域中，学科众多，内容丰富，体系庞杂，难以驾驭。哲学、文艺学、历史学、经济学、社会学、法学、语言学、心理学、人类学、教育学，还有政治学、传播学，每一门学科都包含着广博高深的学问。介绍上述学科，须在十分有限的篇幅中涉及其发展历史，概括其发展现状，阐述其地位作用，确有相当难度。为在学科的联系和互动中消化各门学科的研究成果，并用较为一致的方式进行表述，我们的编写工作有如登山。我们深切地体会到了“坚持就是胜利”这句话的深刻含义。

编写过程中的困难之三，是框架难以确立。有一种办法：给教材戴个帽，穿双靴，中间部分按不同学科进行分述。这样做可能出现的结果是：教材的主体部分成为各学科的缩编本，成为各缩编本的简单拼凑。按照上述思路编写，操作起来无疑是比较容易的，但结局只能是与教材编撰的主旨相悖。基于以上原因，我们试图追求这样一种境界：将对人文社会科学的总体性考察与按学科群进行分学科介绍结合起来，将对人文社会科学的发展轨迹的勾勒与对其现实状况、发展趋势的展示结合起来，将对人文社会科学的发展规律的探寻与对学科研究方法的探索结合起来。为了确立比较科学、比较新颖的框架，我们否定了一个又一个方案，每每感到“山穷水尽”，最后才有一种“柳暗花明”之感。

编写过程中的困难之四，是要将人文社会科学的理论和知识阐述得通俗易懂，确实不易。我们一再提醒自己，要写得通俗些，再通俗些。而且，我们在行动上也作出了切实的努力。可出现可不出现的专业性强的概念，尽可能使之不出现；对非出现不可的难以理解的概念，加以比较通俗简明的解释；在行文中避免过于欧化的语言方式，避免艰深的字眼。即使如此，读这本教材，也总是会遇到障碍的。在读得懂和读不懂的问题上，我们有自己的见解。好的教材应当是：读来既有读得懂的地方，又有读不懂的地方；初读似乎读不懂，对似乎读得懂，细读时感到初读似乎读懂了的地方，其实并没有真正读懂。如此说来，教材的恰当的难易度，应当定在让人“似懂非懂”和“半懂不懂”之处。唯其还存在着“非懂”和“不懂”的一面，教师才有“教”的余地；而如果连“似懂”和“半懂”的一面也失去了，学生读之似读天书，其效果很难说是好的。我们的以上见解，力图贯彻于教材的编写过程中。其实际效果如何，也还有待于实践的检验。

说了上面这么多困难，倒并不是为了显示自己的能耐。实际情况是，我们在克服困难的过程中负重艰行，同时，也就极大地拓展了自己的视野和知识面。我们付出了很多，但我们得到的更多。正是在这个意义上，我们又尝到了苦涩中的甘甜。

编写《人文社会科学基础》，体会还可以说出很多。

诸多同仁为这本教材付出了艰辛的劳动。全书的框架由丁柏铨、胡治华、王永丰、杜骏飞共同商定。绪言、第九章、第十章及全书各章的重点提示、问题探讨由胡治华撰写；第五章、第八章及后记由丁柏铨撰写；第一章由王永丰、胡治华、杨晖撰写；第二章由王永丰撰写；第三章由杜骏飞撰写；第四章、第六章、第七章分别由周斌、胡翼青、喻捷撰写初稿，后经胡治华作较大的全面修改。高侠撰写第六章的语言学部分，并参加了第七章若干节段的修改，编拟了全书各章的要点归纳；宋农村参加了第七章经济学部分的修改。周介人、蒋明宏、李传根、任丹红等为该书的编著提供了许多资料。全书由丁柏铨、胡治华负责统稿、定稿。

该书在编写和出版过程中，得到国家督学金长泽、江苏省教委有关负责同志和编著者所在各高校的关怀和支持，得到首都师范大学出版社责任编辑杨鸿霄的鼎力相助。陈辽审阅了本书编写大纲全部书稿，提出了许多建设性意见。沈伟民审读全书纲目和部分书稿、陈文源通读书稿，并提出宝贵意见。教材编写借鉴了许多专家学者的研究成果。在此一并致以谢忱。

作为实验教材，《人文社会科学基础》的缺点和不足在所难免。恳切地希望得到批评指正。

编　者

1997 年 12 月

DI ER BAN 第2版

后记

《人文社会科学基础》第1版完稿至今，已有六年。这本实验教材受到广泛关注，令人深感欣慰。

应读者和出版社的要求，我们对第1版作了一次较为全面的修订与增补。新版本的编写方案与具体纲目由丁柏铨和胡治华共同拟定。第三章第二节的改写和第六章第四节的增补由胡翼青完成。第五章第四节和第六章第五节的增补由高侠完成；第五章第三节与第六章第一节的局部内容的增补也由高侠承担。其余多数章节的修订与增补由胡治华完成。全书由丁柏铨、胡治华负责统稿、定稿。

第2版在编写和出版过程中得到编者所在的南京大学和江南大学有关院系的支持，得到首都师范大学出版社责任编辑杨鸿霄一如既往的热忱帮助。我们借鉴了许多专家学者的最新研究成果，还从中央广播电视大学人文社会科学基础课程主持教师孙福万处，获取了许多宝贵的关于教材使用情况的反馈信息，在此一并致谢。

囿于编者的认识水平和知识视野，本书新版仍存在缺点和不足，恳望专家学者和广大读者不吝赐教。

丁柏铨　胡治华

2003年12月